Die kündigungsrechtliche Stellung des Complaince-Beauftragten

Europäische Hochschulschriften Recht

European University Studies in Law

Publications Universitaires Européennes de Droit

Band/ Volume **6278**

Qiankun Wang

Die kündigungsrechtliche Stellung des Complaince-Beauftragten

PETER LANG

Bibliografische Information der Deutschen Nationalbibliothek
Die Deutsche Nationalbibliothek verzeichnet diese Publikation in der Deutschen Nationalbibliografie; detaillierte bibliografische Daten sind im Internet über http://dnb.d-nb.de abrufbar.

Zugl.: Passau, Univ., Diss., 2021

Gedruckt auf alterungsbeständigem, säurefreiem Papier.

D 739
ISSN 0531-7312
ISBN 978-3-631-86889-8 (Print)
E-ISBN 978-3-631-86671-9 (E-PDF)
E-ISBN 978-3-631-87004-4 (EPUB)
DOI 10.3726/b19276

Peter Lang – Berlin · Bern · Bruxelles · New York · Oxford · Warszawa · Wien

Diese Publikation wurde begutachtet.

www.peterlang.com

Meiner Mutter

Inhaltsverzeichnis

Kapitel 1 Einleitung und Gang der Darstellung

A. Einleitung

Das Thema Compliance ist längst bekannt, steht in jüngerer Zeit im Fokus internationaler rechtswissenschaftlicher Debatten und wird ernstzunehmend untergesucht. Als Fachbegriff kommt Compliance ursprünglich aus dem amerikanischen Recht und wird als Einhaltung und Befolgung bestimmter Gesetze und Regeln verstanden.[1] Compliance hat in den 1960er-Jahren in den USA rechtsterminologische Bedeutung erfahren[2] und sich dann im angloamerikanischen Rechtskreis durch eine Reihe von Gesetzen und Regelungen gut entwickelt. Hinsichtlich der Entwicklung der Compliance im angloamerikanischen Recht und diverser Finanzskandale hat die Europäische Union ab 2003 eine Reihe mit Compliance zusammenhängender Rechtlinien verkündet. Danach erwachsen den Mitgliedstaaten erhebliche Folgen für die Compliance-Praxis. Seit Anfang der 1990er-Jahre ist die Compliance nach einer Reihe von Affären mit stetig zunehmender Bedeutung in der deutschen Rechtslandschaft verankert. Die Entwicklung der Compliance im deutschen Rechtsraum ist ein fortschreitender Prozess.

Bei Compliance geht es nicht allein darum, die bestehenden Gesetzesvorschriften einzuhalten, sondern um die weitergehende Anforderung, Maßnahmen zu ergreifen, die ein vorschriftsmäßiges Verhalten innerhalb eines Unternehmens gewährleisten.[3]In den letzten Jahren haben die globalen Unternehmen zunehmend Finanzkrisen, Korruptionsaffären, unlauteren Wettbewerb und Umweltskandale erfahren. Dem Ruf und den Interessen der betroffenen Unternehmen wird Schaden zufügt und auch eine Strafverfolgung der eigenen Mitarbeiter bis hin zur Unternehmensleitung droht. Obgleich mangels ausdrücklicher gesetzlicher Normierung die gesetzliche Grundlage für die Umsetzung der Compliance

---

1 *Hauschka/Moosmayer/Lösler*, in: Hauschka/Moosmayer/Lösler, Corporate Compliance, 3. Aufl. 2016, § 1 Rn. 2; *Dendorfer-Ditges*, in: *Moll*, Münchener Anwaltshandbuch Arbeitsrecht, 4. Aufl. 2017, § 35 Rn. 4; *Kreitner*, in: *Küttner*, Personalbuch, 26. Aufl. 2019, Compliance, Rn. 1.

2 *Eufinger*, CCZ 2012, 21 f.

3 *Bürkle*, BB 2005, 565; *Dreher*, ZWeR 2004, 75, 78; *Hauschka*, NJW 2004, 257; *Kiethe*, GmbHR 2007, 393, 394; *Kort*, NZG 2008, 81; *U.H. Schneider*, ZIP 2003, 645, 646.

im Unternehmen nicht völlig eindeutig geschaffen wird, ist sie als ein wichtiger Bestandteil einer „Good Corporate Governance“ im Unternehmen nicht wegzudenken.

Um eine wirksame Compliance in allen Bereichsebenen des Unternehmens gewährleisten zu können, sollte die Unternehmensleitung ihre Compliance-Aufgaben nachgeordneten Ebenen übertragen.[4] Der Compliance-Beauftragte ist ein solcher Beauftragter, der aufgrund vertikaler Aufgabendelegation der Unternehmensleitung für compliancerelevante Sachverhalte innerhalb eines Unternehmens verantwortlich ist.[5] Obwohl die Compliance-Aufgabe in deutschen Unternehmen bislang meistens als Nebentätigkeit wahrgenommen wird, existiert heute ein erstzunehmendes Erfordernis eines eigenständigen Beauftragten für Compliance. Er ist ein typisches Element eines Compliance-Management-Systems. Außerhalb des geregelten Geschäftsbereichs existieren keine genormten Aufgaben, Befugnisse und Rechtsstellungen des Compliance-Beauftragten. Dies ermöglicht nur eine subjektive Betrachtung. Eine umfassende Untersuchung des Compliance-Beauftragten kann nicht geleistet werden. Daher ist Hauptziel dieser Arbeit, seine Rechtsstellung bzw. kündigungsrechtliche Stellung zu beschreiben und im Vergleich zu ähnlichen Beauftragten zu bewerten.

B. Gang der Darstellung

Der Schwerpunkt der vorliegenden Arbeit liegt darauf, vor dem Hintergrund der zunehmenden Erfordernisse der Compliance in Unternehmen die kündigungsrechtliche Stellung des Compliance-Beauftragten zu untersuchen. Es erscheint unerlässlich, zunächst eine Auseinandersetzung mit dem Begriff und der Grundlage der „Compliance“ anzustellen, um schließlich in den Kapiteln 5 und 6 den Schwerpunkt dieser Arbeit zu erreichen. In Kapitel 2 soll zuerst der Begriff bestimmt und dann die rechtliche Grundlage der Compliance im angloamerikanischen Rechtskreis und der Europäischen Union beleuchtet werden.

---

4 LSG Baden-Württemberg, NZS 2013, 462; *Auerbach/Jost*, in: *Hommelhoff/Hopt/v. Werder*, Handbuch Corporate Governance, 2. Aufl. 2009, S. 663; *Hauschka*, in: Verbraucherschutz im Kreditgeschäft Compliance in der Kreditwirtschaft, BankrechtstAG 2008, S. 127; *Schäfer*, BKR 2011, 188.

5 *Gößwein/Hochmann*, BB 2011, 965 ff.; Hauschka, NJW 2004, 259; *Kiethe*, GmbHR 2007, 397; *Kraft/Winkler*, CCZ 2009, 31.

Anschließend ist auf die Verankerung und Entwicklung der Compliance in Deutschland einzugehen.

Kapital 3 verschafft einen kursorischen Überblick über die Umsetzung der Compliance im Unternehmen. Es geht um die Frage, ob eine allgemeine gesetzliche Pflicht zur Errichtung einer institutionalisierten Compliance-Organisation anzuerkennen ist. Hinzu werden die entscheidenden Faktoren zur Umsetzung der Compliance im Unternehmen und die maßgeblichen Umsetzungswerkzeuge dargelegt. Schließlich erfolgt eine Beschreibung des Beteiligungsrechts des Betriebs zur Umsetzung der Compliance. Kapitel 4 beschäftigt sich mit der Ausführung des Compliance-Beauftragten. Um eine bessere Entfaltung des Schwerpunkts dieser Arbeit zu gewährleisten, soll die Figur des Compliance-Beauftragten gezeichnet werden. Zunächst erfolgt die Begriffsdefinition des Compliance-Beauftragten. Danach werden seine Aufgaben behandelt. Die Bearbeitung erstreckt sich auf den Ausgangspunkt und das gemeinsame Profil seiner Aufgaben. Anhand der Aufgaben des Compliance-Beauftragten wird sein EinSatz in Unternehmen beschrieben. Diesbezüglich stellen sich die folgenden Fragen: Zum einen ist zu klären, ob ein Bestellungszwang des Compliance-Beauftragten existiert; zum anderen soll darauf eingegangen werden, wie er planend gestaltet wird. In einem nächsten Schritt wird die Rechtsstellung des Compliance-Beauftragten betrachtet. Diese Untersuchung versucht, seine arbeitsrechtliche Stellung und Garantenstellung zu beleuchten. Schließlich wird der Frage nachgegangen, welche Befugnisse die Compliance-Beauftragten besitzen.

Kapital 5 und 6 bilden den Schwerpunkt der Arbeit. Hier erfolgt die Untersuchung der titelgebenden kündigungsrechtlichen Stellung des Compliance-Beauftragten. In Kapitel 5 wird seine kündigungsrechtliche Stellung vor einer ordentlichen Kündigung erörtert. Um ein besseres Verständnis der nachfolgenden Erörterung sicherzustellen, wird vor allem die Rechtsnatur des besonderen Kündigungsschutzes dargelegt. Anschließend ist zu behandeln, welche möglichen ordentlichen Kündigungsgründe für den Compliance-Beauftragten existieren. In der Folge geht es um die Möglichkeiten des besonderen Kündigungsschutzes des Compliance-Beauftragten. Die Darstellung erstreckt sich auf die Auseinandersetzung der Existenz des gesetzlichen besonderen Kündigungsschutzes, die Analogie zu gesetzlichen Unternehmensbeauftragten, die Anlehnung an den einzelnen ArbeitsvertrAG und die Anknüpfung an den Sprecherausschuss. Abschließend setzt sich Kapitel 6 mit der kündigungsrechtlichen Stellung des Compliance-Beauftragten vor einer außerordentlichen Kündigung auseinander. Zunächst werden allgemeine Hinweise zur außerordentlichen Kündigung gegeben. Des Weiteren ist die kündigungsrechtliche Stellung des Compliance-Beauftragten vor der außerordentlichen Kündigung aus personenbedingten und aus verhaltensbedingten Gründen zu erörtern. Die Arbeit schließt sodann mit einer Zusammenfassung der wesentlichen Ergebnisse.

Kapitel 2 Die Figur der Compliance

A. Die Entstehung und Begriffsbestimmung von Compliance

Der Compliance-Beauftragte ist Element einer Compliance-Funktion und somit unzertrennlich mit dem Thema Compliance verbunden. Um das Institut des Compliance-Beauftragten zu begutachten, ist es notwendig, die Compliance als Rahmengeber für jede Aufgabe eines Compliance-Beauftragten eingehend zu erläutern.

I. Der Ursprung und die Entwicklung von Compliance

1. Der Ursprung von Compliance

Die Annäherung an die Begriffsbestimmung der Compliance erfordert zunächst eine Präzisierung des Ursprungs. Als Fachbegriff kommt die Compliance ursprünglich aus dem Medizinbereich[6] und bezeichnet das therapiegerechte Verhalten bzw. das „sich fügen"[7] des Patienten, der die Anweisung der ärztlichen Ratschläge und Verordnungen korrekt befolgt.[8] In der ursprünglichen Bedeutung wird die Compliance nicht ausschließlich in einer juristischen Dimension verwandt, sondern stellt vielmehr ein Verhaltenskonzept dar. Bei der fachlichen Zugehörigkeit der modernen Compliance in der Rechtswissenschaft handelt sich eine angloamerikanische Rechts- und Wirtschaftsterminologie[9] und einen Rechtsimport aus den USA.[10]

Die ersten Ansätze von Compliance zeichneten sich bereit in den 1950er-Jahren in amerikanischen Unternehmen ab. Seinerzeit folgte die Initiierung der Compliance nur der betriebswirtschaftlichen Idee.[11] Als die Compliance in den USA in den 1960er-Jahren rechtsterminologische Bedeutung erfahren hat, stand das Kartellrecht im Zentrum der Betrachtungen.[12] Aber es handelte sich nur

---

6 *Behringer*, Compliance kompakt, 4. Aufl. 2018, S. 38; *Hauschka*, NJW 2004, 257.

7 Pschyrembel Klinisches Wörterbuch, 267. Aufl. 2018, S. 400.

8 Pschyrebmel Klinisches Wörterbuch, 267. Aufl. 2018, S. 363.

9 *Eisele/Faust*, in: Schimanksky/Bunte/Lwowski (Hrsg.), Bankrechts-Handbuch, 5. Aufl. 2017, Bd. 2 § 109, Rn. 5.

10 *Mertens*, in: Huck/Kurth (Hrsg.), Compliance aus dem Blickwinkel des internationalen und europäischen Wirtschaftsrechts.

11 *Jäger/Rödl/Campos Nave*, Praxishandbuch Corporate Compliance, S. 66.

12 *Eufinger*, CCZ 2012, 21 f.

um die Beachtung von bußgeldbewährten Vorschriften und die Dimension der modernen Compliance war noch nicht erreicht.[13] Danach haben sich die USA zum „Mutterland der Compliance" weiterentwickelt. [14]

2. *Die Entwicklung von Compliance im angloamerikanischen Rechtskreis*

1977 wurde der Foreign Corrupt Practices Act (FCPA) als Bundesgesetz als Reaktion auf Korruption im ausländischen Geschäftsverkehr in den USA verkündet. Das US-amerikanische Justizministerium und die Securities and Exchange Commission sind Vollzieher des FCPA. Grundsätzlich zielt der FCPA auf die Verhinderung von Korruption. Durch den FCPA ist sowohl natürlichen als auch juristischen Personen jede Handlung verboten, die eine Vorteilsgewährung an einen Amtsträger, eine politische Partei oder einen Kandidaten außerhalb der USA durch Geldzahlungen oder Vorteile jeder Art fördert, wenn sie den Zweck verfolgt, das jeweilige dienstliche Verhalten dieser Person zu beeinflussen oder sie zu verleiten, ihren Einfluss auszunutzen, um das Unternehmen zu unterstützen, Geschäfte neu abzuschließen oder bestehende Geschäfte fortzuführen oder Geschäfte mit einer bestimmten Person durchzuführen oder auf sonstige Weise dem Unternehmen einen unangemessenen Vorteil zu verschaffen oder zu sichern.[15] Der FCPA besteht aus Antibestechungsregeln sowie Rechnungslegungs- und internen Kontrollvorschriften. In diesen Normen sind die Forderungen an die Aufstellung von Compliance erstellt worden. In den 1980er-Jahren hat eine umfangreiche Diskussion zu Compliance in der Banken- und Finanzwelt in den USA begonnen,[16] danach ist sie in der Praxis der Behörden und Gerichte aufgenommen worden und Compliance-Programme werden bei der Strafverfolgung und Sanktionierung von Unternehmen als wichtiges Element berücksichtigt. Spätestens mit Beginn der 1990er-Jahre haben die US-amerikanischen Unternehmen die Compliance-Programme mit dem Ziel eingeführt, dass die Organmitglieder und die Mitarbeiter sich normativen Geboten und Verboten entsprechend verhalten.

---

13 *Hauschka/Mossmayer/Lösler*, in: Hauschka/Mossmayer/Lösler, Corporate Compliance, 3. Aufl. 2016, § 1 Rn. 73.

14 *Moosmayer*, Compliance-Praxisleitfaden für Unternehmen, 3. Aufl. 2015, Rn. 17.

15 Sieh, Stichting ter Bahartiging van de Belangen v. Schreiber, 327F.3d 173,179–180 (2d Cir.2003).

16 *Lösler*, NZG 2005, 104; *Buffo/Brünjes*, CCZ 2008, 108; *Mengel/Hagemeister*, BB 2006, 2466.

Die Compliance im juristisch-betriebswirtschaftlichen Sprachgebrauch wird erstmals durch die Organisational Sentencing Guidelines der United States Sentencing Commission, die im Jahr 1991 in Kraft getreten ist, erwähnt. Nach herrschender Meinung sind die US-Sentencing Guidelines unverbindliche Richtlinien,[17] die aber die Beurteilung der Wirksamkeit eines Compliance-Management-Systems ermöglichen und von Gerichten im US-Prozess bei der Bemessung des Strafmaßes verwendet werden.[18] Eine „effektive" Compliance kann die Begehung von Straftaten verhindern und die Höhe der Sanktion gegen Unternehmen mildern. Die Guideline weist in allgemeinen Grundsätzen eines effektiven Compliance-Programms darauf hin, dass dieses ein ethisches Verhalten und die Einhaltung des Rechts fördern soll.[19] Obwohl die US-Sentencing Guideline teilweise konkrete Anforderungen an ein Compliance-Management-System stellt und den Bewertungsmaßstab für die unternehmensinternen Compliance-Programme bildet,[20] bleibt sie in den meisten Teilen auf einer relativ abstrakten Anforderungsebene und es fehlen Ausführungen zu den Notwendigkeiten und Möglichkeiten zur Ausgestaltung des Compliance-Management-Systems.[21] Nach Erlass im Jahr 1991 wurde diese Guideline mehrfach verschärft und im Jahr 2004 wesentlich überarbeitet, die jüngste Änderung der Guideline trat in 2012 in Kraft. Nach der geänderten Guideline sind Leitung und Kontrolle des Compliance-Systems Sache des Topmanagements, die Anpassung des Compliance-Systems ist der wesentlichste Punkt.

Durch die spektakulären Finanzskandale namentlich Enron 2001 und Worldcom 2002 und die damit verbundenen schweren wirtschaftlichen Schäden wurde in den USA das Vertrauen der Anleger in die Wirksamkeit von unternehmensinternen Kontrollmechanismen erheblich erschüttert. Als Reaktion der Politik wurde der Sarbanes-Oxley Act (im Folgenden auch „SOA") am 30.7.2002 amtlich bekannt gemacht. Der SOA ist ein verbindliches Regelwerk der internen Kontrolle des Unternehmens und gilt für jedes Unternehmen, dessen Aktien an den US-amerikanischen Börsen notiert sind oder das bei der US Securities Exchange Commission (im Folgenden auch „SEC") registriert ist oder verpflichtet ist,

---

17 http://laws.findlaw.com/us/000/04-104.html United States vs. Booker No. 04-104 decided January 12, 2005.

18 *Withus*, CCZ 2011, 63.

19 *Hopson/Koehler*, CCZ 2008, 208.

20 *Hauschka/Moosmayer/Lösler*, in: Hauschka/Mossmayer/Lösler, Corporate Compliance, 3. Aufl. 2016, § 1 Rn. 74.

21 *Withus*, CCZ 2011, 63.

Berichte bei der SEC einzureichen. Dies ist unabhängig davon, ob es sich um ein US-amerikanisches Unternehmen handelt. Schwerpunkte des Sarbanes-Oxley Act sind Corporate-Governance-Regelungen, er sieht verschärfte Regelungen für Unternehmen vor und gibt die Richtung bei Fragen der Verantwortlichkeit des Managements für die Organisation der inneren betrieblichen Steuerungs- und Überwachungssysteme vor.[22] Das Ziel des SOA ist, das Vertrauen der privaten und institutionellen Anleger in dem US-Kapitalmarkt durch verbesserte interne Kontrollen der betreffenden Unternehmen zurückzugewinnen und die Kapitalmärkte zu stabilisieren.[23] Um das oben genannte Ziel zu realisieren, stellt er erhebliche Anforderung an die Gesellschaften und führt dadurch zu einer starken Sensibilisierung in Bezug auf das Thema „Compliance". Die Compliance-Anforderungen waren bis zum Inkrafttreten des SOA im Jahr 2002 unscharf. Die Section 404 SOA – Management Assessment of Internal Control hat diesen Sachverhalt geändert. Sie verpflichtet das Management, ein internes Kontrollsystem zur Sicherstellung einer effektiven Finanzberichterstattung zu etablieren. Oberstes Ziel dieser Section ist, die Fehlinformationen der Finanzberichterstattung aufgrund mangelhafter interner Kontrollen des Unternehmens zu vermeiden. Ethikrichtlinien und Whistleblowing als Bausteine der Compliance sind ebenfalls ein wesentlicher Inhalt. Um eine umfassende Information der Securities Exchange Commission, der US-amerikanischen Börsenaufsicht, sicherzustellen, wird die Einrichtung von Whistleblowing-Verfahren konkret vorgeschrieben. Gem. Section 301 SOA besteht für die Unternehmen die Verpflichtung zur Einrichtung eines internen Prüfungsausschusses. Die Aufgabe der Bestellung und Überwachung der externen Wirtschaftsprüfer fällt dem Prüfungsausschuss zu, daneben muss dieser ein System etablieren, mittels dessen Mitarbeiter in anonymer Weise Fehlverhalten melden können, sog. Whistleblowing.[24] Um Section 301 zu flankieren, schafft Section 806 SOA eine ausdrückliche Schutzvorschrift des Whistleblowers gegen Benachteiligung. Der Arbeitnehmer, der gegen seinen Arbeitgeber in Bezug auf wirkliches oder vermeintliches Fehlhalten gegen den Sarbanes-Oxley Act oder andere Bundesgesetze, die dem Anlegerschutz dienen, Anzeige erstattet oder belastende Informationen liefert, darf nicht gekündigt, erniedrigt, versetzt, bedroht oder in anderer Art benachteiligt werden. Der Schutz ist jedoch nur für Beschäftigte in den USA einschlägig.

22 *Regelin/Fischer*, IstR 2003, 277.

23 *Atkins*, Der Konzern 2003, S. 260–264.

24 *Reiter*, RIW 2005, 168 ff.

Angesichts der unübersichtlichen Rechtslage und zahlreichen Gesetzeslücken Großbritanniens in Korruptionsangelegenheiten hat das britische Parlament am 8.4.2010 mit parteiübergreifender Mehrheit den UK Bribery Act (im Folgenden auch „UKBA") beschlossen. Das ist ein in mehrfacher Hinsicht bedeutungsvolles Gesetz zur internationalen Antikorruption und trat zum 1.7.2011 in Kraft.[25] Das Gesetz normiert eine strenge Haftung bei Korruptionshandlungen der natürlichen und juristischen Personen. Die unbegrenzten Geldstrafen und der Ausschluss von öffentlichen Aufträgen können als mögliche Sanktionen gegen die den Verstoß begehenden Unternehmen verhängt werden. Natürliche Personen können mit Haftstrafen bis zu zehn Jahren bedacht werden. Das Gesetz hat beachtliche Auswirkungen auf Compliance. Nach § 7 des Gesetzes ist das Unternehmen haftbar, wenn dieses Unternehmen versäumt, Präventivmaßnahmen zur Verhinderung von Korruption zu ergreifen. Das Unternehmen kann sich jedoch exkulpieren, wenn das Bestehen eines „adäquaten" Compliance-Programms nachgewiesen werden kann.[26] In materiellrechtlicher Hinsicht hat die Statuierung des Verteidigungsgrunds durch den UKBA hervorstechende Eigenschaft. In der Historie spielt das Compliance-Programm nach Einstellung der EU-Kommission keine Rolle,[27] dies hat der UKBA insofern geändert, als er eine Vielzahl von auslegungsbedürftigen Begriffen nennt und eine immense Belastung für Unternehmen schafft. Aus diesem Grund hat das britische Justizministerium im März 2011 eine entsprechende Leitlinie erlassen, die mit sechs Prinzipien das für die strafrechtliche Exkulpation erforderliche „adäquate" Compliance-Programm von Unternehmen konkretisiert.[28] Die sechs Prinzipien lauten: Proportionate Procedures, Top-level Commitment, Risk Assessment, Due Diligence, Communication and Monitoring and Review. Damit können betroffene Unternehmen in Großbritannien und anderen Ländern den neuen Anforderungen gerecht werden. Das Compliance System darf nicht nur auf dem Papier existieren, sondern muss im tatsächlichen Tagesgeschäft eine Rolle spielen. Das betroffene Unternehmen soll nach dem konkret bestehenden Korruptionsrisiko verhältnismäßige Präventivmaßnahmen durchführen. Die Leitungsebene verpflichtet sich, eine adäquate Unternehmenskultur zu schaffen und zu fördern, in der Bestechung zu keiner Zeit und zu keinem Zweck toleriert

---

25 http://www.legislation.gov.uk/ukpga/2010/23/contents.

26 *Deister/Geier/Droit*, CCZ 2011, 12.

27 *Domke/Stehr*, Fachhochschule für Wirtschaft und Recht Berlin, Section: Economics, Law & Political Sciences, Working Paper No. 42, 06/200, S. 15.

28 *Moosmayer*, Compliance-Praxisleitfaden für Unternehmen 3. Aufl. 2015, Rn. 31.

wird.[29] Ebenso wie die meisten internationalen Verträge sieht auch das dritte PrinZIP von Leitlinien die Risikobewertung als notwendigen Grundstein für ein aktives Compliance-System an. Das jeweilige Unternehmen muss alle aktuellen internen und externen Risikofaktoren für Korruption im Rahmen der Geschäftstätigkeit regelmäßig analysieren. Die Leitlinie legt auch ein Hauptgewicht auf die Auswahl und die Überwachung aller Geschäftspartner. Wenn ein Unternehmen frühzeitig eine sorgfältige Durchsicht und Überwachung aller Beteiligten gewährleistet, kann es entweder potenzielle Risiken vollständig vermeiden oder zumindest ausreichende Vorkehrungen zur Behandlung der Korruption treffen.[30] Das „Communication"-PrinZIP erfordert, dass das Unternehmen Antikorruptionsmaßnahmen nach innen wie nach außen zum Ausdruck bringt. Zunächst bedeutet dies, dass das Unternehmen die eigenen gesetzten Ziele und die beschlossenen Präventivmaßnahmen eindeutig artikulieren soll. Im zweiten Schritt soll es Kanäle schaffen, über die Missstände frühzeitig und effektiv aufgedeckt werden können.

Sowohl der geschäftliche Bereich eines Unternehmens als auch seine Größe und Struktur können mit der Zeit verändert werden, das adäquate Compliance-Programm soll eine regelmäßige Kontrolle des Antikorruptionsansatzes unterstützen.

Das UK Office of Fair Trading als zuständige Behörde für den Wettbewerb legt auch entsprechende Anforderungen an Compliance-Programme nieder. Ende Juni 2011 hat das UK Office of Fair Trading (im Folgenden auch „OFT") ein Bündel an Leitlinien und Informationen veröffentlicht, die angemessene Compliance-Maßnahmen und konkrete Optionen der Gewährleistung kartellrechtlicher Compliance aufzeigen. Der wesentliche Inhalt dieser Dokumente ist das vom OFT entwickelte Compliance Wheel. Mit einer grafischen Darstellung hat die OFT fünf Elemente als Schlüssel zur kartellrechtlichen Compliance im Unternehmen angeführt. Das sog. Commitment to Compliance steht im Zentrum. Dieses Herzstück bedeutet, dass sich die Leitungsebene unmissverständlich zur kartellrechtlichen Compliance bekennen muss.

3. *Die Entwicklung von Compliance in der Europäischen Union*

Auf den Sarbanes-Oxley Act und diverse Finanzskandale hat die EU-Kommission ebenfalls reagiert. Im Mai 2003 legte die EU-Kommission einen

29 *Deister/Geier/Rew*, CCZ 2011, 81.
30 *Hugger/Röhrich*, BB 2010, 2645.

Aktionsplan zur Verbesserung der Corporate Compliance in der EU vor. Als wesentliche Richtlinien hat der Rat der Finanzminister der Europäischen Union im Oktober 2005 die vom Europäischen Parlament vorgelegte Neufassung der 8. EU-Richtlinie, die Abschlussprüferrichtlinie, verabschiedet.[31] Die Richtlinie legt eine verstärkte Beaufsichtigung des Prüfungsgewerbes und gemeinsame Grundsätze für die öffentliche Aufsicht fest, wodurch sichergestellt werden soll, dass sich Investoren und andere interessierte Kreise auf die Korrektheit der geprüften Unternehmensabschlüsse verlassen können. Gemäß Artikel 53 der Abschlussprüferrichtlinie müssen die Mitgliedstaaten die Vorschriften bis zum 29.6.2008 in nationales Recht transformieren. Gleichzeitig hat die EU-Kommission den Mitgliedstaaten empfohlen, die Unabhängigkeit der Aufsichtsratsmitglieder zu stärken.[32] Am 25.4.2006 hat der Europäische Rat die zusammenfassende Abschlussprüferrichtlinie angenommen, welche drei Richtlinien (84/253, 83/349, 78/660) beinhaltet. Die Abschlussprüferrichtlinie bezweckt die Verbesserung der Qualität und Unabhängigkeit der Wirtschaftsprüfung, indem die Tätigkeiten von Abschlussprüfern und Wirtschaftsprüfergesellschaften transparenter werden sollen. Gemäß Richtlinie müssen die Mitgliedstaaten gewährleisten, dass jeder Abschlussprüfer und jede Wirtschaftsprüfergesellschaft in einem elektronischen Register verzeichnet und unabhängig von der Geschäftsführung der zu prüfenden Firma ist. Eine damit zusammenhängende Pflicht der Mitgliedstaaten ist, die gesetzlichen Regelungen zu schaffen, die zivilrechtliche, verwaltungsrechtliche oder strafrechtliche Sanktionen beinhalten. Zwischenzeitig wurde eine konsolidierte Fassung der Abschlussprüferrichtlinie neu veröffentlicht, in der die (Änderungs-)Richtlinie 2014/56/EU vom 16.4.2014 (EU-Amtsblatt vom 27.5.2014) eingearbeitet ist.[33]

Am 21.4.2004 ist die Richtlinie des Europäischen Parlaments und Rates über Märkte für Finanzinstrumente (im Folgenden auch „MiFID") verabschiedet worden. Die MiFID hat die im Jahr 1993 in Kraft getretene Wertpapierdienstleistungsrichtlinie[34] abgelöst. Die MiFID soll den januskköpfigen Zielen des Kapitalmarktrechts zwischen Individual- und Marktschutz entsprechend einerseits durch Festlegung harmonisierter Anforderungen für die Tätigkeiten der zugelassenen Intermediäre den Anlegerschutz und andererseits durch Regeln für faire,

31 Vgl. EU, Abschlussprüferrichtlinie (2006), Artikel 1 ff.

32 Vgl. EU, Empfehlung der Kommission (2005), L52/51 ff.

33 BB 2014, 1961.

34 Vgl. Richtlinie 93/22/EWG des Rates vom 10. 5. 1993 über Wertpapierdienstleistungen, ABl. EG Nr. L 141/27 vom 11.6.1993.

transparente und integrierte Finanzmärkte die Marktintegrität fördern.[35] Damit stellt die MiFID umfassende Verhaltens- und Organisationsanforderungen für die gesamte kapitalmarktbezogene Geschäftstätigkeit von Wertpapierdienstleistungsunternehmen auf. Art. 13 Abs. 1 MiFID verpflichtet Wertpapierfirmen, allgemein „organisatorische Anforderungen" einzuhalten, ein bestimmtes Konzept der Compliance kann daraus allerdings nicht erschlossen werden.[36] Am 10.08.2006 hat die Kommission im Lamflussy-Verfahren[37] nach Maßgabe des Art. 13 Abs. 10 MiFID die Durchführungsrichtlinie 2006/73 erlassen. In Art. 6 Durchführungsrichtlinie 2006/73 ist die „Einhaltung der Vorschriften(‚Compliance')" detailliert geregelt worden. Nach Art. 6 Abs. 2 Durchführungsrichtlinie 2006/73 sollen die Mitgliedstaaten die Wertpapierfirmen verpflichten, eine dauerhafte, wirksame und unabhängige Compliance-Funktion einzurichten und zu unterhalten. Diese Compliance-Funktion stellt zwei Anforderungen auf: die Überwachung und regelmäßige Bewertung von Maßnahmen und Verfahren, die zur Aufdeckung der Missachtung der Wohlverhaltensregeln wirken,[38] sowie die Beratung und Unterstützung der mit der Compliance-Funktion betrauten Personen.[39] Als Unterstützung sollen die Wertpapierfirmen den relevanten Personen alle notwendigen Befugnisse, Ressourcen und Fachkenntnisse zur Verfügung stellen und ihnen zu allen für sie bedeutenden Informationen Zugang gewähren.[40]

Mit der am 21.7.2011 in Kraft getretenen Alternative-Investment-Fund Manager-Richtlinie (im Folgenden auch „AIFM-RL") hat die Europäische Union aktuelle europäische Anforderungen an Compliance gestellt.[41] Die AIFM-RL unterwirft die gesamte Verwaltung und den Vertrieb der Verwalter

35 Begründung der Kommission für den VorschlAG einer Richtlinie über Wertpapierdienstleistungen und geregelte Märkte v. 19.11.2992, kom (2002) 625 endg., S. 9.

36 *Veil*, WM 2008 1093.

37 *Hirte/Heinrich*, in: Kölner Kommentar zum WpHG, 2. Aufl. 2014, Einl. Rdn. 41, 49 ff.; *Binder/Broichhausen*, ZBB Band 18, 85, 88 ff.

38 Art. 6 Abs. 2 lit. a) Durchführungsrichtlinie 2006/73.

39 Art. 6 Abs. 2 lit. b) Durchführungsrichtlinie 2006/73.

40 Art. 6 Abs .3 lit. a) Durchführungsrichtlinie 2006/73.

41 Richtlinie 2011/61/EU des Europäischen Parlaments und des Rates vom 8.6.2011 über die Verwalter alternativer Investmentfonds und zur Änderung der Richtlinien 2003/41/EG und 2009/65/EG und der Verordnungen (EG) Nr. 1060/2009 und (EU) Nr. 1095/2010, Amtsblatt der Europäischen Union L 174, vom 1.7.2011; *Möllers/Harrer/Krüger*, WM 2011, 1537 ff.; *Spindler/Tancredi*, WM 2011, 1393 ff.

bzw. Manager aller Fonds, die nicht bereits durch die OGAW-Richtlinie [42]europaweit reguliert sind, einer harmonisierten Regulierung und laufenden Aufsicht.[43] Sie zielt darauf ab, „gemeinsame Anforderungen für die Zulassung von und Aufsicht über AIFM festzulegen, um für die damit zusammenhängenden Risiken und deren Folgen für Anleger und Märkte in der Union ein kohärentes Vorgehen zu gewährleisten".[44] Diese Ziele werden indes mit einem mächtigen RegulierungseinSatz verfolgt, dessen umfangreiche Kataloge verdeutlichen, dass jedes mögliche Schlupfloch von vornherein geschlossen werden sollte.

In der AIFM-RL ist das Erfordernis der Compliance an zwei Punkten verkörpert. Erstens muss nach Art. 37 Abs. 3 der AIFM-RL ein Nicht-EU-AIFM seit 2015 einen gesetzlichen Vertreter in seinem EU-Referenzmitgliedstaat bestellen.[45] Dieser Vertreter soll nicht nur Kontakt- und Ansprechpartner für Investoren und Aufsichtsbehörden in der EU sein, sondern mit dem Fondsmanager die in der AIFM-RL ausgeführten Compliance-Funktionen wahrnehmen. Gemäß Art. 37 Abs. 7 Lit. C) muss der gesetzliche Vertreter zumindest hinreichend ausgestattet, um die Compliance-Funktion nach dieser Richtlinie wahrnehmen zu können. Zweitens hat Art. 18 AIFM-RL die allgemeinen organisatorischen Anforderungen an die Compliance Funktion für EU-AIFM gestellt, wonach die Mitgliedsstaaten für das ordnungsgemäße Verhalten der AIF jederzeit angemessene und geeignete personelle und technische Ressourcen einsetzen.[46] Die Mitgliedstaaten haben zwei Jahre Zeit, die AIFM-RL in nationales Recht umzusetzen.

Vor mehr als zwei Jahrzehnten hat die Europäische Union die Rechtsetzung zur gemeinschaftlichen Geldwäschebekämpfung begonnen. Im Jahr 1991 wurde die erste EU-Geldwäscherichtlinie verabschiedet.[47] Bis zu Art. 34 Abs. 1 und 2 der dritten EU-Geldwäscherichtlinie[48] wurde nur von „Strategien und Verfahren"

---

42 Richtlinie 2011/65/EG des Europäischen Parlaments und des Rates vom 13.7.2009 zur Koordinierung der Rechts- und Verwaltungsvorschriften betreffend bestimmte Organismen für gemeinsame Anlagen in Wertpapier (OGAW), Amtsblatt der EU, L 302/32, 17.11.2009.

43 *Weiser/Jang*, BB 2011, 1219 ff.

44 Vgl. Erwägungsgrund (2) der AIFM-RL.

45 *Klebeck/Meyer*, RdF 2012, 95 ff.

46 *Bußalb/Unzicker*, BKR 2012, 309, 313 ff.

47 Richtlinie 91/308/EWG des Rates zur Verhinderung der Nutzung des Finanzsystems zum Zwecke der Geldwäsche, ABl. EG Nr. L 166 vom 28.6.1991, S. 77 ff.

48 Richtlinie 2005/60/EG des Europäischen Parlaments und des Rates v. 26.10.2005, ABl. L 309/15 v. 25.11.2005 („dritte EU-GWRL").

zur Geldwäsche-Compliance gesprochen. Am 5.2.2013 hat die EU-Kommission eine neue Richtlinie zur effektiveren Bekämpfung der Geldwäsche in Europa vorgelegt.[49] Am 25.6.2015 ist die vierte EU-Geldwäscherichtlinie in Kraft getreten.[50] Gleichzeitig wurde die dritte EU-Geldwäscherichtlinie aufgehoben.[51] Die Anforderungen an spezifische Compliance-Systeme der Verpflichteten wurden in der vierten EU-Geldwäscherichtlinie konkretisiert. Art. 8 Abs. 4 a) der vierten EU-Geldwäscherichtlinie hat die konkreten Elemente, die Bestandteil der Geldwäsche-Compliance-Verpflichtung sein müssen, in den Einzelheiten ausgearbeitet. Dazu gehören Sorgfaltspflichten gegenüber Kunden, die Erstattung von Verdachtsmeldungen, die Aufbewahrung von Unterlagen, die Überprüfung der Einhaltung der einschlägigen Vorschriften und der Zuverlässigkeit von Mitarbeitern sowie die Benennung eines für die Einhaltung der einschlägigen Vorschriften zuständigen Beauftragten auf Leitungsebene. Unter anderem wird Pflicht zur Einrichtung eines „unabhängigen und anonymen Kanals" geregelt, über den Verstöße gegen geldwäscherechtliche Pflichten gemeldet werden können. Damit werden erstmals Whistleblower-Hotlines geschaffen.[52]

In den 1970er-Jahren hat bereits die Schaffung des europäischen Binnenmarkts für Versicherungen begonnen.[53] Die Europäisierung des Versicherungsrechts als wichtiges Mittel war durch drei Generationen von Richtlinien geprägt. Im Jahr 2009 wurde die Richtlinie Solvency II[54] verabschiedet. Diese ist die jüngere Entwicklung einer laufenden und sich fortentwickelnden Harmonisierung des europäischen Versicherungsrechts und nimmt in dessen historischer Entwicklung s für den Bereich der Versicherungsaufsicht eine bedeutende Stellung ein. Die Solvency-II-Richtlinie regelt zunächst ausführlich die Anforderungen an Versicherungsunternehmen und die Aufsicht über sie, wodurch das europäische Versicherungsaufsichtsrecht tief greifende Veränderungen

---

49 COM(2013)45; 2013/0025(COD), abrufbar unter: http://eur-lex.europa.eu/LexUriServ/LexUriserv.do?uri=COM:2013:0045:FIN:DE:PDF

50 Artikel 68 der Richtlinie 2015/849 des Europäischen Parlaments und des Rates vom 20. Mai 2015 zur Verhinderung der Geldwäsche und Bekämpfung der Terrorismusfinanzierung, ABL L 141/73 vom 5.6.2015 („EU-GWRL").

51 Art. 66 Abs. 1 die 4. EU-GWRL.

52 Art. 61 Abs. 3 die 4. EU-GWRL.

53 *Beckmann*, ZeuP 1999, 809; *Mönnich*, in: Beckmann/Matusche-Beckmann, Versicherungsrechts-Handbuch, 3. Aufl. 2015, § 2 Rn. 13 ff., 74 ff.

54 Richtlinie 2009/138/EG des Europäischen Parlaments und des Rates betreffend die Ausnahmen und Ausübung der Versicherungs- und der Rückversicherungstätigkeit (Solvabilität II) v. 25.11.2009, ABlEU v. 17.12.2009 L335/1.

erfährt. Unter dieser Richtlinie stehen Versicherungsunternehmen in Europa vor neuen Anforderungen an die Compliance-Funktion. Die Solvency-II-RL fußt auf einem Drei-Säulen-Ansatz.[55] Die erste Säule der Solvency-II-RL enthält größtenteils quantitative Regelungen.[56] Die zweite Säule der Solvency-II-RL behandelt sowohl die Überwachungstätigkeit der Aufsichtsbehörde als auch die organisatorischen Anforderungen an das Governance-System des Versicherungsunternehmens. Dieses Governance-System besteht vor allem aus den „Schlüsselfunktionen" Aktuariat, Revision, Risikomanagement und Compliance. Die Compliance-Funktion ist dabei dem internen Kontrollsystem zugeordnet. Nach Art. 46 Abs. 1 S. 1 Solvency-II-RL sollen die Versicherungsunternehmen ein wirksames internes Kontrollsystem zur Verfügung stellen. Art. 46 Abs. 1 S. 2 Solvency-II-RL nennt die Vorgaben zum internen Kontrollsystem, damit die Einrichtung einer obligatorischen Compliance-Funktion, die ein Bestandteil des internen Kontrollsystems ist, vorgeschrieben wird. Art. 46 Abs. 2 Solvency-II-RL hat die fundamentalen aufsichtsrechtlichen Vorgaben für Compliance-Funktion vorgesehen, aus der sich vier Kernaufgaben ableiten lassen.[57]Danach muss die Compliance-Funktion die laufende Überwachung der Einhaltung der Vorgaben des internen Kontrollsystems durchführen, die Geschäftsleitung hinsichtlich der Transformation des Versicherungsaufsichtsrechts beraten, bevorstehende Änderungen im Rechtsumfeld und deren eventuelle Auswirkung auf die Tätigkeit des Versicherungsunternehmens identifizieren und analysieren sowie die mit der Nichteinhaltung rechtlicher Vorgaben verbundenen Risiken identifizieren und beurteilen. Die dritte Säule der Solvency-II-RL geht um Informations- und Berichtspflichten von Versicherungsunternehmen.

Im Januar 2015 wurde ein delegierter Rechtsakt in Form einer Vorordnung im Amtsblatt erlassen.[58]Diese delegierte Verordnung listet administrative Aufgaben

---

55 Armbrüster, EuZW 2013, 686; Looschelders/Michael, in Enzyklopädie Europarecht, Bd. 5 Europäisches sektorales Wirtschaftsrecht, § 11 Rn. 55; vgl. zu diesem auf der Internet-Homepage der BaFin: http://www.bafin.de/cln_171/nn_722570/DE/Unternehmen/VersichererPensionsfonds/Solvency2/solvency2__node.html?__nnn=true.

56 *Dreher*, ZVersWiss 2012, 381 ff.; *Bürkle*, in: Fahr/Kaulbach/Bähr/Pohlmann, Versicherungsaufsichtsgesetz, 5. Aufl. 2012, Solvabilität II, Rn. 33; *Looschelders/Michael*, in: Enzyklopädie Europarecht, 2013, Band 5, § 11 Rn. 56 ff.; *Ziegler*, Die künftigen Eigenkapitalanforderungen für Versicherungsunternehmen, 2014, S. 42 ff.

57 *Bürkle*, in: Looschelders/Michael, Düsseldorfer Vorträge zum Versicherungsrecht 2010, 1; *Bürkle*, in: Bürkle, Compliance in Versicherungsunternehmen, 2. Aufl. 2015, § 1 Rn. 128 f.

58 Delegierte Verordnung (EU) 2015/35 der Kommission vom 10.10.2014 zur Ergänzung der Richtlinie 2009/138/EG des Europäischen Parlament und des Rates betreffend die

der Compliance-Funktion auf: die Aufstellung einer „Compliance-Politik" und eines Compliance-Plans sowie die Bewertung der Angemessenheit der vom Unternehmen getroffenen Maßnahmen zur Prävention von Verstößen gegen Compliance.[59]

II. Die Begriffsbestimmung von Compliance

1. Definition von Compliance

Das Wort „Compliance" leitet sich von dem englischen Verb „to comply" ab, was mit „Einhaltung" oder im Zusammenhang mit rechtlichen Wertungen mit „Rechtsbefolgung" übersetzt werden kann.[60] Der Fachbegriff der Compliance stammt aus der Medizin, seit den frühen 1990er-Jahren wird Compliance in der Betriebswirtschaft und in der Unternehmenspraxis zu Recht verstärkte Aufmerksamkeit geschenkt und der Begriff ist zu einer wichtigen Terminologie in der juristischen Diskussion geworden. Aus rechtlicher Sicht hat der aus dem Englischen stammenden Begriff „Compliance" vorher kein entsprechendes besonderes Gepräge gehabt. Seine Prägung als rechtlicher Begriff hat Compliance in dem angloamerikanischen Rechts- und Wirtschaftskreis zunächst auf dem Gebiet des Kapitalmarktrechts[61] erhalten und sich dann im Laufe seiner Rezeption entfaltet.[62] Es gibt keine allgemeine übersetzte deutsche Rechtssprache für diesen Begriff,[63] sodass in einer Vielzahl der Literatur der englische Begriff verwendet wird.

In zahlreichen Normen wurde der Begriff „Compliance" aufgenommen, jedoch nicht allgemeingültig definiert, was man darunter zu verstehen hat. Insofern lässt sich Compliance im Sinne eines Schutzschildes verstehen, der gegen wirtschaftliche und damit verbundene rechtliche Risiken eingesetzt werden kann. Durch Compliance kann das Unternehmen die Risiken, denen

---

Ausnahme und Ausübung der Versicherungs- und der Rückversicherungstätigkeit (Solvency II), ABlEU v. 17.1.2015 L12.

59 Art. 270 Delegierte Verordnung.

60 *Buffo/Brünjes*, CCZ 2008, 108.

61 *Vetter*, Compliance in der Unternehmerpraxis in: Wecker/van Laak, Compliance in der Unternhemerpraxis, 2. Aufl., Wiesbaden 2009, S. 29 f.

62 *Pape*, Corporate Compliance-Rechtspflichten zur Verhaltenssteuerung von Unternehmensangehörigen in Deutschland und den USA, S. 65 ff.; *Schneider, Sven H.*, Informationspflichten und Informationssystemeinrichtungspflichten im Aktienkonzern, 2006, S. 276 ff.

63 *Streck/Binnewies*, DStR 2009, 229.

es ausgesetzt ist, früh erkennen und minimieren.[64] Zum Teil wird Compliance auch als Organisationsform verstanden, die die Einhaltung von gesetzlichen Vorschriften und betrieblichen Bestimmungen sicherstellt.[65] Compliance als übergeordneter Begriff fasst die Rechtstreue und deren organisatorisches System der Gewährleistung zusammen.[66] Der Kern von Compliance ist die Einhaltung der gesetzlichen Bestimmungen und regulären Standards. Diese Einhaltung bezieht sich sowohl auf relevante nationale und internationale Rechtsvorschriften als auch auf unternehmensinterne Regeln, die Gesellschaftssatzung sowie Anordnungen der Aufsichtsbehörden.[67] In einer Definition von Compliance heißt es: „Compliance umfasst die Gesamtheit aller Maßnahmen, um das rechtmäßige Verhalten der Unternehmen, der Organmitglieder und der Mitarbeiter im Blick auf alle gesetzlichen Gebote und Verbote zu gewährleisten."[68] Demnach setzt sich Compliance aus zwei Teilen zusammen. Neben dem Kern der Einhaltung stellt Compliance auch die Gesamtheit sämtlicher Maßnahmen dar, die zu der Sicherstellung der Normkonformität sowie der Gewährleistung des rechtmäßigen Verhaltens der Unternehmen, der Organmitglieder und der auf den verschiedenen Verantwortungsebenen handelnden Personen ergriffen wurden.[69] Darüber hinaus beschreibt Compliance auch eine Managementfunktion, die auf die Vermeidung von Rechtsverletzungen sowie die Vorbeugung hinsichtlich der potenziellen Haftungs- und Reputationsrisiken gerichtet ist.[70] Teilweise hat die Regelung der Ziffer 4.1.3 des Deutschen Corporate Governance Kodex (DCGK) eine praktikable Definition geliefert.[71] Sie lautet: „Der Vorstand hat für die Einhaltung der gesetzlichen Bestimmungen und der unternehmensinternen

64 *V. Hehn/Hartung*, DB 2006,1909.

65 Vgl. PriceWaterhouseCooper pwc 2005, S. 8.

66 *Sandmann*, CCZ 2008, S. 104; *Klein*, Anwendbarkeit und Umsetzung von Risikomanagementsystemen auf Compliance-Risiken im Unternehmen, 2008 S. 86; *Hauschka*, ZIP 2004, 877; *Reichert/Ott*, ZIP 2009, 2173, 2174.

67 *Roth*, Compliance: Begriff, Bedeutung, Beispiel, S. 1; *Buff*, Compliance, Rn. 4; *Klein*, Anwendbarkeit und Umsetzung von Risikomanagementsystemen auf Compliance-Risiken im Unternehmen, 2008, S. 84 f.

68 *Schneider*, ZIP 2003, 645.

69 *Schneider*, ZIP 2003, 646; Harbarth, ZHR 179 (2015), 136, 145 ff.

70 *Löser*, WM 2008, 1098, 1100; *ders.*, Compliance im Wertpapierdienstleistungskonzern, 2003, S. 11; *Klindt*, NJW 2006, 3399; *Maschmann*, AuA 2009, 72.

71 *Vetter*, Compliance in der Unternehmerpraxis, in: Wecker/van Laak, Compliance in der Unternhemerpraxis, 2. Aufl., 2009, S. 33, 34 ff.

Richtlinien zu sorgen und wirkt auf deren Beachtung durch die Konzernunternehmen hin (Compliance)."

Dabei ist allerdings zu beachten, dass die rechtliche Definition von Compliance den Sinn des Begriffs auf eine rechtliche Betrachtungsweise reduziert. In der Unternehmenspraxis soll sich die Compliance jedoch auch auf ethische Grundsätze, gewisse Standards und Werte beziehen,[72] dies ist die sog. Social Compliance. Beide Bereiche überschneiden sich teilweise und stehen zueinander in bestimmten Wechselbeziehungen.[73] Zum Beispiel sind Fragen der Gleichbehandlung und Antidiskriminierung nicht nur eine Aufgabe der Social Compliance, vielmehr wird dies allgemein auch im Gleichbehandlungsgesetz geregelt. In den meisten Fällen kann ein Unternehmen Aufgaben der Social Compliance durch interne Richtlinien erfüllen.

2. *Die Differenzen zwischen Compliance, Corporate Governance und Risikomanagement*

In einem verantwortungsvollen Unternehmen stehen häufig Compliance, Corporate Governance und Risikomanagement in einem engen fachlichen Zusammenhang. Der Begriff „Corporate Governance" war vor 25 Jahren in den englischen Sprachen noch unbekannte und hat sich seit den frühen 1990er-Jahren entwickelt.[74] Hierzulande wird dieser Begriff in „Herrschaft im Unternehmen" übersetzt und als den Ordnungsrahmen für die Leitung und Überwachung eines Unternehmens bezeichnet.[75] In den angloamerikanischen Herkunftsländern wird Corporate Governance in marktwirtschaftlicher Sicht verwendet und in erster Linie als Mäßigkeitsmittel der Anteilseigner gegenüber dem angestellten Management verstanden. Die Rezeption in Deutschland hat diesen Begriff konkretisiert und ihn im Koalitionsmodell der Unternehmen und als Oberbegriff eines vollständigen Systems der guten Unternehmensführung entwickelt.[76] Damit geht die Corporate Governance weiter als Compliance.[77]

---

72 *Buff*, Compliance, S. 2; *Wieland*, CCZ 2008, 15 ff.; *Roth*, ZRFC 2009, 5 ff.

73 *Strothneyer*, Compliance-Risikobegrenzung und Imagevorteil, S. 28.

74 *Zingales*, in: The new Palgrave Dictionary of Economics and the law, Bd. 1, 1998, S. 497 ff.

75 *Peelmöler/Reinel-Neumann*, BB 2009, 206; *Bergmoser/Theusinger/Gushurst*, BB-Special 5. 2008 zu Heft 25, 1.

76 *Rode*, BB 2006, 341.

77 *Wecker/Galla*, in: Wecker/Hendrik: Compliance in der Unternehmerpraxis, 2. Aufl., Wiesbaden 2009, S. 49, 50.

Nach dem Deutschen Corporate Governance Kodex ist Compliance ein verbindlicher Standard und ein notwendiges Instrumentalisierungsmittel zur ordnungsgemäßen Corporate Governance.[78] Eine gute Corporate Governance soll damit Elemente der Compliance und des Risikomanagements zu einem AnSatz vereinen, der die Inanspruchnahme einer allumfassenden, horizontalen und vertikalen Integration von Compliance und Risikomanagement in der Unternehmensstruktur gewährleistet.[79] Daher bestehen in der Unternehmenspraxis Überschneidungen von Compliance und Risikomanagement, z. B. ist das Rechtsrisiko der Rechtskonformität des Risikomanagements seinerseits Gegenstand der Compliance.[80] Dies sollte jedoch nicht dahin gehend missverstanden werden, dass beide Begriffe inhaltsgleich wären. Ein Unterschied zwischen Compliance und Corporate Governance lässt sich auch darin sehen, dass Compliance durch den Blickpunkt des Regulierers und Corporate Governance durch die Perspektive des Unternehmers charakterisiert ist.[81]

Unter einem Risikomanagement im Sinne der Rechtlinie von IDW sind alle Maßnahmen und organisatorischen Regelungen zur Erkennung und Vermeidung der Risiken im Unternehmen zu verstehen.[82] Die Definition des Begriffs Risikomanagement von Kajüter lautet „Gesamtheit aller organisatorischen Regeln und Maßnahmen zum strukturierten Umgang mit Risiken im Unternehmen."[83] Die Anforderung eines Risikomanagements hat sich aus Vorschrift des § 91 Abs. 2 AktG herausgebildet. Durch das im Jahr 1998 erlassene Gesetz zur Kontrolle und Transparenz ist § 91 Abs. 2 AktG im Unternehmensbereich eingeführt worden.[84] Danach ist der Vorstand verpflichtet, geeignete Maßnahmen zu treffen, insbesondere ein Überwachungssystem einzurichten, damit den Fortbestand der Gesellschaft gefährdende Entwicklungen früh erkannt werden. Die Aufgabe des Risikomanagements im Sinn des §91 Abs. 2 AktG bezieht sich in erster Linie auf die Prozesse des Risikocontrollings, der Risikoerkennung und -überwachung, so steht beim Risikomanagement allgemein die auf

---

78 *Bürkle*, BB 2007, 1797 ff.

79 *Kort*, NZG 2008, 82.

80 *Löser*, WM 2008, 1098, 1102.

81 *Hauschka/Moosmayer/Lösler*, in: Hauschka/Mossmayer/Lösler, Coporate Compliance, 3. Aufl. 2016, § 1 Rn. 4.

82 IDW PS 340, Rn. 3 f.

83 *Kajüter*, Risikomanagement im Konzern, 2012, S. 114.

84 *Dreher*, in: FS Uwe Höffer, S. 162.

Bestandsgefährdung ausgerichtete Überwachungsfunktion im Vordergrund.[85] Durch die Regelung der Ziffer 4.1.3 Deutscher Corporate Governance Kodex hat der Begriff Risikomanagement erstmals formal Einzug in das deutsche Unternehmensrecht gehalten und die Pflichten von Vorstand und Aufsichtsrat in Bezug auf das Risikomanagement konkretisiert.[86] Unter Compliance sind alle Maßnahmen zur Normkonformität eines Unternehmens, seiner Organe und Mitarbeiter verstehen. Compliance zielt zunächst schwerpunktmäßig insbesondere auf das rechtmäßige Verhalten des Unternehmens und seiner Mitarbeiter ab. Risikomanagement beginnt mit einer Bestandsaufnahme der zu überwachenden Risiken, im GegenSatz dazu setzt Compliance am Anfang eine zukunftsgerichtete Planung ein und bildet eine selbstständige Aufgabe, die weit über ihre risikobezogenen Elemente hinausgeht.

Die Pflicht der Geschäftsleitung zum Risikomanagement leitet sich aus ihrer Leitungsverantwortung und der hierbei erforderlichen Sorgfalt ab.[87] Die Pflichtenquelle der Sorgfalt ist § 93 Abs. 1 S. 1 AktG. Nach diesem Artikel müssen die Vorstandsmitglieder bei ihrer Geschäftsführung die Sorgfalt eines ordentlichen und gewissenhaften Geschäftsleiters anwenden. Die Sorgfaltspflicht umfasst die Planung, die Koordination und die Kontrolle des Unternehmens. Im Bereich Risikomanagement prägt sich die Sorgfaltspflicht der Geschäftsleitung in der Früherkennung der Rechtsrisiken und Vorteilsmehrung aus. Der in Ziff. 4.1.3 DCGK formulierten Definition entsprechend ist die Pflicht der Geschäftsleitung zur Compliance auf die Gewährleistung von Rechtskonformität der unternehmerischen Tätigkeit gerichtet. Sie leitet sich auch aus der Leitungsverantwortung bzw. der Sorgfaltspflicht der Geschäftsleitung her, aber der wesentliche Teil bezieht sich auf die Legalitätspflicht des Geschäftsleitungsorgans.[88] Die Legalitätspflicht ist Kardinalpflicht der Geschäftsleitung,[89] unter der Legalitätspflicht soll die Geschäftsleitung dafür sorgen, dass sich die Gesellschaft rechtmäßig verhält und ihren gesetzlichen Verpflichtungen folgt. Diese Pflicht besteht im Innenverhältnis und Außenverhältnis der Vorstandsmitglieder zur Gesellschaft.

---

85 *Tangermann*, Compliance: Risikobegrenzung und Imagevorteil, 2010, S. 18 f.; *Bürkle*, CCZ 2008, 50.

86 *Preußner*, NZG, 2004, 304.

87 §91 Abs. 2, § 93 Abs. 1 S. 1 AktG; § 34 Abs. 1 S. 1 GenG.

88 *Thole*, ZHR 173 (2009), 504, *Habersack*, in: FS U.H. Schneider, 2011, S. 429.

89 OLG Köln, Urteil von 28.02.2013-18 U 298/11, AG 2013, S. 570; OLG Karlsruhe, Urteil vom 31.7. 2013 – 7 U 184/12, NZG 2013, S. 1177; *Fleischer*, ZIP 2005, 141; *Hopt/Wiedemann*, Der Großkommentar zum AktG, 4. Aufl. 2012, §93 Rn. 98.

Im Innenverhältnis geht es um die Einhaltung der bestehenden maßgeblichen Beschränkung, die von Vorschriften über eine Gesellschaft oder von der Satzung und der Geschäftsordnung vorgegeben wird. Im Außenverhältnis bezieht sich die organschaftliche Legalitätspflicht auf die Einhaltung aller rechtlichen Pflichten und Vorgaben der Rechtsordnung, die das Unternehmen als Rechtssubjekt treffen.[90] Die Legalitätspflicht folgt gegenüber den untergeordneten Unternehmensangehörigen[91] und verlangt eine Legalitätskontrolle bzw. das Etablieren eines der Größe und des Bereichs des jeweiligen Unternehmens entsprechenden Compliance-Systems.[92]

Die Trennung der Compliance-Pflicht und der Risikomanagementpflicht findet sich auch in gesetzlichen und nicht gesetzlichen Regelungen, zum Beispiel wird die Compliance-Pflicht in § 25a Abs. 1 S. 1 Kreditwesengesetz (KWG) geregelt, während die Implikationen für die Risikomanagementpflicht sich aus § 25a Abs. 1 S. 3 KWG ergeben.

III. Zusammenfassung

In den vergangenen 20 Jahren waren Unternehmen einer Flut nationaler und internationaler Regelungen und zahlreichen Skandalen ausgesetzt. Die Compliance hat ausgehend von ihren Kernbereichen immer weiter in alle betrieblichen und rechtlichen Bereiche diffundiert und sich als neue Herausforderung an Unternehmen entwickelt. Bei der Compliance handelt es sich nicht um punktuelle Rechtskonformität, sondern um ein Unternehmenssystem, in dem die Einhaltung des gültigen Rechts nicht mehr als Zufall oder individuelles Engagement, sondern als Compliance-Architektur mit dem internen und externen Unternehmensauftritt sicherstellt wird.

Unabhängig davon, ob die USA als „Mutterland der Compliance" bezeichnet werden, dürfte unstreitig sein, dass eine lange Praxis der US-amerikanischen Behörden und Gerichte grundlegend zum heutigen Verständnis von Compliance beigetragen hat. Aus US-amerikanischer Sicht hat die US-Sentencing Guideline zentrale Bedeutung für die Compliance. Die Guideline ist nicht nur wegen ihrer großen rechtlichen Bedeutung bei der Strafverfolgung und Sanktionierungen

90 *Spindler*, in: Münchener Kommentar zum Aktiengesetz, 5. Aufl. 2019, §93 Rn. 86 f.; *Fleisch*, ZIP 2005, S. 141,142 ff.; *Ihrig*, WM 2004, 2098; LG München I, Urteil von 10.12.2013 – 5 HK O 1387/10, NZG 2014, 345; *Metrens/Cahn*, in: Kölner Kommentar zum Aktiengesetz, 3. Aufl. 2009, Band 2 § 93, Rn. 71.

91 *Fleisch*, NZG 2014, 321.

92 *Seibt/Cziupka*, DB 2014, 1598; *Verse*, ZHR (175) 2011, 402.

von Unternehmen, sondern auch durch ihre klare Stellungnahme zu Anforderungen an das Compliance-Programm wichtig. In Großbritannien orientiert sich der UK Bribery Act an den bereits behandelten US-Sentencing Guidelines. Die Inkraftsetzung des UK Bribery Acts und der Erlass der Leitlinien markieren einen Meilenstein in der Umsetzung der Compliance. Wegen des globalen Tätigkeitsfeldes internationaler Unternehmen hat die Entwicklung von Compliance im angloamerikanischen Rechtskreis auch eine große Ausstrahlung auf den Europäischen Wirtschaftsraum. Der Begriff „Compliance" ist ein neues Wort in der deutschen Sprache. Compliance ist von „Corporate Governance" und „Risikomanagement" zu unterscheiden, sie bereichert diesen Begriff im deutschen wirtschaftlichen und rechtswissenschaftlichen Bereich. Im Wesentlichen stellt die Compliance Anforderungen an die Einhaltung von gesetzlichen Vorschriften und betrieblichen Bestimmungen und fasst die Rechtstreue und deren organisatorisches System der Gewährleistung zusammen.

B. Compliance in Deutschland

I. Verankerung in Deutschland

Obwohl der Begriff der Compliance als Reaktion auf die internationale Entwicklung in Deutschland seit etwa zwanzig Jahren gebraucht wird, ist Compliance keineswegs ein neuer Gedanke des Unternehmens.[93] Nach der preußischen Gewerbeordnung von 1845[94] und der Rechtsprechung des Reichgerichts[95] hatte der Geschäftsherr bereits dafür zu sorgen, dass von seinem Organisationskreis für Dritte keine Gefahr ausging.[96] Mitte der 1970er-Jahre waren von zwei Rechtsprechungen konkrete Anforderungen an die Organisationspflichten eines Unternehmensleiters zum Kartell- und Ordnungswidrigkeitenrecht (§ 130 OWiG) gestellt worden.[97] Diese konkreten Anforderungen stellten hauptsächlich die Pflicht zur Information der leitenden Angestellten über die zentralen kartellrechtlichen Regelungen in den Vordergrund. Entweder der Geschäftsleiter selbst

---

93 *Eisele*, WM 1993, 1021; Goette, ZHR 175 (2011), 388, 389 ff.

94 Vgl. §§ 179 ff. der neuen allgemeinen Gewerbe-Ordnung für die preußische Monarchie v. 17.1.1845, Band 95, Nr. CII. /Miszelle 1, S. 393, 411 f.

95 RG 6. Zivilsenat Urteil vom 14.12.1911 VI 75/11 RGZ 78, S. 107–111.

96 *Kremer*, Audit Committee Quarterly II/2012, S. 4, 5.

97 KG, Beschluss vom 13.4.1973- Kart. 27/72, WuW/E OLG S. 1394, 1398; KG Beschluss vom 8.2.1974-Kart. 15/73, WuW/E OLG S. 1449, 1457.

oder ein geeigneter Beauftragter müsse den Ablauf der gesamten Unternehmensvorgänge regelmäßig kontrollieren.[98]

In den 1990er-Jahren begannen die internationalen deutschen Unternehmen damit, das Compliance-System einzurichten, um sich so für ihre Geschäftstätigkeit in den USA entsprechend aufzustellen. Mit der Zeit setzen die deutschen Unternehmen Compliance auch im Rahmen ihrer nationalen Geschäftstätigkeit um.[99] Eine Compliance-Abteilung neben der Rechtsabteilung und der Innenrevision ist im April 1992 erstmalig bei der Deutschen Bank, die Wertpapierdienstleistungsgeschäfte betreibt, gegründet worden.[100] Die Compliance-Abteilung der Bank hatte in einer Selbstverpflichtung Instrumente festgelegt, um Kunden vor negativen Auswirkungen von Interessenkonflikten zu schützen. Diese Instrumente waren: Verhaltensrichtlinien, Vertraulichkeitsbereich, Überwachung von Mitarbeitergeschäften und Handelsverbote.[101]

Die Compliance in der deutschen wörtlichen Übersetzung bedeutet „Übereinstimmung" oder „Einhaltung".[102] Sinnentsprechend ins Deutsche übertragen verlangt Compliance, dass sich Unternehmen und Organe ordnungsgemäß und insbesondere rechtmäßig verhalten. Anders als in den USA und Großbritannien existieren in Deutschland keine Regelwerke, die den einheitlichen rechts- oder betriebswissenschaftlichen Begriff von Compliance und die Anforderungen an Compliance Programm allgemein definieren. Vielmehr besteht nur eine nicht näher bezeichnete typisierende Einigkeit in Bezug auf die Funktionen von Compliance. Die am häufigsten verwendete Definition stammt von Uwe H. Schneider. Danach umfasst Compliance „die Gesamtheit aller Maßnahmen, um das rechtmäßige Verhalten aller Unternehmen, ihrer Organmitglieder, ihrer nahen Angehörigen und der Mitarbeiter im Blick auf alle gesetzlichen Verbote und Gebote zu gewährleisten."[103] Dagegen stehen die deutschen Unternehmen einer stetig steigenden Zahl von rechtlichen Leistungsforderungen gegenüber, deren vollständige Einhaltung Schwierigkeiten bereitet.[104] In der Praxis lassen sich für

---

98 KG Beschluss vom 8.2.1974-Kart. 15/73, WuW/E OLG S. 1449, 1457 – bitumenhaltige Bautenschutzmittel II.

99 *Fleischer*, NZG 2004, S. 1129.

100 *Löser*, Compliance im Wertpapierdienstleistungskonzern, Berlin 2003; *Weiss*, Die Bank 1993, 136; *Mahnhold*, Compliance und Arbeitsrecht, 2004, S. 35 f.

101 *Eisele*, WM 1993, S. 1021, 1023 ff.; *ders.* in: Schimansky/Bunte/Lwowski, Bankrechts-Handbuch, 3. Aufl. 2007, § 109 Rn. 25 ff.

102 *Adelt*, VW 2006, 910; *Roth*, Compliance: Begriff, Bedeutung, Beispiele, S. 1.

103 *Uwe H. Schneider*, ZIP 2003, 645, 646.

104 Siehe nur Stellungnahme BDI zu den steigenden Veröffentlichungspflichten.

die deutschen Unternehmen bestimmte Richtwerte aus Rechtsprechung und Literatur zu einer Vielzahl der Normen herausarbeiten, die für die rechtliche Untersuchung von Compliance besondere Bedeutung haben.

II. Die Entwicklungsstände im deutschen Rechtsraum

Die Entwicklung der Compliance im deutschen Recht bedeutet den fortschrittlichen Prozess des rechtlichen Kanons, der einer organisatorischen Sicherstellung der Rechtstreue und Rechtsgeschäfte eines Unternehmens, seiner Organmitglieder und Mitarbeiter dient. Anders als im angelsächsischen Raum existieren in Deutschland bislang keine Regelwerke wie der bereits genannte Sarbanes-Oxley Act, die Anforderungen an Compliance im Rahmen von besonderen Gesetzen vereinen. Die Compliance-Regeln im deutschen Rechtsraum lassen sich in verschiedenen Rechtsgebieten stützen.

1. Aktien- und Gesellschaftsrecht

Obwohl der Begriff Compliance in Deutschland eine Wortneuschöpfung in jüngerer Zeit darstellt, gehört die Einhaltung der gesetzlichen Bestimmung seit jeher zur Vorstandspflicht. Die Compliance-Pflicht wird im Aktien- und Gesellschaftsrecht nicht explizit geregelt,[105] dennoch sind die §§ 76, 91 und 93 AktG die wichtigsten Regelungen, die eine Implementierung der Grundsätze der Compliance ins deutsche Recht gewährleisten. Nach herrschender Meinung ist gem. §§ 76 Abs. 1, 93 Abs. 1 AktG die aktienrechtliche Pflicht zur Compliance der Gesellschaftsleitung aus der Sorgfaltspflicht bzw. Legalitätspflicht, durch organisatorische Vorkehrungen für seine eigene Rechtstreue und die Einhaltung gesetzlicher Bestimmung und unternehmensinterne Richtlinien von Unternehmensangehörigen zu sorgen, dogmatisch abzuleiten.[106]

Zunächst trifft § 76 AktG zentrale Aussagen zur aktienrechtlichen Spitzenverfassung. Darin wird die Leitung der Gesellschaft dem Vorstand zugewiesen und dies hervorgehoben. Nach § 76 Abs. 1 AktG hat der Vorstand die Geschäfte der Gesellschaft unter eigener Verantwortung zu leiten. § 93 Abs. 1 AktG gibt

---

105 *Uwe H. Schneider/Sven H. Schneider*, ZIP 2007, 2061; *Winter*, in: FS Uwe Hüffer, 2010, S. 1103.

106 *Bürkle*, BB 2007, 1799; *Campos Nave/Bonenberger*, BB 2008, 734; *Fleischer*, AG 2003, 298; *ders.* BB 2008, 1072; *ders.* NZG 2014, 322; *Hüffer*, in: FS Günther H. Roth, 2011, S. 304; *Immenga*, in: FS Eberhard Schwark, 2009, S. 202; *Lutter*, in; FS Wulf Goette, 2011, S. 291; *Metrens/Cahn,* in: Kölner Kommentar zum Aktiengesetz, 3. Aufl. 2009, Band 2 §93, Rn. 35.

eine generalklauselartige Umschreibung der Sorgfaltspflicht von Vorstandsmitgliedern. Damit haben die Vorstandsmitglieder bei ihrer Geschäftsführung die Sorgfalt eines ordentlichen und gewissenhaften Geschäftsleiters anzuwenden.[107] Die weite Sorgfaltspflicht eines Vorstandsmitglieds hat sich mit der Zweiteilung in eine Legalitätspflicht und enge Sorgfaltspflicht herausgebildet. Die Legalitätspflicht verpflichtet ein Vorstandsmitglied, im Innenverhältnis Satzung, Geschäftsordnung und Rechtlinie des Unternehmens[108] und im Außenverhältnis sämtliche Rechtsvorschriften, die das Unternehmen als Rechtssubjekt treffen, einzuhalten.[109] Nach pflichtgemäßem Ermessen soll sich das Vorstandsmitglied nicht nur rechtstreu verhalten, sondern auch eine Legalitätskontrolle anderer Personen einbeziehen.[110] Jedes Vorstandsmitglied muss durch geeignete organisatorische Maßnahmen für ein gesetzestreues Verhalten anderer Vorstandsmitglieder und nachgeordneter Unternehmensangehöriger sorgen und gegen Verstöße einschreiten.[111] Gemäß § 93 Abs. 2 AktG kann die Verletzung dieser Organisationspflicht zur Schadensersatzpflicht führen.

Am 5.3.1998 trat das Gesetz zur Kontrolle und Transparenz im Unternehmensbereich (KonTraG) in Kraft.[112] Das KonTrAG enthält eine Reihe von Änderungen des Aktiengesetzes,[113] der Gesetzgeber zielt auf die Verbesserung der Corporate Governance in deutschen Unternehmen ab. Durch Artikel 1 KonTrAG ist die Vorschrift des § 91 Abs. 2 AktG eingefügt worden. Bei § 91 Abs.2 AktG handelt es sich um eine gesetzliche Hervorhebung der allgemeinen Leitungsaufgabe des Vorstands gemäß § 76 AktG. Dem Vorstand wird die Verpflichtung zur Einrichtung eines Überwachungssystems auferlegt. Nach § 91 Abs. 2 AktG hat der Vorstand geeignete Maßnahmen zu treffen, insbesondere ein Frühwarnsystem einzurichten, damit den Fortbestand des Unternehmens gefährdende Entwicklungen früh erkannt werden. Nach einer Literaturmeinung kann die Rechtsgrundlage zur Schaffung eines Compliance-Systems aus § 91 Abs. 2 AktG abgeleitet worden,[114] weil Verstöße von Unternehmensorganen

---

107 *Fleischer*, in: Spindler/Stilz, Kommentar zum Aktiengesetz, 4. Aufl. 2019, § 93 Rn. 10.

108 *Fleischer*, in: Spindler/Stilz, Kommentar zum Aktiengesetz, 4. Aufl. 2019, § 93 Rn. 14.

109 *Abeltshauser*, Leitungshaftung im KapitalgesellschaftsR, 1998, S. 213; *Fleischer*, ZIP 2005, S. 141, 148.

110 *Arnold*, ZGR 2014, 76; *Fleischer*, CCZ 2008, 1, 2; *Verse*, ZHR 175 (2011), 401.

111 *BGH*, Urteil vom 15. 1. 2013 – II ZR 90/11, NZG 2013, 293, Rn. 22.

112 Bundesratsdrucksache 203/98 vom 6.3.1998.

113 Art. 1 KonTraG.

114 *Dreher*, in: Uwe FS Hüffer, 2010, S. 168 ff.; *Schwintowski*, NZG 2005, S. 200 ff.; *Spindler*, WM 2008, S. 905; *Schwintowski/Klaue*, WuW 2005, 370.

und Unternehmensangehörigen gegen gesetzliche Vorschriften ebenfalls zu den potenziell gefährdenden Entwicklungen gehören.[115] Aber § 91 Abs. 2 AktG darf nicht isoliert betrachtet werden. Die Vorschrift ist stets im Zusammenhang mit dem KonTrAG zu sehen. Demnach bewirkt § 91 Abs. 2 AktG nur eine Verortung der Pflicht zur Einrichtung einer Compliance-Organisation in die Abschlussprüfung. Die Vorschrift des § 91 Abs. 2 AktG stellt nicht mehr als eine konkrete Ausformung der allgemeinen Vorstandspflichten aus den §§ 76 Abs. 1, 93 Abs.1 AktG dar.[116]

Das aktuelle Urteil des Landgerichtes München [117] hat diese dogmatische Verortung der Compliance Pflicht im Aktienrecht bekräftigt und einen praktischen Prüfstein für die Compliance-Organisationspflicht des Vorstandsmitgliedes entwickelt. Anhand der Entscheidung des Landgerichtes München muss ein Vorstandsmitglied im Rahmen seiner Legalitätspflicht dafür sorgen, das Unternehmen so zu organisieren und zu beaufsichtigen, dass keine Gesetzverstöße erfolgen.

2. *Bank- und Kapitalmarktrecht*

Compliance hat ihren Ursprung in der angloamerikanischen Bankenwelt und auch in Deutschland hat sich der Gedanke zunächst im Bank- und Kapitalmarktrecht entfaltet.[118] Die rasche Entwicklung der Bank- und Kapitalmärkte hat die Wertpapiergeschäfte fühlbar beeinflusst. Gleichzeitig haben sich durch die zunehmende Globalisierung der Märkte Standards zum Schutz der Kunde herausbildet. Am 30.12.1993 erließ das Bundesaufsichtsamt für das Kreditwesen eine Verlautbarung,[119] die auf die Stärkung des Kundenvertrauens und die Gewährleistung eines von Manipulationen freien Finanzplatzes zielt und als „Leitsätze für Mitarbeitergeschäfte“ bekannt wurde. Im Anschluss an die

---

115 Begr. RegE BT-Drucks. 13/9712 S. 15; *Eisele*, in: Schimansky/Bunte/Lwowski, Bankrechts-Handbuch 5. Auflage 2017, §109 Rn. 95a; *Schneider*, ZIP 2003, 645.

116 *Altmeppen*, ZGR 1999, 291; *Spindler* in: Fleischer, Handbuch des Vorstandsrechts, 2006, § 19 Rn. 6;
Hopt/Wiedemann, Der Großkommentar zum AktG, 4. Aufl. 2012, § 91 Rn. 43.

117 LG München I, Urteil vom 10.12.2013-5 HK O 1387/10, wistra 2014, 367; *Beckmann*, ZWH 2014, 197.

118 *Eisele*, in: Schimansky/Bunte/Lwowski, Bankrechts-Handbuch 5. Aufl. 2017, § 109 Rn. 1 ff.; *Lösler*, Compliance im Wertpapierdienstleistungskonzern, S. 102.

119 *Fischer/Klanten*, Bankrecht-Grundlagen der Rechtspraxis, 4. Aufl. 2010, Anh. IX, S. 535.

Mitarbeiterleitsätze trat im Juli 1994 das Wertpapierhandelsgesetz (WpHG) in Kraft, durch das Art. 10 der europäischen Vorgaben der Wertpapierdienstleistungsrichtlinie (Investment Services Directive – ISD) für die Etablierung einer Compliance-Organisation[120] in deutsches Recht umgesetzt wird.[121] Gemäß § 33 Abs. 1 WpHG i. d. f. 1994 muss das Unternehmen, das regelmäßig Wertpapierdienstleistungen erbringt, über angemessene interne Kontrollverfahren verfügen, die geeignet sind, Verstößen gegen die Verpflichtung des WpHG entgegenzuwirken. Nach dem Bericht des Finanzausschusses des Bundestags zum WpHG genügt die einmalige Einrichtung entsprechender Verfahren und organisatorischer Maßnahmen nicht den Anforderungen des WpHG, die Wertpapierdienstleistungsunternehmen können diesen Anforderungen entsprechen, indem sie Compliance-Organisationen einrichten.[122]Damit erlangte die Compliance im Rahmen der Umsetzung einen ersten gesetzlichen Anhaltspunkt.[123] Mit dem Wertpapierhandelsgesetz i. d. f. 1994 erfolgte die Errichtung des Bundesaufsichtsamtes für den Wertpapierhandel(BAWe). Im Jahr 1999 erließ das BAWe die maßgebliche „Compliance-Richtlinie",[124] diese Verwaltungsvorschrift brachte eine sachgemäße Konkretisierung der allgemeinen Anforderungen des § 33 Abs. 1 WpHG i. d. f. 1994. Nach Nr. 2.1 Halbs. 1 der Compliance-Richtlinie sind Wertpapierdienstleistungsunternehmen verpflichtet, eine ihrer Struktur und Geschäftstätigkeit entsprechende Aufbau- und Ablauforganisation zu gewährleisten. Darüber hinaus fordert Nr.3. 1 der Compliance-Richtlinie, eine Compliance-Stelle einzurichten, die unabhängig von Geschäfts- und Handelsabteilungen ihre Aufgaben wahrnimmt.[125] Im Jahr 2007 erhielt § 33 WpHG seine neue Fassung, indem er der Umsetzung[126] der Richtlinie über Märkte für

---

120 Bericht des Finanzausschusses BT-Drs. 12/7918 S. 105.

121 *Salomon* in Interne Revision digital, www.internerevisiondigital.de/978-3-503-13649-0_4486.

122 BT-Drs. 12/7918, S. 105.

123 *Schweizer*, Insiderverbote – Interessenskonflikte und Compliance, S. 112 f.; *Grohner*, Rechtliche Grundlagen einer Compliance-Organisation und ausgewählte Fragen der Umsetzung, S. 6; *Bergles*, ZBB 2000, S. 140; *Matzick*, Arbeitsrechtliche Maßnahmen zur Vermeidung bzw. Sanktionierung von Interessenkollisionen bei Wirtschaftsjournalisten, S. 73 ff.

124 Richtlinie des Bundesaufsichtsamtes für den Wertpapierhandel zur Konkretisierung der Organisationspflichten von Wertpapierdienstleistungsunternehmen gemäß § 33 Abs. 1 WpHG vom 25.10.1999, BAnz Nr. 210 vom 6.11.1999, S. 18453.

125 *Jütten*, Die Bank 1999, 126.

126 Gesetz zur Umsetzung der Richtlinie über Markte für Finanzinstrumente und der Durchführungslinie der Kommission vom 16.7.2007 (BGBl. Nr. 31 1330).

Finanzinstrumente (MiFID)[127] und ihrer Durchführungsbestimmung[128] diente. § 33 Abs. 1 S. 2 Nr. 1 WpHG i. d. f. 2007 ist an die Wertpapierdienstleistungsunternehmen adressiert und verlangt, dass diese angemessene Grundsätze aufstellen, Mittel vorhalten und Verfahren einrichten, die sicherstellen sollen, dass das Wertpapierdienstleistungsunternehmen selbst und ein Mitarbeiter der Verpflichtung dieses Gesetzes nachkommen kann. § 33 Abs. 1 S. 2 Nr. 1 WpHG i. d. f. 2007 wird allgemein als Organisationsanforderung an Wertpapierdienstleistungsunternehmen verstanden,[129] die nunmehr die Pflicht zur Einrichtung eines Compliance-Programms im Bereich der Wertpapierdienstleistungen bestimmt.[130] Auch § 33 Abs. 1 S. 2 Nr. 6 WpHG i. d. f. 2007 verlangt von diesen, die Angemessenheit und Wirksamkeit der nach dem 6. Abschnitt des WpHG getroffenen Maßnahmen zu überwachen und regelmäßig zu bewerten sowie die erforderlichen Maßnahmen zur Beseitigung von Dürftigkeit zu ergreifen. Der Gesetzgeber hat hier einen wesentlichen Teil der Compliance-Tätigkeit darstellt und implementiert. § 33 Abs. 1 S. 2 Nr. 5 WpHG i. d. f. 2007 enthält weitere konkrete Aufgabenzuweisungen der Compliance-Funktion an Geschäftsleitung und Aufsichtsorgan.

Daneben ist in § 33 Abs. 4 WpHG i. d. f. 2007 auch eine sog. Richtlinienkompetenz an die Bundesanstalt für Finanzdienstleistungsaufsicht (BaFin) erteilt worden. Auf dieser Grundlage und bei dieser Gelegenheit hat die BaFin die Aufhebung der „Compliance-Richtlinie" beschlossen und am 7.6.2010 in einem Rundschreiben die Mindestanforderungen an die Compliance-Funktion

---

127 Richtlinie 2004/39/EG des Europäischen Parlaments und des Rates vom 21.4.2004 über Märkte für Finanzinstrument zur Änderung der Richtlinien 85/611/EWG und 93/6 EWG des Rates und der Richtlinie 2000/12/EG des Europäischen Parlaments und des Rates und zur Aufhebung der Richtlinie 93/22/EWG des Rates (Amtsblatt der Europäischen Union L 124/1 v. 30.4.2004).

128 Richtlinie 2006/73/EG der Kommission vom 10.8.2006 zur Durchführung der Richtlinie 2004/39/EG des Europäischen Parlaments und des Rates in Bezug auf die organisatorischen Anforderungen an Wertpapierfirmen und die Bedingungen für die Ausübung ihrer Tätigkeit sowie in Bezug auf die Definitionen bestimmter Begriffe für die Zwecke der genannten Richtlinie und Verordnung (EG) Nr. 1287/2006 der Kommission vom 10.8.2006 zur Durchführung der Richtlinie 2004/39/EG des Europäischen Parlaments und des Rates betreffend die Aufzeichnungspflichten für Wertpapierfirmen, die Meldung von Geschäften, die Markttransparenz, die Zulassung von Finanzinstrumenten zum Handel und bestimmte Begriffe im Sinne dieser Richtlinie (Amtsblatt der Europäischen Union L 241/1 v. 2.9.2006).

129 *Röh*, BB 2008, 398, 400; *Veil*, WM 2008, 1093, 1094.

130 *Kort*, NZG 2008, 81.

und die weiteren Verhaltens-, Organisations- und Transparenzpflichten nach §§ 31ff. WpHG 2007 für Wertpapierdienstleistungsunternehmen (MaComp) veröffentlicht. Die MaComp zielen auf die Stärkung der institutionellen Funktionsfähigkeit der Kapitalmärkte sowie den Schutz der Gesamtheit der Anleger und des Wertpapierdienstleistungsunternehmens. Zugleich sollen die MaComp angemessene Maßnahmen zur Minderung des Risikos von Aufsichtspflicht, Schadensersatzansprüche gegenüber Unternehmen und Reputationsschäden für Unternehmen, die aus Verstößen gegen die Bestimmungen des 6. Abschnitts des WpHG 2007 folgen können, festlegen.[131] So enthalten sie Erläuterung zu den wesentlichen Regeln des sechsten Abschnitts des WpHG 2007. Die MaComp bekräftigen zunächst viele seit Langem anerkannte Grundsätze zu Compliance. Darüber hinaus umfassen sie im ersten Abschnitt des besonderen Teils die spezifischen Anforderungen an die Compliance-Funktion eines Wertpapierdienstleistungsunternehmens und die neuen Anforderungen an Stellung, Befugnisse und Vergütung des Compliance-Beauftragten, womit die Entwicklung der WpHG-Compliance eine neue Stufe erreicht hat.[132] Als Normen konkretisierende Verwaltungsvorschrift kann die MaComp zwar keine Außenwirkung wie eine Verordnung entfalten, aber in der Praxis weiß jedes Wertpapierdienstleistungsunternehmen, dass bei der Einhaltung des § 33 WpHG i. d. f. 2007 die MaComp als Maßstab zugrunde gelegt werden müssen.

Die Kodifizierungen für Compliance lassen sich seit der Finanzkrise 2008 fortsetzen. Am 7.4.2011 wurde das Anlegerschutz- und Funktionsverbesserungsgesetz (AnsFuG) im Bundesgesetzblatt veröffentlicht.[133] Das AnsFuG enthält Änderungen der §§ 31 ff. WpHG i.d.F.2007. Es stärkt die Verhaltenspflichten von Wertpapierdienstleistern bei der Anlageberatung, wodurch die Qualität von Informations- und Beratungsdienstleistungen durch Wertpapierdienstleister verbessert werden soll. Die Änderung verpflichtet auch Wertpapierdienstleistungsunternehmen, ausschließlich Compliance-Beauftragte einzusetzen. Diese Änderungen sollen zu einer merklichen Verbesserung der internen Rechtmäßigkeitskontrolle bei Wertpapierdienstleistungsunternehmen führen.

---

131 Rundschreiben WA 4/2010, a .a. O. (Fn. 1), Vorbemerkung, Ziffer 2.

132 *Baur*, in: Renz/Hense, Wertpapier-Compliance in der Praxis, 2010, Kapitel I.6.

133 BGBl. I, 538. – Gesetzestext und Gesetzgebungsmaterialien sind abrufbar unter www.kapitalmarktrecht-im-internet.eu.

Aufgrund der EU-Richtlinie 2014/65/EU (MiFID II)[134] und der begleitenden EU-Verordnung Nr. 600/2014 (MiFIR)[135] werden neue regulatorische Anforderungen an dem Wertpapier- und Kapitalmarkt geschaffen. Die MiFID II wurde in Deutschland durch das Zweite Gesetz zur Novellierung von Finanzmarktvorschriften aufgrund europäischer Rechtsakte (2. FiMaNoG)[136]umgesetzt. Damit sind zahlreiche Änderungen im KWG, im Kapitalanlagegesetzbuch und vor allem im Wertpapierhandelsgesetz vorgenommen worden. Das neue Wertpapierhandelsgesetz trat am 03.01.2018 in Kraft. Damit wurde der bisherige § 33 durch § 80 geändert. Inhaltlich waren § 33 Abs.1 S. 2 Nr. 1 und Nr. 5 WpHG i. d. f. von 2007 wichtige Zuweisungen der Compliance-Organisationen an Geschäftsleitung und Aufsichtsorgan, aber sie wurden in der letzten Änderung aufgehoben. Dagegen werden die Anforderungen an den Produkt-Governance-Prozess für Produktersteller und Vertriebsunternehmen neu gestellt. Die Überprüfung der bestehenden Compliance-Organisationen rückt in den Fokus der Anstrengung von Compliance-Verantwortlichen. Worauf zielt der Bundesgesetzgeber ab? Die Absicht des Gesetzgebers kann aus der neuen Fassung des § 80 Abs. 13 S. 2 WpHG hergeleitet werden. Er strebt danach, dass die Compliance-Funktion noch enger als bisher in die Wertschöpfungskette eingebunden wird. Damit sind Compliance-Risiken frühzeitig zu erkennen. Um diesen Zweck zu erreichen, muss die Compliance-Funktion die Entwicklung und die regelmäßige Überprüfung der Produktfreigabevorkehrungen überwachen.

Vor dem Hintergrund der am 03.01.2018 in Kraft getretenen Gesetzesänderungen hat die BaFin auch ihr Rundschreiben zu den Mindestanforderungen an die Compliance-Funktion für Wertpapierdienstleistungsunternehmen überarbeitet und hat am 02.11.2017 zur Konsultation gestellt. Die beabsichtigten Änderungen der MaComp gehen über reine Anpassungen an die neue Gesetzeslage hinaus und beruhen nicht auf bereits konsultierten Leitlinien der Europäischen Wertpapier- und Marktaufsichtsbehörde.

Am 20.7.2007 hat das Bundesministerium der Finanzen die Verordnung zur Konkretisierung der Verhaltensregeln und Organisationsanforderungen

---

134 RL 2014/65/EU des EU-Parlaments und des Rates vom 15.05.2014 über Märkte für Finanzinstrumente sowie zur Änderung der RL 2002/92/EG und 2011/61/EU, ABlEU Nr. L 173 vom 12.06.2014 S. 349.

135 Verordnung (EU) Nr. 600/2014 des EU-Parlaments und des Rates vom 15.05.2014 über Märkte für Finanzinstrumente und zur Änderung der Verordnung (EU) Nr. 648/2012, ABlEU Nr. L 173 vom 12.06.2014 S. 84.

136 BGBl. I S. 1693.

für Wertpapierdienstleistungsunternehmen (WpDVerOV) erlassen. Als Verordnung ist die WpDVerOV für ein Wertpapierdienstleistungsunternehmen verpflichtend, eine Nichtbefolgung mit Sanktionen versehen. Die WpDVerOV konkretisiert zahlreiche Normen des Wertpapierhandelsgesetzes. Im Hinblick auf die Tätigkeit von Compliance liefert § 12 WpDVerOV i. d. f. 2007 die Basiselemente eines Compliance-Systems, das nach § 33 WpHG i. d. f. 2007 einzurichten ist, und weist die weiteren Aufgaben an die Compliance-Funktion zu. § 12 Abs. 3 WpDVerOV i. d. f. 2007 untersucht zum ersten Mal die Funktion der Prävention einer Compliance. Nach § 12 Abs. 3 Nr.1 WpDVerOV i. d. f. 2007 müssen die Angemessenheit und Wirksamkeit der Grundsätze und Vorkehrungen des § 12 Abs.1 und 2 WpDVerOV i. d. f. 2007 sowie die zur Behebung von Defiziten getroffenen Maßnahmen überwacht und regelmäßig bewertet werden. § 12 Abs. 3 Nr. 2 WpDVerOV i. d. f. 2007 bestimmt, dass die Compliance-Funktion die Mitarbeiter im Hinblick auf die Einhaltung der in § 12 Abs.1 WpDVerOV 2007 genannten Bestimmungen zu beraten und unterstützen hat. Gemäß § 12 Abs. 4 S. 1 WpDVerOV 2007 muss das Wertpapierdienstleistungsunternehmen einen Compliance-Beauftragten benennen, der unbeschadet der Gesamtverantwortung der Geschäftsleitung für die Compliance-Funktion sowie die Berichte an die Geschäftsleitung und das Aufsichtsorgan verantwortlich ist. Die WpDVerOV und die MaComp kommen beide über § 33 WpHG i. d. f. 2007 zur Anwendung. Erstere hat eine bindende Außenwirkung, jedoch wird die interne Umsetzung des § 33 WpHG i. d. f. 2007 durch das Wertpapierunternehmen eher an die MaComp als an die WpDVerOV i. d. f. 2007 angelehnt.

Am 23.10.2017 hat das Bundesministerium der Finanzen aufgrund der MiFID II und der MiFIR auch flankierend die neue Wertpapierdienstleistungs-Verhaltens- und Organisationsverordnung (WpDVerOV) vom 17.10.2017 im Bundesgesetzblatt veröffentlicht. Diese WpDVerOV trat am 3. Januar 2018 in Kraft. Die Verordnung zur Konkretisierung der Verhaltensregeln und Organisationsanforderungen für Wertpapierdienstleistungsunternehmen von 2007 wurde aufgehoben. Die weiteren Vorgaben der Delegierten Richtlinie(EU) 2017/593 wurden im WpDVerOV umgesetzt. Die bereits im WpHG angelegten Konkretisierungen wurden in Hinblick auf Zuwendungen weiter spezifiziert. In der neuen Fassung geht es auch um die Ausdehnung des effektiven Schutzes für Anleger auf die Phasen der Produktfreigabeverfahren.[137]

137 Siehe dazu etwa die Ausführungen in Erwägungsgrund 15 der Delegierten RL (EU) 2017/593.

Im Vergleich zu der alten Fassung des § 12 WpDVerOV 2007 hat die neue Fassung die konkretisierenden Anforderungen an die Konzeption des Produkts und die Vorkehrung der Produktfreigabe gestellt. Damit ist die Compliance-Funktion mit dem gesamten Vertriebszyklus befasst und Compliance-Risiken werden frühzeitig in der Herstellung und im Vertrieb des Produkts gemanagt und reduziert. Die Compliance-Funktion liegt dabei nicht in der Verbesserung des Compliance-Managements, sondern in der Beratung und der Kontrolle der Erfüllung der Pflichten durch die Geschäftseinheiten und Geschäftsleitung. Außerdem soll die Geschäftsleitung auch für Compliance-Berichte sorgen, die Informationen über die konzipierten und empfohlenen Produkte enthalten.

Zuletzt ist am 1.7.2011 das Anlegerschutz- und Funktionsverbesserungsgesetz (AnsFuG)[138] in Kraft getreten, das eine Qualitätskontrolle unter anderem auch der Compliance-Beauftragten in der Kreditwirtschaft vorschreibt. Dies hat die interne Rechtmäßigkeitskontrolle bei Wertpapierdienstleistungsunternehmen bemerkbar verbessert.[139]

3. *Handelsrecht.*

Im Oktober 1993 trat das Gesetz über das Aufspüren von Gewinnen aus schweren Straftaten (Geldwäschegesetz – GwG) in Deutschland in Kraft.[140] Der Grundgedanke des GwG ist die Verbesserung der Bekämpfung der organisierten Kriminalität.[141] Nach § 14 dieses Gesetzes wurden die Aufgaben der Compliance festgestellt und insbesondere wurde ein Geldwäschebeauftragter vorgeschrieben.[142] Am 15.12.2005 hat die Europäische Union die EG-Geldwäscherichtlinie 2005/60/EG[143] in Kraft gesetzt und dabei eine Frist zur Umsetzung in nationales Recht bis zum 15.12.2007 festgelegt. Um dieser Geldwäscherichtlinie nachzukommen, hat der deutsche Gesetzgeber am 21.08.2008

---

138 BGBl I 2011, 538.

139 RegE AnsfuG, BT-Dr 17/3628, S. 22; *Möllers/Wenninger*, NJW 2011, 1697.

140 Gesetz über das Aufspüren von Gewinnen aus schweren Straftaten, BGBI 1993, S. 1770.

141 *Erbs/Kohlhaas*, Strafrechtliche Nebengesetze, G 20. Gesetz über das Aufspüren von Gewinnen aus schweren Straftaten (Geldwäschegesetz – GwG) Rn. 1.

142 Verkündet als Art. 1 G über das Aufspüren von Gewinnen aus schweren Straftaten (Geldwäschegesetz – GwG) vom 25.10.1993 (BGBl. I S. 1770); Inkrafttreten gemäß Art. 6 dieses Gesetzes am 29. 11. 1993.

143 Richtlinie 2005/60/EG des Europäischen Parlaments und des Rates vom 26. Oktober 2005 zur Verhinderung der Nutzung des Finanzsystems zum Zwecke der Geldwäsche und der Terrorismusfinanzierung (ABl. EU Nr. L 309 S. 15).

das Geldwäschebekämpfungsergänzungsgesetz (GwBekErgG) erlassen. Das Geldwäschebekämpfungsergänzungsgesetz ist ein Artikelgesetz mit einer grundlegenden Umstrukturierung und Neufassung des Gesetzes über das Aufspüren von Gewinnen aus schweren Straftaten. Artikel 2 dieses Gesetzes enthält die Neufassung des Geldwäschegesetzes (GwG). In § 2 GwG i. d. f. 2008 ist der persönliche Anwendungsbereich der Geldwäsche-Compliance-Pflichten geregelt.[144] Aus § 3 Abs. 1 Nr. 1 bis 4 GwG i. d. f. 2008 ergeben sich die allgemeinen Geldwäsche-Compliance-Sorgfaltspflichten, die die Verpflichteten, die nach § 2 GwG definiert werden, erfüllen müssen. In Anlehnung an § 14 Abs. 2 Gesetz über das Aufspüren von Gewinnen aus schweren Straftaten 1993 hat der Gesetzgeber in § 9 Abs. 2 GwG i. d. f. 2008 Sicherungsmaßnahmen näher beschrieben. Unverändert wird ein Geldwäschebeauftragter in § 9 Abs. 2 Nr. 1 GwG i. d. f. 2008 bestimmt. Ergänzt ist, dass die Verpflichteten Mittel und Verfahren in dem Umfang einsetzen müssen, der für eine ordnungsgemäße Durchführung der Aufgaben des Geldwäschebeauftragten notwendig ist.[145] Die Geldwäsche-Compliance der Unternehmen findet eine weitergehende Konkretisierung in den §§ 25b ff. KWG. In diesem Zusammenhang spielt § 25 h KWG eine insbesondere Rolle. Nach § 25h Abs. 1 S. 1 KWG haben die Institute interne Sicherungsmaßnahmen zu ergreifen, um über Verfahren und Grundsätze zu verfügen, welche Geldwäsche, Terrorismusfinanzierung und sonstige strafbare Handlungen, die zu einer Gefährdung des Vermögens des Instituts führen können, verhindern sollen.

Danach erfuhr das neue Geldwäschegesetz 2008 vielfältige Änderungen. Am 22.12.2011 wurde das Geldwäschegesetz 2008 durch das Gesetz zur Optimierung der Geldwäscheprävention (GwPrävOptG)[146] noch einmal novelliert, um die Monita der FATF im Deutschlandbericht vom 19.2.2010 zu beseitigen.[147] Nach § 9 Abs. 2 Nr. 3 S. 1 GwPrävOptG müssen die Verpflichteten sicherstellen, dass Beschäftigte über Typologien und aktuelle Methoden der Geldwäsche und der Terrorismusfinanzierung sowie die nach dem GwG bestehenden Pflichten durch geeignete Maßnahmen unterrichtet werden. Im Vergleich zur Vorgängerregelung in § 9 Abs. 2 Nr. 3 GwG 2008 wird der Kreis der Schulungspflicht auf

144 *Warius*, Das Hawala-Finanzsystem in Deutschland – ein Fall für die Bekämpfung von Geldwäsche und Terrorismusfinanzierung? § 2 Rn. 1 ff.

145 BGBl. 2008, S. 1696.

146 BGBl. I 2011, S. 2959.

147 Vgl. BT-Drs. 17/6804, S. 1.

Beschäftigten ausgeweitet, die mit der Durchführung von Transaktionen und der Anbahnung und Begründung von Geschäftsbeziehungen befasst sind.

Am 20.5.2015 wurde die Vierte EU-Geldwäscherichtlinie vom Europäischen Parlament und Europäischen Rat erlassen und musste bis zum 26.6.2017 von den Mitgliedstaaten umgesetzt werden. Danach hat das Bundesministerium der Finanzen (BMF) im Dezember 2016 den Referentenentwurf zur Umsetzung der Vierten Geldwäscherichtlinie sowie zur Ausführung der Geldtransferverordnung[148] erlassen. Am 22.2.2017 wurde der Regierungsentwurf für ein neues Gesetz über das Aufspüren von Gewinnen aus schweren Straftaten (GwG-E),[149] das das alte Gesetz in einigen Bereichen abändert, veröffentlicht. Das GwG-E beinhaltet neue Compliance-Maßnahmen zur Verhinderung von Geldwäsche und Terrorismusfinanzierung. Die neuen Regelungen zur Compliance im GwG-E gehen über die bisherige bestimmte Fassung des § 9 GwG i. d. f. 2008 hinaus. Eine wesentliche Neuerung auf dem GwG ist die Einrichtung eines elektronischen Transparenzregisters, wonach insbesondere juristische Personen des Privatrechts oder eingetragene Personengesellschaften Angaben zu ihren wirtschaftlich Berechtigten an ein zentrales Register melden müssen.[150] Des Weiteren sieht § 6 Abs. 5 GwG-E erstmals vor, dass ein unternehmensinternes Whistleblowing-Verfahren einzurichten ist, wodurch die Mitarbeiter geldwäscherechtliche Verstöße melden können. Außerdem sollen der Bußgeldkatalog und die damit verbundenen Sanktionen für Verstöße gegen geldwäscherechtliche Pflichten verschärft werden.

Das GwG-E hat den Bundesrat am 2.6.2017 gehalten. Am 26.6.2017 ist die Novelle des Geldwäschegesetzes in Kraft getreten.[151] In der neuen Fassung enthalten die §§ 3, 18 bis 26 GwG Regelungen zum elektronischen Transparenzregister. Das neue Register sieht entsprechende Mitteilungspflichten über „wirtschaftlich Berechtigte" der Betroffenen vor. Mit diesem elektronischen Transparenzregister hat der Gesetzgeber die Bekämpfung von Geldwäsche und Terrorismusfinanzierung optimiert.

---

148 VO (EU) 2015/847, in Kraft seit dem 25.6.2015.

149 Regierungsentwurf zum Geldwäschegesetz mit Begründung (BegrRegE), BT-Drs. 18/11555.

150 Regierungsentwurf, Begründung zu § 20 Abs. 1 GwG-E.

151 BGBl I 2017, S. 1822.

4. *Kartell- und Ordnungswidrigkeitenrecht*

Außerhalb des Bank- und Kapitalmarktrechts sowie des Aktien- und Gesellschaftsrechts wurde Compliance auch im Kartellordnungswidrigkeitenrecht erwähnt. Es bestehen kaum Zweifel, dass Kartellverstößen nicht allein moralische Probleme für den Betroffenen sind, sondern zu dem Bereich der Compliance gehören. Wie oben erwähnt, wurden konkrete Forderungen an die Aufsichtspflichten der Compliance eines Unternehmensleiters im Bereich des Kartellrechts schon in den 1970er-Jahren durch entsprechende Gerichtsentscheidung im Bereich des Kartell- und Ordnungswidrigkeitenrecht (OWiG) gestellt. In einer Entscheidung vom 25.7.1980 stellte das Kammergericht (KG) fest, dass die Verletzung der Aufsichtspflicht der Unternehmensleiter nach Kartellverstößen zu beurteilen sei.[152] Nach dieser Entscheidung genügt es nicht, wenn die Mitarbeiter allgemein zur Beachtung der gesetzlichen Vorschriften angehalten werden. Vielmehr brauche es in der Regel eine schriftliche Unterweisung, die unter Umständen auch typische Fälle unzulässiger Absprachen aufzeige.[153] Weiterhin führte das KG aus, die Vorhaltung einer Revisionsabteilung sei grundsätzlich als Organisationsmaßnahme zur Überwachung kartellrechtlichen Wohlverhaltens anzuerkennen.[154]

Gemäß § 30 OWiG sind Geldbußen gegen juristische Personen und Personenvereinigungen zu verhängen, wenn Organmitglieder oder bestimmte weitere Personen in leitender Stellung ihre Pflichten durch Begehung einer Straftat oder Ordnungswidrigkeit verletzen. Sanktionen können nicht nur für den bestimmten Täter, sondern für das ganze Unternehmen folgen. Nach § 130 OWiG handelt ordnungswidrig, wer als Inhaber eines Betriebes oder Unternehmens vorsätzlich oder fahrlässig die Aufsichtsmaßnahmen unterlässt, die erforderlich sind, um in dem Betrieb oder Unternehmen Zuwiderhandlungen gegen Pflichten zu verhindern, die den Inhaber treffen und deren Verletzung mit Strafe oder Geldbuße bedroht ist, wenn eine solche Zuwiderhandlung begangen wird, die durch eine gehörige Aufsicht verhindert oder wesentlich erschwert worden wäre. § 130 begründet unter näher bezeichneten Voraussetzungen eine bußgeldrechtliche Verantwortlichkeit des Inhabers von Betrieben und Unternehmen für Zuwiderhandlungen gegen betriebsbezogene Pflichten, die in dem Betrieb oder Unternehmen begangen worden sind. Die Vorschrift beruht auf dem Gedanken,

---

152 KG, Urteil vom 25.7.1980-kart.26/79, WuW/E 1981, OLG 2330.
153 KG, Urteil vom 25.7.1980-kart.26/79, WuW/E 1981, OLG 2332.
154 KG, Urteil vom 25.7.1980-kart.26/79, WuW/E 1981, OLG 2332.

dass Inhaber wirtschaftlich tätiger Verbände verpflichtet sind, Normverstößen, die ihrem Organisationskreis entstammen, entgegenzuwirken. § 130 Abs. 1 S. 1 OWiG spricht ausschließlich von erforderlichen Aufsichtsmaßnahmen bzw. gehöriger Aufsicht. Zwar wird in § 130 OWiG der Begriff „Compliance" nicht ausdrücklich angesprochen, sondern nur als „erforderliche Aufsichtsmaßnahmen" dargestellt, aber man versteht unter Compliance die Gesamtheit aller Maßnahmen, um ein rechtmäßiges Verhalten aller Unternehmensangehörigen im Hinblick auf sämtliche gesetzlichen Gebote und Verbote zu gewährleisten.[155]So haben die Rechtsprechung der Kartellgerichte und die Praxis des Bundeskartellamtes nach dieser Norm auf die allgemeinen Organisationsanforderungen an Compliance hingewiesen und diese entwickelt. [156]

5. *Versicherungsrecht*

Am 15.11.2007 hat der Deutsche BundestAG die 9. Novelle des Versicherungsaufsichtsgesetzes[157] (VAG – Gesetz über die Beaufsichtigung der Versicherungsunternehmen aus dem Jahr 1901) verabschiedet. Am 1.1.2008 ist die Neuregelung in Kraft getreten. Vor Inkrafttreten der 9. VAG-Novelle normierte das Versicherungsaufsichtsgesetz für unverbundene Versicherungsunternehmen keine Anforderungen an Compliance. Nach der neunten Novelle differenziert das Versicherungsaufsichtsgesetz terminologisch wie inhaltlich zwischen internen Kontrollverfahren und Risikomanagementsystemen. Gemäß § 64a Abs. 1 S. 1 VAG müssen die Versicherungsunternehmen über eine ordnungsgemäße Geschäftsorganisation verfügen, die „die Einhaltung der von ihnen zu beachtenden Gesetze und Verordnung sowie der aufsichtsbehördlichen Anforderungen gewährleistet". § 64a Abs. 1 S. 1 VAG stellt eine aufsichtsrechtliche Legalitätspflicht und den Anknüpfungspunkt für aufsichtsrechtliche Compliance dar,[158] damit die Compliance sich aus § 64a Abs. 1 S. 1 VAG als selbstständiger Bestandteil der ordnungsgemäßen Geschäftsorganisation von Versicherungsunternehmen neben dem Risikomanagement herleiten lässt.[159] Um die aufsichtsrechtliche

155 *Wittig*, Wirtschaftsstrafrecht, 2. Aufl. 2011, § 6 Rn. 150a.

156 *Görling/Inderst/Bannenberg*, Compliance, Aufbau–Management–Risikobereiche, Rn. 39.

157 Gesetzesentwurf der Bundesregierung, BT-Drs. 16/6518.

158 *Bürkel*, in Bürkel (Hrsg.), Compliance in Versicherungsunternehmen, 2015, § 2. Rn. 6; *Bürkle*, in: Hauschka/Mossmayer/Lösler, Coporate Compliance, 3. Aufl. 2016, § 49 Rn. 70.

159 *Bürkle*, CCZ 2008, 50, 54; *ders.*, VW 2008, 212.

Pflicht zur Compliance erfüllen, müssen die Unternehmen planmäßig interne Compliance-System installieren, um die Einhaltung der von ihnen zu beachtenden Gesetze und Verordnungen sowie aufsichtsbehördlichen Anforderungen zu gewährleisten.[160]

Im Jahr 2009 wurde die europäische Richtlinie Solvency II[161] erlassen. Die 9. Novelle des VAG als vorgreifende Regelung stimmt in wesentlichen Aspekten nicht mit der Richtlinie Solvency II überein. Erstens schreibt die Solvency-II-RL in Art. 41 ff. ein umfassendes versicherungsspezifisches Governance-System vor,[162] während § 64a VAG sich deutlich von diesen Regelungen unterscheidet.[163] Zweitens hat § 64a Abs. 1 S. 4 Nr. 4 VAG die interne Revision als Bestandteil des Risikomanagementsystems angesehen, was nicht mit der Solvency-II-RL vereinbar. Drittens nimmt § 64a VAG dabei eine in Art. 46 Solvency-II-RL angelegte Differenzierung zwischen Überwachungs- und Beratungsaufgaben der Compliance-Funktion nicht vor. Vor diesem Hintergrund wurde im Jahre 2014 nach Erlass der aktualisierten Solvency-II-RL ein neuer Gesetzesentwurf der Bundesregierung zur Modernisierung der Finanzaufsicht über Versicherungen auf den Weg gebracht.[164] Das am 10.4.2015 veröffentlichte Gesetz zur Modernisierung der Finanzaufsicht über Versicherungen[165] enthält eine vollständige Neufassung des Versicherungsaufsichtsgesetzes[166] (im Folgenden VAG 2016). Das in Art. 41 ff. Solvency-RL-II geregelte übergreifende Governance-System wird erfolgreich in § 23 VAG 2016 umgesetzt. Aufgrund der Anforderungen an die Geschäftsorganisation wird die Regelung des § 64a VAG a. f. durch die 10. VAG-Novelle noch einmal geändert. Nach § 23 Abs. 1 S. 2 VAG 2016 hat die Geschäftsorganisation nicht nur die Einhaltung der Gesetze und aufsichtsbehördlichen Anordnungen, sondern auch eine solide und umsichtige Leitung des Unternehmens zu gewährleisten. Die Umsetzung der Aufgaben der Compliance-Funktion von Art. 46 Solvency-II-RL, die ehemals in § 64a Abs. 1 S. 4 Nr. 3 VAG a. F geregelt wurde, erfolgt in § 29 VAG 2016. Nach § 29 Abs. 1 VAG 2016 müssen

160 *Dreher*, VersR 2008, 998,1003 f.; *Dreher/Schaaf*, WM 2008, 1765,1769; *Hemeling*, CCZ 2010, 21, 22; *Wolf*, BB 2011, 1353, 1354.

161 Richtlinie 2009/138/EG des Europäischen Parlaments und des Rates betreffend die Aufnahme und Ausübung der Versicherungs- und der Rückversicherungstätigkeit (Solvabilität II) v. 25.11.2009, ABlEU v. 17.12.2009 L335/1.

162 *Bürkle*, WM 2012, 878.

163 *Grote/Schaaf*, VersR 2012, 17, 19; *Louven/Raapke*, VersR 2012, 257, 262.

164 Gesetzesentwurf der Bundesregierung, BT-Drs. 18/2956.

165 BGBl. I 2015 434.

166 *Armbrüster*, Das VAG 2016 – Überblick zu den Neuregelungen, 2015, 425 ff.

Unternehmen über ein eigenständiges internes Kontrollsystem verfügen, das die Compliance-Funktion zur Prävention und Behandlung von Gesetzesverstößen umfasst. Nach § 29 Abs. 2 VAG 2016 gehört die Beratung des Vorstands in Bezug auf die Einhaltung der Gesetze und der für die Versicherungsunternehmen geltenden Verhaltungsvorschriften auch zu den Aufgaben der Compliance-Funktion. Ebenso sind die Beurteilungen der Änderungen des Rechtsumfeldes für das Unternehmen sowie des Compliance-Risikos auch Anforderungen an die Compliance-Funktion. Der auf den gesamten Abschnitt 3 bezogene ProportionalitätsgrundSatz gilt auch bei der Ausgestaltung der Compliance-Funktion.[167]

6. Öffentliche Rechte

Darüber hinaus finden sich an unterschiedlichen Stellen im Gesetz öffentlich-rechtliche Pflichten zur Compliance. Zum Beispiel hat der Betreiber einer genehmigungsbedürftigen Anlage nach § 52b Abs. 2 BImSchG der zuständigen Behörde mitzuteilen, „auf welche Weise sichergestellt ist, dass die dem Schutz vor schädlichen Umwelteinwirkungen und vor sonstigen Gefahren, erheblichen Nachteilen und erheblichen Belästigungen dienenden Vorschriften und Anordnungen beim Betrieb beachtet werden."

7. Deutscher Corporate Governance Kodex

Eine weitergehende Bedeutung hat „Compliance" durch die relevanten Vorschriften im Deutschen Corporate Governance Kodex erhalten. Dieser Kodex wurde im Jahr 2002 von der von der Bundesregierung eingesetzten „Regierungskommission Deutscher Corporate Governance-Kodex" entwickelt und wird regelmäßig unter Berücksichtigung nationaler wie internationaler Entwicklungen auf den Aktualisierungsbedarf angepasst. Der Kodex richtet sich in erster Linie an börsennotierte Gesellschaften. Auch nicht börsennotierten Gesellschaften wird die Beachtung des Kodex empfohlen. Im Jahr 2007 hat die Kommission anlässlich der jährlichen Überprüfung des Kodexinhaltes erst einmal den Terminus „Compliance" – also „die Überwachung der Einhaltung gesetzlicher Bestimmung und der unternehmensinternen Richtlinien" – als Instrument der Unternehmensorganisation in den Kodex integriert. Damit hat die Kommission der ständig wachsenden Bedeutung der Compliance in der Unternehmenspraxis Rechnung getragen. Die Thematik der Compliance wird in den Ziff. 3.4,

---

167 Begründung Regierungsentwurf, FinanzaufsichtsmodernisierungsG BT-Drs. 18/2956, 239.

4.1.3 und 5.3.2 des Kodex behandelt. Dies entspricht nicht nur einem breiten Bewusstseinswandel in der Unternehmenspraxis, der in zunehmendem Maße auch außerhalb der Banken- und Versicherungswirtschaft dazu geführt hat, dass Unternehmen spezielle Abteilungen oder Unternehmensbeauftragte mit der Aufgabe betrauen. Es dazu vielmehr dazu beizutragen, dass sich die Geschäftstätigkeit des Unternehmens im Einklang mit den maßgeblichen Vorschriften vollzieht.

In Ziffer 4.1.3 des Kodex ist ausdrücklich festgelegt, dass der Vorstand der deutschen börsennotierten Gesellschaften für die Einhaltung der gesetzlichen Bestimmung zu sorgen und auf deren Beachtung durch die Konzernunternehmen hinzuwirken habe.[168] Ziff. 4.1.3. DCGK stellt auch klar, dass sich die Compliance-Verantwortung des Vorstands auch auf die Einhaltung der unternehmensinternen Richtlinien erstreckt. Ziff. 4.1.3 DCGK dient als griffige Umschreibung des nicht normierten Begriffs der Compliance. Durch den KlammerzuSatz macht die Kommission deutlich, dass sie insoweit begriffsprägend wirken will. Compliance wird damit als die gesetzliche Führungsverantwortung des Vorstands umgeschrieben.[169]Ziffer 3.4 Abs. 2 S. 1 DCGK stellt auf die gesetzlichen Berichtspflichten des Vorstands gegenüber dem Aufsichtsrat ab und ergänzt sie um Informationen zur Compliance. Der Vorstand muss den Aufsichtsrat außerdem regelmäßig und bei begründetem Anlass unverzüglich über Compliance-Fragen informieren. Dabei sind die für das Unternehmen aus der Compliance-Perspektive relevanten Risikofelder darzustellen, um den Aufsichtsrat in die Lage zu versetzen, einen Beschluss über die Funktion und Tauglichkeit der vom Vorstand getroffenen Vorkehrungen fassen zu können. Schließlich weist Ziffer 5.3.2 S. 1 des Kodex darauf hin, die Kontrolle des Vorstands bei Aufnahme der Compliance sei eine Überwachungsaufgabe des Aufsichtsrats. Er soll einen Prüfungsausschuss einrichten, der sich nicht nur mit Risikomanagement und interner Kontrolle,[170] sondern ebenfalls mit Compliance befassen muss. Damit wird dem Vorstand die Verantwortung für die Einhaltung externer und interner Vorgaben auferlegt. Aber der Kodex hat keine Normqualität,[171] es handelt sich

---

168 Vgl. Regierungskommission Deutscher Corporate Governance Kodex 2001, S. 6, Ziffer 4.1.3.

169 *Uwe H. Schneide*, ZIP 2003, S. 645, 648; *E. Vetter*, in: Krieger/Uwe H. Schneider, Handbuch Managerhaftung 2007, § 17 Rdn. 29; *Hauschka*, ZIP 2004 S. 877, 880, 882.

170 *Schoberth/Servatius/Thees*, BB 2006, S. 2571.

171 *Ringleb/Kremer/Lutter/v., Werder*, Kommentar zum Deutscher Corporate Governance kodex, 5. Aufl. 2013, Vorbem. Rn. 51 ff.

nur um eine Abbildung der allgemeinen Kompetenzvorschriften und er enthält keine Ausführungen dazu, wie Vorstand und Aufsichtsrat dieses Ziel erreichen sollen.

Im Februar 2017 hat die Regierungskommission den Deutschen Corporate Governance Kodex erneut überarbeitet. Damit wird der Kodex substanziell erweitert. Die Änderungen treten mit der Veröffentlichung der neuen Kodex-Fassung im Bundesanzeiger in Kraft. Durch diese Änderungen soll die Transparenz der Unternehmensführung börsennotierter Unternehmen weiter erhöht werden. In der neuen Fassung hat der Kodex auch einige wichtige Ergänzungen in dem Bereich der Compliance hinzugefügt. Durch Ziff. 4.1.3 S. 2 DCGK werden zwei neue Empfehlungen und eine neue Anregung zur Einrichtung eines Compliance-Management-Systems und eines Whistleblower-Systems für Beschäftigte und Dritte festgestellt. Danach sollen die betroffenen Unternehmen ihre bisherige Praxis ändern. In Ergänzung der bisherigen bloßen Präzisierung der rechtlichen Compliance-Verantwortung des Vorstands empfiehlt der Kodex dem Vorstand, für angemessene, an der Risikolage des Unternehmens ausgerichtete Maßnahmen (Compliance-Management-System) zu sorgen und deren Grundzüge offenzulegen.

Die Rechtsnatur des Kodexes ist zwar weder ein Gesetz noch eine Rechtsverordnung, stützt sich aber auf die verhaltenssteuernde Wirkung der Entsprechenserklärung. So wird der Kodex vielfach als Soft Law bezeichnet.[172]

III. Zusammenfassung

Nach einer Reihe von Affären steht Compliance in jüngerer Zeit im Fokus des internationalen rechtswissenschaftlichen Diskurses und ist auch als verhaltene Resonanz in der deutschen Rechtslandschaft verankert. Sie wurde aus der angelsächsischen Rechtsterminologie übernommen und hat zu Beginn der 1990er-Jahre ohne Übersetzung Eingang in die deutsche Rechtssprache gefunden. Zuerst wurde die Organisationspflicht, die sich grundsätzlich aus der Leitungsfunktion der Geschäftsleitung ergibt, in der Finanzbranche auf das Thema Compliance erstreckt. Die Entwicklung der Compliance im deutschen Rechtsraum ist ein fortschrittlicher Prozess. Obwohl ein Regelwerk wie der Sarbanes-Oxley Act, der zusammenfassenden Anforderungen an Compliance stellt, in Deutschland nicht existiert, finden sich in unterschiedlichen Rechtsbereichen Regelungen für Compliance.

---

172 *Hüffer/Koch*, Aktiengesetz, 13. Aufl. 2018, § 161 Rn. 3.

Im Bereich des Aktien- und Gesellschaftsrechts wird die Compliance-Pflicht nicht ausdrücklich vorgeschrieben. Aber die in den §§ 76, 91 und 93 AktG geregelte Legalitätspflicht und Organisationsverantwortung sind wichtige Rechtsgrundlagen der Implementierung der Compliance in das deutsche Recht. Sowohl in den USA als auch in Deutschland ist Compliance im Bank- und Kapitalmarktrecht ein Vorreiter. Etwa 1992 ist die Sicherstellung der Integrität des deutschen Kapitalmarkts in Anlehnung an angloamerikanische Regelungen begonnen worden.[173] In § 33 WpHG 1994 wurde die Verpflichtung festgestellt, eine dauerhafte und wirksame Compliance-Funktion einzurichten. Diese Regelung wird als erster gesetzlicher Rahmen für Compliance eingestuft. Danach ist dieser Regelungsrahmen durch diverse Rundschreiben der Bundesanstalt für Finanzdienstleistungsaufsicht (BaFin) konkretisiert worden. Das Rundschreiben „MaComp" vom 7.6.2010 hat Mindestanforderungen an die Compliance-Funktion und die weiteren Verhaltens-, Organisations- und Transparenzpflichten nach §§ 33 ff. WpHG 2001 für Wertpapierdienstleistungsunternehmen aufgestellt. Eine Umsetzung der MiFID-II-Vorgaben von 2014 führt zu einer weiteren Änderung von WpHG. Aufgrund der „Übersichtlichkeit" sind Wohlverhaltensregelungen in zwei Paragrafen aufgeteilt. Die wichtige Zuweisung der Compliance-Organisation an Geschäftsleitung und Aufsichtsorgan durch § 33 WpHG i. d. f. 2007 wird aufgehoben, aber die Aufsichtsbefugnisse der BaFin in den §§ 6 ff. WpHG n. F werden ausgebaut. Danach strebt der Gesetzgeber an, dass Compliance-Risiken frühzeitig erkennt werden. Die mit dem WpHG relevante nationale Vorordnung zur Konkretisierung der Verhaltensregeln und Organisationsanforderungen für Wertpapierdienstleistungsunternehmen (WpDVerOV) wird im Jahr 2017 ebenfalls flankierend novelliert. Im Handelsrechtsbereich lAG der Schwerpunkt im Zusammenhang mit Compliance auf der Einhaltung der Norm zur Prävention von Geldwäsche. Ziel ist den Gewinn aus schweren Straftaten zu aufspüren. Als ein verhältnismäßig junges Recht war das Geldwäscherecht im Zusammenspiel mit europäischen Vorgaben in einem raschen Wandel. Die Anforderungen des Geldwäscherechts an eine strukturierte Geldwächeprävention unterstützen die Geschäftsführungen bei der Prävention, Kontrolle und Reaktion auf Geldwäsche, Terrorismusfinanzierung und sonstige strafbare Handlungen. Für den Compliance-Bereich relevante Bußgeldtatbestände finden sich regelmäßig in Ordnungswidrigkeitenrecht, denen weniger gravierende Verstöße gegen Verhaltensgebote zugrunde

173 *Eisele*, in: *Schimansky/Bunte/Lwowski*, Bankrechts-Handbuch, 5. Aufl. 20017, § 109 Rn. 2 ff.

liegen. § 130 OWiG sieht eine allgemeine bußgeldbewehrte Aufsichtspflicht der Inhaber von Betrieben und Unternehmen vor. Aufgrund der Forderung nach einem besonderen Vertrauensverhältnis zwischen Kunde und Unternehmen ist Compliance für Unternehmen in der Versicherungsbranche von überragender Bedeutung. Das Versicherungsunternehmen unterliegt engmaschigen nationalen Regelungen. Zudem ist diese branchenspezifische Regelung von Solvency II in die Betrachtung mit einzubeziehen. Durch zehn Novellierungen wird das Gesetz über die Beaufsichtigung der Versicherungsunternehmen vielseitig umstrukturiert. Die Einrichtung eines internen Kontrollsystems, das die Compliance-Funktion als Teil umfasst, wird eindeutig gefordert. Durch den Wandel der Fassung des Deutschen Corporate Governance Kodex hat sich „Compliance" fortentwickelt. Zuerst wies Ziffer 4.1.3 S. 1 DCGK der Fassung aus dem Jahre 2002 auf die Verantwortung des Vorstands hin, für die Einhaltung der gesetzlichen Bestimmungen zu sorgen. Die offizielle Definition für Compliance wurde erstmalig vorgelegt. Im Jahr 2007 hat die Kommission aus Anlass der jährlichen Überprüfung des Kodexinhaltes die Compliance in die heute noch geltende Fassung überführt. Im Februar 2017 ist die DCGK erneut überarbeitet worden. Mit den Änderungen geht der Kodexgeber weiter. Die Empfehlung zur Einrichtung eines Compliance-Systems wird erstmals in Ziffer 4.1.3 S. 2 DCGK aufgenommen. Es sollte auch beachtet werden, dass der Kodexgeber nicht der Gesetzgeber ist. Damit kann keine branchenunabhängige gesetzliche Verpflichtung zur Einrichtung eines Compliance-Systems geschaffen werden.

Kapitel 3 Compliance im Unternehmen

A. Hintergrund

In den letzten Jahren wurden einerseits die globalen Unternehmen mit einer nicht mehr zu übertreffenden Zahl von öffentlich-rechtlichen Pflichten, Geboten und Verboten belastet, andererseits haben sie zunehmende Finanzkrisen, Korruptionsaffären, unlauteren Wettbewerb und Umweltskandale erfahren. Dies schadet dem Ruf von Wirtschaftsunternehmen und lässt das Vertrauen in Unternehmen schwinden. Die jährlich erscheinende internationale Studie der Association of Certified Fraud Examiners (ACFE) schätzt für das Jahr 2014, dass Unternehmen im Durchschnitt 5 % der Umsatzerlöse durch Regelverstöße der Mitarbeiter verlieren, was einer absoluten Schadensumme von 3,7 Billionen US-Dollar pro Jahr entspricht.[174] Eine Befragung von Ernst&Young unter Managern hat gezeigt, dass sich in den Jahren 2013 und 2014 etwa jedes vierte deutsche Unternehmen mit einem bedeutenden Fall von Non-Compliance befassen musste.[175] Vor dem Hintergrund dieser Befunde ist die Karriere der Compliance in den letzten Jahren eine logische Konsequenz. Pioniere sind vor allem große und international tätige Unternehmen. In Deutschland haben zuerst solche Unternehmen eine entsprechende Compliance umgesetzt, die an die amerikanische Börse gegangen sind oder einschlägige Erfahrungen mit der amerikanischen Kapitalmarkt-, Kartell-, Umwelt- oder Arzneimittelaufsicht haben.

Erste Reaktionen auf dieses Phänomen zeigten sich zunächst in der Rechtsprechung der US-amerikanischen Gerichte. Das wichtigste Beispiel ist ein Urteil des Delaware Supreme Court aus dem Jahr 1996. Nach diesem Urteil haben einzelne Mitglieder der Boards of Directors eine Fürsorgepflicht und müssen dafür einstehen, dass ein Unternehmen die anzuwendenden gesetzlichen Vorschriften einhält, indem eine angemessene Corporate Compliance als Kernaufgabe der Unternehmensleitung formuliert wurde.[176]

---

174 Vgl. ACFE, Report to the Nations on Occupational Fraud and Abuse, S. 4 (http://www.acfe.com/rttn/docs/2014-Report-to-nations.pdf).

175 Vgl. Ernst&Young, 13th Global Fraud Survey, S. 6 (http://www.ey.com/Publication/vwLUAssets/EY-13th-Global-Fraud-Survey/$FILE/EY-13th-Global-Fraud-Survey.pdf)

176 Caremark International Invc. derivative litigation 698A.2d 959 (Del.Ch.1996).

Ein berühmtes Beispiel ist der Enron-Fall. Im Jahr 2001 hat Enron seine Jahresabschlüsse der Jahre 1997 bis 2000 korrigiert. Die Gewinne wurden um 613 Mio. US-Dollar reduziert und die Schulden zum Ende des Jahres 2000 um 628 Mio. US-Dollar erhöht. Hinzu wurde eine Reihe von Investments abgeschrieben.[177] Mit Schulden von über 30 Mrd. US-Dollar hat Enron am 2.12.2001 Insolvenz angemeldet. Um die wahre Vermögens-, Finanz- und Ertragssituation zu verschleiern, hatte Enron die Komplexität des Geschäftsmodells genutzt und Bilanzkosmetik angewandt. Die Wirtschaftsprüfungsgesellschaft Arthur Andersen, der Beratungsauftragnehmer von Enron für die Prüfung des Jahresabschlusses, hatte auch die Gefahren der Bilanzierungspraktiken von Enron vorsätzlich ignoriert. Dadurch waren in den Jahren 1999 und 2000 die Aktien von Enron sehr viel stärker als der Index Standard & Poors gestiegen.[178] Durch die Insolvenz des Unternehmens Enron verloren zahlreiche amerikanische Investoren ihre Altersversorgung. Der Enron-Fall erschütterte das Vertrauen vieler Investoren in das Frühwarnsystem des amerikanischen Kapitalismus. „Wenn ein Großkonzern wie Enron nahezu unbemerkt von Aufsichtsbehörden, Analysten und der Presse innerhalb weniger Wochen Pleite gehen kann, wie sicher sind dann die Investments in Unternehmen wie General Electric, Coca-Cola oder IBM?“[179]

Im Jahr 2001 hat die EU-Kommission wegen Kartellabsprachen des Schweizer Konzerns Hoffmann-La Roche und des Ludwigshafener Chemiekonzerns BASF als große Vitaminhersteller Bußgelder in Höhe von insgesamt 758,16 Mio. Euro verhängt.[180] Solche Zahlungen haben nicht nur enorme Auswirkungen auf die Ertragslage, sondern auch weitere negative Auswirkungen für das Ansehen der betroffenen Unternehmen in der Öffentlichkeit. Nach einer Studie von Price Waterhouse Copper aus dem Jahre 2004 sahen 55 % der europäischen und 44 % der amerikanischen Unternehmen die Notwendigkeit der Compliance.[181] Die Statistik aus 2007 zeigt, dass die Bereitschaft der Unternehmen, eine eigene Stelle für den Bereich der Corporate Compliance zu schaffen, abnimmt[182] und nur

177 Der Hintergrund des Enron-Falls ist im Bericht des Enron-Sonderermittlungsausschusses des Enron Board of Directors (sog. „Powers Report“, nachzulesen am West Law unter 2002 WL 198018) ausführlich beschrieben. Vgl. auch die Klageschrift der SEC gegen den Enron-CFO Andrew S. Fastow, abrufbar unter http://www.sec.gov/litigation/com-plaints/compl 7762.htm.

178 *Healy, P.M./Palepu*, K.G. Journal of Economic Perspectives, 2003 S. 3.

179 *Riecke*, Nabelschau, Die Enron-Pleite verändert Amerika, Handelsblatt vom 24.1.2002.

180 Der Tagesspiegel, EU verhängt Milliardenstrafe für Vitaminkartell, 21.11.2001.

181 *Menzies*, Sarbanes-Oxley und Corporate Compliance, 2006, S. 139.

182 AG-Report, AG 2007, S. 326.

in 11 % der untersuchten Fälle die Compliance-Aufgaben von der Vorstandsebene selbst übernommen werden.[183] Im Jahr 2007 hatten 45 % der deutschen Großunternehmen mit mehr als 1000 Mitarbeitern ein Compliance-System eingerichtet.[184]

B. Die Pflicht zur Errichtung einer institutionalisierten Compliance-Organisation

I. Allgemeine gesetzliche Pflicht zur Errichtung einer institutionalisierten Compliance-Organisation

Ob es auf der Ebene der Einzelunternehmen eine Pflicht zur Errichtung einer institutionalisierten Compliance-Organisation gibt, ist umstritten,[185] wobei die Trennlinien zwischen den Befürwortern und den Kritikern oft nicht klar markiert werden.[186] Grundsätzlich ist die Unternehmensleitung verpflichtet, unternehmerisches rechtswidriges Verhalten zu unterbinden. Dies ist unbestritten. Aber hinsichtlich der Frage, wie weit diese Pflichten im Unternehmen reichen und ob sie sich so standardisieren lassen, dass daraus allgemeine Verhaltensanforderungen gefolgert werden können,[187] fällt die Beurteilung unterschiedlich aus.

Betriebsinhabern in Deutschland wird von verschiedenen Seiten Compliance verordnet. Dabei gibt es nicht immer deutliche genug Unterschiede zwischen der Compliance-Pflicht und der Organisationspflicht der Compliance. Die Compliance-Pflicht ist die Voraussetzung dafür, dass eine Pflicht zur Schaffung einer bestimmten Compliance-Organisation besteht. Die Compliance-Pflicht kann als die primäre Pflicht bezeichnet werden, während die Pflicht zur Einrichtung einer Compliance-Organisation erst sekundär greift.

Zweifellos existieren für die Unternehmen ausdrückliche gesetzliche Regelungen zur Einrichtung einer ordnungsgemäßen Geschäftsorganisation, welche die Einhaltung des einschlägigen aufsichtsrechtlichen Gesetzes sowie der zur Durchführung dieses Gesetzes erlassenen Verordnungen gewährleistet. Beispielsweise

183 AG-Report, AG 2007, S. 326.

184 *Bussmann/Matschke*, CCZ 2009, 132.

185 *Bürkel*, BB 2005, S. 565,568.

186 *Berg*, AG 2007, 271, 274; *Fleischer*, AG 2003, 291, 298 ff.; *Kiethe*, GmbHR 2007, 393, 396 f.; *Lücke*, in: Beck'sches Mandatshandbuch Vorstand der AG, 2. Aufl. 2004, § 3 Rn. 15.

187 *Rodewald/Unger*, BB 2006, 113; *U.H. Schneider*, ZIP 2003, 645, 647 ff.; *Fleischer*, CCZ 2008, 1, 6.

ist ein Wertpapierdienstleistungsunternehmen durch die in § 33 Abs. 1 WpHG i. d. f. 2007 i. V. m. § 14 Abs. 3 WpDVerOV i .d. f. 2007 und MaComp ausgestalteten Vorschriften einer solchen Pflicht unterworfen. Daneben gibt es im hochregulierten Bereich Pharma- und Medizintechnik, insbesondere etwa bei Entscheidungen zur Beschaffung von Arznei- und Medizinprodukten zugunsten eines bestimmten Industrieunternehmens, auch Anforderungen der unternehmensübergreifenden Verhaltenskodizes und der funktionierenden Compliance-Organisation. Damit wird die Lauterkeit der forschungs- und gesundheitspolitisch gewollten Zusammenarbeit zwischen Industrieunternehmen und Ärzten, Krankenhäusern und deren Mitarbeitern gewährleistet.[188]

In einem im Jahr 2003 veröffentlichen AufSatz von *Uwe H. Schneider* wurde eine allgemeine Rechtspflicht zum Aufbau einer Compliance-Organisation für alle Unternehmen behauptet.[189] Die These von *Schneider* stützt sich auf eine Gesamtanalogie von einzelnen Organisationspflichten aus spezifischen Vorschriften wie § 33 WpHG 2007, § 130 OWiG, § 52a Abs. 2 BImSchG, § 53 KrW/AbfG, Art. 11 EG-Geldwäsche-Richtlinie und § 14 GeldwäscheG. Diese Auffassung wird mehrheitlich abgelehnt.[190] Erstens überzeugt der Gedanke einer Gesamtanalogie zu einzelnen Compliance-Vorschriften aus unterschiedlichen Rechtsgebieten wenig hinsichtlich des Charakters der branchen- oder sektorspezifischen gesetzlichen Regelungen. Zweitens kann dies, obwohl man die Gesamtanalogie mit der Heterogenität dieser sektorspezifischen Vorschriften zu begründen versuchen darf,[191] nicht dafür sprechen, dass es sich um eine allgemeine Pflicht handelt, die eben in sehr verschiedenen Erscheinungsformen anzutreffen ist. Drittens fehlt die für eine Analogie erforderliche Regelungslücke.

Aus dem DCGK lässt sich auch keine Organisationspflicht der Compliance ableiten, weil der Kodex kein zwingendes Recht, sondern nur eine sog. „best practice“ der Unternehmensführung darstellt.[192] Beispielsweise soll der

---

188 Ergänzt werden diese gesetzlichen Regelungen durch die EU-Richtlinie über die Werbung und den Vertrieb von Medizinprodukten vom 6.11.2001 (Richtlinie 2001/83/EG).

189 *Schneider*, ZIP 2003, S. 645, 648.

190 *Bachmann/Prüfer*, ZRP 2005, 109, 112; Kort, in: Großkommentar zum Aktiengesetz, 5. Aufl. 2015, §91 Rn. 65; *Bachmann*, in: Gesellschaftsrecht in der Diskussion 2007, S. 65, 74 ff.; *Kort*, NZG 2008, 81.84; *Spindler*, WM 2008, 904,908; *Fleischer*, NZG 2014, 321.

191 *Fleischer*, NZG 2014, 321, 322.

192 *Ringleb*, in: Ringleb/Kremer/Lutter/v., Werder, Kommentar zum Deutscher Corporate Governance kodex, 5. Aufl. 2013, Rn. 54; *Bürkle*, BB 2007, 1797,1799.

Aufsichtsrat nach Ziff. 5.3.2 DCGK einen Prüfungsausschuss einrichten, der sich insbesondere mit den Fragen des Risikomanagements und der Compliance befasst. Aber eine Gesellschaft kann davon abweichen, wenn sie dies in der jährlich abzugebenden Entsprechenserklärung gem. § 161 Abs. 1 AktG offenlegt und begründet.

Die fachliche Auffassung hat sich in jüngster Zeit erweitert. Die allgemeine Geschäftsleitungsverantwortung aus den §§ 76 Abs. 1, 93 Abs. 1 AktG kann ein geeigneter Anknüpfungspunkt für die generelle Rechtspflicht zur Einrichtung einer institutionalisierten Compliance-Organisation sein.[193] Gegenüber dieser Heranziehung als generelle Rechtsgrundlage der Organisationspflicht der Compliance bestehen gravierende dogmatische Einwände. Obwohl die aktiengesetzliche Verpflichtung des Vorstands zur Einrichtung einer Compliance-Funktion im GrundSatz überwiegend anerkannt wird, behandeln aktiengesellschaftsrechtliche Normen nur die generelle Compliance-Pflicht im Innenverhältnis zum Vorstand und Aufsichtsrat und zu den Aktionären.[194] Dass für die Gesellschaft im Außenverhältnis eine generelle Compliance-Pflicht besteht, ist nicht anzuerkennen. Die diskutierte generelle Organisationspflicht der Compliance des Unternehmens soll im Außenverhältnis zum Staat und Allgemeininteressen erfüllt werden.

In der juristischen Diskussion wird das Ordnungswidrigkeitenrecht neben dem Gesellschaftsrecht als Rechtsquelle für eine generelle Verpflichtung zur Einrichtung der institutionalisierten Compliance-Organisation angesehen.[195] § 130 OWiG formuliert ausdrücklich die Organisationspflicht der Compliance gegenüber dem Geschäftsleiter. Dabei geht das Unternehmen den Ursprüngen einer Compliance-Pflicht im Außenverhältnis nach. Aber die verorteten Pflichten des Ordnungswidrigkeitenrechtes wirken sich nur unmittelbar aus, wenn sie den Inhaber treffen und ihre Verletzung mit Strafe oder Geldbuße bedroht ist. Außerdem sind die erforderlichen Aufsichtsmaßnahmen zur Beachtung der Rechtsordnung nach der Rechtsprechung vor allem von der Art, Größe und Struktur des Unternehmens, der praktischen Durchführbarkeit der Überwachung und der Art und Häufigkeit von Verletzungen in der Vergangenheit abhängig.[196] Zudem

---

193 *Von Busekist/Schlitt*, CCZ 2012, S. 86, 87; *Rieder/Falge*, BB 2013, S. 778; *Fleischer*, NZG 2014, 321.

194 *Moosmayer*, NJW 2012, 3014.

195 *Moosmayer*, NJW 2012, 3013.

196 OLG Düsseldorf, Beschluss von 12.11.1998, 2 Ss (OWi) 385/98 – (OWi) 112/98 III, wistra 1999, 115,116; OLG Zweibrücken, Beschluss vom 25.6.1998 – 1 Ss 100/98,

könne der Aufsichtspflichtige zwischen mehreren gleich geeigneten Maßnahmen diejenige mit der geringsten Belastungswirkung auswählen.[197] Folglich ergebe sich aus § 130 Abs. 1 OWiG grundsätzlich keine generelle Verpflichtung zur Einrichtung einer institutionalisierten Compliance-Organisation.[198]

Ein weiterer Blick zeigt, dass sich wenigstens eine Obliegenheit[199] zur Einrichtung und Instandhaltung einer entsprechenden Organisationsstruktur aus dem Wunsch nach Exkulpation im Sinne von § 831 Abs. 1 BGB ergeben könnte. Nach § 831 Abs. 1 S. 1 BGB hat der Geschäftsherr unter Umständen für das schadensverursachende Handeln eines Verrichtungsgehilfen einzusetzen.[200] Aufgrund der rechtlichen Verselbstständigung und der personenbezogenen Ausrichtung des § 831 Abs. 1 S. 1 BGB, kann das Unternehmen nicht Verrichtungsgehilfe sein.[201]§ 831 Abs. 1 S. 1 BGB regelt gegenüber ausländischen Rechtsordnungen keine umfassende Verantwortlichkeit für Gehilfenversagen, sondern setzt das VerschuldensprinZIP in der Tradition des gemeinen Rechts um.[202] Gemäß § 831 Abs. 1 S. 2 BGB hat der Geschäftsherr bei der Auswahl und Leitung der bestellten Personen sowie bei der Beschaffung der erforderlichen Vorrichtungen und Gerätschafen die notwendige Sorgfalt zu beachten. Diese Vorschrift begründet keine umfassenden Organisationspflichten,[203] sondern lediglich eine auf Einzelpersonen bezogene Pflicht zur „Eignungsprüfung".[204] Diese personenbezogene Überwachungspflicht kann nicht in eine umfassende unternehmerische Organisationspflicht umgedeutet werden. Hinsichtlich dieser Einengung hat § 831

NStZ-RR 1998, 311,312; OLG Düsseldorf, Beschluss vom 22.5.1990, 2 Ss (OWi) 144/90 – (OWi) 28/90 III, wistra 1991, 38,39; *Pampel*, BB 2007, 1636, 1637.

197 *Rogall*, in: Mitsch (Hrsg.), Karlsruher Kommentar zum Gesetz über Ordnungswidrigkeiten, 5. Aufl. 2018, § 130 Rn. 39,40.

198 *Gürtler*, in: Göhler, Gesetz über Ordnungswidrigkeiten 16. Aufl. 2012, § 130 Rn. 10; *Liese*, BB Beil. 5/2008, 17.

199 Siehe zur Abgrenzung zwischen Obliegenheiten und Pflichten insgesamt Kramer, in: Münchener Kommentar zum Bürgerlichen Gesetzbuch, 5. Aufl. 2007, Bd. 2, Einleitung vor §241 BGB, Rn. 50 ff.

200 *U.H. Schneider/S.H. Schneider*, ZIP 2007, 2061.

201 BGH, Urteil vom 6.11.2012-VI ZR 174/11, AG 2013, 296; *Koch*, WM 2009, 1013, 1018.

202 *Matusche-Beckmann*, Das Organisationsschulden, 2001, S. 15 ff.; *Spindler*, Unternehmensorganisationspflichten, 2001, S. 689 f.

203 *Wagner*, in: Münchener Kommentar zum Bürgerlichen Gesetzbuch, Band 6, 7. Aufl. 2017, Titel 27, §831 Rn. 30 ff.; *Brüggemeier*, Deliktsrecht, 1986, Tz. 125; LG Hanau, Urteil vom 14.3.1996 – 7 O 967/95, WM 1996, 1540, 1545.

204 *Kleindiek*, Deliktshaftung und juristische Person, 1997, S. 287 ff.; *Spindler*, Unternehmensorganisationspflichten, 2001, S. 693.

Abs. 1 BGB in der Rechtsprechung neben der richterrechtlich entwickelten Organisationspflicht keine nennenswerte praktische Bedeutung.[205]

Die Rechtsprechung[206] geht auch in diese Gemengelage hinein. Beispielsweise besteht für Unternehmen die Pflicht, durch geeignete organisatorische Maßnahmen Vorkehrung zu treffen, damit nicht nur sie selbst, sondern auch ihre Mitarbeiter sich gesetzestreu verhalten.[207] Unternehmen müssen für die ordnungsgemäße Auswahl, Einweisung, Information und Überwachung von Mitarbeitern haften.[208] Außerdem muss das zuständige Organ sofort eingreifen, wenn sich Anhaltspunkte für ein Fehlverhalten zeigen.[209] Unternehmerische Entscheidungen des gesellschaftsrechtlichen Organs sollen nur dann die Pflicht erfüllen, wenn sie „auf der Grundlage angemessener Information" [210]getroffen wurden. In der Entscheidung vom 17.7.2009 hat der BGH erstmals konkrete Hinweise zu der sog. Garantenstellung eines Compliance-Beauftragten gegeben.[211] Insbesondere kann sich durch die aus dem ArbeitsvertrAG übertragene Aufgabe, Rechtsverstöße zu verhindern, „als notwendige Kehrseite"[212] eine strafrechtliche Garantenpflicht ergeben.[213] Dieses Urteil des BGH verursacht weitere Diskussionen der Unternehmenspraxis zu dem „Ob" und „Wie" eines Compliance-Managements.

Das Urteil des LG München I[214] in der Sache Siemens/Neubürger hinsichtlich des konkreten Pflichtenrahmens stellt fest, dass die Einrichtung einer funktionierenden Compliance-Organisation zur Gesamtverantwortung des Vorstands gehört, jedoch hat das Gericht keine endgültige Festlegung getroffen. Ob eine generelle Pflicht zur Einrichtung der Compliance-Organisation unmittelbar aus der allgemeinen Leitungspflicht der §§ 76 Abs. 1, 93 Abs. 1 AktG abzuleiten ist,

---

205 *Schmidt*, Karlsruher Forum 1993, S. 4,6; *Wagner*, in: Münchener Kommentar zum Bürgerlichen Gesetzbuch, Band 6, 7. Aufl. 2017, Titel 27, §831 Rn. 1, 2.

206 BGH, 29.8.2008 - 2 StR 587/07, NJW 2009,89; BGH, 17.7.2009 - 5 StR 394/08, NJW 2009, 3173; OLG Jena, 12.8.2009 - 7 U 244/07, NZG 2010, 226; OLG Düsseldorf, 9.12.2009 - 6 W 45/09, NJW 2010, 1537; OLG Celle, 9.2.2010 - 32 Ss 205/09, NStZ-RR 2010,207.

207 OLG Köln, Urteil vom 31.8.2000 - 18 U 42/00, NZG 2001,135,136.

208 BGH, Urteil vom 7.11.1994 - II ZR 270/93, NJW 1995, 326,329.

209 BGH, Urteil vom 8.10.1984 - II ZR 175/83, GmbHR 1985, 143, 144.

210 OLG Düsseldorf, Beschluss vom 9.12.2009-6 W 45/09, AG 2010, 126.

211 BGH, Urteil vom 17.7.2009 - 5 StR 394/08, NJW 2009, 3173.

212 BGH, Urteil vom 17.7.2009 - 5 StR 394/08, NJW 2009, 3173.

213 BGH, Urteil vom 17.7.2009 - 5 StR 394/08, NJW 2009, 3173.

214 LG München I, Urteil vom 10.12.2013-5HK O 1387/10, AG 2014, S. 332 ff.

steht noch dahin. Das Urteil bestimmt auch, dass Art, Größe und Organisation des Unternehmens, die zu beachtenden Vorschriften, geografische Präsenz und Verdachtsfälle in der Vergangenheit entscheidende Elemente für die Ausgestaltung der Compliance-Organisation sind.[215]

II. Unternehmerisches Ermessen

1. Der Ermessensraum

Wie oben beschrieben, gibt es keine generelle Rechtspflicht zur Einrichtung einer institutionalisierten Compliance-Organisation für alle Unternehmen. Es steht der ersten Führungsebene eines Unternehmens, das keiner spezialgesetzlichen Verpflichtung unterliegt, eine institutionalisierte Compliance-Organisation zu errichten, grundsätzlich frei, wie der regelkonforme Marktzugang gewährleistet wird. Dabei steht der Geschäftsführung grundsätzlich ein unternehmerischer Beurteilungsspielraum zu. Die sog. Business Judgement Rule nach § 93 Abs. 1 S. 2 AktG ist anwendbar.[216]

An dieser Stelle muss eindeutig festgestellt werden, dass die Erfüllung der Compliance-Pflicht nicht im Ermessen des Unternehmens steht.[217] Demgegenüber ist anerkannt, dass das Unternehmen bei der organisatorischen Umsetzung der Compliance-Pflicht Ermessen zusteht.[218] In den letzten Jahren werden die Unternehmen im Wirtschaftsleben verstärkt mit der Forderung nach mehr Compliance konfrontiert. Vor allem große und international tätige Unternehmen versuchen, durch den Aufbau von Verhaltensregeln für Mitarbeiter die Befolgung von Gesetzen zu garantieren und die Haftungsrisiken für die Unternehmensleitung zu reduzieren. Aber die spektakulären Fälle von Gesetzesverstößen in Unternehmen und die Unternehmenspraxis zeigen, dass Verhaltensrichtlinien allein die Regelkonformität nicht sicherstellen können.

Die aktuelle Diskussion um die Einführung eines dem deutschen Recht grundsätzlich fremden Unternehmensstrafrechts zeigt auch, dass künftig wegen Gesetzesverstößen nicht mehr nur die für ein Unternehmen verantwortlichen natürlichen Personen, sondern auch die Unternehmen selbst strafrechtlich sanktioniert werden können. Neben der klassischen Geldstrafe können auch die

---

215 Urteil vom 10.12.2013 – 5HK O 1387/10, NZG 2014, 345; *Fleischer*, NZG 2014, 321,323.

216 *Hauschka*, AG 2004, 461 ff.

217 *Kort*, GmbHR 2013, 566.

218 *Zöllner/Noack*, in: Baumbach/Hueck (Begr.), GmbHG, 20. Aufl. 2013, § 43 Rdn. 17.

Veröffentlichung der Verurteilung, der Ausschluss von öffentlichen Aufträgen und die Auflösung des Unternehmens als Sanktion eingeführt werden.[219] Seit einigen Jahren ergibt sich bei großen Unternehmen möglicherweise bereits ein faktischer Zwang zur Einrichtung einer Compliance-Organisation, da nur so die Compliance bei der Führung und Steuerung der eigenen Geschäfte gewährleistet werden kann.

Die Verbände und Interessenvertretungen bieten den Unternehmen auch Unterstützung, indem ihre Handlungsempfehlungen für die Einrichtung und Implementierung angemessener Compliance-Organisationen den Unternehmen bei der Entwicklung spezifischer, den jeweiligen Geschäftsfeldern angepasster Compliance-Strukturen helfen sollen.[220]

Die wirtschaftlichen Überlegungen für die Einrichtung der Compliance-Organisation können auch herangezogen werden. Unter betriebswirtschaftlichem Blickwinkel ist Compliance eine erforderliche und wesentliche Voraussetzung für das erfolgreiche und nachhaltige Betreiben des Unternehmens im Geschäftsleben. Es erweist sich als erheblicher Vorteil, wenn ein Unternehmen gegenüber den Behörden und dem Markt dokumentieren kann, dass es eine entsprechende Compliance-Organisation etabliert hat, dass Gesetzesverstöße frühzeitig erkennen, möglichst vermeiden und sanktionieren sowie Mitarbeiter schulen kann. Somit kann die Einrichtung einer funktionierenden Compliance-Organisation neben der Haftungsvermeidung auch als Marketingargument genutzt werden. Aktuell bestehen in Bezug auf Compliance eine große Aufmerksamkeit in den Medien und eine hohe Sensibilität in der Bevölkerung. Durch eine funktionierende Compliance-Organisation kann das Unternehmen im Wettbewerb punkten, was letztlich von potenziellen Kunden anerkannt wird.[221] Der Verzicht auf eine wirksame Compliance-Organisation birgt mittlerweile das Risiko von Wettbewerbsnachteilen wie Reputationsverlust für das Unternehmen, Bußgeld, Gewinn- und Mehrerlösabschöpfungen bei Verstößen gegen öffentlich rechtliche Vorschriften und niveaulose Bewertung durch den Kapitalmarkt.

---

219 Vgl. hierzu den nordrhein-westfalischen „Entwurf eines Gesetzes zur Einführung der strafrechtlichen Verantwortlichkeit von Unternehmen und sonstigen Verbände"(VerbStrG-E); *Leipold*, ZRP 2013, 34; *Weiß*, CCZ 2014, 81 ff.

220 Initiative Corporate Governance der deutschen Immobilienwirtschaft, Leitfaden Wertemanagement für die deutsche Immobilienwirtschaft, 2008; *VDMA*, Leitfaden zur Korruptionsbekämpfung, 2008; Arbeitskreis Gesundheitswesen, Verhaltenskodex: Arzneimittel und Kooperation im Gesundheitswesen.

221 *Powilleit*, GWR 2010, 28.

Demgegenüber ist es für mittelständische Unternehmen nicht einfach zu beurteilen, was zur Sicherstellung der Compliance notwendig und angemessen ist. In mittleren Unternehmen, die über eine Rechtsabteilung verfügen, wird oft die Auffassung vertreten, eine zusätzliche Compliance-Organisation sei nicht notwendig. Dem ist jedoch nicht zu folgen. Die vorsorgende Rechtsberatung zur Vermeidung von Verstößen gegen das geltende Recht durch die Rechtsabteilung ist einzelfallbezogen. Die Compliance-Organisation muss dagegen eine für eine Vielzahl denkbarer Fälle geltende Behandlungsweise zur Prävention aller illegalen Handlungen des Unternehmens beinhalten.

2. Maßgebliche Parameter des Ermessens

Wie unternehmerisches Ermessen hinsichtlich der institutionalisierten Compliance-Organisation auszuüben ist, hängt von zahlreichen Faktoren ab, insbesondere aber von der Unternehmensgröße, der Branche, den relevanten Risiken, der geografischen Präsenz und den Verstößen aus der Vergangenheit.[222] Auf der Rechtsfolgenseite ist ebenfalls bedeutsam, zu beobachten, ob und inwieweit ein unternehmerisches Ermessen bei der Einrichtung einer Compliance-Organisation besteht.[223]

Zweifellos ist die Größe ein wichtiger Parameter für die Notwendigkeit des Aufbaus der Compliance-Organisation.[224] Dieser Parameter lässt sich dabei über den Geschäftsumfang und die Mitarbeiterzahl definieren.[225] § 267 HGB hat sich an den Größenklassen für das Bilanzrecht orientiert. An ein Unternehmen mit ganz kleinem Geschäftsumfang und ganz geringer Mitarbeiterzahl, in dem ein guter Überblick über das gesamte unternehmerische Geschäft leicht zu gewinnen ist, sind geringe Anforderungen an die institutionalisierte Compliance-Organisation zu stellen. Aber die geringe Größe ist keinen Freibrief für Nachlässigkeit der Compliance und man wird dennoch etwa eine klare Zuständigkeitszuweisung der Compliance und eine kritische Grundhaltung verlangen. Grundsätzlich ist eine institutionalisierte Compliance-Organisation in den größeren und insbesondere in den börsennotierten Unternehmen, die regelmäßig eine entsprechende Dimension erreichen, unverzichtbar, um die Compliance-Pflicht zu erfüllen.

---

222 LG, München I, Urteil vom 10.12.2013-5HK O 1387/10, NZG 2014, 345, 347; *Bürkel*, CCZ 2015, 52,53; *Schneider*, ZIP 2003, 645.

223 *Gößwein/Hohmann*, BB 2011, 964.

224 LG, München I, Urteil vom 10.12.2013-5HK O 1387/10, NZG 2014, 345, 347.

225 *Kort*, GmbHR 2013, 566, 569.

Ein wesentlicher Parameter des unternehmerischen Ermessens ist die Branche, in der das Unternehmen beschäftigt ist.[226] Neben den von sektorspezifischen Gesetzen geregelten Branchen gibt es auch besondere Branchen, in denen das Unternehmen eine bestimmte „Risikoklasse" erreicht.[227] Beispielsweise ist die Bauindustrie erfahrungsgemäß anfällig für Straftaten aus dem Bereich der Bestechung und Unredlichkeit, weil Geschäfte der Bauindustrie typischerweise im Rahmen öffentlicher Auftragsvergabe abgeschlossen werden.[228] In der Immobilienbrache ist das Korruption- und Geldwäscherisiko besonders hoch.[229] Die in der Immobilienbranche anzutreffende Beratungs- oder Vermittlungstätigkeit ist leicht zu fingieren und bietet deshalb eine einfache Möglichkeit, Schmiergeldzahlungen oder Geldwäsche zu verdecken. Als Investitionsobjekte haben Immobilien häufig eine schwer nachvollziehbare Struktur und demzufolge ein hohes Geldwäscherisiko.

Die Identifizierung des Risikos ist Grundlage und Maßstab der geeigneten und zumutbaren Aufsichtsmaßnahmen. Ohne diese Feststellung lässt sich weder einschätzen, ob eine Compliance-Organisation erforderlich ist, noch beurteilen, wie sie ausgestaltet werden soll.[230] Auf Basis einer Identifizierung des Risikos kann die Geschäftsführung des Unternehmens entscheiden, ob die Einrichtung einer Compliance-Organisation erforderlich ist.[231]

Unternehmerisches Ermessen über die Compliance-Organisation wird auch durch die geografische Präsenz beeinflusst.[232] Bei Ländern, in denen die Compliance insbesondere durch Korruption gefährdet ist, ergeben sich gesteigerte Anforderungen an eine Compliance-Organisation. Beispielsweise spielt Korruption im Geschäftsverkehr in Brasilien eine große Rolle. In einer Umfrage aus dem Jahr 2009 haben fast 70 % der befragten Unternehmer und Manager

226 Das LG München I spricht im Simens/Neubürger-Urteil von der „Art des Unternehmens", ZIP 2014, 570, 573.

227 *Bachmann*, in: Gesellschaftsrecht in der Diskussion 2007, Jahrestagung der Gesellschaftsrechtlichen Vereinigung, S. 65, 68, 100; *Zöllner/Noack*, in: Baumbach/Hueck, GmbHG, 20. Aufl., 2013, § 43 Rz. 17; *Kieth*, GmbHR 2007, 393, 397.

228 *Greeve/von Grießenbeck*, in: Hauschka/Mossmayer/Lösler, Coporate Compliance, 3. Aufl. 2016, § 53 Rn. 26.

229 Fachstudie-Geldwäsche im Immobiliensektor in Deutschland; BKA, Download unter www.bka.de/nn_204298/SharedDocs/Downloads/DE/Themen-ABisZ/Geldwaesche-FIU/fiuFachstudieGeldwaescheImmobiliensektor.html.

230 IDW PS 980, Tz. A16.

231 *Fleischer*, BB 2008, 1070, 1072.

232 LG München I, Urteil vom 10.12.2013 – 5HK O 1387/10, 345, 347.

Korruption als wesentliches Hemmnis für ihre Tätigkeit im Land genannt.[233] In einer anderen Umfrage haben 40 % der Unternehmer aus der Textilindustrie angegeben, dass der Zulassungsprozess von Unternehmen mithilfe von Korruption zu beschleunigen sei.[234] Für ein Unternehmen, das weltweit in mehreren Ländern tätig ist, stellt die Einhaltung der Gesetze in allen entsprechenden Jurisdiktionen eine schwierige Aufgabe dar. Dadurch wird das Risiko von Gesetzverletzungen erhöht.

Schließlich wird unternehmerisches Ermessen maßgeblich durch bereits eingetretene Compliance-Verstöße in der Vergangenheit des Unternehmens beeinflusst.[235] Die Regelverstöße, die im eigenen Unternehmen in der Vergangenheit ermittelt wurden, geben Anlass für eine Optimierung der bisherigen Unternehmenspraxis. Dadurch stellt ein Unternehmen fest, ob es eine Compliance-Organisation nach aktienrechtlichem Vorbild einrichten soll.

III. Zusammenfassung

Zusammenfassend ist festzuhalten, dass nur bestimmte aufsichtsrechtliche Vorgaben für die Ausgestaltung der Compliance für Kredit- und Finanzdienstleistungsunternehmen sowie für Versicherungsunternehmen bestehen. Diese besonderen Maßstäbe können nicht einfach auf Unternehmen außerhalb dieser Branchen übertragen werden.[236] Mangels gesetzlicher Grundlagen gibt es keine generelle Organisationspflicht der institutionalisierten Compliance, sondern nur eine normspezifische Organisationspflicht der Compliance, deshalb muss man die bisherige Begründung durch die Rechtsprechungen und den ungeschriebenen RechtsSatz ergänzen. Obwohl eine generelle Rechtspflicht verneint wird, können sich diverse Leitgedanken von den speziellen Regelungen herleiten, dass eine Pflicht zur Einrichtung einer Compliance-Organisation dann entsteht, wenn das Unternehmen die meisten maßgeblichen Parameter für ein Compliance-Risiko hat.

Daraus ergeben sich zwei unterschiedliche Perspektive der allgemeinen Pflicht zur Errichtung der institutionalisierten Compliance-Organisation. Der Rechtsanwender kann keine allgemeine Organisationspflicht der institutionalisierten

---

233 International Finance Corporation, Enterprise Survery 2009, abrufbar unter www.enterprisesurveys.org/Data/ExploreEconomies/2009/ brazil

234 Zitiert bei *Fredriksson*, Journal of Development 2014, S. 258.

235 *Schulz/Galster*, in: Bürkle/Hauschka, Compliance-Officer, 2015, § 4, Rn. 21.

236 *Meyer*, DB 2014, 1063, 1064; *Seeliger/Mross*, in: in: Jaeger/Pohlmann/Schroeder, Frankfurter Kommentar zum Kartellrecht, 79. Lieferung, 2013, Teil E., Rn. 15 f.

Compliance erkennen. Unternehmen, ihre Leiter und Berater sind dagegen schon aus Praktikabilitätsgründen gehalten, institutionalisierte Compliance-Organisation zu errichten.

C. Die Umsetzung der Compliance in der Unternehmenspraxis

Infolge einiger großer Unternehmensskandale hat das Thema Umsetzung der Compliance im Unternehmen dynamisch wachsende Beachtung erfahren. Die Studie von PricewaterhouseCoopers zeigt, dass in Deutschland in den Jahren 2005 bis 2007 49 % Unternehmen von Wirtschaftskriminalität betroffen waren.[237] Während noch vor wenigen Jahren unter Compliance ausschließlich die regulatorische Umsetzung gesetzlicher Vorgaben in entsprechende unternehmensinterne Richtlinie verstanden wurde, geht der aktuelle Trend deutlich darüber hinaus. Die Umsetzung der Compliance gelingt, wenn es nicht nur um kein Fehlerverhalten in Unternehmen, sondern auch um den nachhaltigen Unternehmenserfolg geht. Diese Umsetzung in der Unternehmenspraxis bedeutet, dass der regelsteuernde Charakter der Compliance im Unternehmen als Steuerungsmechanismus angenommen und zugleich in einen Steuerungsprozess eingebettet wird. Unternehmen stehen somit vor der Aufgabe, sowohl den durch externen Handlungsdruck herangetragenen rechtlichen und regulatorischen Anforderungen nachzukommen als auch diese Anforderungen in dem Geschäftsprozess zu integrieren und Anforderungen durch unternehmensinterne Maßnahmen und Verhaltensstandardisierung zu erreichen.[238]

Die Umsetzung der Compliance muss sich an den individuellen Gegebenheiten des Unternehmens orientieren und hängt von der Größe, der Struktur, dem Geschäftsmodell, den fortwährenden Risiken und eventuell bereits vorgekommenen Compliance-Verstößen eines Unternehmens ab. Immer mehr Unternehmen legen ihren Fokus auf Compliance-Management-Systeme, die strategisch eine wirksame Umsetzung der Compliance sicherstellen sollen.

---

237 PricewaterhouseCooper, Studie zur Wirtschaftskriminalität, 2005, S. 37, abrufbar unter: www.pwc.de.

238 *Vogel/Glas*, DB 2009, 1747.

I. Die entscheidenden Faktoren zur Umsetzung der Compliance

1. Compliance-Kultur

Eine entwickelte Compliance-Kultur ist notwendige Voraussetzung für die Umsetzung der Compliance in dem Unternehmen. An dieser Stelle verlangt die Umsetzung der Compliance eine von Unternehmenswerten getragene Compliance-Kultur. Mit der Compliance-Kultur soll die eigene Überzeugung von Sinn und Notwendigkeit der Compliance in das Unternehmen getragen werden. Nach dem VorschlAG der Konzeptualisierung von *Wendt* Kennzeichen für Unternehmen mit einer reichenden Compliance-Kultur eine Kommunikation, „die auf einer gemeinsamen Auffassung bezüglich der großen Bedeutung der Einhaltung von Compliance-Anforderungen und auf dem Vertrauen in die Effizienz präventiver Maßnahmen gründet.“[239]Für Unternehmen ist ein allgemeiner Wertekanon noch oberhalb konkret formulierter Regeln ein sinnvolles Anreizsystem, sich der „Wirtschaftsethik“ entsprechend zu verhalten. Eine entwickelte Compliance-Kultur im Unternehmen führt nicht zur einen höheren Akzeptanz von Compliance, sondern verankert ein ausgeprägtes Compliance-Bewusstsein von oben nach unten. Dagegen wird eine fehlende Compliance-Kultur von der Grundhaltung der Unternehmensleitung geprägt („tone at the top“).

Mit einer ausreichenden Compliance-Kultur entsteht bei Mitarbeiter aller Ebenen ein Compliance-Bewusstsein. Sie befolgen Regeln nicht nur, um persönliche Strafen oder Nachteile für das Unternehmen zu vermeiden, sondern auch aus der Überzeugung, dass ein regelkonformes und ethisches Handeln richtig ist. Der BundesverBand der Deutschen Industrie empfehlt hierzu: „Nur bei einem vorbildlichen Verhalten der Unternehmensführung auf allen Ebenen kann ein entsprechendes Verhalten der Mitarbeiter erwartet werden.“ [240] Während eine Compliance-Kultur für das Topmanagement vergleichsweise einfach umsetzbar scheint, können die Mitarbeiter aller Ebenen nur schwer beeinflusst werden. Neben einer konsequenten Sanktionierung von Tätern können spezielle Compliance-Schulung, Jobrotationen, Zwangspausen und wechselnde Zusammensetzungen von Arbeitsgruppen die Compliance-Kultur auf allen Ebenen stärken.

---

239 *Wendt,* in: Hauschka/Mossmayer/Lösler, Coporate Compliance, 3. Aufl. 2016, § 9 Rn. 66.

240 Empfehlung des *BDI*, 2007, S. 50.

2. Das Compliance-Management-System

Die Compliance wird nicht dadurch effektiv umgesetzt, dass die Unternehmensleitung lediglich einen Verhaltenskodex bekannt macht, deshalb ist es für alle Unternehmen notwendig, die neuen Compliance-Management-Systeme, die geeigneten Organisationsstrukturen und die radikalen Prozesse einzurichten und geeignete Maßnahmen zur Sicherstellung der Compliance bei der Führung und Steuerung der eigenen Geschäfte zu ergreifen, indem das Unternehmen die bislang verstreut wahrgenommenen Aufgaben in einer neuen Stabsfunktion namens Compliance bündelt. Früher ist diese Aufgabe von verschiedenen bereits etablierten Unternehmensabteilungen wie der Personalabteilung, der Umweltschutzabteilung und der Rechtsabteilung wahrgenommen worden.

a) Die Schlüsselfaktoren des Aufbaus eines Compliance-Management-Systems

aa) Die Zuweisung der Verantwortlichkeit

Ein angemessenes Compliance-Management-System garantiert den Erfolg der Wechselwirkung und Kooperation von verschiedenen stehenden Grundelementen im Unternehmen. Der Aufbau des Compliance-Management-Systems ist eine Entwicklung der unternehmensindividuellen Compliance-Strategie. Um ein Compliance-Management-System aufzubauen, muss daher zunächst der Unternehmensleitung Verantwortung für Compliance zugewiesen werden. Durch eine Vorstandsgeschäftsordnung oder einen Geschäftsverteilungsplan kann einem Vorstandsmitglied oder einem Geschäftsführer die Verantwortung für den Bereich „Compliance" zugewiesen und dadurch eine zentrale Anlaufstelle im Unternehmen geschaffen werden.[241] In Unternehmen ab einer gewissen Größe können die Verantwortung und die operativen Tätigkeiten auf dem Gebiet der Compliance arbeitsteilig an weitere Personen delegiert werden. Durch die Delegation wird die Unternehmensleitung nicht von ihrer Verantwortung frei und hat dabei im Wesentlichen die Pflicht, eine umfassende Überwachungspflicht zu erfüllen.[242] Diese Delegation findet ihre Grenzen darin, dass die Kernbereiche der Compliance nicht zu delegieren sind. Außerdem darf sich die Unternehmensleitung wegen der sogenannten Universalzuständigkeit bei existenten Bedrohungen der Compliance nicht auszuschließen, sondern muss sich selbst damit befassen oder zumindest in wesentliche Schritte eingebunden

---

241 *Hauschka*, NJW 2004, 257, 259.

242 *Fleischer*, in: *Spindler/Stilz*, Kommentar zum Aktiengesetz, 4. Aufl. 2019, § 93 Rn. 100.

sein.[243] Obwohl eine Delegation zu einer spürbaren Haftungserleichterung der Unternehmensleitung führen kann, existiert eine wirkliche alleinige Übertragung der Compliance an einzelne Vorstandsmitglieder oder den Mitarbeiter unterhalb der Vorstandsebene nicht. Anderenfalls liegt in der unzulässigen Delegation selbst ein Pflichtverstoß. Es muss jedoch sichergestellt sein, dass Compliance im Unternehmen ihrer Leitungsaufgabe gerecht wird.

bb) Compliance-Organisation

Die Einstellung der Compliance-Organisation ist auch ein entscheidender Faktor des Aufbaus eines Compliance-Management-Systems. Bei dem Aufbau des Compliance-Management-Systems sind klare Organisationsstrukturen erforderlich. Mit der Aufbauorganisation bindet die Unternehmensleitung das Compliance-Management-System in die Unternehmensorganisation ein und modifiziert vorhandene Organisationsstrukturen. Damit kann über die für ein wirksames Compliance-Management-System notwendigen Ressourcen verfügt werden. So können durch die Compliance-Organisation Informationen gewonnen, gesammelt, verteilt und ausgewertet werden. Diese Informationen bilden die Grundlage für die Compliance-Entscheidung und entfalten eine verhaltenssteuernde Wirkung.[244]

Die Compliance-Organisation kann unterschiedlich aufgestellt werden. Eine Art von Compliance-Organisation erfordert einen Vorsitz des Compliance-Beauftragten und eine Reihe dezentraler Compliance-Beauftragter. Der Vorsitz greift fachlich in den gesamten Compliance-Prozess ein und ist direkt gegenüber dem Vorstands- oder Geschäftsführungsmitglied verantwortlich.[245] Diese Organisationsform erfordert einen höheren finanziellen und personellen Einsatz.[246] Eine andere Möglichkeit ist die Einordnung der Compliance-Funktion in eine Matrix-Organisation, in der sich die eigentliche Compliance-Abteilung primär auf die Aufgaben der Prävention beschränkt, während die Aufdeckungsaufgaben und Reaktionsaufgaben von anderen Fachabteilungen im Unternehmen durchführt werden.[247] Diese Organisationsform erfordert einen

---

243 *Sieg*, DB 2002, 1759.

244 *Bergnoser/Theusinger/Gushurst*, BB Special 5/2008, 1. 9ff.; *Rodewald*, in: Maschmann, Corporate Compliance und Arbeitsrecht, 2009, S. 31,35.

245 *Pauthner/Stephan*, in: Hauschka/Mossmayer/Lösler, Coporate Compliance, 3. Aufl. 2016, § 16 Rn. 47.

246 *Moosmayer*, Compliance-Praxisleitfaden für Unternehmen, 3. Aufl. 2015, Rn. 106.

247 *Moosmayer*, Compliance-Praxisleitfaden für Unternehmen, 3. Aufl. 2015, Rn. 108 ff.

geringeren EinSatz von finanziellen und personellen Ressourcen, aber einen großen Abstimmungsaufwand zwischen den Beteiligten. Die Entscheidung über die Compliance-Organisationsform hängt letztlich von den jeweiligen Gegebenheiten ab.[248] Der Erfolg der Compliance-Organisation zeigt sich in der Balance zwischen der notwendigen Regulierung und Kontrolle auf der einen Seite und einer positiven Unternehmenskultur auf der anderen Seite.

cc) Compliance-Programm

Das Compliance-Programm als Reaktionsprogramm gegen Compliance-Risiken ist ein anderes Grundelement des Compliance-Management-Systems. Durch das Compliance-Programm wird identifiziert, an welchen Stellen der Unternehmensorganisation, bei welchem Geschäftsbereich und in welchen konkreten Situationen die Compliance-Risiken bestehen. Auf der Grundlage der Beurteilung der Compliance-Risiken kann das Unternehmen mit dem Compliance-Programm weitere Grundsätze und Maßnahmen einführen, die auf die Begrenzung der Compliance-Risiken und damit auf das Zurückdrängen von Compliance-Verstößen ausgerichtet sind.[249] Das Kernelement eines Compliance-Programms besteht regelmäßig aus Teilbereich übergreifenden Maßnahmen, die gemeinsam auf unterschiedliche Risiken aus mehreren Geschäftsbereichen wirken können. Damit kann z. B. ein Richtlinienmanagement teilbereichsübergreifend ausgeführt werden.

b) Die Aufgaben des Compliance-Management-Systems

Die Aufgaben des Compliance-Management-Systems im Unternehmen müssen sich an den Grundfunktionen der Compliance orientieren und sind mithin die Präventionsaufgabe, die Kontrollaufgabe und die Reaktionsaufgabe.

aa) Die Präventionsaufgabe

Die Präventionsaufgabe des Compliance-Management-Systems ist auf die rechtzeitige Reaktion des Erlasses und die Änderung der für Unternehmen relevanten Regulierungen und gesetzlichen Entwicklungen ausgerichtet. Daneben gehört es zu den Aufgaben, Regeln verständlich zu machen, damit alle Unternehmensangehörigen im Hinblick auf die Einhaltung der Regeln zu unterstützen und das Schadenspotenzial, das jede Regelübertretung in einer bestimmten

---

248 *Bürkle*, in: Hauschka/Mossmayer/Lösler, Coporate Compliance, 3. Aufl. 2016, § 36 Rn. 8; *Bürkle*, BB 2005, 565; *Goette*, ZHR 165 (2001), 388, 396 f.

249 BASF SE, Stellungnahme vom 1.4.2010.

Form enthält, zu minimieren.[250] Als weitere Komponente einer Präventionsaufgabe des Compliance-Management-Systems ist die Beratung aller Mitarbeiter im Hinblick auf die Einhaltung der gesetzlichen Bestimmungen sowie der Organisations- und Arbeitsanweisungen umfasst. Operative Gebiete bei der Durchführung regelmäßiger Schulungen der Mitarbeiter werden unterstützt. Gegenstand der Schulung sollten Neuerungen des Gesetzes, neue Verlautbarungen der Bundesanstalt, Änderungen der Unternehmensbestimmung und daraus resultierende Verhaltensregeln für Mitarbeiter sein.[251]

bb) Die Kontrollaufgabe

Nach der klassischen Compliance-Funktion obliegt die Kontrollaufgabe grundsätzlich dem Compliance-Management-System. Die wesentliche Tätigkeit dieser Aufgabe ist die laufende Kontrolle der Einhaltung compliancerelevanter Anforderungen. Im Rahmen der Erfüllung der Kontrollaufgabe übernimmt das Compliance-Management-System die generelle Überwachung von Mitarbeitergeschäften und Eigenhandelsgeschäften sowie von Angemessenheit und Wirksamkeit der Maßnahmen und Verfahren zur Sicherstellung der Einhaltung der Compliance-Anforderungen. Diese Überwachungen sollen unmittelbar in dem jeweiligen Geschäftsprozess eingebunden sein. Damit werden Fehlverhalten aller Mitarbeiter, die Gefahr einer Verletzung der Regelungen sowie die mit einer solchen Verletzung verbundenen Risiken aufgedeckt.

cc) Die Reaktionsaufgabe

Die Reaktionsaufgabe des Compliance-Management-Systems bedeutet eine Reaktion auf erkannte Compliance-Verstöße. Dies dient zuerst der Beseitigung des konkreten Verstoßes, sofern dieser einen „Dauercharakter" besitzt. Um Compliance-Verstöße zu beseitigen, soll das Compliance-Programm abermals modifiziert und Schwachstellen sollen im Compliance-Programm abgestellt werden.[252] Neben der Abstellung der Compliance-Verstöße zielt die Reaktionsaufgabe des Compliance-Management-Systems auch auf die Schadensminimierung

---

250 *Hauschka*, in: Verbraucherschutz im Kreditgeschäft Compliance in der Kreditwirtschaft, BankrechtstAG 2008, S. 103; *Löser*, Compliance im Wertpapierdienstleistungskonzern, 2013, S. 11.

251 BT 1.2 Tz. 5 MaComp; *Held*, in: Clouth/Lang, MiFID Praktikerhandbuch, 2007, Rn. 444; *Fuchs*, in: Fuchs, Wertpapierhandelsgesetz, 2. Aufl. 2016, § 33 Rn 73.

252 *Rieder/Falge*, in: Görling/Inderst/Bannenberg, Compliance, Aufbau-Management-Risikobereiche, 2010, Kap. 2 Rn. 58.

ab. Nach Schwere des Verstoßes und unter Beachtung der lokalen Rechtslage kommen geeignete disziplinarische Maßnahmen zur Ahndung in Betracht, damit die abschreckende Wirkung gegen Mitarbeiter oder Dritte realisiert wird. Wichtig für die Erfüllung der Reaktionsaufgabe ist jedoch, dass auf Compliance-Verstöße generell zeitnah reagiert wird und die Verstöße in einem zentralen Berichtswesen erfasst werden. Nur so sind die Analyse und die Ableitung notwendiger Maßnahmen zur Vermeidung von Verstößen möglich.[253] Um den konkreten Sachverhalt zu bewerten und somit eine diesbezügliche unternehmerische Reaktionsmaßnahme zu ergreifen, stellt das Unternehmen stets eine Kooperation mit Behörden her.

3. *Zusammenfassung*

Die Compliance betrifft Unternehmen jeder Größenordnung und nicht nur börsennotierte Gesellschaften und Finanzdienstleistungsinstitute.[254] Unter Compliance versteht man Anforderungen sowohl an die Beachtung des geltenden Rechts in dem Prozess des Managements des Unternehmens als auch die Einrichtung einer Unternehmensorganisation, die das gesamte Unternehmen erfasst. Die Umsetzung der Compliance im Unternehmen hängt von entscheidenden Faktoren ab: Neben einer grundlegenden Compliance-Kultur ist ein Compliance-Management-System auch kritisch. Nach dem von Institut der Wirtschaftsprüfer entwickelten Standard „Grundsätze ordnungsgemäßer Prüfung von Compliance-Management-Systemen" (IDW PS980) ist die Compliance-Kultur ein Grundelement für den Erfolg von Compliance-Maßnahmen und Compliance-Management-Systemen.[255] Sie stellt eine Herausforderung beim Verständnis für die Compliance im Unternehmen dar. Damit ist Compliance keine Belastung, sondern ein Treiber der richtigen Führung des Unternehmens. Mit einer ausreichenden Compliance-Kultur sollte die Regelbefolgung als Wert nicht nur von der Unternehmensleitung, sondern auch von allen Unternehmensangehörigen akzeptiert werden. Dabei sind Erkenntnisse von Compliance interdisziplinär zu berücksichtigen, denn geht es um die Steuerung menschlichen Verhaltens in Unternehmen.

---

253 *Moosmayer*, Compliance-Praxisleitfaden für Unternehmen, 3. Aufl. 2015, Rn. 338, 339.

254 *Schneider* ZIP 2003, 645.

255 *Schulz/Muth*, CB 2015, 265; *Bode*, in: Bay/Hastenrath (Hrsg.), Compliance-Management-Systeme, 2. Aufl. 2016, Rn. 1 ff; IDW PS 980, Tz. 23; *Bergmann*, in: KPMG AG (Hrsg.), Das wirksame Compliance-Management-System, 2014, S. 11 ff.

Auf der Basis der Compliance-Kultur soll die Umsetzung der Compliance durch ein effektives Compliance-Management-System realisiert werden. Ein ausreichendes System gründet sich auf drei wesentliche Säulen: die verantwortliche Person für die Compliance, die Compliance-Organisation sowie das Compliance-Programm. Um ein Compliance-Management-System auszubauen, muss eine Person ausgewählt werden, die Verantwortung für Compliance trägt. Dadurch wird eine Anlaufstelle im Unternehmen geschaffen. Des Weiteren ist eine logische und eindeutige Organisationsstruktur notwendige Voraussetzung für den Erfolg dieses Systems. Durch die Compliance-Organisation kann das Compliance-Management-System unentbehrliche Ressourcen erlangen und seine Aufgaben ausfüllen. Das Unternehmen kann selbst unterschiedliche Organisation aufstellen. Ein Compliance-Programm stellt ein Reaktionsprogramm gegen Compliance-Risiken dar. Ein solches Programm dient dazu, durch teilbereichsübergreifende Maßnahmen dafür zu sorgen, die Compliance-Risiken festzustellen und auszuschließen.

Das Compliance-Management-Systems kümmert sich um kritische Geschäftsprozesse und orientiert sich an den Grundfunktionen der Compliance. Wie bereits dargelegt, handelt es sich um Präventionsaufgaben, Kontrollaufgaben und Reaktionsaufgaben. Durch die Durchführung der Präventionsaufgabe ist die Compliance-Funktion hierbei möglichst frühzeitig einzubeziehen, um die Verstöße gegen die gesetzlichen Bestimmungen in Unternehmen zu verhindern. Ein wirksames Compliance-Management-System lebt auch von der Überwachung der Geschäfte von Unternehmen und Unternehmensangehörigen und von der Kontrolle der Angemessenheit der Compliance-Maßnahmen. Um den erkannten Compliance-Verstoß zu beseitigten und Schäden zu verringern, sollte das Compliance-Management-System in Zusammenarbeit mit den zuständigen Führungskräften auch die Reaktionsaufgabe durchführen. Danach werden geeignete disziplinarische Maßnahmen zur Ahndung ergriffen.

II. Die Werkzeuge der Umsetzung

1. Compliance-Handbuch

Unternehmen, deren Geschäfte mehrere Bereiche einbeziehen, stehen vor der Situation, dass es keine einheitliche Regulierung der für sie und ihre Mitarbeiter betreffenden Vorschriften gibt. Diese sind auf unterschiedliche nationale und internationale sowie europäische Gesetze, Verordnungen, Richtlinie und Bestimmung verteilt.[256] Um die Compliance in dem Unternehmen umzusetzen

256 *Eisele*, WM, 1993, 1021, 1023.

und relevante materielle Regelungen zu vermitteln, ist die Erarbeitung des Compliance-Handbuches erforderlich.[257] Das Compliance-Handbuch hat sich für viele Unternehmen als sinnvoll erwiesen und bietet erste Hilfestellung bei der Bewältigung von rechtlichen Zweifelsfragen.[258] Es stellt ein unternehmensweit anzuwendendes Nachschlagwerk mit hohem Praxisbezug dar. Inhalt und Umfang eines solchen Handbuches variieren je nach Inhalt, Größe sowie Geschäftsbereich des Unternehmens. Nicht ausreichend bei der Erarbeitung eines Compliance-Handbuches ist, schlicht alle relevanten Regelungen zusammenzuschreiben, vielmehr ist sicherzustellen, dass der „Rezipientenkreis" des Compliance-Handbuches tatsächlich vollständige Kenntnis über das Ziel von Compliance, die maßgebliche Tatbestandsmerkmale und Rechtsfolgen der maßgeblichen Vorschriften sowie die sich daraus ergebenden Vorteile und Nachteile erwirbt.[259] Bei Vollständigkeit des Handbuches können die Mitarbeiter maßgebliche Regeln nicht übertreten.

2. Schulung

Wenn eine ausreichende Compliance-Regelung existiert, werden Verstöße gegen Gesetze oder Richtlinien oftmals unbewusst begangen.[260] Die Ursachen dafür liegen im Regelfall in den mangelnden Basiskenntnissen oder in einem falschen Verständnis der maßgeblichen Rechtsvorschriften.[261] Gründe können auch in der mangelnden Sensibilität für compliancerelevante Sachverhalte gefunden werden.[262] Durch Schulung werden die erforderlichen Spezialkenntnisse zu Compliance vermittelt. In Bezug auf die nachhaltige Verankerung der Compliance im Unternehmen ist die regelmäßige Schulung ein erforderliches Werkzeug. Die Schulung kann je nach Umfang des zu vermittelnden Inhalts und der Größe des Unternehmens auf unterschiedliche Art und Weise gestaltet werden. Diese Gestaltungen sollen praxisnah und an der Qualifikation der Teilnehmer ausgerichtet werden, so kann der Inhalt der Compliance verinnerlicht werden und die Teilnehmer können für die rechtlichen Risiken im Zusammenhang mit

---

257 *Schweizer*, Insiderverbote – Interessenkonflikte und Compliance, S. 173; *Hauschka*, BB 2004, 1178, 1179.

258 *Lösler*, Thomas: Compliance im Wertpapierdienstleistungskonzern, 2003, S. 69.

259 *Dreher*, VersR 2004, 1, 5.

260 *Rodewald*, in: Maschmann, Corporate Compliance und Arbeitsrecht, S. 31, 32.

261 *Harm*, Compliance in Wertpapierdienstleistungsunternehmen und Emittenten von Finanzinstrumenten, Frankfurt a. M. 2008, S. 56.

262 *Moosmayer*, Compliance-Praxisleitfaden für Unternehmen, 3. Aufl. 2015, Rn. 175.

ihrer Tätigkeit sensibilisiert werden.[263] Damit können die Mitarbeiter in Stresssituationen nicht nur eigenes Verhalten ordnungsgemäß würdigen, sondern auch das Verhalten ihrer Kollegen korrigieren. Welche Bedeutung die Schulung hat, zeigt sich in solchen Unternehmen, die zwar ein Compliance-Management-System errichtet haben, deren Angehörige Rechtsvorschriften und Rechtlinien jedoch nicht zur Grundlage ihres Verhaltens machen. Daneben dient Schulung auch dazu, die Compliance-Kultur zu fördern.

3. *Whistleblowing-System*

Whistleblowing, das in der Unternehmenspraxis aktuell in aller Munde ist, haben seinen Ursprung in dem anglo-amerikanischen Rechtskreis des Common Law, dessen Verlauf sich schon seit Längerem in den USA studieren lässt. Der US-amerikanische Sarbanes-Oxley Act aus dem Jahre 2002 ist die Ursache für die Entfaltung der Whistleblowing Police. In Deutschland ist die erste Regelung zu Hinweisgebersystemen am 1.1.2014 durch § 25a Abs. 1 S. 6 Nr. 3 KWG gesetzlich verankert worden. Unter Whistleblowing versteht man allgemein kritische Äußerungen, Beschwerden oder Anzeigen von Unternehmensangehörigen zu vermeintlichem oder tatsächlichem Fehlverhalten in ihrem Unternehmen gegenüber unternehmensinternen Anlaufadressen, staatlichen Stellen oder sonstigen Dritten.[264]

Das Whistleblowing-System ist ein grundsätzlicher Kanal im Bereich unternehmensinterner Meldesysteme. Zwar kann sich ein Arbeitnehmer, der einen Missstand in Unternehmen erkennt oder vermutet, direkt an seine Führungskraft wenden. Aber nicht jeder Arbeitnehmer möchte oder kann diesen Weg gehen. Mithilfe des Whistleblowing-Systems kann der Arbeitnehmer über ein bestimmtes Verfahren Hinweise auf Non-Compliance im Unternehmen geben. Damit können in vielen Fällen Compliance-Verstöße im Unternehmen verhindert bzw. nachfolgend untersucht werden. Folglich ist Aufdeckungsquote dort, wo Whistleblowing-Systeme bestehen, höher. Laut Transparency International könnte Wirtschaftskriminalität besser verhütet werden, wenn sich Mitarbeiter

---

263 *Schweizer*, Insiderverbote – Interessenkonflikte und Compliance, S. 208 f.; *Rosbach*, CCZ 2008, 101,103; *Bürkel*, BB 2005, 565,566; *Rodewald* in: Maschmann, Corporate Compliance und Arbeitsrecht, S. 31,49.

264 *Döse*, AuR 2009,189, 190; *D. Schneider/Sittard*, NZA 2007, 654; *Müller*, NZA 2002, 424, 426; *Bannenberg*, Korruption in Deutschland und ihre strafrechtliche Kontrolle, 2002, S. 56.

von Unternehmen mutiger gegen Compliance-Verstöße einsetzen würden.[265] So ist ein Whistleblowing-System ein elementares Werkzeug der effektiven Umsetzung der Compliance.[266]

4. *Der Compliance-Beauftragte*

In großen Unternehmen kann die Compliance-Aufgabe im seltensten Fall von der Unternehmensleitung selbst wahrgenommen werden, weshalb in der Unternehmenspraxis zunehmend der Compliance-Beauftragte als Werkzeug der Compliance-Umsetzung bestellt wird. Der Compliance-Beauftragte ist ein personalisiertes Erscheinungsbild des unternehmensinternen Verantwortungsbereichs der Compliance.[267] Er muss die Regeltreue im Unternehmen sicherstellen.[268] Im nächsten Kapitel wird der Compliance-Beauftragte ausführlich vorgestellt.

5. *Zusammenfassung*

Die Erarbeitung von Regeln für das Verhalten aller Unternehmensangehörigen in Form eines Compliance-Handbuches ist ein sinnvolles Werkzeug für die Umsetzung der Compliance. Ein solches Handbuch dient in Unternehmen zur detaillierten Darstellung und Auslegung der das Unternehmen und die Mitarbeiter betreffenden Vorschriften. Dabei zielt das Compliance-Handbuch sowohl auf die Vermittlung der relevanten Regelungen als auch auf die Verbreitung der tatsächlichen Kenntnis über Compliance. Die Schulung ist ein wesentliches wirksames Werkzeug für die Heranbildung der erforderlichen Sensibilität der Unternehmensangehörigen für Compliance.[269] Um eine effektive Compliance im Unternehmen leben und aufrechterhalten zu können, müssen die Unternehmensangehörigen regelmäßig über relevante Regelwerke und aktuelle Compliance-Themen unterrichtet werden. Eine erfolgreiche Umsetzung der Compliance in Unternehmen beinhaltet, dass die Arbeitnehmer auch selbst auf eine Verletzung einer gesetzlichen Vorschrift oder des Verhaltenskodex

---

265 Transparency International in: Scheinwerfer 59, 18. Jahrgang, Mai 2013, S. 24.

266 *Moosmayer*, Compliance-Praxisleitfaden für Unternehmen, 3. Aufl. 2015, Rn. 181; *Deiseroth/Derleder*, ZRP 2008, 248; *Mahnhold*, NZA 2008, 737.

267 *Lösler*, WM 2008,1098, 1100; *Spindler*, WM 2008, 905, 911; *Röh*, BB 2008, 398, 400.

268 *Schlicht*, BKR 2006, 469, 471; *Grohnert*, Rechtliche Grundlagen einer Compliance-Organisation und ausgewählte Fragen der Umsetzung, 1999, S. 133.

269 *Klahold/Lochen*, in: Hauschka/Moosmayer/Lösler, Corporate Compliance, 3. Aufl. 2016, § 37 Rn. 60.

hinweisen können. Das Whistleblowing-System kann dem Arbeitgeber helfen, bestimmte Sachverhalte erfahren. Dieses System wird zunehmend als Bausteine effektiver Compliance erkannt.[270] Durch die Etablierung des Whistleblowing-Systems kann das Unternehmen die eigene Compliance-Kultur stärken und weiterentwickeln.[271] Wenn der Unternehmensleiter die gesetzliche Verantwortung für Compliance an Mitarbeiter delegiert, kommt den Beauftragten eine wesentliche Bedeutung zu. Durch Bündelung einiger thematisch nahestehender Fachfunktionen kann der Compliance-Beauftragte Compliance stark unterstützen.

III. Mitbestimmung des Betriebsrats

Dem Betriebsrat stehen Mitbestimmungs-, Mitwirkungs- und sonstige Beteiligungsrechte zu. Das Mitbestimmungsrecht sichert dabei die stärksten Einflussmöglichkeiten des Betriebsrats. Grundsätzlich kam dem Betriebsrat ein Mitbestimmungsrecht nur zu, wenn es sich bei der zu regelnden Angelegenheit um den gesamten Betrieb handelte.[272] Nach der Neufassung des § 87 Abs. 1 BetrVG können auch Einzelmaßnahmen dem Mitbestimmungsrecht des Betriebsrats unterliegen. Der Betriebsrat im Unternehmen übt eine umfassende Kontrollfunktion aus. Dabei ist die Mitbestimmung des Betriebsrats ein wichtiger Faktor für eine erfolgreiche Umsetzung der Compliance und gilt unabhängig davon, ob Unternehmen gesetzlich verpflichtet sind, entsprechende Compliance-Organisationen einzurichten. Die Abstimmung mit dem Betriebsrat ist unverzichtbar, wenn Compliance-Maßnahmen das Mitbestimmungsrecht tangieren. Der Schwerpunkt dieses Mitbestimmungsrechts liegt in der Wahrnehmung der Interessen der Arbeitnehmer im Unternehmen. Die wichtigsten Mitbestimmungsrechte des Betriebsrats im Bereich Compliance ergeben sich aus § 87 Abs. 1 Nr. 1 und Nr. 6 BetrVG.

1. Mitbestimmung bei der Aufstellung von Verhaltensrichtlinien

Wenn ein Unternehmen zur Einführung von Ethikrichtlinien und Verhaltenskodizes verpflichtet ist, werden die Mitbestimmungsrechte des Betriebsrats

---

270 *Berndt/Hoppler*, BB 2005, 2623; *Bürkle*, DB 2004, 2158, 2160; *Weber-Rey*, AG 2006, 406; *Simon/Schilling*, BB 2011, 2421; *Schneider/Nowak*, in: FS Peter Kreutz, 2010, S. 855, 864.

271 *Leisinger*, Whistleblowing und Corporate Reputation Management, 2003, S. 34, 171 ff.; *Pitroff*, Whistle-Blowing-Systeme in deutschen Unternehmen, 2011, S. 59 ff.

272 BAG, Urteil vom 07.09.1956 – 1 AZR 646/54, NJW 1957, 726.

nicht ausgeschlossen.[273] Einem Urteil des Bundesarbeitsgerichts ist zu entnehmen, dass die gesamte Ethikrichtlinie und die Verhaltenskodizes generell der Mitbestimmung des Betriebsrats unterliegen.[274] Ob die Ethikrichtlinie und die Verhaltenskodizes von Ordnungsverhalten betroffen sind, beurteilt sich nach dem objektiven Regelungszweck, der nach dem Inhalt der Regelung und der Art des zu beeinflussenden betrieblichen Geschehens bestimmt wird.[275] Das Mitbestimmungsrecht des Betriebsrats aus § 87 Abs. 1 Nr. 1 BetrVG ist nur für einzelne Regelungen der Verhaltensrichtlinien einheitlich gestaltet, soweit die Regelungen darauf gerichtet sind, das Verhalten der Arbeitnehmer zu beeinflussen und zu koordinieren oder die Ordnung des Betriebs zu gewährleisten.[276] Dagegen besteht kein Mitbestimmungsrecht bei Regelungen, mit denen lediglich die geschuldete Arbeitsleistung konkretisiert und abgefordert wird oder gesetzlich bestehende Pflichten wiederholt werden.[277] Neben § 87 Abs. 1 Nr. 1 BetrVG muss das Unternehmen bei Aufstellung der Verhaltensrechtlinien auch § 87 Abs. 1 Nr. 6 BetrVG beachten. Danach hat der Betriebsrat auch ein Recht zu Mitbestimmung, wenn mit der Aufstellung der Verhaltensrechtlinien die Einführung und Anwendung von technischen Einrichtungen verbunden sein soll, die das Verhalten oder die Leistung der Arbeitnehmer überwachen.[278]

---

273 BAG, Beschluss vom 08.08.1989 – 1 ABR 62/88, NZA 1990, 322 = AP Nr. 3 § 87 BetrVG Initiativrecht; BAG, Beschluss vom 23.06.1992 – 1 ABR 9/92, NZA 1993, 299 = AP Nr. 55 § 77 BetrVG Nachwirkung; DB 2005, 2190.

274 BAG, Beschluss vom 22.7.2008 – 1 ABR 40/07, NZA 2008,1248; BAG, Beschluss vom 18.4.2000 – 1 ABR 22/99, NZA 2000, 1176.

275 *Fitting*, Betriebsverfassungsgesetz, 28. Aufl. 2016, § 87 Rn. 75; *Richardi*, in: Richardi, Betriebsverfassungsgesetz mit Wahlordnung, 16. Aufl. 2018, BetrVG § 87 Rn. 194, 196; BAG, Beschluss vom 11.6.2002 – 1 ABR 46/01=AP Nr. 38 zu § 87 BetrVG 1972 Ordnung des Betriebes.

276 *Stück*, ArbRAktuell 2015, 337; BAG, Beschluss vom 24.3.1981-1 ABR 32/78, BAGE 35, 150 155 = AP Nr. 2 zu § 87 BetrVG 1972 Arbeitssicherheit; BAG, Beschluss vom 21.1.1997 – 1 ABR 53/96, AP Nr. 27 zu § 87 BetrVG 1972 Ordnung des Betriebes = BB 1997,1690.

277 BAG, Beschluss vom 25.9.2012-1 ABR 50/11, NZA 2013,467; BAG, Beschluss vom 22.7.2008 – 1 ABR 40/07, NZA 2008, 1248.

278 *Bantle*, in: Kittner/Zwanziger/Deinert/Heuschmid, Arbeitsrecht, 9. Aufl. 2017, § 113 Rn. 53 ff.; *Schaub/Koch*, Arbeitsrecht von A–Z, 21. Aufl. 2017, § 235, Rn. 63 ff.

2. *Mitbestimmung bei der Einführung von Whistleblowing-Systemen*

Sachgerecht gestaltete Whistleblowing-Systeme zählen erfahrungsgemäß zu der effektiven Umsetzung der Compliance im Unternehmen.[279] Durch das Whistleblowing-System kann die Unternehmensleitung die Mitarbeiter anweisen, ob und in welcher Form sie Hinweise auf Missstände geben sollen. Die Anweisung zum Whistleblowing schafft für den Arbeitnehmer Meldepflichten. Da solche durch ein Whistleblowing-System gegebene Anweisungen in aller Regel das Verhalten der Arbeitnehmer im Betrieb betreffen, steht damit dem Betriebsrat nach § 87 Abs. 1 Nr. 1 BetrVG ein Mitbestimmungsrecht zu.[280] Wenn ein Whistleblowing vorgesehen wird, ergibt sich ebenfalls das Mitbestimmungsrecht des Betriebsrats aus § 87 Abs. 1 Nr. 1 BetrVG, weil aufgrund dieser Vorgabe einzelne Arbeitnehmer nicht mehr selbst entscheiden können, wie sie die Meldungen vornehmen.[281]

Ferner kann es sich bei dem Whistleblowing-System um die Einrichtung einer telefonischen Hotline oder um IT-gestützte Hinweisgebersysteme handeln.[282] Unter diesen Umständen kommt nach § 87 Abs. 1 Nr. 6 BetrVG ein Mitbestimmungsrecht des Betriebsrats in Betracht. Dem Betriebsrat steht nach dieser Vorschrift ein zwingendes Mitbestimmungsrecht zu, wenn der Arbeitgeber die Einführung oder Anwendung technischer Anlagen plant, die dazu bestimmt sind, das Verhalten oder die Leistung der Mitarbeiter zu überwachen.

3. *Mitbestimmung bei Compliance-Kontrollmaßnahmen*

Eine unproblematische Compliance-Kontrolle liegt vor, wenn Vorgänge angezeigt bzw. rechtzeitig Anträge an die zuständigen Vorgesetzten gestellt werden. Das Mitbestimmungsrecht kann zu Konflikten zwischen dem Betriebsrat und der Compliance-Funktion führen. Das gesetzliche Mitbestimmungsrecht des Betriebsrats wird besonders häufig geltend gemacht, wenn technische

---

279 *Behringer/Meyer*, ZRFC 2015, 113, 116 f.; *Bürkle*, DB 2004, 2158, 2160.

280 LAG Düsseldorf, 14.11.2005 – 10 TaBV 46/05, NZA-RR 2006,81,84; *Mengel*, Compliance und Arbeitsrecht, 2009, Teil 2 Kap. 7 D III, Rn. 46; *Mengel/Hagemeister*, BB 2007, 1386, 1392; *Wisskirchen/Körber/Bissels*, BB 2006, 1567,1571.

281 BAG, Beschluss vom 22. 7. 2008 – 1 ABR 40/07, NJW 2008, 3731; LAG Düsseldorf, Beschluss vom 14.11.2005 – 10 TaBV 46/05, NZA-RR 2006, 81; *Mengel/Hagemeister*, BB 2007, 1392; *Schuster/Darsow*, NZA 2005, 276.

282 Zum IT-gestützten System siehe näher *Pauthner-Seidel/Stephan*, in: Hauschka/Moosmayer/Lösler, Corporate Compliance, 3. Aufl. 2016, § 27 Rn. 113.

Überwachungssysteme, vor allem IT-Anlagen oder IT-gestützte Geräte,[283] für die Kontrollen eingesetzt werden. Dies gilt neben Computern, Datenbanken beispielsweise auch für Programme zur Überwachung von Internetanschlüssen und E-Mail-Postfächern am Arbeitsplatz sowie die Anbringung von Videokameras.[284] Die ständige Rechtsprechung des BAG hat weiter erklärt, dass eine Überwachung durch technische Einrichtungen im Sinne von § 87 Abs. 1 Nr. 6 BetrVG vorliegt, wenn die technische Einrichtung objektiv geeignet ist, Verhaltens- oder Leistungsinformationen der Arbeitnehmer zu verarbeiten. Im Rahmen von § 87 Abs. 1 Nr. 6 BetrVG steht dem Betriebsrat bei der Anwendung der technischen Kontrolleinrichtungen ebenfalls ein Mitbestimmungsrecht zu. Darüber hinaus unterliegen die Compliance-Kontrollmaßnahme nach § 87 Nr. 1 BetrVG auch dem Mitbestimmungsrecht des Betriebsrats, wenn das sogenannte Ordnungsverhalten der Mitarbeiter betroffen ist, z. B. bei Torkontrollen[285] oder Schrankkontrollen[286].

4. *Mitbestimmung bei Compliance-Schulungen*

Um eine effektive Compliance-Organisation einführen zu können, sind Mitarbeiterschulungen am Anfang und zur regelmäßigen Auffrischung des Wissens ein wichtiges Element. Nach § 98 BetrVG ist der Betriebsrat berechtigt, bei der Durchführung von Maßnahmen der betrieblichen Berufsbildung mitzubestimmen. Die Maßnahmen der Berufsbildung im Sinne des Berufsbildungsgesetzes umfassen Berufsausbildung, berufliche Fortbildung und berufliche Umschulung.[287] Eine Compliance-Schulung dient allerdings erst dazu, rechtliche Grundlagen für die Berufstätigkeit der Arbeitnehmer zu vermitteln. Sie befähigt den Mitarbeiter, die jeweiligen Regeln als sinnvoll zu verstehen, seine Tätigkeit im Betrieb zu verrichten und seinen arbeitsvertraglichen Pflichten nachzukommen.[288] Diese Schulung bezieht sich nicht auf die aktuelle oder zukünftige berufliche Tätigkeit von Arbeitnehmern. So fällt die Compliance-Schulung unter die

283 *Werner*, in: Rolfs/Giesen/Kreikebohm/Udsching, Beck'scher online-Kommentar Arbeitsrecht, 51. Aufl.
2018, BetrVG, §87, Rn. 95.

284 *Seifert*, in: Simitis, Bundesdatenschtzgesetz, 8. Aufl. 2014, § 32, Rn. 160.

285 BAG, Beschluss vom 15.4.2014 – 1 ABR 2/13, NZA 2014, 551.

286 BAG, Urteil vom 20.6.2013 – 2 AZR 546/12, NJW 2014, 720.

287 BAG, Beschluss vom 5.3.2013-1 ABR 11/12, AP BetrVG 1972 § 98 Nr. 5.

288 BAG, Beschluss vom 24. 8. 2004 – 1 ABR 28/03, NZA 2005, 371.

„sonstigen Bildungsmaßnahmen" im Sinne des § 87 Abs. 6 BetrVG und unterliegt der Mitbestimmung des Betriebsrats.[289]

Hat darüber hinaus der Arbeitgeber die Teilnahme an der Compliance-Schulung angeordnet, handelt es sich um Arbeitszeit im Sinne der § 87 Nr. 2 und 3 BetrVG, auch wenn der Arbeitnehmer damit keine Hauptleistung erbringt. Dabei steht dem Betriebsrat ebenfalls ein Mitbestimmungsrecht zu. Der Betriebsrat kann dementsprechend die Inhalte, den Umfang, die Methode und die Ausgestaltung der Prüfung mitbestimmen.[290] Das beinhaltet auch die Aufstellung von Schulungsplänen. Dagegen ist der Betriebsrat nicht an der Entscheidung beteiligt, ob Compliance-Schulungen durchgeführt werden und welches Budget dafür zur Verfügung gestellt wird.[291] Wenn die Teilnahme an Compliance-Schulungen wegen Nachweispflichten des Unternehmens im Allgemeinen registriert und gespeichert werden muss, hat der Betriebsrat nach § 87 Abs. 1 Nr. 6 BetrVG auch ein Mitbestimmungsrecht.

5. *Zusammenfassung*

Das Mitbestimmungsrecht des Betriebsrats kann sich aus dem BetrVG ergeben und bestimmt sich nach dem Inhalt der im Einzelfall konkret beabsichtigten Regelungen. Nach § 87 Abs. 1 Nr. 1 BetrVG hat der Betriebsrat das Recht, bei der Aufstellung von Verhaltensrichtlinien mitzubestimmen, wenn die Richtlinien das Verhalten der Arbeitnehmer und die betriebliche Ordnung regeln. Anknüpfungspunkt für das Mitbestimmungsrecht ist der jeweilige Inhalt der Verhaltensrichtlinien. Außerdem ist § 87 Abs. 1 Nr. 6 BetrVG regelmäßig zu berücksichtigen. Der Betriebsrat soll auch im Rahmen seines Mitbestimmungsrechts darauf achten, dass durch die Regelung Persönlichkeitsrechte der Arbeitnehmer nicht verletzt werden. Nach § 87 Abs. 1 Nr. 1 BetrVG kann für den Betriebsrat ein Mitbestimmungsrecht bei der Implementierung des Whistleblowing-Systems bestehen, da ein solches System eine für den Arbeitnehmer verbindliche Verhaltenspflicht aufstellt und das Zusammenleben und Zusammenwirken der Arbeitnehmer betrifft. Daneben kann sich ein Mitbestimmungsrecht des Betriebsrats bei der Einrichtung einer Whistleblowing-Hotline nach § 87 Abs. 1 Nr. 6 BetrVG ergeben. Bei Compliance-Kontrollmaßnahmen setzt das Mitbestimmungsrecht des Betriebsrats nach § 87 Abs. 1 Nr. 6 voraus,

---

289 *Neufeld/Knitter*, BB 2013, 824; *Köhler/Häferer*, GWR 2015, 160; *Müller-Bonanni/Sagan*, BB Special 5/2008, 31.

290 Vgl. BAG, Beschluss vom 23.04.1991 – 1 ABR 49/90, NZA 1991, 817.

291 BAG, Beschluss vom 24.8.2004 – 1 ABR 28/03, NZA 2005, 371.

dass das Unternehmen bei Ergreifung der Compliance-Kontrollmaßnahmen die Daten über den Arbeitnehmer oder bestimmte Vorgänge durch eine technische Einrichtung erhebt und verarbeitet. Bei der Compliance-Schulung handelt es sich um eine sonstige Bildungsmaßnahme im Sinne des § 87 Abs. 6 BetrVG. Deshalb unterliegen Inhalt, Umfang sowie Methode dieser Schulung der Mitbestimmung des Betriebsrats. Darüber hinaus bezieht sich die Compliance-Schulung auch auf die Arbeitszeit im Sinne des § 87 Nr. 2 und 3 BetrVG. Daraus kann sich das Mitbestimmungsrecht des Betriebsrats ebenfalls ableiten.

Kapitel 4 Der Compliance-Beauftragte

Angesichts der immer stärkeren Anforderungen an Compliance und aufgrund der wirtschaftlichen und rechtlichen Erwägungen wird vor allem im Falle großer Unternehmen die Zuständigkeit für das Thema Compliance in der Organisation mit einem Compliance-Beauftragten geschaffen. Dabei kann es sich um einen Compliance-Beauftragten im Bereich des Vorstands, aber auch um dezentrale Kompetenzen im Geschäftsbereich oder in dem Gremienbüro handeln. Die Verpflichtung des betrieblichen Compliance-Beauftragten ist vorwiegend durch die abstrakte Festlegung der Verantwortlichkeit für die unternehmensinterne Umsetzung der Compliance vorgesehen.

A. Der Begriff und die Aufgaben des Compliance-Beauftragten

I. Die begriffliche Annäherung des Compliance-Beauftragten

Der Begriff des „Compliance-Beauftragten" ist legal nicht definiert. Nach allgemeinem Verständnis ist er ein Unternehmensmitarbeiter und innerhalb eines Unternehmens für Compliance verantwortlich.[292]

1. Der Compliance-Beauftragte ist kein Unternehmensbeauftragter

Zwischen Betriebsbeauftragten und Compliance-Beauftragten bestehen allerdings maßgebliche Unterschiede. Hinsichtlich der Vorarbeiten von Rehbinder[293] und Haouache[294] kann man drei Kernmerkmale für einen Betriebsbeauftragten aufstellen. Erstens muss eine gesetzliche Pflicht zur Bestellung eines Repräsentanten des Unternehmens existieren.[295] Zweitens müssen die Aufgaben der Repräsentanten des Unternehmens im Gesetz zugewiesen werden. Drittens wird

---

292 LSG Baden-Württemberg, Urteil vom 19.2.2013-L 11 R 2182/11, NZS 2013, 462; *Auerbach/Jost*, in: Hommelhoff/Hopt/v. Werder, Handbuch Corporate Governance, 2. Aufl. 2009, S. 663; *Schäfer*, BKR 2011, S. 188.

293 *Rehbinder*, ZHR 165 (2001), 1, 8 ff.; *Dreher*, in: FS Carsten Peter Claunssen, 1997, S. 69 ff.

294 *Haouache*, Unternehmensbeauftragte und das Gesellschaftsrecht der AG und GmbH, 2003, S. 24 ff.

295 *Löser*, WM 2008, 1098, 1100.

die Tätigkeit des Unternehmensbeauftragten auf den unternehmensinternen Schutz von Allgemeinwohlbelangen ausgerichtet, die der unternehmerischen Selbstverantwortung entzogen sind.

Nach § 12 Abs. 4 S. 1 WpDVerOV i. d. f. 2007 muss der Compliance-Beauftragte nur benannt und nicht ernannt werden. Es ist nicht klar, ob mit dieser divergierenden Formulierung auch eine materielle Bestellung des Compliance-Beauftragten zum Ausdruck gebracht werden soll. Das Gesellschaftsrecht stellt die Bestellung und das PflichtenHeft des Compliance-Beauftragten in das freie Ermessen des Vorstands. Die Aufgaben des Compliance-Beauftragten stammen aus der Compliance. Die Compliance-Aufgabe ist in erster Linie eine Kernaufgabe der Geschäftsleitung und wird auf den Compliance-Beauftragten delegiert. Delegierbar sind über Beratungs-, Vorbereitungs-, Unterstützungs- und Durchführungshandlung hinaus Aufgaben zur Überwachung und Kontrolle des Compliance-Systems, jedoch verbleiben die Aufgaben der Ausgestaltung und die weitere Entwicklung des Compliance-Systems sowie die Letztentscheidungsbefugnis bei dem Geschäftsleitungsorgan. Nach der vertretenen Auffassung ist die Tätigkeit des Compliance-Beauftragten in erster Linie im Interesse des Unternehmens und der Compliance-Beauftragte nicht wie ein spezialgesetzlich vorgeschriebener Betriebsbeauftragter mit hoheitlichen Funktionen betraut.[296] Der damit verursachte Schutz von Allgemeinwohlbelangen stellt kein unmittelbares Ziel der Tätigkeit des Compliance-Beauftragten dar.

2. *Chief Compliance Officer und Compliance-Beauftragter*

Der Chief Compliance Officer wird anders als der zentrale Compliance-Beauftragte aufgefasst. Er existiert nur in Unternehmen, die eine Drei-Ebenen-Compliance-Organisation (Geschäftsführung, zentrale Compliance-Beauftragte, dezentrale Compliance-Beauftragte) eingerichtet haben. Die Bezeichnung des Chief Compliance Officer unterscheidet die hierarchische Stellung der Compliance-Verantwortung, da das Wort „Chief" von seiner begrifflichen Bedeutung bereits ein Subordinationsverhältnis zum Ausdruck bringt. Der Chief Compliance Officer wird als Bindeglied zwischen der Geschäftsführung sowie den dezentralen Compliance-Beauftragten über compliancerelevante Vorgänge aus dem Unternehmen informiert. Seine Existenz wird durch die vertikale Aufgabendelegation in Compliance-Bereichen von der Geschäftsleitung bzw. von einzelnen Geschäftsleitungsmitgliedern an nachgeordnete Ebenen legitimiert.

---

296 *Fleischer*, AG 2003, 299; *Lösler*, WM 2008, 1100 ff.

Unter dem Chief Compliance Officer arbeitet der Compliance-Beauftragte als dezentraler Beauftragter.[297] Der Chief Compliance Officer soll eine „Mittlerfunktion" zwischen der Geschäftsleitung und den dezentralen Compliance-Beauftragten wahrnehmen.[298] Unter bestimmten Umständen kann der Chief Compliance-Officer unabhängig von der Weisung anderer die erforderliche Entscheidung für compliancerelevante Aufgaben treffen. Wenn das Unternehmen eine Zwei-Ebenen-Compliance-Organisation etabliert hat, in der Compliance-Beauftragte direkt an die Geschäftsführung bzw. ein zuständiges Geschäftsführungsmitglied berichtet, hat die Bezeichnung des Chief Compliance Officers keinen Bestand.[299]

II. Die Aufgaben des Compliance-Beauftragten

Es gibt keine standardmäßige Beschreibung der Aufgaben des Compliance-Beauftragten. Am Anfang ging es bei der Übernahme der Compliance-Aufgaben durch die Compliance-Beauftragten im Unternehmen um die Erarbeitung eines Ethikkodex. Im Bereich der Finanzdienstleistungsbranche werden auch Präventionsaufgaben in den Bereichen der Geldwäsche und des Insiderhandels übernommen.[300] Diese Situation hat sich in den letzten Jahren grundlegend geändert. Mittlerweile gibt es immer stärker wachsende Anforderungen an Compliance-Beauftragte. Trotz der damit suggerierten Vorstellung eines einheitlichen Berufsbildes lassen sich die Aufgaben des betrieblichen Compliance-Beauftragten aber nicht durchweg standardmäßig erfassen.

1. Der Ausgangspunkt der Aufgaben

Wesentlicher Ausgangspunkt sind zunächst die konkreten Compliance-Risiken, die in den Geschäftsbereichen des Unternehmens bestehen.[301] Die Risiken, mit

---

297 *Bürkle*, CCZ 2010, S. 7; *Rotsch*, in: FS Imme Roxin, 2012, S. 485,490; *Fecker/Kinzl*, CCZ 2010, 13; *Schrott*, Unterlassungszurechnung bei drittvermittelten Rettungsgeschehen, 2014, S. 307; *Stanitzek*, Die Bedeutung von Criminal Compliance für das Strafrecht bei der Bekämpfung von Wirtschaftskorruption, 2013, S. 52.

298 *Rotsch*, in: FS Imme Roxin, 2012, S. 485,490.

299 *Mengel*, in: G/P-Stichwort Arbeitsrecht, Compiance Rn. 26.

300 *Gebauer/Niemann* in: Grobys/Panzer-Heemeier, StichwortKommentar Arbeitsrecht, 3. Aufl. 2017, § 48 Rn. 1 ff.

301 *Moosmayer*, Compliance – Praxisleitfaden für Unternehmen, 3. Aufl. 2015, Rn. 71, 72; *Pauthner/Stephan*, in: Hauschka/Mossmayer/Lösler, Coporate Compliance, 3. Aufl. 2016, § 16 Rn. 60 ff.

denen Unternehmen konfrontiert sind, bestimmen die Felder und Schwerpunkte der Aufgaben des Compliance-Beauftragten. So sind die Prävention der Geldwäsche und die Verhinderung des Insiderhandels Schwerpunkte der Aufgaben des Compliance-Beauftragten in den Finanzdienstleistungsunternehmen. In den Produktionsgesellschaften legt der Compliance-Beauftragte seine Schwerpunkte auf Groß- oder Zwischenhandel.[302] Das Aufgabenprofil eines Compliance-Beauftragten in einem international operierenden Dax-Konzern sieht anders als das eines Compliance-Beauftragten in einem mittelständischen Unternehmen aus.

Hinsichtlich der unterschiedlichen Form der Compliance-Organisation im Unternehmen ergeben sich auch Differenzierungen der Aufgaben des Compliance-Beauftragten. In großen Unternehmen gibt es grundsätzlich zwei Modelle von Compliance-Organisationen: die autonome Organisation und die Matrixorganisation.[303] Wenn das Unternehmen sich für autonome Compliance-Organisation entschieden hat, übernimmt der Compliance-Beauftragte sämtliche Aufgaben, die von den Grundfunktionen der Compliance ausgehen. In diesem Modell benötigt das Unternehmen neben dem tätigen Compliance-Beauftragten auch Experten für die Rechtsberatung und die Kommunikation, das Training sowie interne Untersuchungen auf dem Gebiet der Compliance. Wenn das Unternehmen eine Matrixorganisation der Compliance aufgestellt hat, kann sich der Compliance-Beauftragte auf die Präventionsaufgaben konzentrieren.

2. *Gemeinsames Profil der Aufgaben*

Obwohl es Unterschiede in den Aufgaben von Compliance-Beauftragten gibt, kann ein grundlegendes Aufgabenprofil erstellt werden. Seine Aufgaben sollen zumindest koordinierend die Grundfunktionen einer funktionierenden Compliance abdecken.[304] Die grundsätzlichen Aufgaben des betrieblichen Compliance-Beauftragten werden im Folgenden umrissen.

---

302 *Staub,* CCZ 2009, 121 ff.

303 *Pauthner/Stephan,* in: Hauschka/Mossmayer/Lösler, Coporate Compliance, 3. Aufl. 2016, § 16 Rn. 47; *Moosmayer,* Compliance-Praxisleitfaden für Unternehmen, 3. Aufl. 2015, Rn. 108 ff.

304 Vgl. *Buffo/Brünjes,* CCZ 2008, 108; *Pieth,* in: Dölling, Handbuch der Korruptionsprävention, 2007, S. 69 ff.; *Bürkle,* in: Hauschka/Mossmayer/Lösler, Coporate Compliance, 3. Aufl. 2016, § 16 Rn. 34 ff.

a) Implementierung eines Compliance-Management-Systems

Eine zentrale Aufgabe des Compliance-Beauftragten ist, im AuftrAG der Unternehmensleitung ein auf das Unternehmen zugeschnittenes effektives Compliance-Management-System zu erarbeiten und fortlaufend anpassen.[305] Damit kann Compliance im Unternehmen eingeführt und weiterentwickelt werden.[306] Will der Compliance-Beauftragte ein effizientes Compliance-Management-System gewährleisten, muss er zunächst eine unternehmensspezifische Risikoanalyse bezüglich der Wahrscheinlichkeit organisationsbezogener Rechtsverstöße durchführen.[307] In Bezug auf das dynamische Umfeld und die dadurch permanent notwendigen Veränderungsprozesse im Unternehmen ist diese Aufgabe kontinuierlich. Der Compliance-Beauftragte hat die Effizienz und die Angemessenheit des Systems laufend zu überprüfen.

b) Beratung für Unternehmensleitung und Mitarbeiter

Die umfassende Beratung der Unternehmensleitung und der zugeordneten Unternehmenseinheiten bezüglich der Einhaltung relevanter Vorschriften und die Aufklärung über spezifische Gefahren von Rechtsverstößen zählen zu den Kernaufgaben von Compliance-Beauftragten.[308] Diese Beratungsaufgabe richtet sich einerseits an die jeweiligen Geschäftsbereiche, welche über relevante Risiken und entsprechende Bewältigungsstrategien zu informieren sind. Andererseits soll die Beratung nach erfolgten Rechtsverstößen bei der Frage angeboten werden, wie mit einem entdeckten Rechtsverstoß umgegangen werden soll. Persönliche Gespräche, fachliche Auseinandersetzung bei Betriebsversammlung, Broschüren und Aushänge können Beratungsinstrumente sein.[309]

---

305 *Moosmayer,* Compliance – Praxisleitfaden für Unternehmen, 3. Aufl. 2015, Rn. 124.

306 *Fecker/Kinzl,* CCZ 2010, 13, 16.

307 *Bergmoser/Theusinger/Guschurst,* BB-Beilage 2008, 1, 9; *Hauschka,* DB 2006, 1143, 1144; *Rodewald/Unger,* BB 2006, 113, 116; *Lampert,* BB 2002, 2237, 2239; *Liese,* BB-Beilage 2008, 17, 21; *Sandmann,* CCZ 2015, 70, 75.

308 *Moosmayer,* Compliance – Praxisleitfaden für Unternehmen, 3. Aufl. 2015, Rn. 125; *Groß,* Chief Compliance Officer, 2012, S. 75, 76.

309 *Springmann,* Der Bestriebsrat und die Betriebsbeauftragten, 2004, S. 34; *Harm,* Compliance in Wertpapierdienstleistungsunternehmen und Emittenten von Finanzinstrumenten, 2008 S. 35.

c) Informationssteuerung

Die Vermeidung von Risiken und Einhaltung von Normen geht von der Organisation von Informationsflüssen aus.[310] Die Sammlung der Information gehört zu den Aufgaben des Compliance-Beauftragten. Im Mittelpunkt der Informationsflüsse steht die Information der Unternehmensangehörigen über die mit der jeweiligen Tätigkeit verbundenen Möglichkeiten für Zuwiderhandlungen gegen die Regel. Der Compliance-Beauftragte fungiert im Rahmen des von der Unternehmensleitung organisierten Informationsflusses als „Informationssammelstelle"[311] und Informationsfilterstelle. Bei ihm sollten alle relevanten Informationen zur Compliance zusammenlaufen, dann sollte er die Weiterleitung an die betroffenen Personen und Abteilungen koordinieren. Um eine Überflutung mit den anfallenden Informationen zu vermeiden, obliegt dem Compliance-Beauftragten die Aufgabe, Information zu prüfen und zu filtern. Dies kann sowohl durch Mitarbeiter der Compliance-Abteilung als auch durch die Einweisung der übrigen Mitarbeiter erfolgen.

d) Schulung der Mitarbeiter

Der Compliance-Beauftragte setzt sich weiter für die Schulung der Mitarbeiter ein. Er schult die Mitarbeiter in Bezug auf die das Unternehmen treffenden rechtlichen Rahmenbedingungen sowie die Aufgabe, welchen sich die Compliance stellt. Diese Schulung zielt wesentlich auf die Information über die rechtlichen Grundlagen und das Training der notwendigen Sensibilität für Compliance ab und setzt sich aus der Ausarbeitung des schriftlichen Mitarbeiterhandbuches und der praktischen Schulung der Mitarbeiter zusammen. [312] Hierzu gehört auch die Unterweisung über die Folgen eines Verstoßes gegen die Compliance-Regeln und die hieraus entstehenden rechtlichen Konsequenzen. Bei der Schulung können Präsenzschulungen und elektronisch basierte Varianten angewendet werden. Im Hinblick auf die Zielgruppen und den Wissensbedarf soll der Compliance-Beauftragte die richtigen Mittel, Formen und Inhalte der Schulung wählen.

---

310 *Hauschka*, in: Hauschka/Mossmayer/Lösler, Coporate Compliance, 3. Aufl. 2016, § 1 Rn. 25.

311 *Unger*, in: Umnuß, Corporate Compliance Checklisten.

312 *Klahold/Lochen*, in: Hauschka/Mossmayer/Lösler, Coporate Compliance, 3. Aufl. 2016, § 37 Rn. 60; vgl. *Meyer*, CCZ 2014, 113; *Pauthner/de Lamboy*, CCZ 20011, 146, 154.

e) Kontrolle

Um sicherzustellen, dass die compliancerelevanten Maßnahmen in allen Unternehmensbereichen angemessen und effektiv ergriffen werden, muss der Compliance-Beauftragte laufende Kontrollaufgaben wahrnehmen.[313] Art und Umfang solcher Kontrollen lassen sich ebenfalls nicht pauschal festlegen. Diese Kontrolle soll nicht nur auf die Maßnahmen der Einhaltung der gesetzlichen und behördlichen Anforderungen beschränkt werden, sondern auch einen Anstoß für freiwillige Präventionsmaßnahmen des Unternehmens geben.[314] Der betriebliche Compliance-Beauftragte kann Kontrollaufgaben zum Beispiel durch die Befragung von Arbeitnehmer, die Begehung des Gefahrenbereichs oder die Analyse der Produktion erledigen. Die Rechtsprechung zu § 130 OWiG zeigt, dass die stichprobenartige Kontrolle der einzelnen Compliance-Maßnahmen eine Mindestanforderung an Kontrollaufgaben darstellt.[315] Bei der Erfüllung der Kontrollaufgabe kann der Compliance-Beauftragte auch die Beratung für eine Verbesserung des Compliance-Management-Systems anbieten. Die zeitlichen Abstände sind dabei von der jeweiligen Risikolage des Unternehmens abhängig.

f) Berichterstattung an die Unternehmensleitung und das Aufsichtsorgan

Der Compliance-Beauftragte soll der Unternehmensleitung und dem Aufsichtsorgan turnusgemäß und bei Bedarf über compliancerelevante Vorkommnisse und relevante rechtliche Veränderungen in allen Unternehmensbereichen berichten.[316] Die Frequenz der Berichterstattung lässt sich nicht allgemein festlegen und ist von konkreten Umständen, wie beispielsweise dem Fortschritt laufender Projekte zur Compliance sowie der Änderung des Gesetzes abhängig.[317] Der Arbeitgeber kann den Umfang des Berichts im Rahmen seines Direktionsrechts

---

313 *Auerbach/Jost,* in: Hommelhoff/Hopt/Werder, Handbuch Corporate Governance, S. 673; *Bürkle*, Compliance in Versicherungsunternehmen, § 1 Rn. 143 f.; *Eisele/Faust*, in: *Schimansky /Bunte/Lwowski*, Bankrechts-Handbuch, 5. Aufl. 2017, § 109 Rn. 182; *Fleischer,* CCZ 2008, 1, 2; *Rieder/Falge*, BB 2013, 778.

314 *Rehbinder*, ZGR 1989, 305, 316.

315 OLG Köln, Beschluss vom 20.5.1994 – Ss 193/94 (B), wistra 1994, 315; BayObLG, Beschluss vom 10. 8. 2001 – 3 ObOWi 51/2001, NJW 2002, 766,777; OLG Hamm, Beschluss vom 19.3.2002 – 1 Ss OWi 148/02, wistra 2002, 274,275; OLG Stuttgart, Beschluss vom 12.4.1986 – 1 Ws 418/84, wistra 1987, 35.

316 *Bürkle*, in: Hauschka/Mossmayer/Lösler, Coporate Compliance, 3. Aufl. 2016, § 36 Rn. 36; *Meier-Greve*, CCZ 2010, 219; *Rodelwald/Unger*, BB 2007, 1632.

317 *Krieger/Günther*, NZA 2010, 372; *dies.*, ZRFC 2011, 153.

individuell konkretisieren.[318] Grundsätzlich soll der Bericht Informationen zur Angemessenheit und Wirksamkeit der Compliance-Management-Systems sowie zu geeigneten Maßnahmen zur Beseitigung von Verstößen oder des Risikos eines Verstoßes enthalten. Entscheidend ist, dass die Unternehmensleitung und das zuständige Aufsichtsorgan in dem Umfang informiert sind, dass die Überwachungsfunktionen erfüllt und Compliance-Maßnahmen entsprechend arrangiert werden können. Das setzt voraus, dass der Compliance-Beauftragte weiß, welche Information er weiterzuleiten hat und wann zusätzlich zu den regulären Berichten eine sofortige Information notwendig ist.

g) Dokumentation

Die sorgfältige Dokumentation sämtlicher compliancerelevanter Sachverhalte und der einzelnen Organisationsmaßnahmen sowie die Dokumentation einer überschneidungsfreien Aufgabenzuteilung zählen zu den wesentlichen Aufgaben des Compliance-Beauftragten.[319] Einerseits muss der Compliance-Beauftragte anhand der Dokumentation belegen, dass er seine Verpflichtungen erfüllt hat und deswegen zivil- und strafrechtliche Haftungen entlastet sind. Andererseits dient die Dokumentation nicht nur als Beleg eigener Tätigkeit des Compliance-Beauftragten, sondern kann der Unternehmensleitung helfen, die Erfüllung ihrer Organisationspflichten nachzuweisen. Hinsichtlich der teilweisen gesetzlichen Beweislast der Unternehmensleitung kann mit einer sorgfältigen Dokumentation auch eine Haftungsentlastung der Unternehmensleitung erreicht werden, indem diese ausführlich erläutert, dass die Unternehmensleitung kein Organisationsverschulden trifft.[320]

3. *Die durch den BundesverBand Deutscher Compliance Officer vorgeschriebenen Aufgaben des betrieblichen Compliance-Beauftragten*

Im Jahr 2012 wurde der BundesverBand Deutscher Compliance Officer (BDCO) gegründet, dann hat dieser BerufsverBand Arbeitsgruppen ins Leben gerufen, die Erfahrungen austauschen und Compliance Standards erarbeiten sollen. Im August 2013 hat der BDCO das „Berufsbild des Compliance

---

318 *Illing/Umnuß*, CCZ 2009, 4.

319 *Fecker/Kinzel*, CCZ 2010, 18; *Hauschka*, DB 2006, 1143, *Hauschka/Galster/Marschlich*, CCZ 2014, 247; *Juhnke*, ZRFC 2011, 174; *Kiethe*, GmbHR 2007, 399; *Voland*, BB 2015, 71; *Wybitul*, BB 2009, 2264.

320 *Hauschka*, AG 2004, 464 f.; *Kiethe*, GmbHR 2007, 400; *Rodelwald/Unger*, BB 2007, 115.

Officers – Mindestanforderungen zu Inhalt, Ausbildung und Entwicklung“ als ein Positionspapier zu den Mindestanforderungen an den betrieblichen Compliance-Beauftragten herausgebracht. Ein zentrales Anliegen sind dabei die Professionalisierung und die Schärfung des Berufsbildes des Compliance-Beauftragten.[321] Dies wurde in Compliance-Kreisen kritisch diskutiert. Das Papier behandelt auch die Aufgaben des Compliance-Beauftragten.

Die Thesen 8 und 10 dieses Positionspapiers ordnen dem Compliance-Beauftragten im Unternehmen die Compliance betreffende Beratung- und Schulungsaufgaben zu. In der These 9 des Positionspapiers ist die sachgerechte Steuerung compliancerelevanter Informationsflüsse als weitere wichtige Aufgabe des Compliance-Beauftragten niedergeschrieben. Als weitere Mindestanforderungen verlangt die These 11 des Positionspapiers die Kontrollaufgabe von Compliance-Beauftragten, um die Einhaltung der compliancerelevanten Vorgaben in allen Unternehmensbereichen sicherzustellen. Die Berichterstattung wird auch in der These 12 als wesentliche Aufgabe des Compliance-Beauftragten gesehen. Nach These 13 zählt die Dokumentation zu den „wesentlichen Pflichten“ des Compliance-Beauftragten und muss „sorgfältig“ sein.

B. Die Einsetzung des Compliance-Beauftragten

I. Bestellungszwang

Wie die innerbetrieblichen Abläufe zu organisieren sind und wie die Einhaltung der Gesetze und der sonstigen öffentlich-rechtlichen Pflichten zu gewährleisten ist, bleibt grundsätzlich der freien Bestimmung des Betriebs überlassen. Die Unternehmen unterliegen den jeweiligen verschiedenen Aufgaben und Anforderungen, sodass keine einheitliche Einstellung eines Compliance-Beauftragten gezeichnet werden kann. der Gesetzgeber greift in das Recht und die Pflicht der Unternehmensleitung zu einer sachgerechten Organisation der Erfüllung dieser Pflichten jedoch mehr und mehr dadurch ein, dass er die Unternehmensträger verpflichtet, betriebliche Compliance-Beauftragte zu bestellen.

1. In den speziellen Sektoren

Nach § 33 Abs. 1 Nr. 1 WpHG i. d. f. 2007 und § 12 Abs. 4 S. 2 WpDVerOV i. d. f. 2007 hat das Wertpapierdienstleistungsunternehmen die Pflicht zur Benennung eines Compliance-Beauftragten, der für die Compliance-Funktion

321 Vgl. § 3 Abs. 2. Nr. 1 der Satzung des BDCO.

verantwortlich ist.[322]In dem Zeitalter der MiFiD (the *Markets in Financial Instruments Directive* 2004/39/EC) ist erstmals im Wertpapierdienstleistungsverhalten und der Organisationsverordnung (WpDVerOV) die Rede davon, dass ein Compliance-Beauftragter zu benennen ist, der für die Compliance-Funktion verantwortlich ist. Der Verordnungsgeber hat bei der Terminologie nicht „Bestellung", sondern „benennen" gewählt, dies deutet darauf hin, dass es sich bei dem Compliance-Beauftragten nicht um einen besonderen Beauftragten wie den gesetzlich Beauftragten handelt und er gerade keinen neuen gesetzlichen Beauftragten generiert.[323] Diese gesetzliche Neuerung gibt Anlass, das Regelungskonzept der Compliance-Beauftragten zu entschlüsseln und zu den grundsätzlichen Rechtsanwendungsproblemen Stellung zu nehmen. Einerseits besitzt die WpDVerOV nur Verordnungsrang,[324] andererseits kann eine Rechtsverordnung als Gesetz im materiellen Sinne für den Normadressaten in gleicher Weise verbindlich sein.[325] Für wesentliche Eingriffe in die Rechtsposition der Normunterworfenen ist grundsätzlich der Erlass eines formellen Gesetzes vonnöten. § 31 Abs. 2 S. 1 StrlSchV ordnet ebenfalls im Verordnungswege die Bestellung eines gesetzlichen Beauftragten an. Mit der vorgenannten Argumentation besitzt § 12 Abs. 4 S. 1 WpDVerOV i. d. f. 2007 zwingenden Charakter. Die Ableitung eines Bestellungszwangs für Wertpapierdienstleistungsunternehmen aus § 12 Abs. 4 S. 1 WpDVerOV i. d. f. 2007 kann nicht ganz zerstreut werden.

2. *Für Unternehmen außerhalb regulierter Sektoren*

Für Unternehmen außerhalb der Finanz- und Versicherungsbranche existieren bislang keine regulatorischen Vorgaben zur Bestellung des Compliance-Beauftragten. Der Unternehmensleitung steht grundsätzlich ein Beurteilungsspielraum bei der Ausgestaltung der Compliance-Organisation zu. In diesen Gestaltungsspielraum fällt auch die Entscheidung, ob die Unternehmensleitung einen Compliance-Beauftragten bestellt. Bei nicht ganz kleinen Verhältnissen empfiehlt sich die Bestellung eines Compliance-Beauftragten.

---

322 *Veil*, WM 2008, S. 1093, 1094.

323 *Casper*, in: in: FS Kasten Schmidt, 2009, S. 199.

324 *Löser*, WM 2008 S. 1098, 1100; *Röh*, BB 2008, 398, 400.

325 *Maurer/Waldhoff*, Allgemeines Verwaltungsrecht, 19. Aufl. 2017, §4 Rn. 20.

II. Konkrete Ausgestaltung

1. Hauptamtlich oder nebenamtlich

Das Unternehmen muss sich bei der Gestaltung des Compliance-Beauftragten nach Unternehmensgröße, potenziellen Risiken, Komplexität des Betriebs und Verdachtsfällen aus der Vergangenheit zwischen einem nebenamtlichen Beauftragen und einer hauptamtlichen Besetzung entscheiden.[326] Im Idealfall wird der Compliance-Beauftragte sein Amt in Vollzeit ausüben und von einer professionellen Organisation unterstützt. Dies Modell wird zwar in Großunternehmen gebraucht, keineswegs aber in Mittelstandsunternehmen, sofern es einen benannten Compliance-Beauftragten gibt. Er übt das Amt überwiegend in Nebentätigkeit aus.

Der hauptamtliche Compliance-Beauftragte im Unternehmen muss nicht zwangsläufig ein Angestellter des Unternehmens sein. In einem als juristische Person verfassten Unternehmen kann ein Mitglied der Unternehmensleitung als Compliance-Beauftragter ernannt werden. In einer Aktiengesellschaft wie der Siemens AG kann auch ein Vorstandsmitglied als ausschließlicher Beauftragter des Ressorts „Compliance und Recht" betraut werden. Das Mitglied der Unternehmensleitung als Compliance-Beauftragter ist einerseits vorteilhaft, weil das Mitglied der Geschäftsleitung im Wesentlichen übergeordnet und administrativ Aufgaben der Compliance wahrnimmt und mit Vorstandsrang ausgestattet wird. Andererseits ist das Mitglied der Unternehmensleitung als Compliance-Beauftragter nachteilig, weil die sich Verantwortung für Gewinn und Verlust und die Überwachungsfunktion nicht in einer Person vereinen können. Wenn die anvertraute Compliance-Aufgabe mit Interessen des Unternehmens kollidiert, kann die Compliance-Funktion geschmälert werden.[327] Hierbei soll dies Mitglied außerhalb des operativen Geschäfts eingesetzt werden.[328]

Der nebenamtliche Compliance-Beauftragte ist mit dem Sicherheitsbeauftragten nach § 22 SGB VII vergleichbar.[329] Der Sicherheitsbeauftragte übt sein Beauftragtenamt zusätzlich zu den ihm originär übertragenen Aufgaben. Die Einstellung der Position des Sicherheitsbeauftragten beruht auf der Überzeugung, dass der Sicherheitsbeauftragte in der Lage sein soll, die am jeweiligen Arbeitsbereich eröffnenden Gefahrenquellen, die Arbeitsunfälle und Berufskrankheiten

326 *Weber,* Der Betriebsbeauftragte, 1998, S. 200.

327 *Hauschka*, BB 2004, S. 1178, 1180.

328 *Schürrle/Olbers*, CCZ 2010, 103.

329 *Springmann*, Der Betriebsrat und die Betriebsbeauftragten, 2004, S. 20.

betreffen, zu erkennen und entsprechende Abwehrmaßnahmen vorzuschlagen. Für den Compliance-Beauftragten gilt dies allenfalls eingeschränkt. Die Aufgaben des Compliance-Beauftragten stellen sich in einem Unternehmen jedoch weitaus komplexer und unübersichtlicher als nur eine Erkennung und Abwehr des Eintritts eines Arbeitsunfalls oder einer Berufskrankheit dar. Der Compliance-Beauftragte muss eine übergeordnete, von einzelnen Aufgaben und Abteilungen losgelöste Perspektive einnehmen. Bei kleineren Unternehmen liegt dies infolge der notwendigen Qualifikationshöhe der Compliance-Beauftragten besonders nahe. Die jeweiligen Spezialgesetze geben jedoch keine Antwort darauf, welche Ausgestaltung der Rechtsstellung des nebenamtlichen Compliance-Beauftragten in kleineren, nicht in nennenswertem Umfang wirtschaftlich tätigen Unternehmen richtig ist. In dieser Situation stellt sich die Frage nach der Kompatibilität des Beauftragtenamtes mit der Geschäftsleitungszugehörigkeit.

2. *Grundsätzliche Anforderungen*

Eigenständige Anforderungen an die Compliance-Beauftragten sind in Deutschland in den letzten Jahren gestellt worden. Aber die Anforderungen werden nicht durchweg standardmäßig nachgezeichnet. Eine genauere Konturierung des neuen Berufsbildes eines Compliance-Beauftragten ist für eine effektive Compliance dringend notwendig. Bei der betriebsinternen Zuweisung der Verantwortung für Compliance bietet sich aufgrund der verwandten und sich teilweise überschneidenden Aufgabenfelder primär ein Mitarbeiter der Rechtsabteilung für die Position des Compliance-Beauftragten an.[330] In praktischer Hinsicht stellt sich die Frage, wer sich für die Position des Compliance-Beauftragten qualifiziert. Zu befürchten ist allerdings, dass die Maßstäbe durcheinandergeraten sind.

Bei der Beschreibung der Anforderungen an die Compliance-Beauftragten ist zunächst die Analyse der konkreten Compliance-Risiken und definierten Compliance-Organisationsmodelle heranzuziehen.[331] Die Analyse der Compliance-Risiken bestimmt die Anforderungen an die Compliance-Beauftragten. Zum Beispiel wird von dem Compliance-Beauftragten des

---

330 *Buffo/Brünjes*, CCZ 2008 S. 108 ff.; *Cauers/Haas/Jakob/Kremer/Schartmann/Welp*, DB 2008, 2717 ff.; *Klindt*, NJW 2006, S. 3399; *Löser*, Compliance in Wertpapierdienstleistungskonzern, 2013, S. 183; *Maschmann*, AuA 2009, S. 72 ff.; *Deter/Gremmler*, AG-Report 2007, Rn. 326.

331 *Moosmayer*, Compliance-Praxisleitfaden für Unternehmen, 3. Aufl. 2015, Rn. 71, 72; *Pauthner/Stephan*, in: Hauschka/Mossmayer/Lösler, Coporate Compliance, 3. Aufl. 2016, § 16 Rn. 61 ff.

Unternehmens, das in den besonderen regulatorischen Branchen geführt wird, ein vertieftes Fachwissen verlangt. Hinsichtlich der unterschiedlichen Compliance-Organisationsmodelle in Unternehmen ergeben sich auch Differenzierungen der Anforderungen an die Compliance-Beauftragten. Das Modell der Compliance-Organisation im Unternehmen ist nicht kongruent. Man kann grob zwei Organisationsmodelle der Compliance im Unternehmen unterscheiden: die „autonome Organisation" und die „Matrixorganisation".[332] Bei dem autonomen Modell übernimmt die Compliance-Organisation autonom sämtliche Aufgaben der Grundfunktion von Compliance. Bei dem anderen Modell ordnen die Unternehmen die Compliance-Funktion in eine Matrixorganisation ein. Die Compliance-Abteilung widmet sich primär den Aufgaben der Vorbeugung von Fehlverhalten und koordiniert fachlich allenfalls die Verfolgung von Fehlverhalten und deren Ahndung durch andere Abteilungen. In diesem Fall führen andere betriebliche Abteilungen wie etwa Rechtsabteilung, Revision, Unternehmenssicherheit, Finanz- und Personalabteilung die Aufdeckung von Fehlverhalten sowie die Reaktion hierauf durch.[333]

Bei Unternehmen, die sich für das Modell einer autonomen Compliance-Organisation entscheiden, muss der Compliance-Beauftragte fachlich die Durchführung der betrieblichen Compliance-Maßnahmen und die operative Arbeit der verschiedenen Unternehmensabteilung verantworten.[334] Dagegen kann sich der Compliance-Beauftragte beim Matrixmodell auf die Präventionsaufgabe konzentrieren. Trotz dieser Unterschiede lassen sich in praktischer Hinsicht auch grundsätzliche Anforderungen an betriebliche Compliance-Beauftragte entwickeln. Dem soll im Folgenden nachgegangen werden.

a) Fachliche Anforderung

Allgemeine juristische Formulierungen der fachlichen Anforderungen des Compliance-Beauftragten existieren zurzeit nicht. Die expliziteste gesetzliche Vorgabe ist § 12 Abs. 4 S. 3 WpDverOV 2007, die für den Compliance-Beauftragten in Wertpapierdienstleistungsunternehmen die „erforderlichen Fachkenntnisse" für die ordnungsgemäße Bewältigung der Compliance-Aufgaben verlangt.[335] In BT 1.3.1.3 MaComp ist auch die fachliche Anforderung an den

---

332 *Moosmayer*, Compliance-Praxisleitfaden für Unternehmen, 3. Aufl. 2015, Rn. 106.

333 *Mossmayer*, AnwBl. 2010, 634.

334 *Moosmayer*, Compliance-Praxisleitfaden für Unternehmen, 3. Aufl. 2015, Rn. 106.

335 *Held*, in: Clouth/Lang, MiFID Praktikerhandbuch, 2007, Rn. 439; *Lösler*, WM 2008, 1098, 1101.

Compliance-Beauftragten beschrieben. Danach muss dieser über die erforderlichen Fachkenntnisse für die Übernahme der gesamten Compliance-Funktion verfügen. Außerdem haben die §§ 7 bis 9 der 5. BimSchV auch die fachlichen Anforderungen an Immissionsschutzbeauftragten detailliert vorgegeben. Durch diese Berufsqualifikation des Compliance-Beauftragten in spezifischen Branchen haben sich ähnliche Standards für die Compliance-Beauftragten in anderen Zweigen herausgebildet.

Danach müssen die Compliance-Beauftragten im allgemeinen Zweig über die für eine ordnungsgemäße und unabhängige Erfüllung der Compliance-Aufgaben erforderlichen Fachkenntnisse verfügen. Dabei muss der Idealkandidat die sogenannten „Hard Skills" mitbringen. In fachlicher Hinsicht soll er die einschlägigen Gesetze, Richtlinien und sonstigen Vorschriften kennen. Damit kann er die Regelkonformität der Sachverhalte im Unternehmen prüfen. Zugleich soll er eingehende Kenntnisse über die Ausgestaltung des angemessenen Compliance-Management-Systems haben. Daneben kann er aufgrund eigener fachlicher Kenntnisse die im Unternehmen vorgenommenen Geschäfte verstehen. Weiterhin kann er die Verschiedenartigkeit der wesentlichen Compliance-Risiken erkennen und aufdecken, die durch die Geschäftstätigkeit des Unternehmens erbracht werden.

b) Persönliche Anforderung

Neben der fachlichen Qualifikation spielt die Persönlichkeit des Compliance-Beauftragten eine nicht zu unterbewertende Rolle. Damit kann er eine primär beratende Funktion, Kontrollfunktion und sanktionierende Funktion hinsichtlich der Verstöße ausüben.

Zunächst muss er persönlich integer und zuverlässig sein.[336] Der Compliance-Beauftragte sollte im Hinblick auf seine Integrität über alle Zweifel erhaben sein.[337] Die Zuverlässigkeit ist jedoch die wichtigste Eigenschaft des Compliance-Beauftragten. Ohne gegenseitiges Vertrauen kann er delegierte Compliance-Aufgabe nicht erfüllen. Denn nur dann, wenn er als integer verlässlicher und loyaler Kollege angesehen ist, kann er sämtliche für ihn notwendige Informationen und Hinweise erhalten. Grundvoraussetzungen für die Zuverlässigkeit des Compliance-Beauftragten sind dessen Integrität und Neutralität. So darf er seine Tätigkeit nur unter Beachtung des Interesses des Gesamtunternehmens ausüben

---

336 *Rotsch*, Criminal Compliance, 1. Aufl. 2014, § 6 Rn. 27.

337 *Inderst/Bannenberg/Poppe*, Compliance, Aufbau-Management-Risikobereiche, 3. Aufl. 2017, 3. Kapitel 3, Rn. 13, 14.

und keine eigenen Interessen oder Bereichsinteressen vertreten.[338] Außerdem bietet § 6 WpHG-Mitarbeiteranzeigeverordnung eine Orientierungsunterstützung für die erforderliche Zuverlässigkeit von Compliance-Beauftragten.[339] Diese Verordnung umfasst einen Negativkatalog von Kriterien. Wer negative Kriterien aufweist, ist in der Regel ungeeignet.

Weiterhin soll der Compliance-Beauftragte die nötige Kompetenz mitbringen.[340] Vor allem sollte er die erforderliche Standfestigkeit besitzen. In seiner Funktion gerät er oft in schwierigen Situationen und packt unangenehme Themen an. Um in diesem Fall richtige Entscheidungen zu treffen, muss der Compliance-Beauftragte „hart" sein und in seiner Entscheidungsfähigkeit konstant bleiben. Der Compliance-Beauftragte sollte auch die Kommunikationsfähigkeit in Händen haben, sodass er die compliancerelevanten Informationen von allen Mitarbeitern und aus allen Gebieten des Unternehmens sammeln kann.[341] Schließlich muss der Compliance-Beauftragte bei Konflikten im Unternehmen über Managementfähigkeit verfügen. Er muss existierende Konflikte aufdecken, abmildern und deren Ursachen beseitigen.[342]

In stark regulierten Branchen sind Erfahrungen im Umgang mit Aufsichtsbehörden ebenfalls notwendig. Hinzu kommt ein gutes Verständnis für wirtschaftliche Zusammenhänge, Unternehmensprozesse und Unternehmensstrategien.

3. Die Gestaltung des Arbeitsvertrags von Compliance-Beauftragten

In dem IndividualarbeitsvertrAG mit dem Compliance-Beauftragten sollten sowohl dessen Tätigkeitsbereich als auch innerhalb der gesetzlichen Grenzen dessen mögliche Haftung geregelt werden. Die Entscheidung des 5. Strafsenats des BGH vom 17.7.2009 hat die Garantenpflicht des Compliance-Beauftragten festgestellt.[343] Durch diese Garantenpflicht drohen ihm nicht nur hohe Schadenersatzforderungen, sondern auch Freiheitsstrafen. Hierbei kann es allenfalls um eine abgeleitete Garantenpflicht handeln, d. h., sie müsste von einem anderen Garanten übertragen worden sein.[344] Eine Garantenpflicht des

338 *Buffo/Brünjes*, CCZ 2008, 108; *Löser*, WM 2007, 677.

339 *Schulz/Renz*, BB 2012, 2511.

340 *Groß*, Chief Compliance Officer, 2012, S. 90.

341 *Inderst/Bannenberg/Poppe*, Compliance, Aufbau-Management-Risikobereiche, 2. Aufl. 2013, Kapitel 3, Rn. 34.ff.

342 *Groß*, Chief Compliance Officer, 2012, S. 95.

343 BGH, Urteil vom 17.7.2009-5 StR 394/08, BGHSt 54, 44.

344 BGH, Urteil vom 17.7.2009-5 StR 394/08, m. Anm. *Markus, Berndt*, StV 2009, 689 ff.

Compliance-Beauftragten leitet sich aus der Übernahme der von Unternehmensleitung auferlegten Compliance-Aufgaben ab. Die Übernahme von solchen Aufgaben kann gegebenenfalls nur durch schlichte Aufgabenübertragung erfolgen. Diese Übernahme führt im Streitfall zu Beweisproblemen. § 2 Abs. 1 NachwG verlangt auch eine kurze schriftliche Charakterisierung oder Beschreibung der vom Arbeitnehmer zu leistenden Tätigkeit. Wie der ArbeitsvertrAG eines Compliance-Beauftragten gestaltet werden muss, ist für die Übertragung der Pflicht bzw. die Feststellung seiner Pflichtenstellung entscheidend. Dabei genügt der bloße Arbeitsvertragsschluss nicht zur wirksamen Übertragung einer Garantenpflicht.[345] Das Urteil des BGH von 17.7.2009 hat nicht dargelegt, wie die „Beschreibung des Dienstpostens“, mit der eine Pflichtens Stellung übertragen wird, auszusehen hat.[346]

Für den Gedanken der Gestaltung der Arbeitsbedingungen eines Compliance-Beauftragten zwecks Haftungsübertragung kann ein Muster aus der Arzneimittel- und Wirkstoffherstellungsverordnung (AMWHV) entnommen werden. Nach § 4 Abs. 1 AMWHV muss der eingesetzte Mitarbeiter sachkundig und angemessen qualifiziert sein. § 4 Abs. 2 AMWHV enthält grundsätzliche Punkte zur genaueren Beschreibung des Dienstpostens. Demnach müssen die Aufgaben der Mitarbeiter in leitender und verantwortlicher Stellung in Arbeitsplatzbeschreibungen festgelegt werden. Die Verantwortungsbereiche des Personals müssen sich ohne „Lücken oder unbegründete Überlappungen“ gegeneinander abgrenzen. Außerdem müssen die hierarchischen Beziehungen in einem Organisationsschema beschrieben werden. Schließlich sind verantwortlichen Mitarbeitern „ausreichende Befugnisse einzuräumen, damit sie ihrer Verantwortung nachkommen können.“

Zusammenfassend sollte der ArbeitsvertrAG eines Compliance-Beauftragten förmlich und schriftlich erfolgen. Der ArbeitsvertrAG sollte grundsätzliche Anforderungen an die Qualifikation und eine genaue Beschreibung der möglichen Haftung und des Dienstpostens enthalten. Die Darlegung des Dienstpostens umfasst nicht nur die Aufgaben und die Verantwortung, sondern auch Befugnisse und die hierarchische Einordnung.

---

345 *Fischer*, Strafgesetzbuch, § 13 Rn. 39.

346 CCZ 2009, 239; NZG 2009, 1356.

C. Die Rechtsstellung des Compliance-Beauftragten

Während die wesentlichen Aufgaben des betrieblichen Compliance-Beauftragten gesetzlich umrissen werden, fehlt es weiterhin an einer Bestimmung hinsichtlich ihrer rechtlichen Verortung. Die Frage erlangt Bedeutung, wenn es um die Rechtsstellung des Compliance-Beauftragten geht. Nachdem im vorgegangenen Abschnitt die Aufgaben des Compliance-Beauftragten behandelt wurden, befassen sich die folgenden Ausführungen mit seiner Rechtsstellung. Die arbeitsrechtlichen Regelungen sind maßgebend für seine Stellung. Das Gesellschaftsrecht und das Ordnungswidrigkeitenrecht wirken sich auch mittelbar auf die Rechtstellung aus. Fundmental ist der Unterschied des Compliance-Beauftragten zum gesetzlichen Betriebsbeauftragten. Ob der betriebliche Compliance-Beauftragte eine Sonderstellung hat, ist umstritten.

I. Arbeitsrechtliche Stellung des Compliance-Beauftragten

In der Regel kann der Compliance-Beauftragte als ein Arbeitnehmer verstanden werden und unterliegt insofern den arbeitsrechtlichen Regelungen.[347] Er leistet aufgrund eines privatrechtlichen Vertrags unselbstständig eine fremdbestimmte Arbeit.[348] In Ermangelung einer ausdrücklichen Regelung zur arbeitsrechtlichen Stellung des Compliance-Beauftragten ist ein Abschluss des Arbeitsvertrags erforderlich und maßgebend für die Begründung des Grundverhältnisses zwischen dem Arbeitgeber und dem Compliance-Beauftragten. Gewöhnlich initiiert der ArbeitsvertrAG die privaten Rechte und Pflichten des Arbeitgebers und Beauftragten wie etwa die Art und Dauer der Tätigkeit und die Höhe der Vergütung etc. Zudem sollte seine arbeitsrechtliche Stellung auf die besondere Konfliktsituation des Compliance-Beauftragten abgestimmt sein und eine unabhängige Erfüllung der Compliance-Aufgaben gewährleisten.

1. Position im Unternehmen

Nach § 33 Abs. 1 S. 1 Nr. 1 WpHG i. d. f. 2007 ist die Unabhängigkeit ein Merkmal der Compliance-Funktion bzw. der Person, die mit den Compliance-Aufgaben betraut wird. Dies bedeutet zunächst eine organisatorische Unabhängigkeit. Die Position des Compliance-Beauftragten ist in der Regel einer Stabsstelle

347 *Dendorfer-Ditges*, in: Moll, Münchener Anwaltshandbuch Arbeitsrecht 4. Auflage 2017, Rn. 294.

348 *BAG* AP Nr. 1, 3, 4, 15, 36, 42 zu § 611 BGB Abhängigkeit; vgl. auch *EuGH*, NZA 2004, 87.

außerhalb der anderen Unternehmensabteilung und direkt der Unternehmensleitung unterstellt.[349] In Anlehnung an einen durch den Baseler Bankenausschuss aufgestellten Grundsatz[350] wird diese organisatorische Unabhängigkeit der Compliance-Funktion unter der Trennung von den Geschäfts-, Handels- und Abwicklungsabteilungen eines Instituts verstanden.[351]

In § 12 Abs. 4 WpDVerOV i. d. f. 2007 findet dieses Verständnis eine normative Ausprägung. Danach darf der Compliance-Beauftragte nicht an den Wertpapierdienstleistungen beteiligt sein, die er überwachen soll. Unter dieser Unabhängigkeit besteht für den Compliance-Beauftragten jedoch keine absolute organisatorische Unabhängigkeit. Der Compliance-Beauftragte soll nahe an den von ihm betreuten Geschäftsbereichen sein, um seine Aufgaben effektiv erfüllen zu können.[352] Die Unabhängigkeit enthält auch eine finanzielle Unabhängigkeit. Dazu soll die Vergütung des Compliance-Beauftragten unabhängig vom geschäftlichen Erfolg der Bank sein.[353] Das Kriterium der finanziellen Unabhängigkeit bedeutet nach § 12 Abs. 4 WpDVerOV i. d. f. 2007, dass „die Art und Weise der Vergütung eine Beeinträchtigung ihrer Unvoreingenommenheit bewirken oder wahrscheinlich erscheinen lassen" darf.

Obwohl diese branchenspezifischen Vorgaben auf der qualitativen Bankenaufsicht und den nicht ohne Weiteres mit Risikosituationen in anderen Wirtschaftsbranchen gleichgesetzte Risiken des Finanzsektors beruhen sowie nicht per se auf andere Wirtschaftsbereiche übertragbar sind, bietet sich ein Regress auf sie dann an, wenn ihr Regelungsgehalt im Sinne der Ausgestaltung der arbeitsrechtlichen Stellung des Compliance-Beauftragten sinnvoll ist.[354] Beispielsweise könnten unerwünschte Anreize für den Compliance-Beauftragten außerhalb des Wertpapiersektors gesetzt werden, wenn die Variablen der Vergütungsbestandteile an das wirtschaftliche Ergebnis des Instituts, das er zu überwachen hat, gekoppelt sind.[355]

---

349 *Illing/Umnuß*, CCZ 2009, 1.

350 Basel Committee on Banking Supervision, Compliance and the compliance function in banks, December 2004, Principle 5 no 23.

351 *Koller*, in: Assmann/Schneider, Wertpapierhandelsgesetz, 6. Aufl. 2012, § 33 Rn. 33; *Veil*, WM 2008, 1093.

352 *Hauschka*, NJW 2004, 259;

353 *Röh*, BB 2008,398; *Spindler*, WM 2008, 905, 907.

354 *Krieg/Günther*, NZA 2010, 371; *Illing/Umnuß*, CCZ 2009, 4; *Spindler*, WM 2008, 905, 908; *Lösler*, WM 2008, 1103.

355 *Krieg/Günther*, NZA 2010, 371; *Röh*, BB 2008, 403.

2. *Weisungsfreiheit*

Wie oben erwähnt ist „Compliance" eine originäre Aufgabe der Unternehmensleitung. In der Unternehmenspraxis kann die Unternehmensleitung diese Aufgabe auf den Compliance-Beauftragten delegieren. Um dem Compliance-Beauftragten eine effektive Erfüllung delegierter Aufgaben zu ermöglichen, ist für ihn eine weitreichende Unabhängigkeit sicherzustellen.[356] Was der Begriff Unabhängigkeit beinhaltet, hat weder der europäische noch der deutsche Gesetzgeber definiert. Neben der bereits erwähnten organisatorischen und finanziellen Unabhängigkeit wird die Unabhängigkeit der Compliance-Beauftragten auch im Sinne einer Weisungsfreiheit gegenüber anderen geschäftlichen Einheiten des Unternehmens verstanden.[357]Weisungsgebundenheit und effektive Compliance schließen sich aus. So würde es der Kontrollfunktion zuwiderlaufen, wenn der Compliance-Beauftragte an die Weisung der von ihm zu kontrollierenden Abteilung gebunden wäre. Bei der Erfüllung seiner spezifischen Aufgaben ist der Compliance-Beauftragte berechtigt, die Weisung aus anderen geschäftlichen Einheiten zu untersagen. Die Unabhängigkeit des Compliance-Beauftragten ist Kern einer wirksamen Aufgabenerfüllung und wird inhärent als Funktion eines Beauftragten angenommen.[358] Ob und inwieweit diese fachliche Weisungsfreiheit gegenüber der Unternehmensleitung gelten kann, ist seit Längerem umstritten.[359] Nach heute herrschender Auffassung genießt der Compliance-Beauftragte keine disziplinarische Weisungsfreiheit gegenüber der Unternehmensleitung, da eine derartig weitgehende Einschränkung der Freiheit der Unternehmensleitung einer ausdrücklichen gesetzlichen Regelung bedürfen würde.[360]

Der Compliance-Beauftragte hat bestimmte Rechte und Pflichten im Unternehmen und insbesondere gegenüber der Unternehmensleitung, um die vom Gesetzgeber jeweils verfolgten Ziele durch direkte und ständige Einflussnahme im Unternehmen selbst zu erreichen. Das Verhältnis zwischen dem Compliance Beauftragten und der Unternehmensleitung wird in erster Linie durch das Gesellschaftsrecht festgelegt. Grundsätzlich kann die Unternehmensleitung allen Mitarbeitern Weisungen erteilen, folglich auch den Compliance-Beauftragten.[361]

---

356 *Hauschka*, DB 2006, 1341; *Mengel*, BB 2007, 1386; *Früh*, CCZ 2010, 123.

357 *Lösler*, NZG 2005,107.

358 *Hauache*, Unternehmensbeauftragte und Gesellschaftsrecht der AG und GmbH, S. 40.

359 *Hausmaninger/Ketzer*, Die neue Emittenten-Compliance-Verordnung, ÖBA 2002, 217.

360 *Röh*, BB 2008, 406; *Spindler*, WM 910.

361 *Bürgers*, ZHR 179 (2015), 173; *Schulz*, CB 2015, 319; *Hastenrath*, in: Bürkle/Hauschka, Der Compliance Officer, 1. Aufl. 2015, § 3 Rn. 92–96; *Konzen*, NJW 1989, 2977 ff.

Die soll uneingeschränkt auch dann gelten, wenn der Compliance-Beauftragte seine gesetzliche Aufgabe wahrnimmt.[362] Im Kapitalmarktrecht erscheint dies jedoch in einem anderen Licht. § 33 Abs. 1 Nr. 1 WpHG i. d. f. 2007 als Kalibrierungsklausel hat drei wichtige Kriterien der Compliance-Funktion aufgestellt: Sie muss dauerhaft, wirksam und unabhängig sein. Daraus kann abgeleitet werden, dass die in § 33 Abs. 1 Nr. 1 WpHG i. d. f. 2007 für die Compliance-Funktion vorgeschriebene Unabhängigkeit ein wichtiger Aspekt bei der Erfüllung der Aufgaben von Compliance-Beauftragten ist. Diese Auslegung wird schließlich auch dem Gebot des effet utile (Art. 10 Abs. 2 EG) gerecht.[363] Gemäß § 12 Abs. 4 S. 2 WpDVerOV i. d. f. 2007 sollen die mit der Compliance-Funktion betrauten Personen ihre Aufgaben unabhängig erfüllen. Nr. 4.1 der früheren Richtlinie zur Konkretisierung der Organisationspflichten von Wertpapierdienstleistungsunternehmen gemäß § 33 Abs. 1 WpHG vom 25.10.1999 (Compliance-Richtlinie) lautet: „Die Compliance-Stelle ist unmittelbar der Geschäftsleitung verantwortlich und im Übrigen im Rahmen ihrer Aufgabenerfüllung weisungsunabhängig."[364] Die in § 33 Abs. 1 Nr. 1 WpHG 2007 und § 12 Abs. 4 S. 2 WpDVerOV 2007 für die Compliance bzw. den Compliance-Beauftragten geforderte organisatorische Unabhängigkeit löst sich aber auf, wenn das Weisungsrecht der Geschäftsleitung gegenüber dem Compliance-Beauftragten in den Blick genommen wird. Damit wird der im Rahmen seiner Aufgaben agierende Compliance-Beauftragte durch die Unternehmensleitung effektiv überwacht. Dieser kapitalmarktrechtliche Befund scheint in Widerspruch zu den gesellschaftsrechtlichen Grundsätzen über das Weisungsrecht der Geschäftsleitung und eine Delegation von Leitungskompetenzen zu stehen.

Im Hinblick auf diese konkreteren Regelungen im Kapitalmarktrecht liegt die Frage nahe, ob sich die von ihnen geforderte Unabhängigkeit für den Compliance-Beauftragten gegenüber der Geschäftsleitung zutreffend als „Wurzel" im Allgemeinen begreifen lässt. Um dieses Problem zu diskutieren, sollte zuerst die Differenz zwischen partieller und vollständiger Weisungsfreiheit festgestellt werden. Wie bereits angesprochen, kann sich die Geschäftsleitung der Verantwortung zur Legalitätskontrolle nicht vollständig entäußern, damit verbleibt die Letztverantwortung und Verantwortlichkeit bei der Geschäftsleitung.

---

362 *Löser*, NZG 2005,104, 107.

363 *Calliess*, in: Calliess/Ruffert, EUV/AEUV 5. Aufl. 2016, Rn. 15–18; *Potacs*, EuR 2009, 465; grundlegend dazu *Sloot*, Die Lehre von den implied powers im Recht der Europäischen Gemeinschaft, 2005.

364 Bundesanzeiger Nr. 210 vom 6.11.1999, S. 18453.

Vor diesem Hintergrund wäre es widersinnig, dem Compliance-Beauftragten eine vollständige Weisungsfreiheit einzuräumen. Jedenfalls verbietet sich die Zubilligung einer vollständigen Weisungsfreiheit des Compliance-Beauftragten aufgrund seiner Aufgaben.[365] So ist die Unternehmensleitung berechtigt, dem Compliance-Beauftragten Anweisungen zu erteilen, welche die äußeren Bedingungen und Abläufe seiner Arbeit betreffen.[366] Ebenso kann die Unternehmensleitung eine Weisung zu den Berichtspflichten an den Compliance-Beauftragten erteilen. Letztlich liegt in der Hand der Unternehmensleitung auch das organisatorische Weisungsrecht, darüber zu entscheiden, wie die Stelle des Compliance-Beauftragten ausgestaltet wird.

Darüber hinaus muss ebenfalls berücksichtigt werden, dass der Compliance-Beauftragte nicht mit Aufgaben des Tagesgeschäfts, sondern mit Compliance-Aufgaben betraut wird. Er besetzt eine Stabsstelle und erhält eine Teilverantwortung der Unternehmensleitung. Damit wird die Unternehmensleitung bezüglich der Haftung entlastet. Eine fachliche Weisungsgebundenheit und eine effektive Compliance schließen sich tatsächlich gegenseitig aus, so dürfte der Compliance-Beauftragten keinen fachlichen Weisungen seitens der Geschäftsleitung unterworfen sein, denn es würde die Wahrnehmung seiner Kontrollaufgabe verhindern, wenn er Weisungen der von ihm zu kontrollierenden Unternehmensleitungsmitglieder unterliegen würde. Damit der Compliance-Beauftragte seinen Aufgaben so effektiv wie möglich und damit auch im Interesse des Unternehmens nachkommen kann, sollte ein Compliance-Beauftragter mit der für seine Tätigkeit erforderlichen fachlichen Weisungsfreiheit gegenüber der Unternehmensleitung ausgestattet werden.[367] Die in § 33 Abs. 1 Nr. 1 WpHG 2007 und § 12 Abs. 4 S. 2 WpDVerOV 2007 vorgesehene Unabhängigkeit des Compliance-Beauftragten ist auch im Sinne einer fachlichen Weisungsfreiheit zu verstehen.[368] Diese fachliche Weisungsfreiheit bedeutet auch eine vollkommene Reduzierung des Direktionsrechts des Arbeitgebers in Bezug auf das „Wie" der Ausführung der Tätigkeit des Compliance-Beauftragten. Inwieweit sich dies

---

365 *Lösler*, NZG 2005, 107; *Casper*, in: FS Karsten Schmid, 2009, S. 199, 208; *Eisel*, in: Schimansky,
Bankrechts-Handbuch, § 109 Rn. 99; *Held*, in: Clouth/Lang, MiFID Praktikerhandbuch, 2007, Rn. 434.

366 *Dann/Mengel*, NJW 2010, 3266.

367 *Bürkle/Fecker*, NZA 2007, 590; *Casper*, in: FS Karsten Schmid, 2009, S. 199 ff., 210 m. w. N; *Fecker/Kinzl*, CCZ 2010, 16; *Größwein/Hohmann*, BB 2011, 966; *Krieger/Günther*, NAZ 2010, 370; *Meier-Greve*, CCZ 2010, 217.

368 *Röh*, BB 2008, 403; *Lösler*, WM 2008, 1103.

mit der Forderung einer effektiven Compliance rechtfertigen und mit der Verantwortung der Unternehmensleitung in Einklang bringen lässt, soll durch die konkrete Situation des Unternehmens verstanden werden.

3. *Kündigungsschutz*

Der Compliance-Beauftragte ist in einem äußerst empfindlichen Bereich tätig. Sein Verhältnis zur Unternehmensleitung ist besonders konfliktgefährdet. Die Rechtsstellung des Compliance-Beauftragten sollte zudem auf seine besondere Konfliktsituation abgestimmt sein. Als eines der sensibelsten Elemente des Unabhängigkeitsprofils eines Compliance-Beauftragten erweist sich dessen kündigungsrechtliche Situation. Ob der betriebliche Compliance-Beauftragte bei ordnungsgemäßer Aufgabenausführung vor einer Kündigung geschützt sein soll, hängt von der Unternehmensgröße sowie dem Geschäftsbereich und der daraus resultierenden Art der Compliance Maßnahmen ab. Diesem Thema ist in der vorliegenden Arbeit ein eigenes Kapitel gewidmet.

II. Garantenstellung des Compliance-Beauftragten

1. *Die Feststellung des Urteils des Bundesgerichtshofes*

Durch die herrschende Meinung und die Rechtsprechung des BGH ist die Garantenstellung des Betriebsinhabers anerkannt worden.[369] Eine solche Garantenstellung trifft solche Personen, die rechtlich dafür einzustehen haben, dass der Erfolg nicht eintritt. Die Garantenstellung des Betriebsinhabers beinhaltet die Pflicht, die Straftaten nachgeordneter Mitarbeiter zu verhindern. Diese Stellung leitet sich aus dem Direktionsrecht und der Organisationsgewalt des Betriebsinhabers über seine Beschäftigten ab. In dem Urteil vom 17.7.2009 hat der BGH die strafrechtliche Garantenstellung des Compliance-Beauftragten bestimmt.[370] Der BGH leitet die Garantenpflicht des Compliance-Beauftragten aus der von seiner Arbeitgeberin übertragenen Pflicht ab [371] und sieht sich veranlasst, diese

---

369 *Rogall*, ZStW 98 (1986), 573, 613 ff.; *Schall, in:* Hans-Joachim FS Rudolphi, 2004, S. 267 ff.; *Schünemann*, Unternehmenskriminalität und Strafrecht, 1979, S. 62 ff.; *Rengier,* Strafrecht Allgemeiner Teil, 10. Auflage, 2018, § 50 Rn. 68 f.; BGH, Urteil vom 20. 10. 2011 – 4 StR 71/11, NJW 2012, 1237.

370 BGH, Urteil vom 17. 7. 2009 – 5 StR 394/08, NJW 2009, 636.

371 BGH, Urteil vom 17. 7. 2009 – 5 StR 394/08, NJW 2009, 3175, Rn. 30; *Kraft*, Wistra 2010, 81, 83.

als Obiter Dictum zu qualifizieren.[372] Nach Auffassung des Senats sollte den Compliance-Beauftragten „regelmäßig" die Pflicht treffen, Rechtsverstöße einschließlich solcher Verstöße, die aus dem Unternehmen heraus gegen Dritter begangen werden, zu verhindern. Abgesehen davon, führt der Senat weitere aus, dass die notwendige Voraussetzung für eine Garantenstellung des Compliance-Beauftragten vorliegt, wenn er die konkreten Aufgaben für die Verhinderung von Verstößen aus dem Unternehmen übernommen hat. Ein Arbeitsverhältnis allein soll hierfür nicht ausreichen. Erforderlich sei vielmehr ein *„besonderes Vertrauensverhältnis"*.[373] Besondere Bedeutung kann insoweit der Stellenbeschreibung des Betroffenen zukommen.[374]

2. Die Herleitung der Garantenstellung des Compliance-Beauftragten

Nach heute herrschender Auffassung kann die Garantenstellung systematisch nach der Quelle des drohenden Gefahrenpotenzials in eine sog. Überwacher- und Beschützergarantie eingeteilt werden.[375] Im Sinne einer Überwachergarantie gilt die Pflicht, einen Vollverantwortlichen von Gefährdungen der Rechtspflege abzuhalten. Der Überwachungsgarant ist eine Person, die dazu verpflichtet ist, alle Rechtsgüter vor Beeinträchtigungen durch die bestimmte Gefahrenquelle zu schützen.[376] Dagegen muss der Beschützergarant ein bestimmtes bedrohtes Rechtsgut in seine Obhut nehmen und für dessen Bestand und Sicherheit sorgen.[377] Überwacher- und Beschützergarantenpflichten können sich inhaltlich überschneiden.

---

372 *Campos Nave*, BB 2009, 2059; *Campos Nave/Vogel*, BB 2009, 2546; *Favoccia/Richter*, AG 2010, 137; *Ransiek*, AG 2010,147, 148.

373 BGH, Urteil vom 17. 7. 2009 – 5 StR 394/08, NJW 2009, 3173, 3175, Rn. 25; vgl. BGH, Beschluss vom 8.11.2000 – 5 StR 433/00, NJW 2001, 453.

374 BGH, Urteil vom 17. 7. 2009 – 5 StR 394/08, NJW 2009, 3173, 3175, Rn. 26.

375 Vgl. *Fischer*, Strafgesetzbuch, 65. Aufl. 2018, §13 Rn. 32; *Rudolphi*, in: Systematischer Kommentar zum StGB, 9. Aufl. 2017, §13 Rn. 24; *Freund*, in: Münchener Kommentar zum Strafgesetzbuch, 3. Aufl. 2017, §13 Rn. 70 ff.; *Frister*, Strafrecht Allgemeiner Teil, 8. Aufl. 2018, S. 296; *Kühl*, Strafrecht Allgemeiner Teil, 8. Aufl. 2017, §18 Rn. 44 ff.

376 *Rengier*, in: Karlsruher Kommentar zum OWiG 5. Aufl. 2018, §8 Rn. 29; *Valerius*, in: Beck'scher online-Kommentar OWiG, 15. Ed. 15.4.2017, §8 Rn. 17; *Altenhain*, in: Münchener Kommentar zum GmbHG 3. Aufl. 2018, §82 Rn. 22 ff.

377 *Rengier*, in: Karlsruher Kommentar zum OWiG 5. Aufl. 2018, §8 Rn. 23; *Stree/Bosch*, in: Schönke/Schröder, Strafgesetzbuch 29. Aufl. 2014, §13 Rn. 10; *Valerius*, in: Beck'scher online Kommentar zum OWiG, 15. Ed. 15.4.2017, §8 Rn. 12.

a) *Das Mitglied der Unternehmensleitung als Compliance-Beauftragter*

Heute ist nicht mehr zu bestreiten, dass ein Unternehmen die Gefahr von Straftaten einschließlich solcher gegen Dritte birgt. Diesen Gefahrenherd zu beherrschen, ist nach zutreffender herrschender Auffassung eine originäre Aufgabe der Unternehmensleitung und besteht im Umfang der sogenannten Geschäftsherrenhaftung.[378] Die Geschäftsherrenhaftung knüpft an die Unternehmensleitung die Garantenpflicht, als Überwachungsgarant die vom Unternehmen ausgehenden Gefahren für die Rechtsgüter Dritter zu überwachen.[379] In einigen großen Unternehmen fungiert das Mitglied der Unternehmensleitung als Compliance-Beauftragter. Dabei trifft diesen eine weiter reichende originäre Geschäftsherrenhaftung. Bei ihm liegt in der Tat die Annahme nahe, dass er eine Verhinderungsverantwortung für das gesamte Unternehmen hat, sofern nichts anderes bestimmt ist. Eine Garantenstellung kann daraus hergeleitet werden.

b) *Der Arbeitnehmer als Compliance-Beauftragter*

Ist der Compliance-Beauftragte dagegen nicht Mitglied der Unternehmensleitung, trifft ihn in aller Regel keine originäre Geschäftsherrenverantwortung.[380] Aber im GrundSatz ist die aus der Geschäftsherrenhaftung resultierende Garantenpflicht übertragbar. Gem. § 14 Abs. 2 Nr. 2 StGB kann der Betriebsinhaber einen Vertreter beauftragen, *„in eigener Verantwortung Aufgaben wahrzunehmen, die dem Inhaber des Betriebs obliegen“*, und hierdurch die Garantenstellung auf diesen übertragen. Grundsätzlich kann die Stellung eines Compliance-Beauftragten durch das Unternehmen und den Mitarbeiter innerhalb gewisser arbeitsrechtlicher Grenzen frei festgesetzt werden. Ob der Betriebsinhaber die Garantenstellung auf den Compliance-Beauftragten übertragen will, kommt maßgebend darauf an, ob sich seine Zielrichtung bei der Einsetzung des Compliance-Beauftragten allein darin erschöpft, die gegen das Unternehmen gerichteten Verstöße zu aufdecken und zu verhindern, oder er an den Compliance-Beauftragten weitergehende Pflichten delegieren will, vom Unternehmen ausgehende Rechtsverstöße zu verhindern und zu unterbinden. In der Unternehmenspraxis kommt die Übertragung der Geschäftsherrenhaftung auf

---

378 *Roxin*, Strafrecht, Allgemeiner Teil, Band 2, 2003, § 32 Rn. 137; *Rönnau/Schneider*, ZIP 2010, 53,56; BGH, Urteil vom 20.10.2011, 4 StR 71/11, BGHSt 57,42.

379 *Böse*, NStZ 2003, 638 f.

380 *Mosbacher/Dierlamm*, NStZ 2010, 268, 269; *Rönnau/Schneider*, ZIP 2010,53, 57; *Lackhoff/Schulz*,
CCZ 2010, 81, 86; *Dannecker/Dannecker*, JZ 2010, 988 f.

den Compliance-Beauftragten kaum vor. Das Letztentscheidungsrecht über die zu ergreifenden Konsequenzen aus Gründen der gesellschaftsrechtlichen Legalitätspflicht verbleibt bei der Unternehmensleitung und steht dem Compliance-Beauftragten in der Regel nicht zu.[381] In vielen Fällen betraut der Betriebsinhaber jedoch einen nicht dem Unternehmen angehörenden Compliance-Beauftragten mit der Aufgabe, Straftaten aus dem Unternehmen heraus zu verhindern. Damit wird operative Verantwortlichkeit für die Verhinderung betriebsbezogener Straftanten im Sinne einer Geschäftsherrenhaftung delegiert.[382] In der Regel wird durch die zugrunde liegenden vertraglichen Vereinbarungen keine Beschützergarantie, sondern eine Überwachergarantie geschaffen. In Ermangelung einer expliziten gesetzlichen Normierung hängt diese Übertragung der Überwachergarantie gegenüber den Rechtsgütern Dritter in hohem Maße von einer detaillierten Stellenbeschreibung in dem ArbeitsvertrAG zwischen dem Arbeitgeber und dem Compliance-Beauftragten ab.[383] Dadurch wird eine derivative Garantenstellung des Compliance-Beauftragten erfolgreich begründet.[384] Darüber hinaus kann sich die Garantenstellung des Compliance-Beauftragten auch aus der unternehmerischen Praxis ergeben, wenn dem Compliance-Beauftragten gleichwohl kraft tatsächlicher Aufgabenübernahme eine strafrechtliche Garantenpflicht zuwächst.[385] Maßgebend ist, dass der Compliance-Beauftragte über die in seiner Stellenbeschreibung definierten Aufgaben hinaus eine allgemeine Verantwortung für die Unterbindung von aus dem Unternehmen heraus begangenen Straftaten übernimmt.

D. Die Befugnisse des Compliance-Beauftragten

Dem Charakter der Compliance-Aufgaben und einer möglichen Strafbarkeit wegen Unterlassens entsprechend muss der Compliance-Beauftragte von der Unternehmensleitung mit den für seine Tätigkeit notwendigen Befugnissen ausgestattet werden. Das LG München nimmt auch an, dass die mit der

381 *Dannecker/Dannecker*, JZ 2010, 981, 989 f.; *Lösler*, WM 2008, 1098; *Rogall*, ZStW 98 (1996), 573, 617 f.; *Rönnau/Schneider*, ZIP, 2010, 53, 58 ff.; *Roxin, Strafrecht*, Allgemeiner Teil, Band 2, 2003, § 32 Rn. 137.

382 *Meier-Greve*, BB 2009, 2555; *Reichert/Ott*, ZIP 2009, 2173; *Ransiek*, AG 2010, 147, 148; *Kremer/Klahold*, ZGR 2010, 113, 118 ff.

383 *Mosbacher/Dierlamm*, NStZ 2010, 269.

384 *Kraft*, CCZ 2009, 31.

385 *Kraft*, CCZ 2009, 32; a. A. *Mosbacher/Dierlamm*, NStZ 2010, 268, 269.

Überwachung der Compliance-Vorgaben beauftragten Personen hinreichende Befugnisse besitzen müssen, um bei Verstößen Konsequenzen zu ziehen.[386]

I. Eskalationsrecht

Die effektive Ausübung der Compliance-Funktion erfolgt damit wesentlich durch die unternehmensinternen Informationsflüsse, insbesondere durch das Eskalationsrecht des Compliance-Beauftragten. Bei dem Eskalationsrecht soll es sich um die grundsätzliche Kompetenz des Compliance-Beauftragten handeln.[387]

1. Die Unterschiede zwischen Eskalationsrecht und Berichtspflicht

Das Eskalationsrecht berechtigt den Compliance-Beauftragten, bei der Wahrnehmung seiner Aufgaben die Compliance-Risiken, Rechtsverstöße und sonstigen relevanten Konflikte an höhere Ebenen im Unternehmen bis hin zur Unternehmensleitung zu adressieren.[388] Nach § 33 Abs. 1 S. 2 Nr. 5 WpHG a. f. 2007 ist die Eskalation von Auffälligkeiten von den regelmäßigen Berichten der Compliance-Funktion zu unterscheiden. Die regelmäßigen Berichte müssen vor allem Ausführungen darüber enthalten, ob zur Behebung von Verstößen des Wertpapierdienstleistungsunternehmens oder seiner Mitarbeiter gegen Verpflichtungen des Wertpapierhandelsgesetzes oder zur Beseitigung des Risikos solcher Verstöße geeignete Maßnahmen ergriffen wurden. Die gesetzlich geforderte Berichtspflicht von Compliance ist daher primär eine Darstellung, wie sich das Risiko von Verstößen gegen das Gesetz entwickelt hat und welche Maßnahmen zur Minderung und Beseitigung dieses Risikos ergriffen wurden. Das Vorgehen ist vorrangig als auf die Zukunft gerichtete Analyse der Risikolage des Unternehmens zu verstehen. Ihr Adressat ist die Geschäftsleitung. Gegebenenfalls können die Berichte über die Geschäftsleitung an das Aufsichtsorgan, sofern es vorhanden ist, geleitet werden.

Das Eskalationsrecht gibt dem Compliance-Beauftragten die Möglichkeit der eskalierten Berichterstattung an die Spitze der Unternehmensleitung über die Auffälligkeiten oder Konflikte.[389] Dabei kann der Compliance-Beauftragte

---

386 LG München I, Urteil vom 10.12.2013 – 5 HK O 1387/10, CCZ 2014, 142.

387 *Lösler*, WM 2008, 1104; *ders.*, NZG 2005, 104.

388 *Kort*, in: FS Günter H. Roth, 2011, S. 420; *Lösler*, WM 2007,679; vgl. *Casper*, in: FS Karsten Schmidt,
2009, S. 207.

389 *Lösler*, NZG 2005, 108; *Rodelwald/Unger*, BB 2007, 1632; *Webler*, WM 2008, 1440.

jederzeit gewonnene Erkenntnisse über compliancerelevante Geschehen an die Geschäftsleitung weiterleiten. Damit wird der Geschäftsleitung ermöglicht wird, entsprechende Abhilfemaßnahmen zu veranlassen, ohne Zeit zu verlieren.[390]

2. *Eskalation gegenüber dem Aufsichtsrat*

Falls ein Mitglied der Unternehmensleitung in ein Compliance-Vorkommnis verstrickt ist und ein anderes Mitglied nicht einschreiten möchte oder der Gesamtvorstand einen Compliance-Verstoß begangen hat, gerät der Compliance-Beauftragte in eine prekäre Lage. Es gibt auch andere Konfliktkonstellation, in der der Vorstand die Ausübung der Tätigkeit des Compliance-Beauftragten ohne überzeugenden Grund behindert. Hat der Compliance-Beauftragte in diesen Fällen ein Recht direkt zur Eskalation gegenüber dem Aufsichtsrat? Lange vor der Diskussion der Compliance hat der Gesetzgeber den Aufsichtsrat als Instrument für die Überwachung der Rechtsverstöße durch die Unternehmensleitung eingeführt. Aber dem Compliance-Beauftragten wird ein solches Recht nicht durch Gesetz eingeräumt. Daneben wird auch eine vollständige Ablehnung eines Eskalationsrechts gegenüber dem Aufsichtsorgan nicht vertreten.[391] Begründet wird ein solches Berichtsrecht damit, dass die grundsätzliche Kontrollfunktion der Compliance nicht konsequent ausgeübt werden kann, wenn in Konfliktkonstellationen keine Möglichkeit besteht, dass der Compliance-Beauftragte am Ende seiner Informationsberichterstattungsroutine das Informationsvermittlungsmonopol des Vorstands gegenüber dem Aufsichtsrat durchbricht.[392] Darum ist die Inanspruchnahme des Eskalationsrechts durch den Compliance-Beauftragten gegenüber dem Aufsichtsrat in der vorgenannten Situation für eine wirksame Compliance erforderlich.[393]

---

390 *Lösler*, WM 2008, 1104.

391 *Casper*, in: Verbraucherschutz im Kreditgeschäft Compliance in der Kreditwirtschaft, BankrechtstAG
2008, S. 154 f.; *Favoccia/Richter*, AG 2010, 140; *Fecker/Kinzl*, CCZ 2010, 13; *Krieger/Günter*, NZA 2010, 372.

392 *Rodelwald/Unger*, BB 2007, 1632; *Röh*, BB 2008, 403; *Rönnau/Schnieder*, ZIP 2010, 60; *Sandmann*, CCZ 2008, 107; *Schmidt*, Compliance in Kapitalgesellschaften, 2010, S. 158.

393 Vgl. *Casper*, in: FS Karsten Schmidt, 2009, 207; *Geiser*, Leitungspflichten des Vorstands in der AG, 2010, S. 211; *Krieger/Günther*, ZRFC 2011, 154; *Schmidt*, Compliance in Kapitalgesellschaften, S. 157; *Lackhoff/Schulz*, CCZ 2010, 87; *Meier*, NZA 2011, 781; *Raus/Lützeler*, CCZ 2012, 99.

Einer direkt zum Aufsichtsrat geführten Eskalation steht in Fällen des Compliance-Verstoßes von Vorstandsmitgliedern die Letztentscheidungskompetenz des Vorstands für die Compliance nicht entgegen. Aufgrund seiner vertraglichen Hauptleistungspflicht verpflichtet sich der Compliance-Beauftragten zur wirksamen Compliance und Wahrung der Unternehmensinteressen. Zwar wird die Wahrnehmung seiner Pflichten vom Vorstand zu dessen Unterstützung eingesetzt, jedoch darf das Eskalationsrecht des Compliance-Beauftragten gegenüber dem Aufsichtsrat aus Gründen seiner Pflicht zur Loyalität und der Glaubwürdigkeit einer wirksamen Compliance nicht verneint werden. Die Inanspruchnahme des Eskalationsrechts gegenüber dem Aufsichtsrat durch den Compliance-Beauftragten sollte in der Geschäftsordnung des Verstands oder in der Stellungsbeschreibung des Compliance-Beauftragten festgehalten werden.[394] Art und Umfang des Eskalationsrechts sollten begrenzt werden. Der Art nach geht es um ein etwaiges Berichtsrecht und nicht um eine regelmäßige Berichtspflicht gegenüber dem Aufsichtsrat. Der Aufsichtsrat ist nicht berechtigt, die gesamte Gesellschaft zu überwachen, dies gilt nur gegenüber dem Vorstand. Vor diesem Hintergrund sollten die Themen des Eskalationsrechts auf den Compliance-Verstoß des Vorstands beschränkt werden.

II. Weisungsbefugnisse

Besitzt der Compliance-Beauftragte im Zusammenhang mit der Erforderlichkeit der Aufgabenwahrnehmung Weisungsbefugnisse gegenüber anderen Unternehmensangehörigen? Um diese Frage zu antworten, muss berücksichtigt werden, dass sich die eigentliche Aufgabe des Compliance-Beauftragten im Unternehmen auf die Prävention und Aufdeckung der Compliance-Verstöße und die Beratung der Unternehmensleitung beschränkt.[395]

1. Allgemein

Mangels gesetzlicher Kompetenzzuweisung verfügt der Compliance-Beauftragte in der Regel über keine aus der Compliance-Funktion erwachsende Weisungsbefugnis gegenüber anderen Unternehmensangehörigen.[396] Dies gilt insbesondere

394 *Geiser*, Leitungspflichten des Vorstands in der AG, 2010, S. 211.

395 *Illing/Umnuß*, CCZ 2009, 4.

396 *Engelhart*, ZIP 2010, 1840; *Favoccia/Richter*, AG 2010, 138 f.; *Fecker/Kinzl*, CCZ 2010, 16; *Illing/Umnuß*, CCZ 2009, 4; *Kraft/Winkler*, CCZ 2009, 31; *Rönnau/Schneider*, ZIP 2010, 57; *Schmitt-Leonardy*, Unternehmenskriminalität ohne Strafrecht? 2013, S. 259.

für die Ahndung von Mitarbeitern bei Verstößen gegen unternehmensinterne Vorgabe in disziplinarrechtlicher Art sowie die Entscheidung, wie bei aufgedeckten Straftaten verfahren werden soll.

Als neutrale Stabsstelle[397] ist der Compliance-Beauftragte für die Durchführung gesetzlicher Konsequenzen aus dem entdeckten Compliance-Verstoß nicht zuständig. Im Hinblick auf die Hierarchie des Linienmanagements des Unternehmens können die Weisungsbefugnisse dem Compliance-Beauftragten auch nicht eingeräumt werden. Anderenfalls würden die betriebliche Hierarchie durcheinandergebracht und die betroffenen anderen Unternehmensangehörigen einem doppelten Weisungsrecht ausgesetzt.[398] Um die Unabhängigkeit von Compliance-Beauftragten von den operativen Geschäftsbereichen zu wahren, sollte dem Compliance-Beauftragten auch die Weisungsbefugnis verweigert werden.[399] Im Einzelfall kann der Compliance-Beauftragte kraft Delegation von der Unternehmensleitung auch mit Weisungsbefugnissen ausgestattet werden.[400]

2. *In den speziellen geregelten Geschäftsbereichen*

Für das speziell geregelte Wertpapierdienstleistungsunternehmen könnte sich etwas anderes ergeben. Das Verhältnis zwischen dem Compliance-Beauftragten und anderen Unternehmensangehörigen ist schwer zu beurteilen. § 12 Abs. 4 S. 3 WpDVerOV i. d. f. 2007 verlangt, dass die Mitarbeiter der Compliance über ausreichende Mittel und Kompetenzen sowie einen Zugang zu allen für die Compliance-Aufgabe relevanten Informationen verfügen. Dies entspricht internationalen Standards.[401] Der Wortlaut spricht nur von „Kompetenzen" und expliziert diese nicht ausdrücklich. Hier treten die Fragen auf, welche konkreten Rechte daraus abzuleiten sind und ob der Compliance-Beauftragte andere Unternehmensangehörige anweisen kann, wenn dies für seine Wahrnehmung der Aufgaben nötig ist. Zunächst steht es fest, dass der Compliance-Beauftragte hinsichtlich der Ausführung der Aufgaben in alle relevanten Vorgänge Einsichtsrechte haben muss.[402] In diesem Rahmen sollten die notwendigen

397 *Eisele*, WM 1993, 1021; *Spindler*, WM 2008, 908.
398 *Rehbinder*, ZGR 1989, 361; *ders.*, ZHR 165 (2001), 12.
399 *Lösler*, WM 2007, 681; *ders.*, NZG 2005, 107.
400 *Giesen*, CCZ 2009, 105; *Casper*, in: Verbraucherschutz im Kreditgeschäft Compliance in der Kreditwirtschaft, BankrechtstAG 2008, S. 161.
401 Basel Committee on Banking Supervision: Compliance and the compliance function in banks, April 2005. Rn. 30 ff. abrufbar unter http://www.bis.org/publ/bcbs113.pdf.
402 *Spindler*, WM 2008, 911; *Veil*, WM 2008, 1093, 1098.

Weisungsrechte gegenüber anderen Unternehmensangehörigen nach richtlinienkonformer Auslegung dem Compliance-Beauftragten zustehen, um alle erforderlichen Informationen abzufordern.[403] Die betroffenen Mitarbeiter des Unternehmens dürfen die Herausgabe von Unterlagen oder die Mitteilung relevanter Informationen nicht verweigern. Ohne hinreichende Informationen kann der Compliance-Beauftragte seine vielfältigen Aufgaben nicht bewältigen.[404]

Eine entsprechende Regelung ist auch in den MaComp enthalten.[405] Um seine Tätigkeit wirksam auszuüben, müsse der Compliance-Beauftragte mit den erforderlichen Befugnissen ausgestattet werden. Herbei ist zu berücksichtigen, dass dieses aus § 12 Abs. 4 S. 3 WpDVerOV i. d. f. 2007 und MaComp abgeleitete Weisungsrecht den Compliance-Beauftragten nicht dazu berechtigt, Compliance-Risiken durch konkrete Anweisung an andere Unternehmensangehörige abzustellen oder Rechtsverstöße durch disziplinäre Anweisungen zu ahnden.[406]

---

403 Basel Committee on Banking Supervision: Compliance and the compliance function in banks, April 2005. Rn. 30 ff. abrufbar unter http://www.bis.org/publ/bcbs113.pdf; *Bürkel*, in: Hauschka/Moosmayer/Lösler, Corporate Compliance, 3. Aufl. 2016, § 36 Rn. 49.

404 *Fuchs*, Wertpapierhandelsgesetz, 2. Aufl. 2016, § 33 Rn. 81; *Clouth/Lang/Held*, MiFID Praktikerhandbuch, 2007, Rn. 441.

405 BT 1.3.1.2 Ziff. 1 MaComp.

406 *Lenenbach*, ZBB 2008, 274; *Fett*, in: Schwark/Zimmer, Kapitalmarktrechts-Kommentar, 4. Aufl. 2010, § 33 Rn. 24.

Kapitel 5 Die kündigungsrechtliche Stellung des Compliance-Beauftragten vor ordentlicher Kündigung

Schwerpunkt der Arbeit ist die kündigungsrechtliche Stellung des Compliance-Beauftragten. Bei der Beendigung des Arbeitsverhältnisses wird die Existenzgrundlage des Arbeitnehmers gravierend beeinträchtigt. Damit hat er ein großes und verständliches Interesse an der Sicherheit seines Arbeitsplatzes. Der Compliance-Beauftragte ist in einem besonders empfindlichen Bereich tätig. Er kann seine Aufgaben im Betrieb nur wahrnehmen, wenn zwischen ihm und dem Unternehmer ein vertrauliches Arbeitsverhältnis besteht. Das stabile Verhältnis zwischen Arbeitgeber und Arbeitnehmer stellt die Unabhängigkeit des Compliance-Beauftragten sicher. Die Unabhängigkeit des gesetzlichen Unternehmensbeauftragten wird allgemein durch den besonderen gesetzlichen Kündigungsschutz garantiert, womit die Kündigung des Arbeitsverhältnisses behindert wird. Ein solcher besonderer Kündigungsschutz kann auch wie beim Beauftragten für Arbeitssicherheit nach spezialgesetzlicher Regelung und beim Sicherungsbeauftragten durch ein Mitbestimmungsrecht des Betriebsrats vorliegen.[407]

Die folgende Formulierung gilt speziell für den internen betrieblichen Compliance-Beauftragten. Der besondere Kündigungsschutz, mit dem eine selbstbewusste Amtsführung in einem konfliktträchtigen Arbeitsfeld gesichert werden soll, macht nur bei einem betriebsangehörigen Compliance-Beauftragten Sinn, weil sich der Betrieb von einem externen Compliance-Beauftragten vergleichsweise problemlos durch Kündigung des Dienstvertrags trennen kann. Der Compliance-Beauftragte trägt dazu bei, sämtliche Maßnahmen eines Unternehmens zur Einhaltung aller für das Unternehmen relevanten Gesetze zu garantieren. Die Position des Compliance-Beauftragten muss derart ausgestaltet und ausgestattet sein. In dieser Situation sollte der Compliance-Beauftragte bei der Prävention und Ermittlungsarbeit auf verschiedene Sachlagen stoßen. Dies scheint auf den ersten Blick dem Unternehmensinteresse zu dienen, aber manchmal kann die Arbeit den Interessen des Unternehmers zuwiderlaufen.

---

407 Siehe § 9 Abs. 3 S. 1 ASiG, § 22 Abs. 1 S. 1 SGB VII.

Seine arbeitsrechtliche Stellung und seine Aufgabe bestimmen, dass es eine permanente Reibung zwischen der gewissenhaften Aufgabenwahrnehmung durch den Compliance-Beauftragten und dem primären Streben der ökonomischen Interessen von Unternehmen gibt. Die Möglichkeit, dass der Compliance-Beauftragte vom Unternehmer wegen der Erfüllung der ihm übertragenen Aufgaben benachteiligt wird, ist deshalb nicht auszuschließen. Dieses sensible Verhältnis wirft die Frage nach der Schutzbedürftigkeit auf. Gleichzeitig sind insbesondere Einschränkungen der Weisungsabhängigkeit des Compliance-Beauftragten in fachlicher Hinsicht in Betracht zu ziehen, wenn er seine fachliche Tätigkeit ohne Furcht vor Entlassung ausüben können soll.

A. Begriff und Charakteristik des besonderen Kündigungsschutzes

I. Begriff des besonderen Kündigungsschutzes

Der durch § 1 KSchG festgelegte Kündigungsschutz ist als der typische allgemeine Kündigungsschutz anzusehen, weil diesen grundsätzlich jeder Arbeitnehmer genießt. Dieser Genuss ist unabhängig von bestimmten Eigenschaften oder Stellungen der einzelnen Arbeitnehmer oder einer besonderen Ausgestaltung des Arbeitsverhältnisses.

Neben dem sogenannten allgemeinen Kündigungsschutz des KSchG, welcher die grundsätzlich bestehende Kündigungsfreiheit des Arbeitgebers grundsätzlich einschränkt, existieren im Bereich des Individualarbeitsrechts zahlreiche Regelungen, die abgegrenzten Arbeitnehmerkreisen einen neben den allgemeinen Kündigungsschutz tretenden besonderen Schutz vor der Auflösung ihres Arbeitsverhältnisses durch Kündigung des Arbeitgebers gewähren.[408] Dieser Kündigungsschutz stärkt den allgemeinen Kündigungsschutz des KSchG und verleiht den bestimmten Arbeitnehmern das kündigungsrechtliche Privileg, indem Arbeitgebern die Kündigung des Arbeitsverhältnisses erschwert wird.

II. Charakteristik des besonderen Kündigungsschutzes

Die Charakteristik des besonderen Kündigungsschutzes wird nicht einheitlich definiert, teilweise wird diese nach § 15 KSchG verstanden. [409] Im Vergleich zum

408 Vgl. auch *Wickede*, Sonderkündigungsschutz im Arbeitsverhältnisses, 2009, S. 190 ff.

409 *Wickede*, Sonderkündigungsschutz im Arbeitsverhältnis, 2009, S. 190 ff.; *Däubler/Dient/Zwanziger*, Kündigungsschutzrecht, 10. Aufl. 2017, S. 103.

allgemeinen Kündigungsschutz behandelt der besondere Kündigungsschutz nur eine begrenzte Gruppe von Arbeitnehmern, welche eine besondere Eigenschaft oder Stellung gegenüber dem Arbeitgeber haben. Diese Eigenschaft oder Stellung kann nicht von Arbeitnehmer selbst beeinflusst werden. Dadurch werden diese Arbeitnehmer von Durchschnittsarbeitnehmern unterschieden. Aufgrund einer derartigen Differenzierung erscheint der betreffende Arbeitnehmer im Hinblick auf einen Arbeitsplatzverlust besonders gefährdet, weshalb ihm per Gesetz ein über den allgemeinen Kündigungsschutz hinausgehender besonderer Schutz zukommen soll.[410]

Darüber hinaus knüpft der besondere Kündigungsschutz auch an einen speziellen Status des Arbeitnehmers an, welcher sich oft aus persönlichen Merkmalen des Arbeitnehmers oder einem bestimmten Verhalten des Arbeitnehmers ergeben kann.[411] Dieser spezielle Status kann den Arbeitgeber veranlassen, ein bestehendes Arbeitsverhältnis aufzulösen. Die Gestaltung des besonderen Kündigungsschutzes ist vielfältig. Ganz überwiegend handelt es sich um den Ausschluss der ordentlichen Arbeitgeberkündigung. Daneben kann die ordentliche Kündigung wie die außerordentliche Kündigung für bestimmte Gründe ausgeschlossen oder schließlich für ihre Wirksamkeit im Sinne eines Erlaubnisvorbehalts an die vorherige Zustimmung einer Behörde oder einer Arbeitnehmervertretung gekoppelt sein.[412] Der besondere Kündigungsschutz greift stets neben dem allgemeinen Kündigungsschutz ein und setzt vor der Kündigungserklärung an. Diese kann nicht wirksam erklärt werden, solange nicht bestimmte Voraussetzungen vorliegen. Eine bestimmte betriebliche Gegebenheit wie etwa eine gewisse Betriebsgröße ist für die Anwendbarkeit des besonderen Kündigungsschutzes regelmäßig nicht notwendig.

B. Allgemeine Hinweise zur ordentlichen Kündigung

I. Begriff und Gründe der ordentlichen Kündigung

1. Begriff der ordentlichen Kündigung

Nach den allgemeinen Regeln ist das Arbeitsverhältnis, das zwischen dem Compliance-Beauftragten und dem Arbeitgeber besteht, beiderseits ordentlich kündbar. Nach §§ 1 Abs. 1, 23 Abs. 1 KSchG unterliegt das Arbeitsverhältnis

410 *Wickede*, Sonderkündigungsschutz im Arbeitsverhältnis, 2009, S. 199.
411 *Zöllner/Loritz/Hergenröder*, Arbeitsrecht, 7. Aufl. 2015, § 26.
412 *Wickede*, Sonderkündigungsschutz im Arbeitsverhältnis, 2009, S. 190 f.

zwischen dem Compliance-Beauftragten und dem Arbeitgeber dem Kündigungsschutzgesetz. Der Arbeitgeber benötigt einen entsprechenden Grund für die ordentliche Kündigung des Compliance-Beauftragten.

2. *Gründe der ordentlichen Kündigung*

Gemäß § 1 Abs. 2 KSchG bestehen drei zulässige arbeitgeberseitige ordentliche Kündigungsgründe aus der Person, dem Verhalten des Arbeitnehmers und dem Betrieb.

a) Personenbedingte Kündigungsgründe

§ 1 KSchG kategorisiert die Kündigung aus in der Person des Arbeitnehmers liegenden Gründen als personenbedingte Kündigung. Ein personenbedingter Kündigungsgrund liegt vor, wenn der Arbeitnehmer die erforderliche Eignung oder Fähigkeit nicht (mehr) besitzt, um die vertraglich geschuldete Arbeitsleistung zu erbringen und den Vertragszweck zu erreichen.

Der Arbeitnehmer kann wegen Mängeln in den körperlichen oder geistigen Fähigkeiten und Eigenschaften oder bei fehlender Erlaubnis zu einer Berufsausübung gekündigt werden.[413] Diese Kündigung kann nach § 1 Abs. 1 und Abs. 2 Nr. 1 KSchG sozial gerechtfertigt sein, wenn der Mangel das Arbeitsverhältnis konkret gestört hat und die Erbringung der geschuldeten Arbeitsleistung nicht nur zeitweilig zumindest teilweise unmöglich ist.[414] Das wesentliche Merkmal der personenbedingten Kündigung ist kein Verschulden des Arbeitnehmers.[415] Das Gesetz beschreibt die personenbedingten Kündigungsgründe, die unter Beachtung des Normzwecks konkretisiert werden können, nicht näher. Es ist möglich, die personenbedingten Kündigungsgründe durch eine Anzahl typischer Fälle in der Systematik der BAG-Rechtsprechung zu ordnen. Höchstrichterlich anerkannte Fälle sind eine fehlende Arbeitserlaubnis eines ausländischen Arbeitnehmers,[416] der Verlust der Fahrererlaubnis eines Kraftfahrers,[417] der Verlust einer Fluglizenz eines Flugzeugführers[418] und der

---

413 *Berkowsky,* Die personen-und verhaltensbedingte Kündigung 4. Aufl. 2005, S. 60.

414 *Dörner*, in: Ascheid/Preis/Schmidt, Kündigungsrecht, 5. Aufl. 2007, Rn. 306-307; BAG, Urteil vom 18. 9. 2008 – 2 AZR 976/06, Juris, Rn. 22.

415 BAG, Urteil vom 11. 12 2003 – 2 AZR 667/02, BAGE 109, 87–100.

416 BAG, Urteil vom 7.2.1990 – 2 AZR 359/89, NZA 1991, 341.

417 BAG, Urteil vom 05.06.2008 – 2 AZR 984/06, DB 2009, 123.

418 BAG, Urteil vom 31.01.1996 – 2 AZR 68/95, BB 1996, 1336.

Entzug der erteilten Ermächtigung zum Umgang mit Verschlusssachen nach dem Sicherheitsüberprüfungsgesetz.[419]

Krankheit stellt in der Praxis den häufigsten Fall einer personenbezogenen Kündigung dar. Um dem gerecht zu werden, hat die Rechtsprechung unterschiedliche Kategorien der krankheitsbedingten Kündigung wegen Erkrankung entwickelt. Nach der ständigen Rechtsprechung wird die krankheitsbedingte Kündigung in vier Kategorien unterteilt: häufige Kurzerkrankungen,[420] ständige Erkrankung,[421] krankheitsbedingte dauernde Leitungsunfähigkeit[422] sowie krankheitsbedingte Minderung der Leistungsfähigkeit[423]. In dem konkreten Fall wird die krankheitsbedingte Kündigung gerichtlich überprüft.

b) Verhaltensbedingte Kündigungsgründe

Der verhaltensbedingte Kündigungsgrund wird im KSchG nicht definiert und es kommen verhaltensbedingte Gründe i. S. d. § 1 Abs. 2 Nr. 1 KSchG in Betracht.[424] Im Unterschied zu den personenbedingten Kündigungsgründen muss der verhaltensbedingte Kündigungsgrund in einem steuer- und zurechenbaren Verhalten des Arbeitnehmers liegen.[425] Eine Begrenzung zwischen verhaltensbedingter und personenbedingter Kündigung kann grob durch die Rechtsprechung von BAG bestätigt werden.[426] Wenn der Arbeitnehmer sich anders verhalten kann, aber nicht anders verhalten will, liegt ein verhaltensbedingter Kündigungsgrund vor. Als verhaltensbedingte Kündigungsgründe können differente Verletzungen von Haupt- oder Nebenpflichten des Arbeitsvertrags herangezogen werden und damit kennzeichnet der Begriff der verhaltensbedingten Gründe ein

---

419 BAG, Urteil vom 26.11.2009 – 2 AZR 272/08 = AP Nr. 225 zu § 626 BGB.

420 BAG, Urteil vom 2.9.1992 -2 AZR 63/92, NZA 1993, 593; DB 1993, 1371.

421 BAG, Urteil vom 28.02.1990 – 2 AZR 401/89, NJW 1990, 2151; NZA 1990, 727.

422 BAG, Urteil vom 21.05.1992 – 2 AZR 399/91, NZA 1993, 497.

423 BAG, Urteil vom 26.09.1991 – 2 AZR 132/91 = AP Nr. 28 zu § 1 KSchG Krankheit.

424 *Griebeling/Rachor*, in: Gemeinschaftskommentar zum Kündigungsschutzgesetz und zu sonstigen kündigungsschutzrechtlichen Vorschriften, 11. Aufl. 2016, KSchG § 1 Rn. 398; *Dörner*, in: *Dörner/Luczak/Wildschütz/Baeck/Kofs*, Handbuch des Fachanwalts – Arbeitsrecht, 13. Aufl. 2016, Kapitel 4 Rn. 2374.

425 BAG, Urteil vom 3. 11. 2011 – 2 AZR 748/10, NZA 2012, 607; BAG, Urteil vom 25.10.2012 – 2 AZR 495/11, NZA 2013, 319; BAG, Urteil vom 11.7.2013 – 2 AZR 994/12, NZA 2014, 250.

426 BAG, Urteil vom 21.01.1999 – 2 AZR 665/98, BB 1999, 1821; LArbG Tübingen, Urteil vom 06.09.2016-13 Sa 84/05, BB 2007, 1228.

vertragswidriges Verhalten des Arbeitnehmers.[427] Vertragswidriges Verhalten des Arbeitnehmers kann die Vertragsstörung in den folgenden drei Bereichen herbeiführen: Leistungsbereich, Betriebsbereich und Vertrauensbereich.

Eine verhaltensbedingte Kündigung ist dann gerechtfertigt, wenn der Arbeitnehmer rechtswidrig und schuldhaft gegen die ihm obliegenden Vertragspflichten verstoßen hat.[428] Dieses Verhalten des Arbeitnehmers muss zu konkreten Störungen des Arbeitsverhältnisses führen, die auch in Zukunft zu befürchten sind.[429] Diese Prognose kann nur dann erstellt werden, wenn der Arbeitnehmer zuvor ordnungsgemäß abgemahnt wurde. Dann kann das vertragsgerechte Verhalten vom Arbeitnehmer zukünftig nicht mehr erwartet werden.[430]

c) Betriebsbedingte Kündigungsgründe

Eine betriebsbedingte Kündigung setzt voraus, dass das Bedürfnis für eine Weiterbeschäftigung eines oder mehrerer Arbeitnehmer in dem bisher wahrgenommen Aufgabenbereich auf Dauer entfällt und der Arbeitnehmer nicht auf einem anderen freien Arbeitsplatz weiterbeschäftigt werden kann.[431] Ein betriebsbedingter Kündigungsgrund kann sich aus innerbetrieblichen und außerbetrieblichen Umständen ergeben.

Der innerbetriebliche Grund kann vorliegen, wenn der Arbeitgeber aufgrund einer wirtschaftlichen oder technischen Hinsicht eine Entscheidung, zum Beispiel Rationalisierungsmaßnahmen wie das Steigern der Arbeitsdichte,[432] die Übertragung der Arbeitsaufgabe von Arbeitnehmern auf freie Dienstnehmer[433]

---

427 *Preis*, DB 1990, 632; *ders.*, in: *Stahlhacke/Preis/Vossen*, Kündigung und Kündigungsschutz im Arbeitsverhältnis, 11. Aufl. 2015, Rn. 1196 ff.; *Dorndorf*, in: *Dorndorf/Weller/Hauck/Kriebel/Höland/Neef*, Heidelberger Kommentar zum Kündigungsschutzgesetz, 4. Aufl. 2001, Rn. 515 ff.; *Däubler*, in: *Däubler/Deinert/Zwanziger*, Kündigungsschutzrecht, 10. Aufl. 2017, Rn. 228 ff.

428 BAG, Urteil vom 3.7.2003 -2 AZR 235/02, NZA 2004, 427.

429 BAG, Urteil vom 12.1.2006 – 2 AZR 21/05, NZA 2006, 917.

430 BAG, Urteil vom 17.1.1991 – 2 AZR 375/90, NZA 1991, 557.

431 BAG, Urteil vom 18.5.2006 – 2 AZR 412/05, NZA 2006, 1007.

432 BAG, Urteil vom 17.6.1999 – 2 AZR 522/98 = AP Nr. 102, 103 zu § 1 KSchG 1969 Betriebsbedingte Kündigung; BAG, Urteil vom 24.04.1997 – 2 AZR 352/96 = AP Nr. 42 zu § 2 KSchG.

433 BAG, Urteil vom 31.7.2014 – 2 AZR 422/13 = AP Nr. 204 zu § 1 KSchG 1969 Betriebsbedingte Kündigung; BAG, Urteil vom 13.3.2008 – 2 AZR 1037/06 = AP Nr. 176 zu §1 KSchG 1969 Betriebsbedingte Kündigung; BAG, Urteil vom 09.05.1996 – 2 AZR 438/95 = AP Nr. 79 zu § 1 KSchG 1969 Betriebsbedingte Kündigung.

oder die Einschränkung der Produktion trifft[434] und sich die Umsetzung dieser unternehmerischen Entscheidung im betrieblichen Bereich dahin auswirkt, dass weitere Einsatzmöglichkeiten des gekündigten Arbeitnehmers nicht mehr bestehen.[435] Wenn sich das Unternehmen für eine Reorganisation entscheidet, kann dies auch zu der Reduzierung der Arbeitsplätze führen und Kündigung bedingen.[436] Diese unternehmerische Entscheidung soll sachlich, vernünftig und nicht willkürlich sein. Zu den außerbetrieblichen Gründen[437] gehört insbesondere der Auftragsrückgang oder der Umsatzrückgang.[438] Zur Darlegung des dringenden betrieblichen Erfordernisses zur Kündigung i. S. v. § 1 Abs. 2 KSchG reicht der bloße Hinweis auf einen kurzfristigen Rückgang regelmäßig nicht aus. Ein kurzfristiger Mangel an AuftrAG und UmSatz ist ein typisches wirtschaftliches Risiko und daher nicht für eine betriebsbedingte Kündigung geeignet. Der Arbeitgeber muss anhand der Auftrags und Personalplanung darstellen, dass der Rückgang des Auftrags und Umsatzes dauerhaft ist und unmittelbar zur Verringerung des Arbeitsvolumens führt, sodass hierin allein ein dringendes betriebliches Erfordernis zur Kündigung liegt.

C. Die ordentlichen Kündigungsgründe für Compliance-Beauftragte

I. Personenbedingte Kündigungsgründe

Die Krankheit ist in der Unternehmenspraxis der häufigste Unterfall der personenbedingten Kündigungsgründe. Hebt sich der Compliance-Beauftragte offenkundig nicht von den übrigen Arbeitnehmern ab, so muss dieser

434 BAG, Urt. v. 29.8.2013 – 2 AZR 809/12 = AP Nr. 202 zu § 1 KSchG 1969 Betriebsbedingte Kündigung; BAG, Urteil vom 12.11.1998 – 2 AZR 91/98 = AP Nr. 51 zu § 2 KSchG 1969.

435 BAG, Urteil vom 07.12.1978 – 2 AZR 155/77 = AP Nr. 6 zu § 1 KSchG 1969 Betriebsbedingte Kündigung; BAG, Urteil vom 29.03.1990 – 2 AZR 369/89, NZA 1991, 181; BAG, Urteil vom 07.07.2005 – 2 AZR 399/04 = AP Nr. 138 zu § 1 KSchG 1969 Betriebsbedingte Kündigung; BAG, Urteil vom 16.12.2010 – 2 AZR 770/09 = AP Nr. 186 zu § 1 KSchG 1969 Betriebsbedingte Kündigung.

436 BAG, Urteil vom 22.09.2005 – 2 AZR 208/05 = AP Nr. 141 zu § 1 KSchG 1969 Betriebsbedingte Kündigung.

437 BAG, Urteil vom 15.06.1989 – 2 AZR 600/88 = AP Nr. 45 zu § 1 KSchG 1969 Betriebsbedingte Kündigung; BAG, Urteil vom 12.4.2002 – 2 AZR 256/01 = AP Nr. 120 zu § 1 KSchG 1969 Betriebsbedingte Kündigung.

438 BAG, Urteil vom 18.05.2006 – 2 AZR 412/05 =AP Nr. 7 zu § 9 AÜG.

personenbedingte Kündigungsgrund nicht speziell diskutiert werden. Dagegen sind Zulässigkeit und fachliche Eignung von großer Bedeutung für die personenbedingte Kündigung des Compliance-Beauftragten.

Die Funktion und die Aufgabe des Compliance-Beauftragten weisen auf eine besondere Zuverlässigkeit als Eigenheit des Arbeitsverhältnisses zwischen ihm und Arbeitgeber hin und begründen damit das Zuverlässigkeitserfordernis. Hinzu kommt, dass die Zuverlässigkeit als verbindliches Eignungsmerkmal des Compliance-Beauftragten vom Einrichtungsziel der Arbeitgeber umfasst wird. Zuverlässigkeit bedeutet daher Gewährleistung dafür, dass der Compliance-Beauftragte an einer herausgehobenen Stelle ordnungsgemäß seine Funktion ausüben kann. In einer Vielzahl von Spezialgesetzen finden sich an verschiedenen Stellen allgemeine Regelungen, die an die Zuverlässigkeit von Personen anknüpfen. Zum Beispiel kann die Ausübung eines Gewerbes nach § 35 Abs. 1 GewO von der zuständigen Behörde ganz oder teilweise untergesagt werden, wenn der Betreffende sich als unzuverlässig erweist. Vergleichbare Vorgaben existieren auch in der Versicherungsbranche. Nach § 24 Abs. 1 VAG muss eine Person, die in dem Versicherungsunternehmen Schlüsselaufgaben wahrnimmt, zuverlässig sein. Der Verlust der Zuverlässigkeit von Compliance-Beauftragten kann zu einer bestimmten Rechtsfolge bis hin zur Kündigung des Arbeitsverhältnisses führen.

Nach § 55 Abs. 2 BImSchG wird das Recht der zuständigen Behörde zur Abberufung des Immissionsschutzbeauftragten als möglich vorausgesetzt. Danach ist die zuständige Behörde berechtigt, die Abberufung des derzeit tätigen Immissionsschutzbeauftragten zu verlangen, wenn die fehlende Fachkunde in der Erfüllung der konkreten Aufgaben des Immissionsschutzbeauftragten festgestellt wird. Aufgrund von § 66 WHG kann die zuständige Behörde auch vom Gewässerbenutzer wegen mangelnder Fachkunde die Bestellung eines anderen Gewässerschutzbeauftragten verlangen. In beiden Fällen stellt das behördliche Abberufungsverlangen einen in der Person des Beauftragten liegenden Kündigungsgrund dar.[439] Hierbei ist zu beachten, dass das Unternehmen für zur Bestellung des Immissionsschutzbeauftragten und des Gewässerschutzbeauftragten verpflichtet ist bzw. diese Pflicht dem Unternehmen verbietet, die mangelhafte Person als Beauftragten einzusetzen. Ein anderer wichtiger Punkt ist die Existenz der zuständigen Behörde.

---

439 Vgl. *Ehrich*, Amt, Anstellung und Mitbestimmung bei betrieblichen Beauftragten, 1993, S. 266; *Weber*, Der Betriebsbeauftragte, Berlin 1988, S. 253.

Für den Compliance-Beauftragten, der in den allgemeinen Bereichen tätig ist, stellt sich die Situation anders dar. Eine umfassend zuständige Behörde, die zur Stellung der Anforderung der Abberufung oder Kündigung des Compliance-Beauftragten berechtigt ist, existiert nicht. Der Zuständigkeitsbereich der Überwachung der Compliance-Aufgaben des Unternehmens wird von mehreren verschiedenen Behörden tangiert. Das Unternehmen hat auch keine Verpflichtung, den Compliance-Beauftragten zu bestellen. Aber für den Compliance-Beauftragten, der im Wertpapierdienstleistungsunternehmen tätig ist, war die Situation nach der Inkraftsetzung des neuen §34d WpHG ganz anders.[440] Mit dem Gesetz zur Stärkung des Anlegerschutzes und der Verbesserung der Funktionsfähigkeit des Kapitalmarktes (AnsFuG) vom 5.4.2011 wurde die Vorschrift des § 34d WpHG in das Wertpapierhandelsgesetz eingefügt und ist am 1.11.2012 in Kraft getreten. § 34 d Abs. 4 S.1 WpHG i. d. f. 2012 enthält eine Ermächtigung für die Bundesanstalt für Finanzdienstleistungsaufsicht, um Maßnahmen zu ergreifen. Nach § 34d Abs. 4 S. 1 WpGH 2012 kann die Bundesanstalt für die Finanzdienstleistungsaufsicht dem Wertpapierdienstleistungsunternehmen untersagen, den Mitarbeiter weiter als Compliance-Beauftragten einzusetzen, solange dieser Mitarbeiter die Anforderungen des § 34d Abs. 3 S. 1 WpHG i. d. f. 2012 nicht oder nicht mehr erfüllt bzw. nicht über die besondere Sachkenntnis und erforderliche Zuverlässigkeit für die auszuübende Tätigkeit verfügt. Damit kann sich ein personenbedingter Kündigungsgrund auch durch das Fehlen der objektiven Eignungsvoraussetzung für den Compliance-Beauftragten im Wertpapierdienstleistungsunternehmen infolge eines behördlichen Abberufungsverlangens ergeben. Obwohl dieser Artikel in der neuen Fassung des WpHG 2018 weggefallen ist, kann der diesbezügliche Inhalt eine Referenz für die Anforderung an Fachkenntnisse des Compliance-Beauftragten sein. So kommt aufgrund der sich für seine Aufgabe typischerweise ergebenden Anforderungen eine personenbedingte ordentliche Kündigung auch dann in Betracht, wenn der Compliance-Beauftragte nicht kontinuierlich über die erforderlichen Fachkenntnisse verfügt.

II. Verhaltensbedingte Kündigungsgründe

Von Interesse ist, welche verhaltensbedingten Kündigungsgründe der Compliance-Beauftragte bei Erfüllung seiner spezifischen Funktion typischerweise herbeiführt.

---

440 BGBl. I 2011, 538, 540 f.; *Möllers/Wenninger*, NJW 2011, 1697, 1698 f.

1. Aufdeckung von Gesetzesverstößen gegen den Willen der Unternehmensleistung

Obwohl die Unternehmensleitung in Anbetracht ihrer Legalitätspflicht den Compliance-Verstoß aufdecken und sanktionieren soll, gibt es im deutschen Recht keine allgemeine Verpflichtung zur Offenlegung von Compliance-Verstößen. Vor diesem speziellen Hintergrund hat das Unternehmen an der Offenlegung und Aufdeckung von Compliance-Verstößen von Compliance-Beauftragten kein Interesse. Damit muss das Unternehmen mit der Beeinträchtigung seines Images und sogar mit dem Ausschluss von öffentlichen Aufträgen konfrontiert werden. Beispielsweise werden derzeit in neun Bundesländern Vergabe- und Korruptionsregister als weiteres Mittel zur Bekämpfung von Korruption errichtet.[441] Obwohl die Eintragung in Vergabe- oder Korruptionsregister keine konstitutive Bedeutung für den Ausschluss eines Unternehmens von Vergabeverfahren hat, muss diese in dem Bewusstsein der Öffentlichkeit einen unzuverlässigen Eindruck des Unternehmens hinterlassen. In dieser Situation scheint der an sich im Interesse des Unternehmens eingesetzte Compliance-Beauftragte sich in das Gegenteil zu verkehren. Dies kann zu einer verhaltensbedingten ordentlichen Kündigung des Compliance-Beauftragten führen.

Darüber hinaus kann sich der Compliance-Beauftragte aufgrund der ihm erteilten Aufgaben- und Tätigkeiten gerade im Fall des Compliance-Risikos häufig durch Eskalation über den Vorstand hinwegsetzen und dem Aufsichtsrat berichten. In dieser Situation kann sich daraus ein Kündigungsbegehren

---

441 Berliner Korruptionsregistergesetz vom 19.4.2006 (GVBl. Berlin 2006 S. 358); Korruptionsregistergesetz vom 15.12.2015 (Gesetzblatt der Freien Hansestadt Bremen vom 2015, 135, S. 609); Hamburgisches Gesetz zur Einrichtung eines Registers zum Schutz fairen Wettbewerbs (GRfW) vom 17.9.2013, HmbGVBl. 2013 S. 417; Gesetz zur Verbesserung der Korruptionsbekämpfung und zur Errichtung und Führung eines Vergaberegisters in Nordrhein-Westfalen wurde im Jahr 2005 ein Vergaberegister eingeführt (GV. NRW. 2005 S. 8; zuletzt geändert durch Artikel 1 des Gesetzes vom 19.12.2013, GV. NRW. S. 875); Gesetz zur Einrichtung eines Registers zum Schutz fairen Wettbewerb (GRfW) vom 13.11.2013 GVBl. 2013 S. 403; Verwaltungsvorschrift „Korruptionsverhütung und Bekämpfung" vom 15.1.2013 GABl. 2013 S. 55; Korruptionsbekämpfungsrichtlinie vom 13.4.2004, geändert durch Bekanntmachung vom 14.9.2010, AllMBl. S. 243; Gemeinsame Runderlasse zum Ausschluss von Bewerbern und Bietern wegen schwerer Verfehlungen, die ihre Zuverlässigkeit infrage stellen (Sperrerlass idF v. 13.12.2010), StAnz. 2010, S. 2831; Ziff. 17.5 der Verwaltungsvorschrift der Landesregierung zur Korruptionsprävention in der öffentlichen Verwaltung (AZ.: FM – O 1559 A – 411), MinBl. vom 29.6.2012.

auch seitens der Unternehmensleitung ergeben, insbesondere dann, wenn ein oder mehrere Vorstandsmitglieder in Compliance-Verstöße verstrickt sind. Unter diesen Umständen hat die Unternehmensleistung sehr wohl die Möglichkeit, den Compliance-Beauftragten durch Kündigung zu sanktionieren. Außerdem kann auch das zuständige Unternehmensleitungsmitglied dem Compliance-Beauftragten direkt eine Weisung geben. Nach seiner Anweisung soll der bestimmte Unternehmensbereich von der Compliance-Entdeckung ausgenommen werden. Wenn der Compliance-Beauftragte gegen die Anweisung handelt, wird er möglicherweise mit Kündigung bestraft. Obwohl diese verhaltensbedingten Kündigungsgründe offensichtlich unsachgemäß sind, wird der Compliance-Beauftragte sehr wahrscheinlich wegen solcher Gründe gekündigt.

2. *Der Zugriff auf rechtswidrige Mittel, um Compliance-Verstöße aufzudecken*

Um Compliance sicherzustellen, ergreift der Compliance-Beauftragte möglicherweise seinerseits rechtswidrige Maßnahmen. Zu denken ist hier insbesondere an das Spannungsfeld zwischen Datenschutz und Compliance. Beide ergänzen sich in dem Unternehmen gegenseitig, haben teilweise aber auch gegenläufige Anforderungen.

Im Vordergrund des Compliance-Zwecks steht ein besonderer Bedarf an der Verarbeitung personeller Daten des Arbeitnehmers von dem Compliance-Beauftragten, damit er ein rechtskonformes Verhalten von Mitarbeitern eines Unternehmens sicherstellen und „Non-Compliance" verhindern oder aufdecken kann, seien es die Durchführung von Rasterabgleichen,[442] ein Datenscreening zur Aufdeckung von Korruption mit Blick auf Scheingeschäfte im Rahmen eines Daten-Dubletten-Abgleichs[443] oder die Durchführung von Videoüberwachung zum Schutz des Vermögens oder zur Sicherheit der Beschäftigten. Solche Maßnahmen sind regelmäßig IT-basiert. Bei ihnen werden personenbezogene Daten von Mitarbeitern oder gegebenenfalls auch Dritten im Sinne von § 3 Abs. 1 BDSG erhoben, verarbeitet oder genutzt. Ein solcher Eingriff durch den Compliance-Beauftragten ist nur zulässig, soweit ein Gesetz wie z. B. das BDSG dies wirksam gebilligt hat. Die eigenmächtige Verarbeitung oder Erhebung personenbezogener Daten stellt gemäß § 43 Abs. 2 Nr. 1 BDSG eine Ordnungswidrigkeit dar. Der

---

442 *Traut*, RDV 2014, 119 ff.

443 *Brandt*, AiB 2009, 288; *Hampel*, ZIR 2009, 99; *Granetzny*, in: Thüsing, Beschäftigtendatenschutz und Compliance, 2. Aufl. 2014, § 8 Rn. 1 ff.

eine verhaltensbedingte ordentliche Kündigung rechtfertigende Grund kann sich insoweit ergeben.

Daneben kann die Beurteilung von Compliance-Maßnahmen, die vom Compliance-Beauftragten ergriffen werden, nach der gesetzlichen Regelung nicht verhältnismäßig sein. Bei der Auswahl der Maßnahmen hat der Compliance-Beauftragte das VerhältnismäßigkeitsprinZIP zu beachten. Größte Beachtung verdient bislang das allgemeine Persönlichkeitsrecht. In der Praxis sind die Anforderungen häufig erfüllt, wenn die ergriffenen Compliance-Maßnahmen durch den Abschluss einer Betriebsvereinbarung mitbestimmt werden.[444]

III. Betriebsbedingte Kündigungsgründe

Wie für die allgemeinen Arbeitnehmer entspringt der betriebsbedingte Kündigungsgrund für den Compliance-Beauftragten auf der Arbeitgeberseite. Der Unterschied zu allgemeinen Arbeitnehmern liegt darin, dass die betriebsbedingte Kündigung für den Compliance-Beauftragten meist auf innerbetrieblichen Gründen beruht und kaum mit typischen außerbetrieblichen Gründen wie einem Nachfrage- oder Umsatzrückgang in unmittelbarem Zusammenhang steht.[445] Der innerbetriebliche Anlass der Kündigung besteht in der organisatorischen Trennung des Compliance-Beauftragten vom Betrieb.

1. Wegfall des Arbeitsplatzes des Compliance-Beauftragten

Wie bereits dargelegt, gibt es im deutschen Recht keine generelle Organisationspflicht des Unternehmens zur institutionalisierten Compliance. Die Einführung der Compliance-Organisation und die Aufstellung des Compliance-Beauftragten müssen in gewissem Umfang einen unternehmensinternen Aufwand und entsprechende Kosten auslösen. Diese Kosten können durch Compliance-Risiken, mit denen die Unternehmen konfrontiert sind, begründet werden und müssen im Hinblick auf die Kosten-Nutzen-Relation wirtschaftlich angemessen bleiben. In der Unternehmenspraxis schmälert der Aufwand der Compliance zwangsläufig den Gewinn. Obwohl die Gewinnmaximierung nicht als Pflicht des Unternehmens geregelt wird, vertritt das Unternehmen oft unausgesprochen die Ansicht, dass die Gewinnmaximierung Vorrang hat. Dabei wird dieser Aufwand oft leicht angezweifelt. Bis zum Eintritt des Schadens wegen eines Compliance-Verstoßes erfordert die Rechtsfertigung dieses Aufwands erhebliche Überzeugungsarbeit

444 NZA 2013, 1433; *Wybitul*, NZA 2014, 225 ff.

445 Vgl. *Ostrowicz*, RDV 1995, 112, 1163.

innerhalb des Unternehmens. Vor diesem Hintergrund kann das Unternehmen aus Kostenerwägungen die Entscheidung treffen, den Arbeitsplatz des Compliance-Beauftragten wegfallen zu lassen. Dann wird dem Compliance-Beauftragten betriebsbedingt gekündigt.

Es geht möglicherweise auch um ein generelles Umdenken für Compliance oder die Umstrukturierung der Hierarchieebene[446] des Unternehmens. Beispielsweise entscheidet das Unternehmen, dass die Aufgaben des Compliance-Beauftragten zukünftig auf den Leiter der Rechtsabteilung oder ein Mitglied der Unternehmensleitung übertragen werden,[447] oder, dass die Compliance-Funktion in andere Betriebs- oder Unternehmensabteilung integriert wird. Der sich daraus ergebende betriebsbedingte Kündigungsgrund muss auf der konkreten unternehmerischen Entscheidung basieren. Diese Entscheidung soll dahin überprüft werden, ob der Arbeitsplatz des betroffenen Compliance-Beauftragten faktisch weggefallen ist und die Entscheidung nicht willkürlich ist.[448]

2. *Outsourcing der Funktion des Compliance-Beauftragten*

Kleine und mittelgroße Unternehmen können durch den Mangel an entsprechenden Fachkräften und Managementkapazitäten eine laufende Compliance-Funktion nicht gewährleisten. Dabei kommt in Betracht, einen externen spezialisierten Dritten als Compliance-Beauftragten zu bestellen.[449] Oder das Unternehmen lagert die Funktion des Compliance-Beauftragten an externe Dienstleister aus, um das Niveau der Compliance optimieren zu können. Diese externe qualifizierte Person übernimmt die Compliance-Aufgaben in Gestalt einer selbstständigen Dienstleistung. Die Unternehmensleitung muss diese Personen sorgfältig auswählen, instruieren und überwachen. Hat ein Unternehmensinterner bereits einen Compliance-Beauftragten bestellt, kann die Compliance-Funktion auch extern verlagert werden. Diese Entscheidung wirkt sich nur auf die betriebliche Abwägung aus und ist als eine freie unternehmerische Entscheidung anzusehen. Nach dieser Entscheidung sich kann

---

446 BAG, Urteil von 10.10.2002 – 2 AZR 598/01, DB 2003, 506, 507; BAG, Urteil von 17.06.1999 – 2 AZR 148/91, DB 1999, 1910.

447 *Stahlhacke/Preis/Vossen,* Kündigung und Kündigungsschutz im Arbeitsverhältnis, 11. Aufl. 2015, Rn. 953.

448 BAG, Urteil von 17.06.1999 – 2AZR 148/91, DB 1999, 1910.

449 CCZ 2008, 104, 106; *Bürkle*, in: *Hauschka/Moosmayer/Lösler*, Corporate Compliance, 3. Aufl. 2016, § 36 Rn. 75.

ein betriebsbedingter Kündigungsgrund gegenüber dem vormaligen internen Compliance-Beauftragten herausbilden.

3. Rechtliche Verschmelzung des Unternehmens

Unter einer rechtlichen Verschmelzung ist die Fusion von mindestens zwei bisher voneinander unabhängigen Unternehmen zu verstehen. Eine rechtliche Verschmelzung im Sinne des § 2 Abs. 1 UmwG liegt vor, wenn eines oder mehrere Unternehmen in einem anderen bereits bestehenden Unternehmen aufgehen. Ein an dieser Verschmelzung beteiligtes übertragendes Unternehmen wird ohne Abwicklung aufgelöst. Das übernehmende Unternehmen behält seine Rechtspersönlichkeit, wobei die Verschmelzung aufgrund der Einzelrechtsnachfolge erfolgt. Zu einer rechtlichen Verschmelzung im Sinne des § 2 Abs. 2 UmwG kommt es, wenn zwei oder mehr voreinander unabhängige Unternehmen zu einem neuen Unternehmen verschmelzen und nach der Verschmelzung keine eigene Rechtspersönlichkeit behalten, wobei die Verschmelzung aufgrund einer Gesamtrechtsnachfolge erfolgt.

Die Verschmelzung als Unternehmensumstrukturierung hat erhebliche Folgen für den Compliance-Beauftragten. Die rechtliche Verschmelzung mit der Gesamtrechtsnachfolge unterscheidet sich nach dem Umwandlungsgesetz in wesentlichen Punkten von einem Betriebsübergang aufgrund der Einzelrechtsnachfolge nach § 613a BGB. Die Gesamtrechtsnachfolge führt zu einem gesetzlichen Eintritt in alle Recht und Pflichten. Bei der rechtlichen Verschmelzung mit der Gesamtrechtsnachfolge gehen das gesamte Vermögen und die Arbeitsverhältnisse des übertragenden Rechtsträgers kraft § 20 Abs. 1 Nr. 1 UmwG im GegenSatz zur Einzelrechtsnachfolge auf den übernehmenden Rechtsträger über. Wesentlich ist, dass das gesamte Vermögen und die Arbeitsverhältnisse kraft Gesetzes und nicht „durch Rechtsgeschäft" übergehen. So hat auch das BAG in seinem Urteil vom 21.2.2008 festgestellt,[450] dass der aufnehmende Rechtsträger „als Gesamtrechtsnachfolger Arbeitgeber geworden ist" und „der Übergang des Arbeitsverhältnisses wegen der Gesamtrechtsnachfolge nicht von der Anwendbarkeit § 613a Abs.1 Satz 1 BGB" abhängt.[451]

Bei der aufgrund einer Einzelrechtsnachfolge erfolgten Verschmelzung werden ein oder mehrere Unternehmen in einem anderen Unternehmen eingegliedert. Gegebenenfalls hatte das übernehmende Unternehmen schon einen eigenen

450 BAG, Urteil vom 21.2.2008 – 8 AZR 157/07, NZA 2008, 815.
451 BAG, Urteil vom 21.2.2008 – 8 AZR 157/07, NZA 2008, 816.

Compliance-Beauftragten bestellt. In dieser Situation ist es für die Handlungsmöglichkeiten des Unternehmenserwerbers gleichgültig, ob der Compliance-Beauftragte vom übertragenen Unternehmen in eigenem Compliance-System eingegliedert wurde oder nicht. Bei der aufgrund einer Gesamtrechtsnachfolge erfolgten Verschmelzung wird die Tragweite der Aufgaben des Unternehmens vergrößert. Der bisherige Compliance-Beauftragte ist möglicherweise einseitig vorgeprägt. Aus diesem Grund ist nach der Verschmelzung ein neuer Compliance-Beauftragter zu bestellen. In beiden Konstellationen sind vom übertragenden Rechtsträger und vom ehemaligen Unternehmen beschäftigte Compliance-Beauftragte betriebsbedingt kündbar.

D. Die Möglichkeiten des besonderen Kündigungsschutzes des Compliance-Beauftragten vor ordentlicher Kündigung

Nach den allgemeinen Regeln ist das Arbeitsverhältnis, das zwischen dem Compliance-Beauftragten und dem Arbeitgeber besteht, beiderseits ordentlich kündbar. Wenn ein Compliance-Beauftragter als Arbeitnehmer mehr als sechs Monate tätig ist, ist das Kündigungsschutzgesetz im Sinne von §1 KSchG faktisch anwendbar. Nach § 23 KSchG gilt das Kündigungsschutzgesetz in einem kleinen Betrieb, in dem, in der Regel, zehn oder weniger Arbeitnehmer beschäftigt werden, nicht. Aber in einem solchen Betrieb gibt es nur selten einen Compliance-Beauftragten. Der Compliance-Beauftragte ist in einem sehr empfindlichen Bereich tätig. Die wesentliche Begründung für die Einräumung eines besonderen Kündigungsschutzes für Compliance-Beauftragten ist das Ziel, die Unabhängigkeit des Compliance-Beauftragten gegenüber der Unternehmensleitung zu wahren. Im Folgenden soll der Frage nachgegangen werden, ob es einen besonderen Kündigungsschutz für den Compliance-Beauftragten gibt.

I. Gesetzlicher besonderer Kündigungsschutz

1. Ausdrücklicher geschriebener besonderer Kündigungsschutz

Das Unternehmen kann durch den Compliance-Beauftragten außerhalb des Aufgabenbereiches der gesetzlichen vorgeschriebenen Beauftragten oder verantwortlichen Gesetzesverstöße vermeiden. Nach zutreffender allgemeiner Regelung ist das Unternehmen aber nicht verpflichtet, einen Compliance-Beauftragten zu bestellen. So existiert ein gesetzlicher besonderer Kündigungsschutz ähnlich wie für die meisten gesetzlichen Betriebsbeauftragten für den

Compliance-Beauftragten nicht. Die ordentliche Kündigung des Compliance-Beauftragten ist also nicht schon allein wegen seiner Position gesetzlich ausgeschlossen.

Ob es Bedarf für die Kodifizierung eines besonderen Kündigungsschutzes für den Compliance-Beauftragten gibt, kann aus Sicht der Unternehmenspraxis diskutiert werden. Neben der wesentlichen Leitungs- und Organisationsaufgabe der Compliance unterstützt und berät der Compliance-Beauftragte die Unternehmensleitung in allen compliancerelevanten Fragen. Die Bestimmung der Aufgaben und der Stellung der Compliance-Beauftragten ist von der Größe, dem Bestätigungsfeld und der Internationalität von Unternehmen abhängig. Es wäre kaum möglich, alle in unterschiedlichen Unternehmen existierenden Compliance-Beauftragten mit einer Rechtsbestimmung zu schützen. Ein vermeintlicher besonderer gesetzlicher Kündigungsschutz würde wiederum gegenläufig wirken. Beispielsweise würde das Unternehmen die Bestellung des Compliance-Beauftragten vermeiden, wenn die Kündigung gesetzlich strikt verhindert würde. Darüber hinaus kann ein gegenüber dem aktuellen Gesetzesstand weiter gehender Schutz für den Compliance-Beauftragten auch durch den individuellen ArbeitsvertrAG vereinbart werden. Diese Vereinbarung wird von Arbeitsrecht erlaubt. Im Hinblick auf die vorstehenden Ausführungen ist eine Kodifizierung des besonderen Kündigungsschutzes für den Compliance-Beauftragten nicht erforderlich.

2. Ungeschriebener besonderer Kündigungsschutz

Obwohl der geschriebene besondere Kündigungsschutz des Compliance-Beauftragten in der Sache eindeutig ausgefallen ist, erscheint es im Recht der gesetzlichen Beauftragten erforderlich, über einen ungeschriebenen besonderen Kündigungsschutz nachzudenken. Kündigungsschutz kann eine Ausprägung des Benachteiligungsverbots sein. Das Wesen der Benachteiligung liegt in einem Verstoß gegen den Gleichbehandlungsgrundsatz. Das Benachteiligungsverbot umfasst nicht das Verbot, bestimmte Nachteile zuzufügen.

a) Besonderes Benachteiligungsverbot

In der Regel hat das besondere Benachteiligungsverbot im Rahmen der Prüfung eines Kündigungsgrundes eine unterstützende Funktion. Es kann als Argument dafür dienen, dass die spezifische Konfliktsituation im Status oder Amt nicht zu einer Erleichterung der außerordentlichen Kündigung führt.[452]Einige besondere Benachteiligungsverbote unterstützen einen bereits materiell-rechtlichen

452 BAG, Urteil vom 4.4.1974 – 2 AZR 452/73, NJW 1974, 1399.

Sonderkündigungsschutz, zum Beispiel § 15 KSchG, § 2 Abs. 3 AbgG und § 58 BImSchG. Unter anderen Umständen existieren einfache besondere Benachteiligungsverbote, die den Arbeitnehmer, der einen spezifischen Status hat oder besondere Tätigkeiten ausübt, ohne zusätzlichen Sonderkündigungsschutz flankieren, beispielsweise § 20 SGG für ehrenamtliche Richter, § 22 Abs. 3 SGB VII für Sicherheitsbeauftragte, § 2 Abs. 3 SprAuG für Mitglieder des Sprecherausschusses, § 3 THW-HelfRG für Helfer beim Technischen Hilfswerk und § 17 Abs. 2 ArbSchG für Fachkräfte für Arbeitssicherheit. Aus theoretischer Sicht kann ein einfaches besonderes Benachteiligungsverbot den besonderen Kündigungsschutz für den Compliance-Beauftragten gewähren. Aber dieses Benachteiligungsverbot erschöpft sich in der Regelung. Für den Compliance-Beauftragten wurde kein ausdrückliches gesetzliches Benachteiligungsverbot aufgestellt. Mithin existiert kein aus einem Benachteiligungsverbot abgeleiteter besonderer Kündigungsschutz für den Compliance-Beauftragten.

Um außerdem die Unterstützung der Regelung des Benachteiligungsverbots in Anspruch zu nehmen, muss der Arbeitnehmer in dem Streit die Beweislast für die Verletzung des Benachteiligungsverbots und den Zusammenhang zwischen der Kündigung und dem spezifischen Status oder den Tätigkeiten tragen. Dieser Nachweis ist in der Praxis grundsätzlich schwer zu liefern. Auch wenn der Gesetzgeber punktuelle Regeln des Benachteiligungsverbots für Compliance-Beauftragten vorsehen würde, könnte sich dies aus praktischer Sicht auch nicht auf den besonderen Kündigungsschutz des Compliance-Beauftragten auswirken.

b) Allgemeines Benachteiligungsverbot

Beim allgemeinen Benachteiligungsverbot geht es um die Vermeidung der Benachteiligungen wegen eines verfassungsrechtlich geschützten zulässigen Verhaltens des Arbeitnehmers. Hierzu gehört § 612a BGB als Grundnorm,[453] wonach der Arbeitgeber einen Arbeitnehmer bei einer Vereinbarung oder Maßnahme nicht benachteiligen darf, weil der Arbeitnehmer in zulässiger Weise seine Rechte ausgeübt hat. Damit trägt § 612a BGB zum Schutz der Willensfreiheit des Arbeitnehmers bei der Wahrnehmung der durch die Rechtsordnung eingeräumten Rechte bei.[454] Dieser Schutz beschränkt sich nicht nur auf die sich

453 *Preis,* in: Erfurter Kommentar zum Arbeitsrecht, 19. Aufl. 2019, BGB § 612a Rn. 2; BAG, Urteil vom 16.02.1989 -2 AZR 299/88 = AP Nr. 20 zu § 1 KSchG Krankheit, Bl. 142 h; BAG Urteil vom 16.02.1989 -2 AZR 347/88 = NJW 1990, 143; LAG Hamm Urteil vom 20.04.1993 – 10 Sa 21/93 = LAGE Nr. 2 zu § 611 Anwesenheitsprämie, S. 7.

454 BAG, Urteil vom 21.9.2011 – 7 AZR 150/10, NZA 2012, 317; BAG, Urteil vom 15.7.2009 – 5 AZR 486/08, NZA 2009, 1202; *Treber,* in: Gemeinschaftskommentar

gerade aus dem Arbeitsverhältnis ergebenden Rechte, sondern erstreckt sich auf jede Form der Rechtsausübung. Jedoch muss das Recht gegenüber dem Arbeitgeber bestehen.[455] Die Kündigung eines Arbeitsverhältnisses durch den Arbeitgeber kann eine benachteiligende Maßnahme im Sinne dieser Norm sein, wenn diese Kündigung die Reaktion des Arbeitgebers auf eine verständliche und vernünftige Rechtsausübung durch den Arbeitnehmer darstellt und die zulässige Rechtsausübung das wesentliche Motiv für die Kündigung ist.[456] In der Praxis hat die arbeitgeberseitige Kündigung einen beträchtlichen Anteil an den Anwendungsfällen im Rahmen des § 612a BGB.[457] Wenn die Kündigung des Arbeitgebers gegen das Maßregelungsverbot verstößt, wird sie primär nichtig sein. Dann kann der Arbeitnehmer die Beseitigung der Maßregelung verlangen.[458] Es soll darauf hingewiesen werden, dass in der Fachliteratur § 612a BGB für einen allgemeinen Kündigungsschutz gehalten wird, weil er alle Arbeitnehmer in gleicher Weise vor arbeitgeberseitiger Kündigung schützt. Aber es gibt eine Ausnahme von der konkreten Anwendung dieser Regelung, wenn ein Arbeitnehmer geschützt wird, welcher eine Funktion besitzt, durch die er in eine besondere Konfliktposition zum Arbeitgeber gebracht wird und sich vom typischen durchschnittlichen Arbeitnehmer unterscheidet. In dieser Situation ist § 612a als ein besonderer Kündigungsschutz anzusehen.

Hinsichtlich seiner Funktion befindet sich der Compliance-Beauftragte manchmal in einer unangenehmen Situation und ist von durchschnittlichen Arbeitnehmern zu unterscheiden. Um Aufgaben zu erfüllen, übt er spezifische

---

zum Kündigungsschutzgesetz und zu sonstigen kündigungsschutzrechtlichen Vorschriften 11. Aufl. 2016, § 612a BGB Rn. 5; *Richardi*, in: Staudinger, Kommentar zum Bürgerlichen Gesetzbuch mit Einführungsgesetz und Nebengesetzen, Neubearbeitung 2018,§ 612a BGB Rn. 3.

455 *Preis,* in: Erfurter Kommentar zum Arbeitsrecht, 19. Aufl. 2019, BGB § 612a Rn. 2; *Müller-Glöge*, in: Münchener Kommentar zum Bürgerlichen Gesetzbuch, Band 4, 7. Aufl. 2016, Titel 8, BGB § 612a Rn. 7; a. A. *Faulenbach*, Das arbeitsrechtliche Maßregelungsverbot, S. 69.

456 BAG, Urteil vom 02.04.1987 – 2 AZR 227/86, NZA 1988, 18; BAG, Urteil vom 12. 6. 2002 – 10 AZR 340/01, NZA 2002, 1389; BAG, Urteil vom 22. 9. 2005 – 6 AZR 607/04, NAZ 2006, 429; BAG, Urteil vom 14. 2. 2007 – 7 AZR 95/06, NZA 2007, 803; BAG, Urteil vom 14. 3. 2007 – 5 AZR 420/06, NZA 2007, 862; ArbG Dortmund, Urteil vom 12.2.2014 – 9 Ca 5518/13, NZA-RR 2014, 293; *Preis,* in: Erfurter Kommentar zum Arbeitsrecht, 19. Aufl. 2019, BGB § 612a Rn. 11.

457 BAG, Urteil vom 02.04.1987 – 2 AZR 227/86, NZA 1988,18; BAG, Urteil vom 22. 5. 2003 – 2 AZR 426/02, NZA 2004, 399.

458 *Preis,* in: Erfurter Kommentar zum Arbeitsrecht, 19. Aufl. 2019, BGB § 612a Rn. 23.

Tätigkeit wie zum Beispiel die Ermittlung der Gesetzesverstöße im Unternehmen aus. Für den Arbeitgeber kann die diese Ausübung hinderlich sein, wenn das Image des Unternehmens geschädigt wird oder Mitglieder der Unternehmensleitung in die Angelegenheit verstrickt sind. Eine arbeitgeberseitige Kündigung könnte sich daraus ergeben. Fraglich ist, ob die Tätigkeit des Compliance-Beauftragten während der Erfüllung seiner Funktion unter den Schutz des Maßregelungsverbots im Sinne von § 612a BGB fällt.

Im Rahmen des § 612a BGB lassen sich keine bestimmten Fallgruppen bilden. In diesem Bereich existiert doch keine Kasuistik zu den Compliance-Beauftragten. Der Regelungsgehalt des § 612a BGB richtet seine Schutzwirkung primär auf Arbeitnehmer und knüpft oftmals an deren persönlichen Status an. Bei diesem Status handelt es sich meist um die überwachende Funktion des Arbeitnehmers gegenüber dem Arbeitgeber. Darüber hinaus greift die Norm nur, wenn das ausgeübte Recht tatsächlich besteht und die Ausübung objektiv rechtmäßig ist.[459] Daneben muss zwischen der zulässigen Rechtsausübung und der benachteiligenden Maßnahme ein unmittelbarer Zusammenhang bestehen.[460] Aufgrund seines Arbeitsvertrags leistet der Compliance-Beauftragte eine unselbstständige, fremdbestimmte Arbeit. Offensichtlich erfüllt er damit die Arbeitnehmereigenschaften.[461] Hinsichtlich der Aufgabe des Compliance-Beauftragten nimmt er eine Sonderstellung gegenüber den anderen Arbeitnehmern ein und übt eine Überwachungsfunktion aus. Er sollte besonders vor willkürlichen Kündigungen geschützt werden. So fällt der Compliance-Beauftragte unter den gem. § 612a BGB gewährten Kündigungsschutz. Die Rechtsfolge einer ordentlichen Kündigung, die gegen § 612a BGB verstößt, ist die Nichtigkeit.

II. Analogie zu gesetzlichen Unternehmensbeauftragten

Dennoch fehlt es für den Compliance-Beauftragten an der gesetzlichen Regelung des besonderen Kündigungsschutzes. Eine Analogiebildung der ausdrücklichen Kündigungsschutzvorschrift wie für den gesetzlichen Unternehmensbeauftragten

459 *Müller-Glöge*, in: Münchener Kommentar zum Bürgerlichen Gesetzbuch, Band 4, 7. Aufl. 2016, Titel 8, § 612a Rn. 8 ff.; BAG, Urteil vom 22.10.2015 – 2 AZR 569/14. NZA 2016, 417.

460 BAG, Urteil vom 12. 6. 2002 – 10 AZR 340/01, NZA 2002, 1389; BAG, Urteil vom 7. 11. 2002 – 2 AZR 742/00, NZA 2003, 1139.

461 EuGH, Urteil vom 6. 11. 2003 – Rs. C-413/01， NZA 2004, 87.

könnte sich begründen lassen.[462] Die Analogie ist ein wichtiges technisches Hilfsmittel zur Beseitigung der vorhandenen „Lücken des Gesetzes“.

1. Die gesetzlichen Unternehmensbeauftragten

Die einzelnen Gesetze legen fest, dass bestimmte Unternehmen zur Bestellung eines Beauftragten verpflichtet sind. Diese Beauftragten haben spezielle Funktionen und eine herausgehobene Stellung in der Unternehmensordnung[463] und werden vom Gesetzgeber mit der Wahrung der schutzwürdigen Belange betraut. Unter dem Gesichtspunkt des Gesetzgebers soll der Unternehmensbeauftragte durch Einwirkung auf die Unternehmenstätigkeit auf die Erfüllung des Gesetzes zum Schutz von Allgemeinbelangen hinarbeiten. Obwohl die Funktion des gesetzlichen Unternehmensbeauftragten als Ergänzung der behördlichen Überwachung anzusehen ist, steht er gleichwohl zum Unternehmen in einer privatrechtlichen Beziehung bzw. in einem Arbeitsverhältnis. Er ist Arbeitnehmer und Beauftragter des Unternehmens und nicht etwa eine Art Mitglied der staatlichen Verwaltung. Seine Rechtsstellung ist auch privatrechtlicher Natur [464] und ihm wird von dem Gesetzgeber kein Weisungs- oder Entscheidungsrecht eingeräumt.

Der Gesetzgeber gewährt einem solchen Unternehmensbeauftragten einen Sonderkündigungsschutz, der jeweils mit der Übernahme der Position beginnt und nach einer bestimmten Dauer mit der Beendigung der Bestellung endet. Während der Dauer des Sonderkündigungsschutzes ist ausschließlich eine außerordentliche Kündigung aus wichtigem Grund ohne Einhaltung einer Kündigungsfrist zulässig. Nach dem Tätigkeitsfeld des Unternehmens sind verschiedene Unternehmensbeauftragte vorgesehen. Im Folgenden werden einige der wichtigen Typen aufgezählt.

---

462 *Klopp*, Der Compliance-Beauftragte – Arbeitsrechtliche Stellung und Funktion in der Compliance, 2012, S. 304 f.

463 *Harm*, Compliance in Wertpapierdienstleistungsunternehmen und Emittenten von Finanzinstrumenten, 2008, S. 67; *Lösler* in: Hammen/Bressler/Lösler, Insiderrecht/Compliance, 2008, Rn. 7.

464 *Hansmann/Maciejewski*, in: Landmann/Rohmer, Umweltrecht, Band I, 88. EL. 2019, Vorbemerkung zu § 53 BImSchG, Rn. 15 f.; *Jarass*, Bundes-Immissionsschutzgesetz, 12. Aufl. 2017, §53 Rn. 3, § 58a Rn. 1 BImschG; *Kajüter*: Risikomanagement im Konzern, 2012; *Nisipeanu*, NuR 1990, 439; *Szelinski*, WiVerw 1980, 280.

a) Der Immissionsschutzbeauftragte

Die aktuell geltenden zuerst geschaffenen Regeln über den besonderen gesetzlichen Kündigungsschutz betreffen den Immissionsschutzbeauftragten. Gemäß § 53 Abs. 1 BImSchG hat der Betreiber einer genehmigungspflichtigen Anlage einen oder mehrere Betriebsbeauftragte für den Immissionsschutz zu bestellen, sofern dies im Hinblick auf die Art oder die Größe der Anlage unter bestimmten Voraussetzungen notwendig ist. Der Immissionsschutzbeauftragte ist kein „verlängerter Arm der Behörden", sondern ausschließlich als Beauftragter des zur Bestellung Verpflichteten zu qualifizieren.[465] Er hat ausschließlich Pflichten gegenüber dem Anlagenbetreiber, der für die Einhaltung der immissionsschutzrechtlichen Pflichten verantwortlich ist.[466] Deshalb besitzt der Immissionsschutzbeauftragte auch keine aus Verantwortung folgende Entscheidungsbefugnis in Bezug auf den Betrieb der Anlage.[467]

Obwohl der Immissionsschutzbeauftragte auch den Interessen des Anlagenbetreibers dienen soll, werden seine Aufgaben grundsätzlich auf den Umweltschutz ausgerichtet. Deshalb werden die Interessen des Anlagenbetreibers nicht in erster Linie an wirtschaftlichen Erwägungen orientiert. Eine Wahrnehmung der Aufgaben kann manchmal zu innerbetrieblichen Konflikten führen. Um eine unbeeinflussbare Tätigkeit des Immissionsschutzbeauftragten zu garantieren, wird die Stellung der Betriebsbeauftragten gesetzlich abgesichert. § 58 Abs. 1 BImSchG schreibt ein Benachteiligungsverbot vor und § 58 Abs. 2 S. 1 BImSchG regelt einen besonderen Kündigungsschutz. Während der Amtsdauer des betrieblichen Immissionsschutzbeauftragten wird die ordentliche Kündigung ausgeschlossen. Außerdem muss beachtet werden, dass nach § 58 Abs. 2 BImSchG die wirksame Bestellung des Arbeitnehmers zum Immissionsschutzbeauftragten als Voraussetzung des besonderen Kündigungsschutzes anzusehen ist.[468] Die beiden für den Immissionsschutzbeauftragten geltenden Vorschriften dienten als Vorbild für die späteren Regelungen über die weiteren betrieblichen Beauftragten.

Die andere relevante Norm ist § 57 BImSchG, dadurch wird das Vortragsrecht des Immissionsschutzbeauftragten an entscheidender Stelle ausgestaltet, wenn

465 *Reinhardt*, AöR 118 (1993), 636; *Kotulla*, DÖV 1995, 459.

466 *Böhm*, in: Führ, GK-BImSchG, 1. Aufl. 2016, Vorbemerkung. 9 vor § 53; *Feldhaus*, Bundesimmissionsschutzrecht, 2. Aufl. 196. Lieferung, 2017, § 54 Rn. 41.

467 *Hansmann*, in: Landmann/Rohmer, Umweltrecht, Band I, 88. EL. 2019, Vorbemerkung zu § 53 BimSchG, Rn. 16.

468 BAG, Urteil vom 26.3.2009 – 2 AZR 633/07, DB 2009, 1653.

der Immissionsschutzbeauftragte sich mit dem zuständigen Betriebsleiter nicht einigen konnte und wegen der besonderen Bedeutung der Sache eine Entscheidung der Geschäftsleitung erforderlich erscheint.

b) Der Datenschutzbeauftragte

Mithilfe von Personalabrechnungs- und Informationssystemen, Betriebsdatenerfassungssysteme und digitalen Telefonnebenstellenanlagen kann eine große Anzahl personenbezogener Daten von Arbeitnehmern gespeichert, abgerufen und ausgewertet werden. Dadurch existiert die Gefahr, dass die Persönlichkeitsrechte des Beschäftigens geschädigt werden. Das Bundesdatenschutzgesetz wirkt diesen Gefahren entgegen. Nach der Fassung des Bundesdatenschutzgesetzes sollen natürliche Personen vor Behandlungen ihrer personenbezogenen Daten, die zur Beeinträchtigung ihrer Persönlichkeitsrechten führen können, geschützt werden. Mit der zunehmenden Einführung und dem wachsenden EinSatz von DV-Systemen, mit deren Hilfe personenbezogene Daten verarbeitet werden, gewinnt der Zweck des Bundesdatenschutzgesetzes in immer mehr Betrieben an Bedeutung. Um den Normzweck sicherzustellen, setzt sich Kontrollsystem in dem nicht öffentlichen Bereich aus mehreren Stufen zusammen.[469] Dieses mehrstufige Kontrollsystem besteht aus unterschiedlichen Komponenten: einer Eigenkontrolle des Betroffenen, einer Kollektivkontrolle des Betriebsrats, einer Fremdkontrolle durch unabhängige staatliche Aufsichtsbehörden und einer Selbstkontrolle des verantwortlichen Unternehmens durch den von ihm zu bestellenden Datenschutzbeauftragten. Gemäß §§34, 35 BDSG ist die Kontrollmöglichkeit des Betroffenen gering.[470] Die Kollektivkontrolle des Betriebsrats ist auf die Arbeitnehmerdatenverarbeitung begrenzt. Die Fremdkontrolle der zuständigen staatlichen Aufsichtsbehörden nach § 40 Abs. 3 BDSG ist beschränkt, da nur geringe Möglichkeiten eines Einblicks in innerbetriebliche Verläufe bestehen.[471] Daher steht die Selbstkontrolle des verantwortlichen Unternehmens im Mittelpunkt.

Gemäß § 38 Abs. 1 BDSG wird eine solche betriebliche Selbstkontrolle durch den Datenschutzbeauftragten durchgeführt und nahezu jedes Unternehmen, das die personenbezogenen Daten automatisiert verarbeitet und damit mindestens zehn Arbeitnehmer ständig beschäftigt, ist verpflichtet, einen betrieblichen

469 *Schlemann*, Recht der betrieblichen Datenschutzbeauftragten, 2001, S. 30.
470 *Däubler*, in: Däubler/Klebe/Wedde/Weichert, Bundesdatenschutzgesetz, 5. Aufl. 2016, § 36 Rn. 1.
471 *Müller/Wächter*, Der Datenschutzbeauftragte, 2. Aufl. 1991, S. 23.

Datenschutzbeauftragten zu bestellen. Wenn das Unternehmen die personenbezogenen Daten nicht automatisiert verarbeitet, besteht eine Bestellpflicht überdies dann, wenn mindestens 20 Personen ständig mit der Verarbeitung beschäftigt sind. Der Datenschutzbeauftragte spielt eine wichtige Flankierungsrolle für die Durchführung des Datenschutzrechts. Seit mehr als 40 Jahren[472] prägt er das unternehmerische Bild der innerbetrieblichen Selbstkontrolle des Datenschutzes. Nach § 7 BDSG umfassen die Aufgaben des betrieblichen Datenschutzbeauftragten hauptsächlich die Sicherstellung der Einhaltung des BDSG sowie anderer Bestimmungen zum Datenschutz. Dabei darf er sich in Zweifelsfällen an die Aufsichtsbehörde wenden. Er ist der Erfüllungsgehilfe der Geschäftsleitung zur Sicherstellung des Zwecks des Bundesdatenschutzgesetzes.[473] Obwohl der betriebliche Datenschutzbeauftragte unmittelbar von der Unternehmensführung bestellt wird, ist er bei der Anwendung seiner Fachkunde auf dem Gebiet weisungsfrei und darf wegen der Erfüllung seiner Aufgaben nicht benachteiligt werden. Da der betriebliche Datenschutzbeauftragte als Repräsentant des Arbeitnehmers für berechtigte Interessen unter gewissen Umständen den Interessen des Unternehmens entgegenstehen muss, folgt daraus das Risiko eines Spannungsverhältnisses zwischen dem Arbeitgeber und dem betrieblichen Datenschutzbeauftragten. Die Unternehmensleitung kann den missliebigen Beauftragten durch vielfältige Methoden bestrafen.[474] In der Novellierung des Bundesdatenschutzgesetzes im 2001 hatte das Benachteiligungsverbot des Datenschutzbeauftragten Bestand, aber der eingeräumte Schutzumfang hat sich im Hinblick auf die Aufgaben des Datenschutzbeauftragten in der Praxis als nicht ausreichend erwiesen.

Darüber hinaus wird die am 25.5.2018 in Kraft getretene Datenschutzgrundverordnung (DS-GVO) in allen Mitgliedstaaten Geltung entfalten. Diese Verordnung beinhaltet erstmalig eine europarechtliche umfassende Verpflichtung zur Bestellung eines betrieblichen und behördlichen Datenschutzbeauftragten. Die Fremdkontrolle der zuständigen staatlichen Aufsichtsbehörden unterscheidet die DS-GVO nicht zwischen automatisierter und nicht automatisierter Verarbeitung personenbezogener Daten. Statt eines konkreten quantitativen Merkmals stellt die DS-GVO die durch die Datenverarbeitungssituationen möglicherweise resultierenden Risiken als Kriterium für die Bestellungspflicht auf. Im Vergleich

472 Vgl. EDV im Odenwald, Der Spiegel, Nr. 20, v. 10.5.1971, abrufbar unter: http://www.spiegel.de/spiegel/print/d-43176393.html.

473 *Müller/Wächter*, Der Datenschutzbeauftragte, 2. Aufl. 1991, S. 43, 55.

474 *Ordemann/Schomerus/Gola*, Bundesdatenschutzgesetz, 1996, § 36.

zur BDSG ist die Bestellungspflicht für Unternehmen in der DS-GVO nicht hoch. Während nach dem BDSG fast jedes größere Unternehmen einen Datenschutzbeauftragten bestellen müsste, entfiele diese Pflicht für die allermeisten Unternehmen durch die DS-GVO.

Nach Inkrafttreten der BDSG-Novelle II (Bundesgesetzblatt 2009 Teil 1 Nr. 54, S. 2814) wurde ein besonderer Kündigungsschutz für den Datenschutzbeauftragten neben dem Schutz vor einem Widerruf gesetzlich geregelt. Nach § 4f Abs. 3 S. 5 BDSG i.d.F. 2018 ist die Kündigung des Arbeitsverhältnisses des Datenschutzbeauftragten zulässig, wenn wichtige Gründe vorliegen, welche die verantwortliche Stelle zur Kündigung nach § 626 BGB ohne Einhaltung einer Kündigungsfrist berechtigen. Damit wird die unabhängige Stellung des betrieblichen Datenschutzbeauftragten gestärkt.[475] Nach der Umsetzung der Verordnung (EU) 2016/679 wird diesen Inhalt in § 6 Abs. 4 BDSG geregelt. Er wird persönlich vor dem Verlust seines Verhältnisses durch eine ordentliche Kündigung geschützt. Dieser Kündigungsschutz gilt ab dem Zeitpunkt der Wirksamkeit der Bestellung. Durch das Urteil des Arbeitsgerichts Dortmund wird auch festgestellt, dass dieser besondere Kündigungsschutz für den wirksam bestellten Datenschutzbeauftragten bereits während einer vereinbarten Probezeit gilt.[476] Gemäß § 6 Abs. 4 S. 2 BDSG wirkt dieser besondere Kündigungsschutz nach der Abberufung als Beauftragter für den Datenschutz noch innerhalb eines Jahres nach der Beendigung der Bestellung fort.

Darüber hinaus unterscheidet sich der Datenschutzbeauftragte von den anderen gesetzlich Beauftragten, er genießt auch einen besonderen Abberufungsschutz. Nach § 6 Abs. 4 BDSG kann die Bestellung des Datenschutzbeauftragten nur in entsprechender Anwendung des § 626 BGB widerrufen werden. Die Abberufung des Datenschutzbeauftragten kommt nach dieser Vorschrift grundsätzlich bei schweren Pflichtverletzungen in seiner Amtsführung[477] oder im Einzelfall bei groben Verletzungen arbeitsvertraglicher Pflichten in Betracht.[478] Darüber hinaus soll ein wichtiger Grund zur Abberufung vorliegen, wenn die Zuverlässigkeit oder die Fachkunde des Datenschutzbeauftragten nicht mehr gegeben sind oder die gesetzlichen Voraussetzungen für die Pflicht

475 *Schwab/Ehrhard*, NZA 2009, 1118.

476 ArbG Dortmund, Urteil vom 20.02.2013 – 10 Ca 4800/12, RDV 2013,319; *Franzen*, in: Erfurter Kommentar zum Arbeitsrecht, 19. Aufl. 2019, BDSG § 4f. Rn. 9.

477 *Franzen*, in: Erfurter Kommentar zum Arbeitsrecht, 19. Aufl. 2019, BDSG § 4f. Rn. 6.

478 *Däubler*, in: Däubler/Klebe/Wedde/Weichert, Bundesdatenschutzgesetz, 5. Aufl. 2016, § 4f. Rn. 67 ff.

zur Bestellung eines Datenschutzbeauftragten entfallen.[479] Dieser Artikel kann einerseits die Tätigkeit des Datenschutzbeauftragten im Interesse des Datenschutzes vor einer Abberufung schützen, andererseits kann auch der Datenschutzbeauftragte vor dem Arbeitgeber, der durch die Abberufung den mit der Tätigkeit des Datenschutzbeauftragten verbundenen Sonderkündigungsschutz beseitigen will, geschützt werden.[480]

c) Der Störfallbeauftragte

Durch das 3. Änderungsgesetz vom 11.5.1990 wird das immissionsschutzrechtliche Instrument aktualisiert und verbessert. Die Vorschrift des § 58 BImSchG ist dadurch neu geschaffen worden.[481]§ 58a Abs. 1 BImSchG legt die allgemeinen Voraussetzungen der Verpflichtung des Anlagenbetreibers zur Bestellung eines Störfallbeauftragten fest. Dabei räumt § 58a Abs. 2 BImSchG auch der zuständigen Behörden im entsprechenden Einzelfall das Recht ein, den sonstigen Betreibern genehmigungsbedürftiger Anlagen die Bestellungspflicht des Störfallbeauftragten vorzuschreiben.

Der Störfallbeauftragte soll für die Sicherheit der Anlage, die ein besonderes hohes Gefahrenpotenzial hat, sorgen. Dazu muss er Beratungsfunktionen wahrnehmen. Wie der Immissionsschutzbeauftragten übt der Störfallbeauftragte eine Beratungsfunktion gegenüber dem Anlagenbetreiber aus. Der Unterschied besteht darin, dass diese Funktion des Immissionsschutzbeauftragten nicht für den Immissionsschutz, sondern für die Sicherheit der Anlage bedeutsam sein kann. Die Beratungsfunktionen wird in § 58b Abs. 1 BImSchG durch Aufzählung der Aufgaben, die dem Beauftragten übertragen werden müssen, konkretisiert. Um die in § 58b Abs. 1 BImSchG niedergelegte Aufgaben zu erfüllen, muss der Störfallbeauftragte die Initiativfunktion und die Überwachungsfunktion wahrnehmen.[482] In § 58b Abs. 2 BImSchG werden Berichts- und Aufzeichnungspflicht festgelegt. Beide sind wichtige Instrumente zur Erfüllung der Aufgaben. Daneben soll aufgezeigt werden, dass sich Rechte und Pflichte des Störfallbeauftragten nicht direkt aus der Vorschrift, sondern aus dessen Beziehung zum Anlagenbetreiber ergeben.[483]

---

479 *Franzen*, in: Erfurter Kommentar zum Arbeitsrecht, 19. Aufl. 2019, BDSG § 4f, Rn. 7; *Lembke*, in: Henssler/Willemsen/Kalb, Arbeitsrecht, 8. Aufl. 2018, § 4f BDSG, Rn. 18.

480 BAG, Urteil vom 23.03.2011 – 10 AZR 562/09, NZA 2011, 1036.

481 BGBl. Jahrgang 1990, 870; BT-Drucks. 11/4909 und 11/6633.

482 *Schwertner*, in: Giesberts/Reinhardt, BeckOK Umweltrecht, 49. Edition 2019, BImSchG § 58b Rn. 4 ff.

483 *Böhm*, in: Führ, GK-BImSchG, 1. Aufl. 2016, § 58b Rn. 2.

Obwohl der Störfallbeauftragte nur bereichsbezogene Beratungsfunktion wahrnimmt, bestellt das Unternehmen ihn unter bestimmten Voraussetzungen aufgrund öffentlich-rechtlicher Normen. Seine Stellung entspricht grundsätzlich der des Immissionsschutzbeauftragten. Dabei kann die Möglichkeit nicht ausgeschlossen werden, dass seine Ausübung der Funktion den Interessen des Anlagenbetreibers oder der Unternehmensleitung zuwiderläuft. Dementsprechend entsteht oft ein Spannungsverhältnis zwischen dem Beauftragten und dem Anlagenbetreiber. Hiervor will § 58d BImSchG ihn schützen. Dieser Artikel verweist auf die Satzungen des Immissionsschutzbeauftragten. Damit kann der Störfallbeauftragte ebenfalls das Benachteiligungs- und Kündigungsverbot genießen.

2. *Voraussetzung der Analogie*

Um eine Analogiebildung zu argumentieren, wird zuerst die Voraussetzung der Analogie dargelegt. Die gesetzlichen Tatbestände sind häufig lückenhaft. Dabei spielt die Rechtsanalogie eine praktisch bedeutende Rolle und gehört zu den gängigen methodischen Werkzeugen des Juristen bei der Anwendung von Rechtsnormen. Analogie meint die Übertragung eines in einer Rechtsnorm enthaltenen Rechtsprinzips oder Rechtsgedankens auf einen ähnlichen Sachverhalt, der nicht ausdrücklich geregelt wurde, sodass eine Lücke im Gesetz gegeben ist. Dabei handelt es sich um einen Schluss vom Besonderen über das Allgemeine zum Besonderen.[484] Die Analogie stellt schließlich methodisch gesehen keine bloße Auslegung im Sinne einer Klarstellung der Gebote des Gesetzgebers dar, sondern eine Findung neuer, im Gesetz nicht ausgesprochener, Normen.[485] Sie findet ihre Rechtfertigung nicht in der positivrechtlichen Anordnung, sondern im GleichheitsgrundSatz der Erstreckung der Rechtsfolgenanordnung einer gesetzlichen Norm.[486]

Die Anwendung der Analogie weist drei Voraussetzungen auf. Erstens muss der zu entscheidende Sachverhalt eine gleiche Wertung wie die des geregelten

---

484 *Schneider*, in: Schneider/Schnapp, Logik für Juristen, 6. Aufl. 2006, § 34.

485 *Baumgarten*, Die Wissenschaft vom Recht und ihre Methode, 1922, I. Teil, S. 299; *ders.* Grundzüge der juristischen Methodenlehre, 1939, S. 38; *Engisch*, in: FS Wilhelm Sauer, 1949, S. 88.

486 *Biermann*, Die Gründe der Zweifelhaftigkeit rechtlicher Ergebnisse, 1911, S. 10; *Von Tuhr*, Der allgemeine Teil des Deutschen Bürgerlichen Rechts, 1. Bd. Leipzig 1910, S. 41; *Sauer*, Juristische Methodenlehre, 1940, S. 308; *Coing*, Grundzüge der Rechtsphilosophie, 1950, S. 270; *Larenz*, Die Methode der Auslegung der Rechtsgeschäfte, 1930, S. 283, 288.

Tatbestands haben oder in rechtlicher Hinsicht eine ähnliche Interessenlage aufweisen, damit die Erstreckung der Norm im Hinblick auf den Regelungszweck und -plan des Gesetzgebers erfolgen kann.[487] Daher ist nicht die faktische Ähnlichkeit der Vergleichsfälle maßgeblich, sondern die Frage, ob ein nicht tatbestandsmäßiger Sachverhalt unter Wertungsgesichtspunkten wie die tatbestandsmäßigen Fälle behandelt werden soll. Zweitens liegen die Voraussetzungen vor, wenn die positive Rechtsordnung im Hinblick auf den zu beurteilenden Fall eine planwidrige Regelungslücke enthält.[488] Eine Regelungslücke besteht, sofern eine buchstäbliche Anwendung des Gesetzes zu keiner gesetzlichen Regelung eines bestimmten Falls führt. Wenn der Gesetzgeber bei Kenntnis der Regelungslücke keine Norm für den zu beurteilenden Sachverhalt schaffen wollte, liegt bereits keine planwidrige Regelungslücke vor.[489] Drittens kommt eine analoge Anwendung einer Norm aber nur dann in Betracht, wenn die Norm überhaupt Analogiefähigkeit hat.[490] Die Norm ist analogiefähig, wenn deren Tatbestandsmerkmale hinreichende, aber nicht notwendige Voraussetzungen der angeordneten Rechtsfolge sind. Sofern der Gesetzgeber die Rechtsfolge auf die im Tatbestand beschriebenen Fälle beschränken wollte, kommt eine Analogie nicht in Betracht.

Beispielsweise ist § 1004 BGB analog auf Beseitigungs- und Unterlassungsansprüche bei Beeinträchtigung sonstiger nach § 823 Abs. 1 BGB absolut geschützter Rechte und Rechtsgüter anwendbar. Die Analogiebildung zu Sonderkündigungsschutztatbeständen ist der Rechtspraxis nicht fremd. Das BAG hatte sich detailliert damit beschäftigt, dass das im Falle des Betriebsübergangs bestehenden, besonderen Kündigungsverbots nicht analogauf einen nicht in einem Arbeitsverhältnis stehenden Organvertreter anzuwenden sei.[491]

---

487 *Larenz*, Methodenlehre der Rechtswissenschaft, 6. Aufl. 1991, S. 381; *Larenz/Canaris*, Methodenlehre der Rechtswissenschaft, 4. Aufl. 2007, S. 194; *Zippelius*, Juristische Methodenlehre, 11. Aufl. 2012, § 11b.

488 *Koller*, Theorie des Rechts, 2. Aufl. 1997, S. 231 f.; *Larenz*, Methodenlehre der Rechtswissenschaft, 6. Aufl. 1991, S. 381; *Larenz/Canaris*, Methodenlehre der Rechtswissenschaft, 4. Aufl. 2007, S. 194; *Palandt*, Bürgerliches Gesetzbuch, 74. Aufl. 2015, Einleitung, Rn. 48; *Rüther/Fischer*, Rechtstheorie-Begriff, Geltung und Anwendung des Rechts, 5. Aufl., 2010, § 23 Rn. 889.

489 *Rüther/Fischer*, Rechtstheorie-Begriff, Geltung und Anwendung des Rechts, 5. Aufl., 2010, § 23 Rn. 889.

490 *Würdinger*, AcP 206 (2006), S. 949.

491 BAG, Urteil vom 13.2.2003 – 8 AZR 654/01, NJW 2003, 2473.

3. *Die Möglichkeit der Analogie*

a) *Bestehen der Ähnlichkeit zwischen Compliance-Beauftragten und gesetzlichen Unternehmensbeauftragten*

Das Verfahren der Analogie geht von bestimmten Subsumtionsmodellen aus und ist kein rein logisches Schlussverfahren. Es setzt zunächst eine genaue Analyse der Ähnlichkeit der Fälle voraus.[492] Die „Ähnlichkeit" des Sachverhalts zu dem tatbestandlich vertypten Sachverhalt kann die Analogie rechtfertigen.[493] Diese Ähnlichkeit bestimmt sich nach den Zwecken und der Interessenbewertung des auf seine Analogieanwendbarkeit zu prüfenden Gesetzes und nicht nach äußerlichen Ähnlichkeiten des Sachverhalts. Die Ähnlichkeit zwischen zwei Fallgruppen bedeutet, dass sie in den für die rechtliche Bewertung maßgebenden Hinsichten überstimmen, aber nicht absolut gleich sind. Daran hat sich die positive Feststellung anzuschließen, dass die Fallgruppe A der Fallgruppe B in der in der gesetzlichen Regel zum Ausdruck kommenden Wertung maßgeblichen gleicht.[494]

Die zunächst antwortbedürftige Frage besteht darin, ob der Compliance-Beauftragte dem gesetzlichen Unternehmensbeauftragten ähnlich ist. Wie oben schon erwähnt, ist bei der Bestimmung der Ähnlichkeit der zugrunde liegende Hauptgedanke des Gesetzes maßgebend. Aus einer Mehrzahl verwandter Vorschriften können diese Hauptgedanken induktiv ermittelt werden. Sodann wird sich erweisen, dass die zu beurteilende Fallgestaltung nach erkennbaren rechtlichen Gedanken der in dem Gesetz unmittelbar geregelten Fallgestaltung ähnlich ist. Im konkreten Fall besteht die Ähnlichkeit gerade in der „Gleichheit des Rechtsgrundes und des Schutzbedürfnisses".[495]

aa) *Die Ähnlichkeit der Aufgabe zwischen dem Compliance-Beauftragten und gesetzlichen Unternehmensbeauftragten*

Im Vergleich zu dem Datenschutzbeauftragten ist im Wesentlichen eine Ähnlichkeit der Aufgabe zu erkennen. Der Compliance-Beauftragte verpflichtet sich,

---

492 *Pawlowski*, Methodenlehre für Juristen, 3. Aufl. 1999, Rn. 124 ff.

493 Vgl. *Klug*, Juristische Logik, 4. Aufl. 1982, S. 109, 153; *Larenz*, Methodenlehre der Rechtswissenschaft, 1991, S. 381; *Heller*, Logik und Axiologie der analogen Rechtsanwendung, 1961, S. 70, 89; *Burckhardt*, Methode und System des Rechts, 1936, S. 283.

494 *Larenz*, Methodenlehre der Rechtswissenschaft, 6. Aufl. 1991, S. 381; *Larenz/Canaris*, Methodenlehre der Rechtswissenschaft, 4. Aufl. 2007, S. 194.

495 Juristische Blätter, 1962, 89; OGH, Entscheidungstext vom 06.04.1965, 8 Ob 84/65, SZ 38/56.

die Einhaltung der jeweiligen gesetzlichen Bestimmungen und behördlichen Anforderungen durch das Unternehmen und die Unternehmensangehörigen sicherzustellen. Die Aufgabe des Datenschutzbeauftragten umfasst grundsätzlich die Sicherstellung der Einhaltung sämtlicher datenschutzrechtlichen Gebote und Verbote und stellt datenschutzkonformes Verhalten sowohl für das Unternehmen als auch für die Handlungen der einzelnen Mitarbeiter sicher. Nach allgemeinem Verständnis für Compliance eines Unternehmens ist Datenschutz ein untergeordneter Teilaspekt der Compliance-Materien. Der Datenschutzbeauftragte stellt im Unternehmen die Schnittstelle zwischen Datenschutz und Compliance dar.

Nach § 54 Abs. 1 S. 2 Nr. 3 BImSchG besteht die wichtigste Aufgabe des Immissionsschutzbeauftragten in der Praxis in der Überwachungsfunktion. Er muss im Hinblick auf die Einhaltung der bundesimmissionsschutzrechtlichen Vorschriften und der Nebenbestimmungen zur Genehmigung kontrollieren. Ähnlich handelt es sich auch bei der Kernaufgabe der Compliance-Beauftragten um eine systematische und fortlaufende Kontrolle. Damit werden die Einhaltung der für die Geschäftsbereiche relevanten externen Regeln und der internen Bestimmungen von Unternehmen und allen Unternehmensangehörigen faktisch gewährleistet. Wie der Compliance-Beauftragten übernimmt der Immissionsschutzbeauftragte auch keine Entscheidungsbefugnisse. Beide haben ferner das Recht und die Aufgabe, die Unternehmensleitung und die Unternehmensangehörigen vor Entscheidungen zu beraten. Die Beratungsaufgabe des Immissionsschutzbeauftragten bezieht sich auf für den Immissionsschutz bedeutsame Angelegenheiten. Mittel der Beratung sind ein Hinwirken auf die Entwicklung und eine Einführung umweltfreundlicher Verfahren und Erzeugnisse. Im Mittelpunkt der Beratungsaufgabe des Compliance-Beauftragten steht die Beratung der Arbeitgeber und der Unternehmensangehörigen über das entsprechende Verhalten bzw. über die mit dem jeweiligen Verhalten verbundenen Gefahren von Rechtsverstößen.[496] Hierzu gehört auch die Belehrung über die Folgen eines Verstoßes gegen die Compliance-Regeln.

Inhaltlich hat der gesetzliche Beauftragte jährlich zu berichten, wie sich die Erfüllung seiner Aufgaben entfaltet hat und welche Maßnahmen er zukünftig ergreift.[497] Beispielsweise verpflichtet § 54 Abs. 2 BImSchG den

---

496 Siehe § 3 Abs. 1 Nr. 1, 4 ASiG, § 6 Nr. 4, § 9 Abs. 2 ASiG; § 4g Abs. 1 Nr. 2 BDSG; § 54 Abs. 1 Nr. 1 BImSchG; § 10 Abs. 2 TierSchG; § 65 Abs. 1 WHG; § 60 Abs. 1 Nr. 3 KrWG.

497 Siehe § 54 Abs. 2 BImSchG; § 60 Abs. 2 Nr. 3 KrWG; § 65 Abs. 2 WHG.

Immissionsschutzbeauftragten, jährlich gegenüber dem Anlagenbetreiber einen Bericht über die von ihm getroffenen und beabsichtigten Maßnahmen zu erstatten. In §33 Abs. 1 S. 2 Nr. 5 WpHG i. d. f. 2007 wird zumindest die jährliche Berichtspflicht der Compliance-Funktion an die Geschäftsleitung und das Aufsichtsorgan auch ausdrücklich geregelt. Für den Inhalt des Berichts sieht § 33 Abs. 1 S. 2 Nr. 5 WpHG i. d. f. 2007 zunächst die Beschreibung der Umsetzung und Wirksamkeit des gesamten Kontrollwesens vor. Daneben sollte auch eine Zusammenfassung der identifizierten Risiken und der durchgeführten Maßnahmen zur Beseitigung des Compliance-Risikos sowie zur Risikoreduzierung enthalten sein. Die Berichtspflicht zählt auch zu den wesentlichen Pflichten des Compliance-Beauftragten, der in Unternehmen außerhalb des Finanzdienstleitungssektors tätig ist, und ist ein wichtiger Gegenstand der Stellenbeschreibung. Das zuständige Mitglied der Geschäftsleitung für Compliance muss sich über die Tätigkeiten des Compliance-Beauftragten informieren. Dabei hat der Compliance-Beauftragte über sämtliche compliancerelevanten Fragen, seine ausgeübte Tätigkeit und die ergriffenen Maßnahmen zu berichten. Der Berichte wird hinsichtlich der Regelung für Finanzdienstleistungsunternehmen mindestens jährlich erstattet. Die Häufigkeit und der Umfang der Berichte sind jedoch vom Geschäftsbereich sowie vom Risikopotenzial und von der Größe des Unternehmens abhängig. Diese Anforderungen gibt es unter dem WpHG in der nach dem 03.01.2018 geltenden Fassung nicht mehr.

Die vergleichbaren Anforderungen an den Compliance-Beauftragten können auch aus den European Banking Authority (EBA) Guidelines on Internal Governance vom 27.10.2017 abgeleitet werden. In den Leitlinien wird sich der Austausch zwischen der Compliance-Funktion und dem Verwaltungsorgan weiter intensivieren. Diese Anforderung betont die Verpflichtung zur Erstellung des Compliance-Jahresberichts und eines etwaigen Ad-hoc-Berichts, den der Compliance-Beauftragte etwa bei materiellen Verstößen für erforderlich hält.

bb) Die Ähnlichkeit der Janusköpfigkeit zwischen dem Compliance-Beauftragten und gesetzlichen Unternehmensbeauftragten

In Unternehmen werden vielfältige Interessen vertreten. Hinsichtlich der Orientierung der Ressource gibt es Vertreter des Kapitals, des Arbeitnehmers und des Einwirkungsbereichs, in dem das Unternehmen seine wirtschaftliche, soziale und physische Auswirkung hat. Neben den gewinnbezogenen Unternehmensinteressen kann auch die Vertretung öffentlicher Interessen durch Einführung neuer Organe oder Bestellung von verantwortlichen Beauftragten eingefügt werden. Ein derartiger Unternehmensbeauftragter besteht gegenwärtig auf den drei Ebenen Linienposition, Stabsposition und verantwortliche Personen.[498] Der gesetzliche Unternehmensbeauftragte und der Compliance-Beauftragte sind in der Stabsposition angeordnet. Bei Beauftragten in der Stabsposition ordnet das Gesetz zur Sicherung der Unabhängigkeit des Stelleninhabers und Erleichterung der Kommunikation zum Teil an, dass sie direkt unterhalb der Geschäftsleitung angesiedelt sein müssen.

Aufgrund öffentlich-rechtlicher Gesetze im Bereich des Arbeits-, Umwelt- und Datenschutzes sind die Unternehmen zu Bestellung von Unternehmensbeauftragten verpflichtet, die spezifische diffuse Interessen im Unternehmen wahrzunehmen haben. Der Gesetzgeber hält den gesetzlichen Unternehmensbeauftragten für punktuelle Interventionsformen des jeweiligen Gesetzes zum Schutze eines spezifischen diffusen Interesses für erforderlich. Bei den meisten gesetzlichen Unternehmensbeauftragten handelt es sich um Binnenorgane ohne eine öffentlich-rechtliche Pflichtenstellung unmittelbar gegenüber der Behörde.[499] Die Aufgabe der gesetzlichen Unternehmensbeauftragten besteht nicht in einer direkten Verhaltenssteuerung. Ein gesetzlicher Unternehmensbeauftragter ist im Rahmen seiner Aufgabenerfüllung bestrebt, auf die unternehmerische Entscheidung aus Sicht des jeweiligen öffentlich-rechtlichen Fachgesetzes hinzuwirken. Man sollte sich nicht auf das geltende Recht beschränken, sondern auch rechtspolitische Vorschläge einbeziehen. Dadurch sind die Allgemeinbelange zu schützen. [500] Jedoch geht der Bestellungszwang des Unternehmensbeauftragten sowohl von der Verfolgung der sozialstaatlichen Intervention als auch von der Berücksichtigung der schutzwürdigen Interessen des Unternehmens aus seiner wirtschaftlichen, sozialen und physischen Umwelt aus. In diesem Sinne ist ein gesetzlicher Unternehmensbeauftragter wie der Compliance-Beauftragte Hilfsorgan des Unternehmens. In Bezug auf das normative Bild verrichten die gesetzlichen Unternehmensbeauftragten beispielsweise auch Compliance-Aufgaben und funktionieren wie ein Compliance-Beauftragter. Durch seine Hinwirkung auf die Entscheidungsstrukturen des Unternehmens können nicht

---

498 *Rehbinder*, JbRSozRTh 13 (1988), 109; *Rehbinder/Burgbacher/Knieper*, Ein Betriebsbeauftragter für Umweltschutz?, 1972, S. 21 ff.; *Steinmark*, BB 1983, 867.

499 *Backherms*, BB 1978, 1697, 1699 f.; *Kahl*, Die neuen Aufgaben des Betriebsbeauftragten nach Wasser-, Immissionsschutz- und Abfallrecht, 1978, S. 93 ff; *Köhler*, ZfW 1976, 323, 342; *Steiner*, DVBl. 1987, 1133, 1138 ff; *Steinmark*, BB 1983, 867; *Szelinski*, WiVerw 1980, 266, 268; *Winters*, DVBl. 1977, 331, 335 f.

500 *Heilmann*, Rechtsstellung und Haftung der Betriebsbeauftragten, 1997, S. 2; *Harm*, Compliance in Wertpapierdienstleistungsunternehmen und Emittenten von Finanzinstrumenten, 2008, S. 67.

nur öffentliche Interessen, sondern auch andere schutzwürdige Unternehmensinteressen verfolgt werden.

Aus wichtigen gesetzlichen Gründen für den besonderen Kündigungsschutz bei dem gesetzlichen Beauftragten ist der gesetzliche Unternehmensbeauftragte am Allgemeinwohlbelangen ausgerichtet, z. B. steht die Schutzpflicht für das Allgemeinwohlbelangen nach § 53 Abs. 1 S. 1 BImSchG und § 64 WHG tatsächlich oftmals im Zentrum der Tätigkeit des Immissionsschutzbeauftragten und Gewässerschutzbeauftragten. Teilweise liegt die Arbeit des gesetzlichen Unternehmensbeauftragten aber genau wie die des Compliance-Beauftragten im schutzwürdigen Interesse des Unternehmens. Der gesetzliche Unternehmensbeauftragte stellt sich zwar vorrangig als Arbeitnehmer- und Drittinteresse dar, verwirklicht aber mittelbar in Gestalt der Erfüllung der Aufgaben auch Unternehmensinteressen. Nach der BP-Studie haben 73 % der Umweltschutzbeauftragten angeben, dass Fragen der Beurteilung und Erfassung von Kosten des Umweltschutzes zu ihren Aufgaben gehören.[501] Der Datenschutzbeauftragte hilft der Geschäftsleitung bei der Einhaltung der Datenschutzvorschriften. Bei dieser Einhaltung besteht auch ein wirtschaftliches Interesse. Erstens kann ein effektiver Datenschutz finanzielle Einbußen des Unternehmens wegen der Nichteinhaltung der gesetzlichen Vorschriften verringern, diese finanziellen Einbußen können Bußgelder, Geldstrafen und auch Schadensersatzforderungen von Betroffenen sein.[502]Zweitens schützt der Datenschutzbeauftragte das Unternehmen auch vor unbefugtem oder ungewolltem Bekanntwerden von Unternehmensdaten für Mitbewerber.[503] Dies kann die finanziellen Einbußen durch Abwerbung von potenziellen Kunden sowie einen Mitbewerbervorteil aufgrund der Kenntnis von Preislisten vermindern. Der verbeugende Datenschutz erfüllt gleichzeitig drei Funktionen. Es dient dem Zweck des Bundesdatenschutzgesetzes, schützt das Persönlichkeitsrecht des Arbeitnehmers und verwirklicht die eigenen Interessen des Unternehmens.[504] Vor Erlass des BDSG am 27.1.1977 hatten die meisten Daten verarbeitenden Unternehmen auf Basis dieser Erkenntnis Maßnahmen zum Datenschutz organisiert.[505]

---

501 Deutsche BP (Hrsg.), BP-Umweltschutz-Enquete, 1986, S. 15 Frage 27.

502 *Schlemann*, Recht der betrieblichen Datenschutzbeauftragten S. 40 ff.

503 *Dreher*, in: FS Carsten Peter Claussen, 1997, S. 69

504 *Tinnefeld*, CR 1991, 29.

505 *Forgo/Helfrich/Schneider*, Betrieblicher Datenschutz – Rechtshandbuch, 3. Aufl. 2019, Rn. 132.

Die entscheidende Frage ist, ob der Compliance-Beauftragte auch im Interesse des Allgemeinwohlbelangs oder nur im Interesse des Unternehmenswohls tätig wird. Der Compliance-Beauftragte handelt regelmäßig im Unternehmensinteresse.[506] Im Mittelpunkt seiner Aufgaben stehen stets die Vermeidung eines wirtschaftlichen Schadens und die Pflege des guten Rufs.[507] Aber es ist unbestreitbar, dass die Wahrnehmung der Compliance-Aufgaben auch der Einhaltung öffentlich-rechtlicher Vorschriften dient. Mit einer erfolgreichen Tätigkeit des Compliance-Beauftragten werden Rechtsgüter Dritter ebenfalls geschützt.

Beispielsweise liegt im Kapitalmarkt ein wesentliches Ziel der Compliance in der Verstärkung des Anlegerschutzes und damit in der Verbesserung der institutionellen und operationalen Funktionsfähigkeit des Unternehmens. Anlegerschutz und Funktionsschutz des Kapitalmarkts sind dabei als gleichgewichtete und im öffentlichen Interesse liegende, miteinander verbundene Regelungsziele zu begreifen.[508] Dabei ist es eine Kernaufgabe des Compliance-Beauftragten, im Kapitalmarkt auf die Einhaltung des im öffentlichen Interesse liegenden Wohlverhaltens des Unternehmens und der Unternehmensangehörigen hinzuwirken. Dafür dient der Compliance-Beauftragte in dem Wertpapierdienstleistungsunternehmen dem Verbraucher- und Anlegerinteresse und einem funktionierenden Kapitalmarkt. Sofern sich der Anleger- und der Kapitalmarktschutz als schützenswertes Allgemeinwohlbelang identifizieren lassen,[509] dient der Compliance-Beauftragte auch dem Interesse der Allgemeinheit. Die Ausübung der Funktion des Compliance-Beauftragten kann dabei dem Unternehmensinteresse zuwiderlaufen. Um das Allgemeinwohlbelangen zu schützen, kann der Compliance-Beauftragte die Stornierung von Geschäften vorschlagen und nachteilig auf die Ergebnisentwicklung des Unternehmens einwirken.

Um die Janusköpfigkeit des Compliance-Beauftragten weiter kennenzulernen, wird ein Blick auf die Aufgabe des Compliance-Beauftragten in der Lebensmittelindustrie geworfen. Lebensmittel werden in den modernen Unternehmen in langwierigen Prozessen erzeugt, wodurch das Produkt Qualitätsprobleme haben und Gesundheitsschäden bei Verbrauchern verursachen kann. In der

---

506 *Lösler*, WM 2008, 1102; *Wolf*, BB 2011, 1357.

507 *Hauschka*, Verbraucherschutz im Kreditgeschäft Compliance in der Kreditwirtschaft, BankrechtstAG 2008, S. 106 f.; *Schulz/Galster*, in: Der Compliance Officer 2015, § 4 Rn. 12 ff.

508 *Hopt*, ZHR 159 (1995), 162.

509 Nach alter Rechtslage wurden sowohl §§ 31 f. (Verhaltenspflichten) als auch die §§ 33,34 (Organisationspflichten) WpHG als öffentliches Recht qualifiziert.

Lebensmittelindustrie gab es in den letzten Jahren Skandale wie „BSE", die sogenannten „Gammelfleischfälle" sowie „Dioxineier". Vor dem Hintergrund der berechtigten Erwartungen von Öffentlichkeit und Verbrauchern an bestimmte Eigenschaften von Lebensmitteln soll die Compliance in der Lebensmittelindustrie beachtet werden. Der Compliance-Verstoß in der Lebensmittelindustrie kann nicht nur lebensmittelstrafrechtliche Konsequenzen nach sich ziehen, sondern auch eine Schädigung der öffentlichen Interessen verursachen. Schon lange existiert eine Vielzahl von Lebensmittelrechten, die im Vorfeld von Gesundheitsschädigungen ansetzen und darauf abzielen, bereits Gesundheitsgefährdungen so weit wie möglich auszuschließen. Zu den Beispielen zählen die zahlreichen Hygienevorschriften des Lebensmittelrechts und die Vorschriften der Lebensmittelüberwachung.[510] Unternehmen setzen die Aufgabe der Einhaltung der relativen Vorschriften unter dem Schlagwort „Produkt-Compliance".[511] Die Produkt-Compliance bemüht sich, besondere Risiken für Körper und Gesundheit zu vermeiden. Das öffentliche Recht spielt ebenfalls eine wesentliche Rolle bei der Produkt-Compliance. In jüngerer Zeit zeichnet sich in der größeren Lebensmittelindustrie zudem der Trend ab, einen speziellen Compliance-Beauftragten zu bestellen. Dabei liegt der Schlüssel zu einer wirksamen Wahrnehmung der Aufgaben von Compliance-Beauftragten in der Lebensmittelindustrie nicht nur in der Vermeidung der Sanktionen des Unternehmens, sondern auch in dem Schutz der Verbraucher vor Gesundheitsschädigungen.

Wie oben ausgeführt, kennzeichnet sich der betriebliche Compliance-Beauftragte durch eine disparate Interessenausrichtung: Einerseits ist er den Unternehmensinteressen verpflichtet, andererseits erfolgt seine Erfüllung der das Unternehmen treffenden Pflichten zur Gewährleistung eines Allgemeinwohlbelangs. Es besteht mithin eine belastbare Parallele zu dem gesetzlichen Beauftragten im Spannungsfeld zwischen Unternehmensinteressen und Allgemeinwohlbelangen.

cc) Die Ähnlichkeit der Garantenstellung zwischen dem Compliance-Beauftragten und gesetzlichen Unternehmensbeauftragten

Eine Garantenstellung im Sinne des § 13 StGB und des § 8 OWiG wird nicht durch die aus echten Unterlassungstatbeständen folgende Handlungspflicht, sondern durch ungeschriebene Tatbestandsmerkmale der unechten Unterlassungsdelikte begründet.[512] Abgesehen von im Gesetz ausdrücklich normierten

510 *Voß*, Das Lebensmittel- und Futtermittelgesetzbuch, 2. Aufl. 2007, Kap. XI.

511 *Polly*, CB 2014, 322; *Wendt/Oberländer*, ZTR 2016, 62.

512 BGH, Beschluss vom 29.05.1961 – GSSt 1/61, NJW 1961, 1682.

Unterlassenstatbeständen kommt eine Strafbarkeit der unechten Unterlassungsdelikte wegen Unterlassen gem. § 13 Abs. 1 StGB nur für denjenigen in Betracht, der aufgrund seiner besonderen Stellung rechtlich für die Abwendung des Erfolges, die zum Tatbestand eines Strafgesetzes gehören, verpflichtet ist. Diese Stellung ist eine Garantenstellung, die über die für jedermann geltende Handlungspflicht hinausgeht. Wer eine Garantenstellung besitzt, ist verpflichtet, ein fremdes Rechtsgut vor Schaden zu bewahren. Die Garantenstellung kann auf Gesetz, Vertrag,[513] vorangegangenem gefährdenden Tun oder der Inanspruchnahme von Vertrauen basieren.[514] Die herrschende Meinung unterscheidet zur Herleitung einer Garantenstellung zwischen Beschützer- und Überwachungsgaranten.[515] Ein Beschützergarant hat die Pflicht, ein bestimmtes Rechtsgut gegen Angriffe aus allen Richtungen zu schützen.[516] Diese Pflicht liegt darin begründet, dass ein Obhutsverhältnis zwischen dem Garanten und dem Beschützten besteht. Ein Überwachungsgarant leitet sich aus einer Verantwortung für eine von ihm eröffnete und beherrschte Gefahrenquelle ab und ist verpflichtet, alle Rechtsgüter gegenüber möglichen Schädigungen zu schützen, die aus einer Gefahrenquelle stammen.[517] Die Verantwortlichkeit für den Überwachungsgaranten kann kraft Übernahme der Pflicht auf andere übertragen werden, sodass diese neben dem zunächst Verantwortlichen eine Garantenstellung erlangen.

Nach herrschender Meinung hat der Unternehmensbeauftragte nur innerbetriebliche Pflichten, die im Außenverhältnis keine Garantenpflicht begründen können.[518] So besitzt der Unternehmensbeauftragte grundsätzlich keine Garantenstellung in Bezug auf die Einhaltung von straf- oder bußgeldbewehrten Vorschriften.[519] In der Rechtsprechung und im umweltstrafrechtlichen Schrifttum

---

513 BGH, Urteil vom 10. 7. 2012 – VI ZR 341/10, NZG 2012, 992,994; BGH, Urteil vom 18.6.2014 – I ZR 242/12, GRUR, 2014, 883.

514 BGH, Urteil vom 12. 2. 1952 – 1 StR 59/50, NJW 1952, 552; BGH, Urteil vom 29. 11. 1963 – 4 StR 390/63, NJW 1964, 731.

515 *Bosch*, in: Schönke/Schröder, Strafgesetzbuch, 30. Aufl. 2019, § 13 Rn. 9; *Warneke*, NStZ 2010, 314.

516 *Kühl*, Jus 2007, 500; *Bosch*, in: Schönke/Schröder, Strafgesetzbuch, 30. Aufl. 2019, § 13 Rn. 10.

517 *Kühl*, Jus 2007, 502; *Bosch*, in: Schönke/Schröder, Strafgesetzbuch, 30. Aufl. 2019, § 13 Rn. 11-13.

518 *Heid-Mann/Mann*, Gefahrgut vor Gericht und Behörden, 1993, S. 66; *Rehbinder*, ZHR 165(2001), 18.

519 *Czychowski*, ZfW 1980, 205, 206; *Hansmann/Maciejewski*, in: Landmann/Rohmer, Umweltrecht, Band I, 88. EL. 2018, § 54 BImSchG, Rn. 19 ff.; *Heid-Mann/Mann*, Gefahrgut vor Gericht und Behörden, 1993, S. 66; *Köhler*, ZfW 1993, 1, 5; *Michalke*,

wird jedoch eine begrenzte Garantenstellung des Umweltschutzbeauftragten im Unternehmen als „Überwachungsgarant“ angenommen.[520] Damit ist der Umweltschutzbeauftragte dafür verantwortlich, dass aus Gefahrenquellen, die er rechtlich und tatsächlich zu beaufsichtigen hat, keine Gefahren entstehen, die die Rechtsgüter Dritter beeinträchtigen. Dabei hat der Umweltschutzbeauftragte in regelmäßigen Abständen die einzelne Gefahrenquelle zu kontrollieren, Mängel aufzuspüren, festgestellte Mängel der Unternehmensleitung mitzuteilen und Maßnahmen zu deren Beseitigung vorzuschlagen.[521] Die Rechtsprechung und das Schrifttum gehen davon aus, dass die Aufgabe des intensiven Umweltschutzes in modernen großen Unternehmen einem besonderen Beauftragten anvertraut werden soll. In diesem Sinn ist die allgemeine Pflicht zur Gefahrenabwehr des Unternehmens Ausgangspunkt für die Begründung der Stellung des Umweltschutzbeauftragten als Überwachungsgarant. Mit der Bestellung und der Aufnahme seiner Tätigkeit wird die Garantenpflicht des Unternehmens an den Unternehmensbeauftragten delegiert. Es soll nach den gesetzlichen Vorschriften bestimmt werden, inwieweit dem Unternehmensbeauftragten die Wahrnehmung der unternehmerischen Garantenpflicht zur Eigenüberwachung übertragen werden kann. Dieser „Überwachungsgarant“ ist nicht darauf gerichtet, eine bestimmte Anordnung zu treffen, vielmehr geht es darum, durch Beratung und Information eine Entscheidung der Unternehmensleitung über die Anordnung von Gegenmaßnahmen zu ermöglichen.[522] Dabei dient der Umweltbeauftragte im Unternehmen durch innerbetriebliche vorzunehmende Handlungen auch dem Schutz von Umwelt und Dritten. Als Ergebnis ist festzustellen, dass die Grundlage für eine Strafbarkeit des Unternehmensbeauftragten wegen der unterlassenen Information der Unternehmensleitung gegeben ist.

Wie bereits erwähnt, lehnt die herrschende Auffassung eine Garantenstellung des Datenschutzbeauftragten ab. Es gibt auch keine ersichtliche gerichtliche Entscheidung zu dieser Frage. Nach § 4g Abs. 1 S. 1 BDSG setzt sich der Datenschutzbeauftragte für die Einhaltung der datenschutzrechtlichen Vorschriften ein. Hiervon ausgehend besitzt der Datenschutzbeauftragte keine

---

Umweltstrafsachen, 2. Aufl. 2000, Rn. 79; *Möhrenschlager*, in: *Meinberg/Möhrenschlager/Link*, Umweltstrafrecht, 1989, S. 39; *Nisipeanu*, NuR 1990, 439, 455; *Salje*, BB 1993, 2297, 2299 ff.

520 BGH, Urteil vom 17. 7. 2009 – 5 StR 394/08, NJW 2009, 3173.

521 *Kloepfer*, Umweltrecht, 4. Aufl. 2016, S. 377.

522 *Fischer*, Der Betriebsbeauftragte im Umweltschutz Recht, 1996, S. 226; *Kuhlen*, Individuelle Verantwortung und Beteiligungsverhältnisse bei Straftaten in bürokratischen Organisationen des Staates, der Wirtschaft und der Gesellschaft, 2000, S. 87, 88.

Garantenstellung.[523] Jedoch kann ihn im Einzelfall eine Garantenpflicht treffen, wenn für ihn über die Aufgaben aus den §§ 4f, 4g BDSG hinaus weitergehende Pflichten bestehen und er mit entsprechendem VorSatz handelt. Seit dem 25.5.2018 entfaltet die EU-Datenschutz-Grundverordnung (DS-GVO) in Deutschland unmittelbare Geltung. Art. 39 Abs. 1 Buchst. b DS-GVO sieht eine entscheidende Überwachungspflicht für den Datenschutzbeauftragten vor. Danach soll der Datenschutzbeauftragte die Einhaltung der Datenschutzvorschriften sowie der Strategien für den Schutz personenbezogener Daten überwachen bzw. ein „Überwachungsgarant" sein. Damit ist der Datenschutzbeauftragte dafür verantwortlich, dass die Verstöße gegen den Datenschutz von der zuständigen Unternehmensleitung verhindert werden und das Unternehmen vor Datenmissbräuchen durch einzelne Mitarbeiter oder Dritte geschützt wird. Dieser durch Art. 39 Abs. 1 Buchst. b DS-GVO geregelter Überwachungsgarant ist mit dem Umweltschutzbeauftragte vergleichbar, welcher nach der Rechtsprechung des BGH eine Garantenpflicht hat. Ausgehend hiervon kommt dem Datenschutzbeauftragten künftig eine höhere Verantwortung zu und ihn trifft eine Garantenpflicht.[524]

Im Hinblick auf die Funktion des Compliance-Beauftragten schützt er primär das wirtschaftliche Eigeninteresse des Unternehmens, aber nach der ursprünglichen Idee der Einrichtung von betrieblichen Compliance-Beauftragten hat er jedenfalls die Funktion, die Überwachung besonders schutzwürdiger öffentlicher Interessen im Unternehmen durch Einflussnahme auf die Geschäftsleitung sicherzustellen. Die Überwachung der Einhaltung der jeweiligen gesetzlichen Bestimmung und behördlichen Anforderungen ist eine hauptsächliche Aufgabe von Compliance-Beauftragten. Fraglich ist, ob der Inhalt seiner Überwachungspflicht sich darin erschöpft, die unternehmensinternen Prozesse zu optimieren und gegen das Unternehmen gerichtete Pflichtverstöße aufzudecken und zukünftig zu verhindern, oder ob der Compliance-Beauftragte weitergehend als Überwachungsgarant qualifiziert werden kann und eine Garantenstellung besitzt.

Um diese Frage zu beantworten, muss untersucht werden, ob der Compliance-Beauftragte im Unternehmen die Gefahrenquelle beherrscht, der die von dem Unternehmen und den Unternehmensangehörigen ausgehenden Straftaten

---

523 *Gola/Klug/Körffer*, in: Gola/Schomerus, Bundesdatenschutzgesetz, 12. Aufl. 2015, § 4g Rn. 36; *Thüsing*, Beschätigtendatenschutz und Compliance, 2014, § 19 Rn. 10; *Wybitul*, BB 2009, 2592.

524 *Wybitul*, ZD 2016, 205.

entspringen. Der Compliance-Beauftragte ist ein Angestellter im Unternehmen, der sich hierarchisch der Unternehmensleitung unterordnet. Die Herrschaft über das Unternehmen wird der Unternehmensleitung zugeschrieben. Entscheidend ist daher, ob die Unternehmensleitung wegen der Herrschaft eine Pflicht trifft, Straftaten des Unternehmens und Unternehmensangehörigen zu verhindern. Wenn selbst die Unternehmensleitung keine Garantenstellung im Sinne des § 13 StGB besitzt, übernimmt auch der angestellte Compliance-Beauftragte diese Stellung nicht. Einerseits ist es wie bereits dargestellt gesellschaftsrechtlich anerkannt, dass die Unternehmensleitung die sog. Legalitätspflicht trifft. Damit ist sie für das rechtskonforme Verhalten des Unternehmens und seiner Angehörigen verantwortlich.[525] Einerseits kommt eine Überwachungsgarantenstellung zur Verhinderung von Verletzungen der Rechtsgüter Dritter durch eine rechtswidrige Tätigkeit eines Mitarbeiters in Betracht.[526] Andererseits kann eine Voraussetzung der Überwachungspflicht für die Straftaten Dritter nach § 357 StGB vorliegen, wenn es eine Organisationsgewalt über die Täter gibt. So basiert die originäre Garantenstellung der Unternehmensleitung auf ihrer Organisationsherrschaft, dem Direktionsrecht gegenüber Unternehmensangehörigen und damit der Kontrolle über das Unternehmen und seiner Mitarbeiter als potenzielle Gefahrenquelle.[527] Wie bereits dargelegt wurde, steht dem Compliance-Beauftragten theoretisch grundsätzlich keine Entscheidungs- oder Direktionsbefugnisse gegenüber anderen Unternehmensangehörigen zu, somit kann er die sogenannte Gefahrenquelle Unternehmen nicht beherrschen. Er scheidet daher als originärer Überwachungsgarant aus. In der Praxis erfolgt speziell in Großunternehmen gewohnheitsmäßig eine herrschaftsbedingte Überwachungspflicht durch eine Delegation nach unten. Die Garantenstellung erstreckt sich auf den einzelnen Abteilungsleiter im Rahmen seiner speziellen Zuständigkeit. Seine faktische Herrschaft geht regelmäßig sogar über die der obersten Unternehmensleitung hinaus, da er aufgrund seiner größeren Nähe zu den jeweiligen Mitarbeitern und dem Geschehen praktisch größeren Einfluss ausüben kann. Wenn der Compliance-Beauftragte als Leiter einer Compliance-Abteilung

525 *Bürkle*, BB 2007, 1797, 1800; *Casper*, in: FS Karsten Schmidt, 2009 S. 206 ff.; *Kort*, NZG 2008, 84; *Schneider*, ZIP 2003, 647.

526 *Hombrecher*, JA 2012, 537; *Roxin*, Strafrecht Allgemeiner Teil Band II, 1. Aufl. 2003, § 32 Rn. 141; *Schall*, in: FS Hans-Joachim Rudolphi, 2004, 268; *Rudolphi/Stein*, in: Wolter, Systematischer Kommentar zum Strafgesetzbuch, 9. Aufl. 2017, Band I § 13 Rn. 54; *Spring:* GA 2010, 227.

527 *Rogall*, ZStW 98 (1986), 617; *Roxin*, Strafrecht Allgemeiner Teil Band II, 1.Aufl. 2003, § 32 Rn. 137; *Schünemann*, ZStW 96 (1984), 318.

oder Rechtsabteilung mit vergleichbaren Anweisungskompetenzen ausgestattet ist, hat er die ihm unterstellten Mitarbeiter zu überwachen und das Begehen betriebsbezogener Straftaten zu verhindern. Dann kann die Voraussetzung einer strafrechtlichen Haftungsmöglichkeit vorliegen. In einer anderen Situation kann die Garantenpflicht des Compliance-Beauftragten durch die freiwillige und tatsächliche Übernahme der Pflichten von originären Garantenpflichtigen in der Unternehmensleitung entstehen.[528] Für diese Pflichtübernahme reicht die Regelung des Dienstvertrags nicht aus, vielmehr muss die tatsächliche Übernahme des Pflichtenkreises hinzukommen.[529] Durch tatsächliche und ständige Überwachung der Mitarbeiter und die Verhütung von Straftaten von Unternehmen rückt der Compliance-Beauftragte in die Garantenstellung der Unternehmensleitung. Allenfalls kann eine Garantenpflicht des Compliance-Beauftragten in den Fällen entstehen, in denen er die aus seinem Pflichtenkreis abgeleiteten Maßnahmen pflichtwidrig unterlässt und es hierdurch zu einem strafrechtlich missbilligten Erfolg kommt.

Im Schrifttum wird die Ansicht gegen die Garantenstellung des Compliance-Beauftragten auch damit argumentiert, dass der Compliance-Beauftragte allein der Unternehmensleitung gegenüber verpflichtet sei, sodass ihm gerade keine Garantenpflicht zugunsten der Rechtsgüter Dritter und der Allgemeinheit zukommen könne.[530] Diese Ansicht kann einer Überprüfung nicht standhalten. Obwohl der Compliance-Beauftragte allein seinem Unternehmen gegenüber verpflichtet ist, scheidet hierdurch nicht automatisch eine Garantenstellung zugunsten Außenstehender aus. Die Garantenstellung des Compliance-Beauftragten beschränkt sich nur auf die von ihm übernommenen Pflichten.[531] Diese bestehen darin, ein den Regeln entsprechendes Verhalten im Unternehmen zu überwachen und der Unternehmensleitung hierüber zu berichten.

Außerdem haben bislang die Strafrechtssenate des Bundesgerichtshofs in einer Reihe von Fällen Garantenstellungen von Beauftragten anerkannt, die aus der Übernahme von bestimmten Funktionen abgeleitet wurden. Diese Rechtsprechung übt zunehmend Einfluss auf die Compliance-Praxis in den Unternehmen

---

528 *Bauer/Wißmann*, in: FS Wolf Schiller, 2014, S. 23; *Beukle*, in: FS Klaus Geppert, 2011, S. 25; *Bosch*, in: Schönke/Schröder, Strafgesetzbuch, 30. Aufl. 2019, § 13 Rn. 26a; *Eidam*, Der Organisationsgedanke im Strafrecht, S. 216; *Fischer*, Strafgesetzbuch, 65. Aufl. 2018, § 13 Rn. 23. *Langenhahn*, Die strafrechtliche Verantwortlichkeit des Compliance Officers im deutsch-österreichischen Rechtsvergleich, S. 202.

529 *Bosch*, in: Schönke/Schröder, Strafgesetzbuch, 30. Aufl. 2019, § 13 Rn. 28.

530 *Rehbinder*, ZHR 165(2001), 18.

531 *Kraft/Winkler*, CCZ 2009, 32; *Ransiek*, AG 2010, 151; *Rönnau/Schneider*, ZIP 2010, 58.

aus. In der Siemens-Entscheidung hatte der 2. Senat des Bundesgerichtshofs den Verstoß eines leitenden Angestellten gegen unternehmensinterne Compliance-Vorgaben im Rahmen der Untreuestrafbarkeit berücksichtigt.[532] Wie bereits im vierten Kapital der Arbeit dargelegt wurde, hat der BGH durch Urteil vom 17.7.2009 bejaht, dass den Compliance-Beauftragten eine Garantenpflicht i. S. d. § 13 Abs. 1 StGB treffen kann, die „im Zusammenhang mit der Tätigkeit des Unternehmens stehenden Straftaten von Unternehmensangehörigen zu verhindern". Dies sei die „notwendige Kehrseite ihrer gegenüber der Unternehmensleitung übernommenen Pflicht, Rechtsverstöße und insbesondere Straftaten zu unterbinden".[533] Die Entscheidung des BGH erfolgte nur im Rahmen eines Obiter Dictum und ist nicht präzisiert. Die Garantenpflicht des Compliance-Beauftragten muss im konkreten Fall auf der Basis der folgenden grundlegenden Prämisse des BGH eingeschätzt werden. Ihr Inhalt und ihr Umfang sind nicht unbegrenzt, sondern beschränken sich auf die dem Compliance-Beauftragte übertragenen Aufgaben und die von ihm wahrzunehmende Funktion.[534] Nach Auffassung des BGH ist die Beschreibung des Dienstpostens ein maßgebendes Kriterium für die Bestimmung des Inhalts und Umfangs.[535] Darüber hinaus kann die Garantenpflicht eines Compliance-Beauftragten sich nur bei Straftaten von Unternehmensangehörigen auswirken, die erhebliche Nachteile durch Haftungsrisiken oder Ansehensverluste bringen können und mit der Unternehmenstätigkeit im Zusammenhang stehen. Es soll jedoch berücksichtigt werden, dass sich nicht aus jeder vertraglichen Pflichtverletzung automatisch eine strafrechtliche Sanktion ableiten lässt. In der Unternehmenspraxis wird teilweise empfohlen, im ArbeitsvertrAG des Compliance-Beauftragten klarzustellen, ob er für die Vermeidung von Delikten gegen Dritte aus dem Unternehmen heraus verantwortlich sein soll.

532 BGH, Urteil vom 29.8.2008 – 2. StR 587/07, NJW 2009, 89; *Rönnau*, ZStW 2007, 887, 922; *Satzger*, NStZ 2009, 297; *Sünner*, CCZ 2009, 185; zum erstinstanzlichen Urteil des LG Darmstadt vom 14.05.2007 – 712 Js 5213/04 (m. Anm. Knierim), CCZ 2008, 37.

533 BGH, Urteil vom 17.7.2009 – 5. StR 394/08, NJW 2009, 3173.

534 Vgl. BGH, NJW 1990, 2560, 2568.

535 BGH, Urteil vom 29.8.2008 – 2. StR 587/07, NJW 2009, 3173; BGH, Urteil vom 17. 7. 2009 – 5 StR 394/08, NZG 2009, 1356; AG München, Urteil vom 12. 6. 2009 – 121 C 33038/08 (m. Anm. Schramm), BKR 2009, 422.

dd) Die mit dem gesetzlichen Unternehmensbeauftragten vergleichbare konfliktpotenzielle Lage

Wie bereits dargelegt, möchte der Gesetzgeber durch die gesetzlichen Unternehmensbeauftragten dafür Sorge tragen, dass bestimmte Rechtsvorschriften vom Unternehmen bei seiner wirtschaftlichen Tätigkeit eingehalten werden. Dadurch werden die ausdrücklich von dem öffentlichen Recht geregelten Allgemeinbelange geschützt. Die Erfüllung der Aufgaben von Unternehmensbeauftragten ist „auf Konflikte mit der Unternehmensleitung vorprogrammiert".[536] Beispielsweise sind Umweltschutzbeauftragte in Unternehmen mit bedeutender Umweltrelevanz verpflichtend einzusetzen. Zu ihren Aufgaben zählt die Optimierung des unternehmensinternen Umweltschutzes. Dabei dürfte die Aufgabe des Umweltschutzbeauftragten eher in einer Antwort auf unternehmerische Umweltprobleme und auch in der Abwiegelung öffentlich-rechtlicher Forderungen bestehen. Um Aufgaben zu erledigen, ist ihre Unabhängigkeit durch spezifische gesetzliche Regelungen ausgestaltet. Damit sind sie dem Risiko ausgesetzt, mit dem Arbeitgeber in Konflikt zu geraten.

In Kapitel 4 wurden die Aufgaben des Compliance-Beauftragten bereits angesprochen. Seinen Aufgaben kann erhebliches Konfliktpotenzial innewohnen. Einerseits erfolgt die Ausfüllung der Aufgaben von Compliance-Beauftragten meist für im Wesentlichen an wirtschaftlichen Aspekten orientierte Unternehmensinteressen. Andererseits muss er durch seine Aufgabenwahrnehmung für die Rechtmäßigkeit des unternehmerischen Handelns sorgen. Damit kann er gegebenenfalls die Ausführung der gewinnbringenden Tätigkeit des Unternehmens verhindern oder Gewinn mindernde Maßnahmen ergreifen. Diese aus den Aufgaben resultierende Position des Compliance-Beauftragten ist im Fall Corporate Compliance nicht mit einer anderen Arbeitnehmerposition vergleichbar und erhöht naturgemäß das Konfliktpotenzial zwischen ihm und dem Arbeitgeber.

b) Bestehen einer planwidrigen Regelungslücke

Wie oben festgestellt wurde, bestehen für den Compliance-Beauftragten vergleichbare Aufgaben und Konstellationen mit Konfliktpotenzial zu den gesetzlichen Unternehmensbeauftragten. Ist die Nichtregelung des besonderen Kündigungsschutzes für ihn als planwidrige Regelungslücke zu erachten?

536 *Borgaes*, BlStSozArbR 1980, 233.

Das wesentliche Merkmal der Regelungslücke ist die Unvollständigkeit des Gesetzes, daher ist dieser juristische Begriff in der überwiegenden juristischen Methodenlehre als Voraussetzung der Rechtsfindung anzusehen. Nach Ansicht von Binder liegt eine Regelungslücke vor, wenn „eine durch unsere gegebenen sozialen und wirtschaftlichen Verhältnisse begründete Forderung an das Recht in ihm keine Erfüllung findet."[537] Diese Ansicht misst die Regelungslücke an einem externen Maßstab und verwischt die notwendige Unterscheidung zwischen einer Regelungslücke und einem rechtspolitischen Fehler des Gesetzes. Der Begriff der „Regelungslücke" soll nach einem der Regelung selbst immanenten Maßstab festgestellt werden. Er ist nicht irgendwie vorgegeben, sondern kann funktionell durch die Aufgabe bestimmt werden.[538] Wenn ein Gesetz eine Regel vermissen lässt, die eine bestimmte Fallgestaltung betrifft, die innerhalb des von ihm geregelten Bereichs liegt und nach der zugrunde liegenden Regelungsabsicht einer Regelung bedarf, liegt eine Regelungslücke vor.[539] Wenn eine Regelung beispielsweise eine Fallgruppe in bestimmter Weise regelt, aber keine Vorschrift enthält, die auf die im Sinne der getroffenen Wertung vergleichbare andere Fallgruppe anwendbar ist, so liegt eine Lücke in der Regelung vor.

Die „Planwidrigkeit" bedeutet, dass sie ein nicht gewolltes Manko erkennen lässt[540] und die Regelung bei Vorliegen einer „Lücke" zu der Intention des Gesetzgebers in Widerspruch steht. Die Planwidrigkeit steckt die Grenze zwischen der „Lücke" und dem „rechtspolitischen Fehler" ab.[541] Ob eine Planwidrigkeit existiert, ist daher im Wesentlichen vom Standpunkt der immanenten Teleologie des Gesetzes aus zu beurteilen. Die immanente Teleologie bezieht sich nicht nur auf die Absichten und bewusst getroffenen Entscheidungen des Gesetzgebers, sondern auch auf die objektiven Rechtszwecke und allgemeinen Rechtsprinzipien des geltenden Rechts, die in das Gesetz Eingang gefunden haben. Dagegen ergibt sich das maßgebliche Kriterium für rechtspolitischen Fehler aus einer Bewertungsgrundlage außerhalb des Gesetzes und wird durch einen externen Maßstab wie z. B das Rechtsgefühl der Allgemeinheit oder die wirtschaftliche

537 *Binder,* Philosophie des Rechts, 1925, S. 984.

538 *Canaris*, Die Feststellung von Lücken im Gesetz, 2. Aufl. 1983, 17 f.

539 *Burckhardt*, Methode und System des Rechts, 1935, S. 260; *Nawiasky*, Allgemeine Rechtslehre als System der rechtlichen Grundbegriffe, 1941, S. 142.

540 *Larenz/Canaris,* Methodenlehre der Rechtswissenschaft, 4. Aufl., 2007, S. 354; *Canaris,* Die Feststellung von Lücken im Gesetz, 2. Aufl. 1983, S. 16, 31.

541 *Engisch*, Einführung in das juristische Denken, 12. Aufl. 2018, S. 180 f.; *Larenz/Canaris,* Methodenlehre der Rechtswissenschaft, 4. Aufl., 2007, S. 195.

Entwicklung aufgestellt.[542] Die Lücke soll ausgefüllt werden. Dagegen kommt nicht eine Auffüllung, sondern höchstens eine gesetzesübersteigende Rechtsfortbildung eines „Fehlers" in Betracht.[543]

Im Plan des Gesetzgebers sollen die Regelungen die Berücksichtigung der „besonderen Umstände" des Einzelfalles ermöglichen, also der Billigkeit im Sinne der individuellen Gerechtigkeit Rechnung tragen.[544] Die planwidrige Regelungslücke beruht somit auf einer zum Erlasszeitpunkt vorherrschenden Fehleinschätzung des Gesetzgebers, der sich die gleichmäßig regelungsbedürftigen Sachverhalte oder Fallgestaltungen nicht umfassend genug vorgestellt hat.

Wie bereits hervorgehoben, ist die entsprechende Regelung für ähnliche Fallgestaltungen oder Sachverhalte nötig. Wenn es gegen den Plan des Gesetzgebers an einer solchen Regelung fehlt, besteht eine Regelungslücke und eine Analogie kommt in Betracht. Obwohl in vielen Fällen dem Gesetzgeber die betreffende Fallgestaltung durchaus bekannt ist, verzichtet er auf die besondere Normierung eines gesetzlichen Entscheidungsmaßstabs. Weil er Zweifel über den Erlass der besonderen Norm hat, hält er die ohne jene Norm geregelte Fallgestaltung für angemessen und gerecht. Erkennt der Gesetzgeber den Compliance-Beautragten in seinem Wesen als eine ähnliche Fallgestaltung wie die des gesetzlichen Unternehmensbeauftragten? Ist die Bestellung der Compliance-Beauftragten nach Auffassung des Gesetzgebers zu unwichtig, um ausdrücklich geregelt zu werden?

Wie bereits dargelegt, existiert derzeit keine gesetzliche Vorschrift, welche die allgemeine Pflicht zur Bestellung eines Compliance-Beauftragten regelt. Bis jetzt besteht auch keine gesetzlich ausdrücklich geregelte Vorgabe zur Implementierung eines Compliance-Systems. Allgemein verpflichtet die Unternehmensleitung sich für die Compliance des Unternehmens. Die Ausstattung des Compliance-Beauftragten ist daher regelmäßig in das Ermessen des Unternehmens gestellt.[545] So muss nach Auffassung des Gesetzgebers die Bestellung der Compliance-Beauftragten nicht ausdrücklich geregelt werden. Der Unternehmensbeauftragte, der den beschriebenen gesetzlichen besonderen

542 *Canaris*, in: FS Franz Bydlinski, 2002, S. 83.

543 *Engisch*, Der Begriff der Rechtslücke, in: FS Wilhelm Sauer, 1949, S. 85 ff.; *Dahm*, Deutsches Recht, 2. Aufl. 1963, S. 50 f.; *Teichmann*, Die Gesetzesumgehung, Göttingen 1962, S. 80.

544 *Engisch*, Die Idee der Konkretisierung in Recht und Rechtswissenschaft unserer Zeit, Heidelberg 1953, S. 211 ff.; *Hedemann*, Die Flucht in die Generalklauseln, 1933, S. 61; *Less*, Von Wesen und Wert des Richterrechts, 1954, S. 25; *Westermann*, Wesen und Grenzen der richterlichen Streitentscheidung im Zivilrecht, 1955, S. 23 f.

545 *Kraft/Winkler*, CCZ 2009, 32; *Kamp/Körffer*, RDV 2010, 73.

Kündigungsschutz genießt, ist derjenige Beauftragte, den das Unternehmen aufgrund der Erfüllung gesetzlich beschriebener betrieblicher Voraussetzungen benennen muss bzw. der immer im Zusammenhang mit zwingender Bestellungspflicht steht. Der Gesetzgeber hat den Compliance-Beauftragten in seinem Wesen nicht als eine ähnliche Fallgestaltung wie die des gesetzlichen Unternehmensbeauftragten gesehen. Damit fehlt es für den Compliance-Beauftragten an einer gesetzlich geregelten vergleichbaren Interessenlage zu den Fällen des Sonderkündigungsschutzes für gesetzliche Unternehmensbeauftragte. Dann ist die fehlende Ausgestaltung der Rechtsposition der Compliance-Beauftragten im Hinblick auf einen besonderen Kündigungsschutz eine absichtliche Entscheidung des Gesetzgebers. Zwar ist der Compliance-Beauftragte wie der Unternehmensbeauftragte in einem empfindlichen Bereich tätig, jedoch hat der Gesetzgeber bewusst in Rahmen seines Ermessens unterschiedliche Positionen für den Compliance-Beauftragten und den gesetzlichen Unternehmensbeauftragten im Unternehmen ausgestaltet. Im beschriebenen Sinne liegt keine planwidrige Regelungslücke vor.

III. Kraft eines Arbeitsvertrags

Die Rechte und Pflichten des Compliance-Beauftragten werden in erster Linie durch eine vertragliche Vereinbarung mit dem Arbeitgeber regelt. Das Fehlen eines gesetzlichen besonderen Kündigungsschutzes hindert nicht daran, eine Einräumung des besonderen Kündigungsschutzes kraft eines einzelnen Arbeitsvertrags zu begründen. Aus kündigungsschutzrechtlicher Sicht ist die vertragliche Erhöhung des Kündigungsschutzniveaus des Arbeitnehmers grundsätzlich zulässig.[546] Aber nach dem Kündigungsschutzgesetz wird nicht bestimmt, welche von einzelnen Vorschriften abweichenden einzelvertraglichen Vereinbarungen möglich sind. Nach der herrschenden Lehre und Rechtsprechung ist ein vollständiger Ausschluss ordentlicher Kündigungen im Rahmen der Vertragsfreiheit möglich.[547] Die Kündigungsfreiheit ist Bestandteil der Vertragsfreiheit. Durch privatautonome Vereinbarung kann dieses freie Kündigungsrecht beschränkt werden. Derartige einzelvertragliche Einräumungen dürften nicht gegen zwingendes Recht verstoßen, insbesondere ist das Recht zur außerordentlichen

---

546 *Oetker*, in: Erfurter Kommentar zum Arbeitsrecht, 19. Aufl., München 2019, § 1 KSchG, Rn. 21.

547 BAG AP § 138 Nr. 60.

Kündigung nicht abdingbar.[548] Diese Handhabung des Arbeitsvertrags für einen besonderen, über den allgemeinen Kündigungsschutz hinausgehenden Schutz für betriebliche Compliance-Beauftragte ist praktikabel und geeignet, die Unabhängigkeit des betrieblichen Compliance-Beauftragten zu stärken.

1. Der Ausschluss der ordentlichen Kündigung im ArbeitsvertrAG

Durch EinzelvertrAG ist ein Ausschluss der ordentlichen Kündbarkeit im Rahmen der Vertragsfreiheit grundsätzlich möglich.[549] Dieser Ausschluss der ordentlichen Kündigung kann dem Rationalisierungsschutz dienen. Das Recht des Arbeitgebers und des Compliance-Beauftragten, das ordentliche Kündigungsrecht durch den EinzelvertrAG auszuschließen, geht auf den GrundSatz der Vertragsfreiheit zurück.[550] Die Parteien des Einzelarbeitsvertrags können vereinbaren, dass die ordentliche Kündigung des Arbeitsverhältnisses unterlassen wird, damit der ArbeitsvertrAG nur durch eine außerordentliche Kündigung aufzulösen ist. Gleichzeitig sollte auch nicht außer Acht gelassen werden, dass der IndividualvertrAG wegen seiner privatrechtlichen Natur im Wesentlichen den allgemeinen Vorschriften des BGB unterliegt. Dieser individualvertragliche Ausschluss der ordentlichen Kündigung wird nicht mit Sozialdaten, sondern durch die speziellen Aufgaben des Compliance-Beauftragten begründet, daher ist er bei betriebsbedingten Kündigungen nicht als unzulässiger VertrAG zulasten Dritter zu sehen. Obwohl dieser Ausschluss zu der Nichteinbeziehung des Compliance-Beauftragten in die bei den betriebsbedingten ordentlichen Kündigungen durchzuführende Sozialauswahl führt, ist er nicht wegen des Regelungsgehalts des § 1 Abs. 3 KSchG unzulässig.[551]

Ein Argument für diese vertragliche Gewährung eines besonderen Kündigungsschutzes kann sich aus § 84 Abs. 3 AktG ableiten. Danach kann die Bestellung zum Vorstandsmitglied oder die Ernennung zum Vorstandsvorsitzenden einer Aktiengesellschaft von deren Aufsichtsrat nur bei Vorliegen eines wichtigen Grundes, z. B. bei Unfähigkeit zur ordnungsgemäßen Geschäftsführung oder bei Vertrauensentzug durch die Hauptversammlung, widerrufen werden.

---

548 *Kania/Kramer*, RdA 1995, 287; *Wank*, in: Münchener Handbuch zum Arbeitsrecht: Band I Individualarbeitsrecht, 3. Aufl. 2009, § 100 Rn. 79.

549 BAG, Urteil vom 25.03.2004 – 2 AZR 153/03, AP BGB § 138 Nr. 60.

550 *Ascheid/Preis/Schmidt*, Kündigungsrecht, 5. Aufl. 2017, § 1 KSchG Rn. 824.

551 LAG, Brandenburg, Urteil vom 20.10.1998 – 3 Sa 229/98, NZA 1999, 360; LAG Thüringen, Urteil von 30.11.1998 – 8 Sa 366/98 –, juris; *Schwerdtner*, in: FS Otto Rudolf Kissel, 1994, S. 1093; *Meisel*, DB 1991, 94; *Pauly*, ArbuR 1997, 98.

Durch die Beschränkung des Widerrufsrechts wird die Unabhängigkeit des Vorstands gesichert. Dieser Gedanke enthält den Referenzwert für den Compliance-Beauftragten. Erstens nimmt der betriebliche Compliance-Beauftragte die delegierte Überwachungsfunktion des Vorstands wahr. Zweitens ist die wünschenswerte Unabhängigkeit bei der Erfüllung der Aufgabe für den betrieblichen Compliance-Beauftragten ebenfalls wesentlich.

Aber sollte beachtet werden, dass dieser für Vorstandsmitglieder durch den personalen ArbeitsvertrAG gewährte besondere Kündigungsschutz gesetzlich diktiert ist. Die inhaltliche Ausgestaltung des Arbeitsvertrags zwischen dem Arbeitgeber und dem Compliance-Beauftragten ist Gegenstand der Privatautonomie. Damit sind diese beiden Rechtspositionen grundsätzlich unterschiedlich. Bei der konkreten Ausgestaltung einer vertraglichen Einräumung des Kündigungsschutzes des Compliance-Beauftragten sollte auch vermieden werden, dass ein genereller uneingeschränkter Ausschluss der ordentlichen Kündigung dauerhaft zum Inhalt wird. Ein solcher VertrAG kann wegen Sittenwidrigkeit i. S. d. § 138 BGB nichtig sein, wenn er eine hochgradige Einschränkung der persönlichen oder wirtschaftlichen Freiheit des Arbeitgebers oder des Arbeitnehmers zur Folge hat. Als alternative Lösung ist die konkrete Beschränkung auf das ordentliche Kündigungsrecht denkbar.[552] Durch den ArbeitsvertrAG kann einen Ausschluss der ordentlichen Kündigung bei Vorliegen bestimmter Voraussetzung vorsehen werden. Diese Vereinbarung bedeutet nicht, dass Arbeitsverhältnisse zwischen dem Arbeitgeber und Compliance-Beauftragten nicht trotzdem vorzeitig einseitig beendet werden können. Obwohl diese Einschränkung des ordentlichen Kündigungsrechts meistens an das Lebensalter und die Betriebszugehörigkeit anknüpft, kann ein individueller Ausschluss des ordentlichen Kündigungsrechts im ArbeitsvertrAG different zu finden sein. Beispielsweise kann ein bestimmter Zeitraum der Beschäftigung des Compliance-Beauftragten bestimmt werden. Außerdem ist auch eine längere Kündigungsfrist denkbar, wodurch die ordentliche Kündigung erschwert wird. Die Verlängerung der gesetzlichen Kündigungsfristen durch den einzelnen ArbeitsvertrAG stellt regelmäßig keinen unverhältnismäßigen Eingriff in die Arbeitgeberfreiheit dar. Auf solche Fristen kann sich der Arbeitgeber in seiner Personalpolitik einstellen und damit nachteilige Auswirkungen in aller Regel vermeiden.

Ein vertraglicher Ausschluss der ordentlichen Kündigung stellt eine Beschränkung des Gestaltungsrechts und keine schuldrechtliche Beschränkung dar. Er bedeutet die Verpflichtung des Arbeitgebers zur Unterlassung der Kündigung

552 *Ascheid/Preis/Schmidt*, Kündigungsrecht, 5. Aufl. 2017, § 2 KSchG Rn. 83.

nach einer vertraglichen Vereinbarung. Damit ist eine dennoch ausgesprochene ordentliche Kündigung unwirksam.[553]

2. *Durch die Konkretisierung der Anforderung an die ordentliche Kündigung in dem ArbeitsvertrAG eines Compliance-Beauftragten realisiert sich der besondere Kündigungsschutz vor ordentliche Kündigung*

a) *Die Wirksamkeit einer Kündigung knüpft an die vorherige Berichterstattung an das Aufsichtsorgan an*

Zuständig für den Ausspruch einer Arbeitgeberkündigung sind die Geschäftsführer und der Vorstand. In Anbetracht des möglichen Interessenkonfliktes könnte es sachgerecht und empfehlenswert sein, die Befugnis zur Kündigung des Compliance-Beauftragten auf das Aufsichtsorgan zu übertragen oder es anderweitig einzubinden. Vorbild für eine entsprechende Verlagerung der Kündigungsberechtigung ist § 141 VAG (Versicherungsaufsichtsgesetz). Nach § 141 Abs. 2 S. 5 VAG ist das Versicherungsunternehmen verpflichtet, ein Ausscheiden des verantwortlichen Aktuars unverzüglich der Aufsichtsbehörde mitzuteilen. Wenn das Versicherungsunternehmen den VertrAG zwischen ihm und dem verantwortlichen Aktuar kündigen möchte, muss der Aufsichtsrat dies der Aufsichtsbehörde nach § 141 Abs. 2 S. 6 VAG vorab unter Darlegung der Gründe mitteilen. Bei einem kleineren Versicherungsverein auf Gegenseitigkeit, der keinen Aufsichtsrat hat, soll diese Darlegung durch die Mitgliederversammlung aufgegeben werden. Danach kann die Kontrollfunktion des verantwortlichen Aktuars in jedem Fall gesichert gleichzeitig verhindert werden, dass der Vorstand mit Personalentscheidungen auf die Funktion des Aktuars Einfluss ausüben kann.[554] Wenn man den Compliance-Beauftragten mit dem Aktuar vergleicht, ist festzustellen, dass auch eine Möglichkeit des Einflusses des Vorstands auf die Funktion des Compliance-Beauftragten besteht.

Während die Aktiengesellschaft nach §30 AktG[555] zur Einrichtung eines Aufsichtsrats verpflichtet ist, ist der GmbH die Errichtung eines Aufsichtsrats grundsätzlich nicht gesetzlich vorgeschrieben. Nach dem Mitbestimmungsgesetz ist

---

553 *Geller*, Der vertragliche Ausschluss der ordentlichen Kündigung, 2001, 100; *Kania/Kramer*, RdA 1995, 287, 294; *Stahlhacke/Preis/Vossen*, Kündigung und Kündigungsschutz im Arbeitsverhältnis, 11. Aufl. 2015, Rn. 330.

554 *Laars*, in: Nomos Erläuterungen zum Deutschen Bundesrecht, § 11a VAG Rn. 4.

555 *Lutter/Krieger/Verse*, Rechte und Pflichten des Aufsichtsrats, 6. Aufl. 2014, Rn. 1181.

auch für die GmbH die Bildung eines Aufsichtsrats aufgrund der Anzahl der beschäftigten Arbeitnehmer oder der Tätigkeit des Unternehmens[556] gesetzlich zwingend vorgeschrieben. Nach der betriebswirtschaftlich-organisatorisch definierten Sicht ist der Aufsichtsrat eine unternehmensführungsexterne Institution. Damit erfüllt er bereits positionsspezifisch das Erfordernis der Funktionentrennung zwischen der Geschäftsführung einerseits und den diesbezüglichen Überwachungsträgern andererseits. Gemäß § 111 Abs. 1 AktG ist die Überwachung der Geschäftsführung historisch betrachtet eine existenzbegründende und zwingende Kernaufgabe des Aufsichtsrats. Bei dieser Überwachung handelt es sich um eine Kontrolle der Rechtmäßigkeit, Ordnungsmäßigkeit, Zweckmäßigkeit und Wirtschaftlichkeit der Geschäftsführung.[557] Außerdem bezieht diese Überwachung sich aufgrund der aktienrechtlichen Aufgabenverteilung auch auf Compliance. Gemäß 5.3.2. Deutscher Corporate Governance Kodex soll der Aufsichtsrat einen Prüfungsausschuss einrichten, der sich neben zahlreichen anderen Aufgaben auch mit der Compliance befasst. Ein guter Aufsichtsrat soll sich nicht leichtfertig, sondern qualifiziert und verantwortungsbewusst verhalten, um eine gute Corporate Governance in der Gesellschaft zu schaffen.

Da die Mitbestimmungsgesetze[558] wie § 52 GmbHG für die GmbH auf § 111 AktG verweisen, hat auch der Aufsichtsrat in einer GmbH die gleiche Überwachungsaufgabe wie in der Aktiengesellschaft. Um diese Überwachungsaufgabe auszufüllen, besteht für den Aufsichtsrat ein Informationsrecht. Wenn der Überwachungsträger ganz oder teilweise nicht mit den Überwachungsadressanten identisch ist, bedarf es des Berichts. Nach § 90 Abs. 1 AktG ist der Vorstand verpflichtet, dem Aufsichtsrat regelmäßig zu berichten. Dieser regelmäßige Bericht bezieht sich grundsätzlich auf die Fragen der Unternehmensplanung. Darüber hinaus hat der Aufsichtsrat gemäß § 90 Abs. 3 AktG das Recht, jederzeit weitere Berichte über die Angelegenheiten der Gesellschaft zu verlangen, die auf die Lage der Gesellschaft erheblichen Einfluss ausüben können. Bei der GmbH hat der Aufsichtsrat ebenfalls ein Informationsrecht, allerdings nicht im gleichen Umfang wie bei der Aktiengesellschaft. Nach herrschender Meinung

556 Nach § 6 Abs. 2 InvG ist ein Aufsichtsrat zu bilden, wenn die GmbH eine Kapitalanlagegesellschaft darstellt.

557 BGHZ 114, 127, 129 f.; *Lutter/Krieger/Verse*, Rechte und Pflichten des Aufsichtsrats, 5. Aufl. 2008, Rn 71.

558 § 25 MitbestG; § 3 Abs. 2 MontanmitbestG; § 1 Abs. 1 Nr. 3 DrittelbG; MitbestErgG; § 6 Abs. 2 S. 2 InvG.

hat der Vorstand keine gesetzliche Pflicht zur regelmäßigen Unterrichtung, sondern nur eine Auskunftspflicht auf Verlangen des Aufsichtsrats.[559]

Obwohl der Vorstand sich primär zur Einrichtung und Durchsetzung der Compliance verpflichtet, ist der Aufsichtsrat nicht aus der Verantwortung der Compliance genommen. Es ist auch Aufgabe des Aufsichtsrats, die relevanten Compliance-Fragen selbst zu stellen und die Erfüllung der Compliance-Aufgabe durch den Vorstand zu überwachen.[560] Die Pflicht des Aufsichtsrats zur Überwachung der Compliance-Maßnahmen gehört zum Repressivbereich. Diese Überwachung ist sowohl vergangenheitsbezogen als auch zukunftsbezogen. Welche konkreten Pflichten des Aufsichtsrats im Zusammenhang mit Compliance stehen, ist bislang nicht abschließend geklärt worden. Nach den in § 111 Abs. 1 AktG dargelegten Grundsätzen kann der Aufsichtsrat die Angemessenheit und die Funktionsfähigkeit des Compliance-Management-Systems prüfen.[561] Daneben hat der Aufsichtsrat auch die effektive Durchsetzung der Compliance innerhalb des Unternehmens zu überwachen. Im Hinblick auf den Charakter der Compliance wird der Aufsichtsrat der ihm obliegenden Überwachungspflicht im Allgemeinen genüge tun, wenn der Vorstand ihm über compliancerelevante Tatsachen sowie deren Bearbeitung berichtet. Anhand der vom Vorstand periodisch vorgelegten Informationen zu dem bestehenden Compliance-Management-System kann der Aufsichtsrat ermitteln, ob die Compliance in der Vergangenheit praktisch und zweckmäßig durchgesetzt wurde und künftig ausreichend ist. Durch den Bericht kann der Aufsichtsrat als Berater des Vorstands sehr wohl aussprechen und in seiner Funktion einen substanziellen Eindruck zu verschaffen. Dieser Bericht ist nicht regelmäßig zu erstatten und kann nach Anforderung des Aufsichtsrats vorgelegt werden.

---

559 *V. Schenck*, in: Semler/v. Schenk, Arbeitshandbuch für Aufsichtsratsmitglieder, 4. Aufl. 2013, § 7 Rn. 47; *von Hoyningen-Huene/Powietzka*, BB 2001, 529, 530.

560 *Habersack*, AG 2014, 3; *Kort*, in: FS Klaus J. Hopt, 2010, S. 983, 997 f.; *Lutter*, in: FS Uwe Hüffer, 2010, S. 617, 619; *Vetter*, in: GS M. Winter, 2011, 705, 706 f.; *Winter*, in: FS Uwe Hüffer, 2010, S. 1103; Arbeitskreis Aufsichtsrat und Compliance, L03 – Compliance-Leitfaden für den Aufsichtsrat, DICO – Deutsches Institut für Compliance, 2015, abrufbar über: www.dico-ev.de/wp-content/uploads/2017/06/L03_Compliance_Aufsichtsrat_40S_2016_WEB.pdf, S. 18

561 *Habersack*, AG 2014, 1; *Kort*, in: FS Klaus J. Hopt, 2010, S. 983, 999; *Lutter*, in: FS Uwe Hüffer, 2010, S. 617, 618 ff.; *Ringle*, in: *Ringleb/Kremer/Lutter/v. Werdere*, Kommentar zum Deutschen Corporate Governance Kodex, 5. Aufl. 2014, S. 212; *Winter*, in: FS Uwe Hüffer, 2010, 1103, 1118 ff.

Während der Betrieb des Compliance-Management-Systems im Unternehmen von vielen Faktoren abhängt, ist der Compliance-Beauftragte als Funktionsträger ein wichtiger Bestandteil eines wirksamen Compliance-Management-Systems. Der Compliance-Beauftragte ist im Anschluss an die Entscheidung der Unternehmensleitung für die Etablierung und den Betrieb des Compliance-Management-Systems zuständig. Die durch den ArbeitsvertrAG festgelegte Pflicht des Compliance-Beauftragten besteht nicht gegenüber der Unternehmensleitung, sondern gegenüber dem Unternehmen als Partner des Arbeitsvertrags. In vielen Fällen kann das Motiv der Geschäftsführung für eine Kündigung des Compliance-Beauftragten sachfremd sein. Beispielsweise erhält er Information über ein nicht regelkonformes Verhalten des Vorstands oder das Versäumnis des Vorstands gegenüber einem angemessenen Compliance-Management-System, deshalb will der Vorstand ihm im Eigeninteresse kündigen. Die willkürliche Kündigung kann ein zerstörerischer Faktor des effektiven Compliance-Management-Systems werden. Nach § 90 Abs. 3 AktG hat der Aufsichtsrat die Möglichkeit, vorher eine Erklärung für die Kündigung des Compliance-Beauftragten fordern, wenn die Geschäftsführung keine ausreichenden Informationen dafür zur Verfügung stellt. Durch Einbeziehung des Aufsichtsrats kann die Objektivität der Kündigungsentscheidung gesteigert und der Compliance-Beauftragte vor sachfremder Kündigung geschützt werden. Dieser Gedanke kann durch eine Regelung im ArbeitsvertrAG des Compliance-Beauftragten umgesetzt werden. Dadurch wird der Kündigungsschutz des Compliance-Beauftragten verstärkt.

b) Erweiterung des Beteiligungsrechtes des Betriebsrats bei Kündigung des Compliance-Beauftragten

Obwohl sich die Beteiligung des Betriebsrats im modernen Arbeitsrecht grundsätzlich um kollektive Belange des Arbeitnehmers bemüht, vertraut § 102 BetrVG dem Betriebsrat im Rahmen seines Beteiligungsrechts die Belange des einzelnen betroffenen Arbeitnehmers an. Nach § 102 BetrVG könnte ein Mitbestimmungsrecht des Betriebsrats bei der Kündigung des Arbeitnehmers zu berücksichtigen sein. Aber die „Bedenken" des Betriebsrats gegen die geplante Kündigung durch den Arbeitgeber hat keine konkrete Rechtswirkung. Der Geschäftsführung kann an sie knüpfen oder nicht. Auch im nachfolgenden Kündigungsstreit wirken sich die „Bedenken" nicht direkt aus, sondern verbessern mittelbar die Rechtsstellung des Arbeitnehmers etwa in einem von ihm angestrengten Verfahren. Darüber hinaus soll anerkannt werden, dass § 102 Abs. 6 BetrVG die Möglichkeit eröffnet, durch Vereinbarung zwischen dem Arbeitgeber und Betriebsrat festzulegen, dass die Kündigung der Zustimmung des Betriebsrats bedarf und bei Meinungsverschiedenheiten die Einigungsstelle über die Berechtigung der Nichterteilung der Zustimmung entscheidet. Im Rahmen des § 102 Abs. 6 BetrVG könnte die Vereinbarung dem Betriebsrat entweder ein Erörterungsrecht oder ein begründetes Zustimmungsverweigerungsrecht einräumen.[562] Bei dem Erörterungsrecht kann der Betriebsrat mit dem Arbeitgeber die Kündigung gemeinsam erörtern und eine mündliche Beratung geben. Nach dem Abschluss bleibt der Arbeitgeber in seiner Entscheidung frei. Bei dem begründeten Zustimmungsverweigerungsrecht berechtigt das Vorliegen bestimmter Gründe den Betriebsrat zur Verweigerung der Zustimmung. Dadurch wird die Erweiterung des Beteiligungsrechts des Betriebsrats beim Ausspruch von Kündigungen ermöglicht. Aber dieses erweiterte Mitbestimmungsrecht des Betriebsrats kann nicht mit dem materiellen Kündigungsrecht des Arbeitgebers gleichwertig eingesetzt werden. Ansonsten würde ein Widerspruch gegenüber der abschließenden systematischen Regelung der Mitwirkungsrechte des Betriebsrats nach dem Betriebsverfassungsgesetz eingelegt.[563]

Dabei ist allerdings zu beachten, ob neben der Mitbestimmungserweiterung in der Betriebsvereinbarung auch eine Erweiterung im Rahmen einzelvertraglicher Abreden erfolgen kann. Gegen diese Möglichkeit hat sich das Bundesarbeitsgericht in einem Urteil nach § 102 BetrVG geäußert.[564] Im Wesentlichen orientiert sich das Urteil daran, dass § 102 Abs. 6 BetrVG die Erweiterung der Beteiligungsrechte des Betriebsrats bei Kündigung nur durch Betriebsvereinbarung zulässt und nicht als Ermächtigungsgrundlage für eine einzelvertragliche Erweiterung der Beteiligungsrechte des Betriebsrats angesehen werden kann. Kommt in Bezug auf unterschiedliche Arbeitnehmer eine differente Mitbestimmungsintensität in Betracht? Der Betriebsrat hat neben den Interessen der gesamten Belegschaft auch die Interessen des einzelnen Arbeitnehmers zu vertreten. Das BAG-Urteil „Mannheimer Morgen“ hat einen Fall der Erweiterung der Mitbestimmungsrechte eines Betriebsrats unterschiedlich gestaltet.[565] Bei der namensgebenden Tageszeitung gibt es ein Redaktionsstatut, das von

562 *Koch*, in: Ascheid/Preis/Schmidt, Kündigungsrecht, 5. Aufl. 2017, §102 BetrVG, Rn. 177; *Kania*, in: Erfurter Kommentar: Kommentar zum Arbeitsrecht, 19. Aufl., München 2019, BetrVG § 82 Rn. 10.

563 *Kania*, in: Erfurter Kommentar: Kommentar zum Arbeitsrecht, 19. Aufl., München 2019, BetrVG § 102 Rn. 43.

564 BAG, Urteil vom 23.4.2009 – 6 AZR 263/08, NZA 2009, 915.

565 BAG, Urteil vom 19.6.2001-1 AZR 463/00, NZA 2002, 397.

den Redaktionsmitgliedern, den Herausgebern und der Unternehmensleitung beschlossen und gestattet worden ist. Nach dem Wortlaut des Redaktionsstatuts wird es durch eine arbeitsvertragliche Verweisung in die einzelnen Arbeitsverhältnisse einbezogen.[566] Diese Verweisung stellt zumindest ein Vertragsangebot dar, das die Angehörigen der Redaktion aufgrund rügeloser Weitarbeit annehmen. Dann wird das Statut verbindlicher Bestandteil eines jeden Anstellungsvertrags von Angehörigen der Redaktion. Damit erlangt es für das jeweils betroffene Arbeitsverhältnisse Rechtswirksamkeit. Obwohl das Redaktionsstatut der kollektivrechtlichen Redeaktionsverfassung dient, regelt es das Verhältnis zwischen Verlegern und Redakteuren im ideellen, personellen und finanziellen Bereich. Nach übereinstimmender Ansicht handelt es um eine Einheitsregelung arbeitsvertraglicher Natur, die keinen kollektivrechtlichen, sondern einen rein individual-rechtlichen Charakter hat.[567]

Dieses Statut regelt die Art und Weise der Bildung eines Redaktionsrates. Aufgrund einer Formulierung im Statut erfolgt die Bestellung oder Abberufung eines Chefredakteurs auf VorschlAG der Herausgeber im Einvernehmen mit dem Redaktionsrat durch die Unternehmensleitung. Wenn der Redaktionsrat mit einer Mehrheit von vier Fünfteln gegen den VorschlAG Widerspruch einlegt, verzichten die Herausgeber auf ihren Vorschlag. Daneben haben die Ressortleiter innerhalb der Ressorts auch das Vorschlagrecht für ihre Mitarbeiter. Auch die Bestellung und die Abberufung des Mitarbeiters erfolgen im Einvernehmen mit dem Redaktionsrat. Dabei wird dem Redaktionsrat ein personelles Mitbestimmungsrecht bei der Einstellung und Entlassung von Redakteuren, Ressortleitern oder Chefredakteuren eingeräumt. Diese Regelung stellt in diesem Sinne ein personelles Mitbestimmungsrecht dar. Insoweit besteht durchaus eine Möglichkeit, ein Zustimmungserfordernis durch Rechtsgeschäft zu begründen. Dies ist wie die Möglichkeit, dass die Arbeitsvertragsparteien die ordentliche Kündigung grundsätzlich ausschließen, zu betrachten. Hier handelt es sich nicht darum, die Kündigung durch Rechtsgeschäft mit der Rechtsfolge des § 182 BGB von der Zustimmung eines Dritten abhängig zu machen, was möglicherweise unzulässig wäre. Es handelt sich nicht um die Zustimmung eines Dritten zu einem fremden Geschäft, sondern um die Regelung des Mitbestimmungsrechts zum Ausspruch der Kündigung innerhalb eines Unternehmens.[568] Der „Mannheimer Morgen“

---

566 *Rüthers*, in: Münchener Handbuch zum Arbeitsrecht, Band 2, 3. Aufl. 2009, § 201 Rn. 44 bis 47, 85.

567 *Vgl. Dörner/Grund, in: Löffler, Presserecht, Besonderer Teil, 6. Aufl. 2015, S. 140 ff.; Seiler*, AfP 1999, 17; BAG, Beschluss vom 19.02.1975 – 1 ABR 94/73, *BAGE* Band 27, S. 46.

568 *Thiele*, Die Zustimmung in der Lehre vom Rechtsgeschäft, 1966, S. 46 ff.

als ZeitungsverlAG ist ein Tendenzbetrieb im Sinne von § 118 BetrVG, daher findet die Regelung des Betriebsverfassungsrechts keine Anwendung und so könnte die Handlung in diesem Fall nicht auf allgemeine Unternehmen ausgedehnt werden.

Darüber hinaus dürfen Betriebsärzte und Fachkräfte für Arbeitssicherheit nach § 9 Abs. 3 ASiG nur mit Zustimmung des Betriebsrats bestellt und abrufen werden. Diese Regelung ist nur für eine Beschäftigung als Arbeitnehmer gültig.[569] Es soll beachtet werden, dass sich die Abberufung von der Kündigung des Arbeitsverhältnisses unterscheidet, bei der sich der Betriebsrat nach § 102 beteiligen kann. Obwohl der Gesetzgeber nicht eindeutig regelt, wie sich eine fehlende und auch nicht ersetzte Zustimmung des Betriebsrats zur Abberufung als Betriebsarzt oder Fachkraft für Arbeitssicherheit auf eine Beendigungskündigung auswirkt, führt nach der Auffassung des Senats zumindest die objektive Umgehung des § 9 Abs. 3 ASiG zur Unwirksamkeit einer gleichzeitig ausgesprochenen Kündigung des Arbeitsverhältnisses, wenn die Abberufungs- und Kündigungsgründe mit der Tätigkeit als Betriebsbeauftragter im Zusammenhang stehen.[570]Dieses Zustimmungserfordernis verleiht dem Betriebsrat ein echtes und vollwertiges Mitbestimmungsrecht. Damit ist die Bestimmung des Betriebsrats zwingend notwendig, anderenfalls ist die Abberufung rechtswidrig und unwirksam.[571] Dieses Recht kann nicht nur dann behauptet werden, wenn der Arbeitgeber das Arbeitsverhältnis fortsetzen und den von ihm beschäftigten Betriebsarzt oder die Fachkraft für Arbeitssicherheit durch eine Abberufung nur von seinen Aufgaben als Betriebsbeauftragter entbinden will. Es wirkt sich auch als Bestandsschutz für das Arbeitsverhältnis des Betriebsarztes oder Fachkraft für Arbeitssicherheit, wenn der Arbeitgeber davon absieht, die Zustimmung des Betriebsrats zur Abberufung einzuholen oder ersetzen zu lassen und die Abberufung nur als Folge einer Kündigung durchzusetzen versucht. Dieses Vorgehen führt zur Unwirksamkeit der Beendigungskündigung, weil der Zweck des § 9 Abs. 3 ASiG gegen eine Beschränkung des Mitbestimmungsrechts allein auf das im Übrigen weiter bestehende Arbeitsverhältnis des Betriebsarztes oder der Fachkraft für Arbeitssicherheit spricht, wenn die Kündigung mit der Tätigkeit als Betriebsarzt oder Fachkraft für Arbeitssicherheit begründet wird oder durch die Pflichtenkollision sachlich untrennbar verbunden ist. Ein Teil des Schrifttums vertritt die andere Auffassung, dass die Zustimmung des Betriebsrats zur

569 *Richardi*, in: Betriebsverfassungsgesetz, 16. Aufl. 2018, BetrVG § 87 Rn. 594.
570 *BAG*, Urteil vom 24.03.1988-2 AZR 369/87, NZA 1989, 61.
571 *Spinnarke/Schork*, Arbeitssicherheitsrecht, Loseblatt 2018, § 9 ASiG Anm. 4.1.

Abberufung stets eine zwingende Voraussetzung der Kündigung des Arbeitsverhältnisses ist, ohne dass es darauf ankommt, aus welchem Grund die Kündigung erklärt wurde.[572] Nach allgemeiner Auffassung sind Sinn und Zweck des Mitbestimmungsrechts die Stärkung der Unabhängigkeit der Amtsausübung und des Vertrauensverhältnisses zwischen dem Betriebsarzt oder der Fachkraft für Arbeitssicherheit und dem Arbeitgeber. Obwohl das Gesetz dies nicht ausdrücklich darlegt, wird dieser Personengruppe ein amtsbezogener Kündigungsschutz eingeräumt. Hieraus folgt, dass der Arbeitgeber vor einer Kündigung aus Gründen, die mit der Erfüllung der amtsbezogenen besonderen Aufgaben in untrennbaren Zusammenhang stehen, die Zustimmung des Betriebsrats zur Kündigung als Abberufung einholen muss. Dies dient dem Schutz der kollektiven Interessen der Belegschaft auf dem Gebiet der Arbeitsmedizin, des Arbeitsschutzes und der Unfallverhütung.

Insoweit besteht eine Möglichkeit, die Beteiligungsrechte des Betriebsrats bei der Kündigung von Compliance-Beauftragten durch EinzelvertrAG über das in § 102 BetrVG Vorgesehene hinaus zu erweitern. Es ist insbesondere denkbar, dass der Ausspruch von Kündigungen an die Zustimmung des Betriebsrats gebunden wird. Durch eine solche individuelle vertragliche Vereinbarung wird die ordentliche Kündigung des Compliance-Beauftragten nicht ausgeschlossen, sondern nur an die Zustimmung des Betriebsrats gebunden. Wegen des einseitig zwingenden Charakters der Mitbestimmungsregelungen des Betriebsverfassungsgesetzes hat das BAG in seiner Entscheidung die Möglichkeit der Erweiterung des gesetzlichen Mitbestimmungsrechts des Betriebsrats nur durch Betriebsvereinbarung bejaht.[573] Aber die Privatautonomie und die Unternehmensautonomie werden nicht unzulässig eingeschränkt. Die Privatautonomie findet ihre Grenzen an zwingenden Bestimmungen, die der Gesetzgeber erlassen hat. Was Arbeitsvertragsparteien regeln dürfen, richtet sich nach ihrer Kompetenz. Betroffen sind damit Inhalt, Umfang und Legitimation des rechtlichen Könnens. Die grundsätzliche Befugnis der Arbeitsvertragsparteien zur Regelung der für sie maßgeblichen Arbeitsbedingungen besteht zweifellos. Die entsprechende Legitimation folgt aus der freien Willensentschließung des autonomen Individuums. Vertragsklauseln in Arbeitsverträgen werden in der betrieblichen Praxis meist vom Arbeitgeber vorformuliert. Damit haben sie die Anforderungen

---

572 *Bertzbach*, in: FS Däubler, 1999, S. 160; *Brecht-Heitzmann* in: Däubler/Deniert/Zwanziger, Kündigungsschutzrecht, 10. Aufl. 2017, ASiG Rn. 12 ff.; *Von Hoyningen-Huene/Linck*, Kündigungsschutzgesetz, 15. Aufl. 2013, § 13 Rn. 76.

573 BAG, Urteil vom 23.4.2009 – 6 AZR 263/08, NZA 2009, 915.

an die Formulierung aus den Vorschriften der AGB-Kontrolle zu erfüllen. Sie bilden die praktisch bedeutsamste Grenze der Vertragsgestaltungsfreiheit. Die Parteien eines Arbeitsvertrags können auch eine echte Individualvereinbarung aushandeln. Jedoch wird die individuale Vertragsgestaltung durch zahlreiche zwingende gesetzliche Bestimmungen und Kollektivverträge beschränkt. Die Rechtsprechung verlangt, dass der Arbeitgeber die Klausel inhaltlich ernsthaft zur Disposition stellt und dem Arbeitnehmer Gestaltungsfreiheit zur Sicherung eigener Interessen einräumt.[574]Die Möglichkeit, einzelne Arbeitsverträge innerhalb der Betriebsvereinbarung offen zu gestalten, wurde bereits in der Rechtsprechung des Bundesarbeitsgerichts grundsätzlich anerkannt.[575]

IV. Anknüpfung des Kündigungsschutzes des zentralen Compliance-Beauftragten an den Sprecherausschuss

1. Der Begriff des leitenden Angestellten

Der Begriff des leitenden Angestellten wird in mehreren gesetzlichen Vorschriften erwähnt, jedoch existiert keine einheitliche Bestimmung für das Arbeitsrecht.[576] Im Sinne des KSchG stimmt der Begriff des leitenden Angestellten nicht mit der betriebsverfassungsrechtlichen Definition überein. Im kündigungsrechtlichen Zusammenhang spielen jedoch nur die Vorschriften des § 5 Abs. 3 BetrVG und des § 14 Abs. 2 KSchG sowie des § 1 SprAuG eine Rolle. § 5 Abs. 3 S.2 Nr. 1 und 2 BetrVG umschreibt den Grundtatbestand des leitenden Angestellten. Gem. § 5 Abs. 3 S. 2 Nr. 1 BetrVG ist leitender Angestellter, wer berechtigt ist, im Betrieb oder in der Betriebsabteilung beschäftigte Arbeitnehmer selbstständig einzustellen und zu entlassen. Nach § 5 Abs. 3 S. 2 Nr. 2 BetrVG ist leitender Angestellter, wer Generalvollmacht oder Prokura besitzt und zum anderen unternehmerische Aufgaben von nicht untergeordneter Bedeutung wahrnimmt. Durch Art. 2 des Gesetzes zur Änderung des BetrVG, über Sprecherausschüsse der leitenden Angestellten und zur Sicherung der Montanmitbestimmung vom 20.12.1988 wurden die Merkmale des leitenden Angestellten im Sinne des BetrVG konkretisiert.[577] Dazu hat der Gesetzgeber den früheren EingangsSatz zu § 5 Abs. 3 BetrVG um die Bezugspunkte des Unternehmens und

574 BAG, Urteil vom 12.12.2013 – 8 AZR 829/12, NJW 2014, 2138.

575 BAG, Urteil vom 5. 3. 2013 – 1 AZR 417/12, NZA 2013, 916.

576 *Ascheid/Preis/Schmidt*, Kündigungsrecht, 5. Aufl. 2017, § 14 KSchG Rn. 16; *Schaub*, Arbeitsrecht-Handbuch, 17. Aufl. 2017, Rn. 1.

577 BGBl. I S. 2312.

Betriebs ergänzt. Damit sollte § 5 Abs. 3 S. 2 Nr. 3 BetrVG anerkannt werden. Es beinhaltet die Umschreibung der Bestimmung als Auffangtatbestand zur funktionsbezogenen Beschreibung des Begriffs des leitenden Angestellten.[578] Damit ist klargestellt, dass auch betriebsbezogene Aufgaben und Funktionen den Status eines leitenden Angestellten begründen können.[579] Nach Regelung des § 5 Abs. 3 S. 2 Nr. 3 BetrVG ist leitender Angestellter, wer nach ArbeitsvertrAG und Stellung im Unternehmen oder im Betrieb regelmäßig die Aufgaben erfüllen soll, die für den Bestand und die Entwicklung des Unternehmens oder des Betriebs von Bedeutung sind und deren Erfüllung besondere Erfahrungen und Kenntnisse voraussetzt, wenn er dabei entweder die Entscheidung ohne Weisung trifft oder sie maßgeblich beeinflusst. Diese Umschreibung des Grundtatbestands des leitenden Angestellten ist strukturell zweigeteilt, erstens geht es um die Aufgaben, zweite um die Art und Weise ihrer Erledigung.[580] Die Bedeutung der dem Angestellten obliegenden unternehmerischen Aufgaben ist maßgeblich für die Zuordnung zum Personenkreis der leitenden Angestellten i. S. v. § 5 Abs. 3 S. 2 Nr. 3 BetrVG. Der Beschäftigte muss die Aufgaben im Wesentlichen eigenverantwortlich und selbstbestimmt wahrnehmen. Außerdem muss der Beschäftigte die für die Erfüllung der Aufgaben nötige personale Kompetenz zur Verfügung stellen.

2. *Der zentrale Compliance-Beauftragte als leitender Angestellter*

Im GegenSatz zu vielen anderen Bereichen im Unternehmen ist die Compliance-Abteilung eine junge Abteilung. Seit der zunehmenden Einführung von Compliance-Management-Systemen wurden die meisten Compliance-Abteilungen mit einem zentralen Compliance-Beauftragten in leitender Funktion besetzt. Angemerkt wurde bereits, dass für die Klassifizierung als leitender Angestellter im Sinne des Arbeitsrechts kein allgemeingültiger Begriff zugrunde gelegt werden kann.[581] Im Hinblick auf diese grundlegende Problematik ist die bisherige Beurteilung der Frage, ob der zentrale Compliance-Beauftragte als

578 *Koch*, in:Erfurter Kommentar zum Arbeitsrecht, 19. Aufl. 2019, BetrVG § 5 Rn. 21; *Besgen*, in: Beck'scher online-Kommentar Arbeitsrecht, 48. Ed. 2018, BetrVG § 5 Rn. 52.

579 *BAG, Urteil vom* 25.10.1989 – 7 ABR 60/88, AP BetrVG 1972 § 5 Nr. 42; *Leese*, Die Abgrenzung der leitenden Angestellten, S. 109; *Fitting, Karl* u.a., BetrVG, 28. Aufl. 2016, § 5 Rn. 336 f.; *Hess/Schlochauer/Glaubitz*, BetrVG, 5. Aufl. 1997, § 5 Rn. 77.

580 *Henssler*, in: FS Wolfgang Hromadka zum 70. GeburtstAG 2008, S. 131.

581 *Schaub*, Arbeitsrecht-Handbuch, 17. Aufl. 2017, Rn. 1; *Vogel*, NZA 2002, 313.

leitender Angestellter anzusehen ist, in der Literatur nicht einheitlich. Hierbei soll die konkrete Konstellation des Einzelfalles wesentlich berücksichtigt sein.

Nach § 5 Abs. 3 S. 2 Nr. 1 BetrVG und § 14 Abs. 2 KSchG sind die Arbeitnehmer, denen die Berechtigung zur Einstellung und/oder Entlassung[582] von Mitarbeitern zusteht, leitende Angestellte. Für einen zentralen Compliance-Beauftragten, der neben fachlichen Aufgaben auch Verwaltungstätigkeiten wahrnimmt und gegenüber den Mitarbeitern seiner Abteilung einstellungs- und/oder entlassungsbefugt ist, kommt die Zuordnung zur Gruppe der leitenden Angestellten in Betracht. Aber diese genannte Voraussetzung kann alternativ erfüllt sein und muss nicht kumulativ vorliegen.[583] Die Klassifizierung des leitenden Angestellten kann unabhängig von der Einstellung und/oder Entlassung erfolgen.

Die Eigenschaft als leitender Angestellter kann auch durch dessen Aufgaben zu bestimmen sein. §5 Abs.3 S.2 Nr.3 BetrVG umschreibt den Grundtatbestand des leitenden Angestellten. Damit machen unternehmerische Aufgaben einen Angestellten zum leitenden Angestellten, wenn solche Aufgaben von der Unternehmensleitung auf ihn übertragen werden und regelmäßig für die Entwicklung des Unternehmens oder zumindest eines Betriebs des Unternehmens von Bedeutung sind. Im Weg der Delegation von Unternehmensleitung ist der zentrale Compliance-Beauftragte in einem Unternehmen gesamtverantwortlich für die Einrichtung, Entwicklung, Überwachung und Weiterentwicklung eines angemessenen Compliance-Systems und übernimmt eine besondere Stabsfunktion. Ihm wird eine Schlüsselrolle für das Compliance-Management-System zugewiesen. Die Nichtverwirklichung des Hauptzweckes von Aufgaben des zentralen Compliance-Beauftragten kann mit Risiken mit bestandsgefährdendem Charakter verbunden sein. Der zentrale Compliance-Beauftragte prägt durch seine Arbeit maßgeblich den Ruf des Unternehmens und trägt wesentlich zum wirtschaftlichen Gesamtergebnis bei. So wird bei einer Gesamtbetrachtung seines Aufgabenreiches deutlich, dass der zentrale Compliance-Beauftragte zum Bestand und zur Entwicklung eines Unternehmens oder Betriebs beiträgt. Bei ihm kann das zwingende Klassifizierungsmerkmal i. S. d. § 5 Abs. 3 S. 2 Nr. 3 BetrVG grundsätzlich unzweifelhaft bestehen. Darüber hinaus gibt § 5 Abs. 3 S. 2 Nr. 3 BetrVG die weiteren Tatbestandsvoraussetzungen vor. Dies gilt für die in der Norm genannten besonderen Erfahrungen und Kenntnisse.

---

582 Nach § 5 Abs. 3 S. 2 Nr. 1 BetrVG ist auf die Berechtigung zur „selbständigen Einstellung und Entlassung abzustellen", während § 14 Abs. 2 von der Berechtigung zur „Einstellung *oder* Entlassung" spricht.

583 *Fitting, Karl* u.a., BetrVG, 28. Aufl. 2016, § 3 Rn. 309.

Bei dem zentralen Compliance-Beauftragten kann dieses Merkmal damit ohne Zweifel angenommen werden. Der zentrale Compliance-Beauftragte ist maßgeblicher Berater der Unternehmensleitung für Compliance sowie Vermittler und Übersetzer der relevanten Themen in dem Compliance-System. Um den beschriebenen Aufgaben adäquat nachkommen zu können, bedarf es in der Regel eines hochgestellten Persönlichkeitsprofils. Er muss über die erforderlichen Fachkenntnisse für den jeweils zugewiesenen Aufgabenbereich verfügen, beispielsweise fundierte Kenntnisse zu den Produkten des Unternehmens, Kenntnisse über den Aufbau und Ablauf des Compliance-Management-Systems sowie Kenntnisse zu Anforderungen an die Ausgestaltung von angemessenen Prozessen zur Aufdeckung von Verstößen aufweisen. Schließlich sollte der leitende Angestellte nach § 5 Abs. 3 S. 2 Nr. 3 BetrVG mit Weisungsfreiheit und Selbstbestimmung im Rahmen seines Tätigkeitsbereichs versehen sein. Wie im vorigen Kapital beschrieben, trifft der zentrale Compliance-Beauftragte die Entscheidungen in seinem Aufgabenbereich grundsätzlich unabhängig von der Weisung anderer geschäftlicher Einheiten des Unternehmens.[584] Die Unabhängigkeit des zentralen Compliance-Beauftragten ist einer wirksamen Aufgabenerfüllung inhärent.[585]

3. Die Kündigung knüpft an den Sprecherausschuss an

Durchschlagend erscheint der Hinweis des BAG auf § 28 SprAuG. Nach diesem können Arbeitgeber und der Sprecherausschuss Richtlinien über den Inhalt, den Abschluss oder die Beendigung von Arbeitsverhältnissen der leitenden Angestellten schriftlich vereinbaren. Der Inhalt der Richtlinien hat unmittelbare und zwingende Wirkung auf die Arbeitsverhältnisse, soweit Arbeitgeber und Sprecherausschluss eine auf diese Wirkung gerichtete Vereinbarung deutlich und zweifellos treffen.[586] Damit steht dem Sprecherausschuss neben den wenigen in den §§ 30 ff. SprAuG festgesetzten Mitwirkungsrechten eine sehr weitgehende Vereinbarungsbefugnis zu. Gemäß § 28 SprAuG sind sowohl Grundsätze als

584 *Lösler*, NZG 2005, 107.

585 *Hauache*, Unternehmensbeauftragte und Gesellschaftsrecht der AG und GmbH, 2003, S. 40.

586 BAG, Beschluss von 7. 11. 1989 – GS 3/85, NZA 1990, 816, 818; BAG, Urteil vom 10. 2. 2009 – 1 AZR 767/07, NZA 2009, 970; *Linsenmaier*, RdA 2008,1, 5.

auch Details, die die Beendigung von Arbeitsverhältnissen betreffen, durch eine vereinbarte Richtlinie zugänglich.[587]

An eine ähnliche Stellung könnte man auch beim zentralen Compliance-Beauftragten denken. Damit könnte der besondere Kündigungsschutz des zentralen Compliance-Beauftragten durch eine Abrede zwischen dem Arbeitgeber und dem Sprecherausschuss vereinbart werden. Beispielsweise kann für die Zulässigkeit krankheitsbedingter Kündigung verabredet werden, dass Erkrankungen bis zu einer bestimmten Dauer allgemein unbeachtlich sind. Für eine rechtmäßige betriebsbedingte Kündigung ist eine Vereinbarung des Inhalts denkbar, dass dem zentralen Compliance-Beauftragten eine Abfindung gezahlt werden muss. Desgleichen können beide die ordentliche Kündbarkeit eines zentralen Compliance-Beauftragten nach Erreichen einer gewissen Betriebszugehörigkeit ausschließen. Eine inhaltliche Verabredung ist auch dahin möglich, dass der zentrale Compliance-Beauftragte nur zum Jahreshalbjahr und Jahresende gekündigt werden darf. Darüber hinaus können der Arbeitgeber und der Sprecherausschuss in einer Richtlinie den besonderen Kündigungsschutz des zentralen Compliance-Beauftragten, der in einem Konzern arbeitet, auf die Konzernebene erstrecken. Bei der betriebsbedingten Kündigung eines zentralen Compliance-Beauftragten ist gemäß § 1 Abs. 2 S. 1 KSchG nur eine Weiterbeschäftigungsmöglichkeit im selben Betrieb oder Unternehmen zu prüfen. Durch die vereinbarte Richtlinie kann die Verpflichtung des Arbeitgebers festgestellt werden, sich um einen neuen Arbeitsplatz des zentralen Compliance-Beauftragten in einem anderen Konzernunternehmen zu bemühen.[588] Die Vereinbarungen können auch im Zusammenhang mit der Beendigung von Arbeitsverhältnissen bei Betriebsänderungen stehen. Sprecherausschuss und Arbeitgeber können festlegen, zu welchem Zeitpunkt die mit Betriebsänderungen verbundenen Kündigungen des zentralen Compliance-Beauftragten wirksam werden.

---

587 *Löwisch*, Kommentar zum Sprecherausschussgesetz, 2. Aufl. 1994, § 28 Rn. 9; *Borgwardt/Fischer/Janert*, Sprecherausschussgesetz für leitende Angestellte, 2. Aufl. 1990, § 28, Rn. 1.

588 *Wiedemann*, Anmerkung zu BAG, Urteil vom 14.10.1982 Anm. AP Nr. 1 zu § 1 KSchG 1969 Konzern; *Windbichler*, Arbeitsrecht im Konzern, 1989, S. 156 ff.

Kapitel 6 Die kündigungsrechtliche Stellung des Compliance-Beauftragten vor außerordentlicher Kündigung

A. Allgemeine Hinweise zur außerordentlichen Kündigung

I. Die Definition der außerordentlichen Kündigung

Oftmals liegt es im Interesse des Arbeitgebers, ein aus seiner Sicht missliebiges Arbeitsverhältnis möglichst zeitnah und ohne Einhaltung einer Kündigungsfrist zu beenden. Das Gesetz gewährt ihm hierfür die Möglichkeit, eine außerordentliche fristlose Kündigung auszusprechen. Durch § 626 Abs. 1 BGB wird dieses außerordentliche Kündigungsrecht auf das Vorliegen eines wichtigen Grundes beschränkt. Nach § 626 Abs. 1 BGB kann ein Arbeitsverhältnis nur außerordentlich von jeder Vertragspartei gekündigt werden, wenn Tatsachen vorliegen, welche unter Berücksichtigung aller Umstände des Einzelfalles sowie unter Abwägung der Interessen des Arbeitgebers und des betroffenen Arbeitnehmers die Fortsetzung des Dienstverhältnisses bis zum Ablauf der ordentlichen Kündigungsfrist oder bis zu der vereinbarten Beendigung des Arbeitsverhältnisses nicht zugemutet werden können. Gemäß § 626 Abs. 1 BGB kommen als wichtige Kündigungsgründe in erster Linie das Verhalten des Gekündigten und nur ausnahmsweise personen- oder betriebsbedingte Gründe in Betracht.

II. Die allgemeinen Voraussetzungen der außerordentlichen Kündigung

§ 626 Abs. 1 BGB stellt hohe Anforderungen an die außerordentliche Kündigung, ist aber nur eine generelle Klausel. Wie ein Grund als wichtig identifiziert wird, was zu den Umständen des Einzelfalls zählt, nach welchen Kriterien die Interessen beider Vertragsparteien abzuwägen sind und wie sich letztlich die Unzumutbarkeit der Fortsetzung des Arbeitsverhältnisses bestimmt, ist vom Gesetz nicht vorgesehen.

Ob diese allgemeinen Voraussetzungen erfüllt werden, soll durch eine zweistufige Prüfung festgestellt werden.[589] Die Rechtsprechung hat zur Entwicklung

---

589 *Däubler/Hjort/Schubert/Wolmerath*, Arbeitsrecht 4. Aufl., 2017, § 626 BGB Rn. 49;

der auf der Grundlage des § 626 BGB geschaffenen allgemeinen Leitlinien beitragen.[590]

Zunächst soll festgestellt werden, ob ein wichtiger Grund ohne die besonderen Umstände des Einzelfalles „an sich" geeignet ist, welcher die sofortige Beendigung eines Arbeitsverhältnisses rechtfertigen kann.[591] § 626 Abs. 1 BGB identifiziert keine absoluten Kündigungsgründe.[592] Der wichtige Grund wird nur durch allgemeine Merkmale gekennzeichnet. Grundsätzlich können viele Umstände grundsätzlich als ein wichtiger Grund herangezogen werden. Letztendlich wird immer im Einzelfall eine Feststellung zu treffen sein. Hierbei ist im Wesentlichen auf das Verhalten des Arbeitnehmers abzustellen, das die vertraglichen Nebenpflichten verletzt. In Ausnahmefällen kann jedoch auch eine außerordentliche Kündigung aus personenbedingten oder betriebsbedingten Gründen in Betracht kommen. Ausnahmsweise ist eine personenbedingte außerordentliche Kündigung zulässig, wenn das Arbeitsverhältnis zwischen dem Arbeitgeber und tarif- oder arbeitsvertraglich ordentlich unkündbaren Arbeitnehmer als Austauschverhältnis auf Dauer erheblich gestört ist.[593] Eine außerordentliche betriebsbedingte Kündigung kann ausgesprochen werden, wenn der Arbeitgeber wegen des tariflichen Ausschlusses der ordentlichen Kündigung den Arbeitnehmer bis zum Erreichen der bestimmten Kündigungsfrist oder Pensionsgrenze weiterbeschäftigen müsste und dies für den Arbeitgeber aus betriebsbedingten Gründen unzumutbar wäre.[594] Dringende betriebliche Erfordernisse i. S. v. § 1

Niemann, in: Erfurter Kommentar zum Arbeitsrecht, 19. Aufl. 2019, BGB § 626 Rn. 16.

590 Vgl. *Schulte Westenberg*, NZA-RR 2000, 449; *ders.* NZA-RR 2002,561; *ders.*, NZR-RR 2009, 401.

591 *Dütz*, NJW 1990, 2025, 2030 f; *Niemann*, in: Erfurter Kommentar zum Arbeitsrecht, 19. Aufl. 2019, BGB § 626 Rn. 14, 15; BAG, Urteil vom 12.08.1999 – 2 AZR 923/98, AP Nr. 28 zu § 626 BGB Verdacht strafbarer Handlung; BAG, Urteil vom 11.12.2003 – 2 AZR 36/03, NZA 2004,486,487; BAG, Urteil vom 1.2.2007 – 2 AZR 333/06, AP Nr. 40 zu § 626 BGB Verdacht strafbarer Handlung.

592 *Niemann*, in: Erfurter Kommentar zum Arbeitsrecht, 19. Aufl. 2019, BGB § 626 Rn. 24; BAG, Urteil vom 10.6.2010 – 2 AZR 541/09, NZA 2010, 1227.

593 BAG, Urteil vom 13.5.2004 -2 AZR 36/04, AP Nr. 12 zu III § 626 BGB Krankheit; BAG, Urteil vom 12.1.2006 – 2 AZR 242/05, AP Nr. 9, zu B II 3d zu § 626 BGB Unkündbarkeit.

594 BAG, Urteil vom 17.9.1998 -2 AZR 419/97, Ap Nr. 148 zu § 626 BGB; BAG, Urteil vom 13.6.2002 – 2 AZR 391/01, NZA 2003, 44; BAG, Urteil vom 8.4.2003 – 2 AZR 355/02, NZA 2003, 856 ff.; BAG, Urteil vom 22.11.2012 – 2 AZR 673/11, NZA 2013,730; BAG, Urteil vom 18.6.2015 – 2 AZR 480/14, NJW 2016, 523.

Abs. 2 KSchG reichen nicht aus.[595] In Betracht kommt eine solche Kündigung insbesondere, wenn der Arbeitgeber nach dem Wegfall der Beschäftigungsmöglichkeit über einen längeren Zeitraum das Gehalt zahlen müsste, ohne die Arbeitskraft des Arbeitnehmers verwerten zu können.[596] Weiterhin ist danach zu prüfen, ob dieser wichtige Grund im konkreten Einzelfall unter Berücksichtigung aller vernünftigerweise in Betracht kommenden Umstände und bei einer umfassenden Interessenabwägung beider Arbeitsvertragsparteien die sofortige Auflösung des Arbeitsverhältnisses rechtfertigt.[597] Dabei gilt wiederum das im Kündigungsschutzrecht festgelegte Prognoseprinzip. Danach muss aufgrund der den wichtigen Grund auslösenden Umstände vorauszusehen sein, dass das Arbeitsverhältnis auch zukünftig erheblich beeinträchtigt sein wird. Daneben sind Art und Schwere der Verfehlung, der Grad des Verschuldens, das Lebensalter des Arbeitnehmers, die Folgen der Auflösung des Arbeitsverhältnisses, die Größe des Betriebs und die Betriebszugehörigkeitsdauer stets in die Interessenabwägung einzubeziehen.[598]

Hinsichtlich des fehlenden gesetzlichen besonderen Kündigungsschutzes, der die ordentliche Kündigung des Compliance-Beauftragten ausschließt, spielt die außerordentliche Kündigung bei dem Compliance-Beauftragten eine geringe Rolle. Die außerordentliche Kündigung des Compliance-Beauftragten sollte nur zum Tragen kommen, wenn diese Kündigung mit seiner spezifischen Tätigkeit im Zusammenhang steht. In den meisten Fällen wird auf einen verhaltensbedingten außerordentlichen Kündigungsgrund Bezug genommen.[599] Es geht um eine Verletzung der als Nebenpflicht zum ArbeitsvertrAG ausgestalteter Rücksichtnahmepflicht.[600] Beispielsweise kann eine unbegründete, leichtfertig

595 *Kreft*, Münchener Handbuch zum Arbeitsrecht, Band 2: Individualarbeitsrecht II, 4. Aufl. 2018, Rn. 155.

596 BAG, Urteil vom 22. 11. 2012 – 2 AZR 673/11, NZA 2013, 730; BAG, Urteil vom 24.9.2015 – 2 AZR 562/14, NZA 2016, 366; BAG, Urteil vom 18.6.2015 – 2 AZR 480/14, NJW 2016, 523.

597 *Dörner*, in: Ascheid/Preis/Schmidt, Kündigungsrecht, 5. Aufl. 2017, § 626 BGB Rn. 30 f.; *Niemann*, in: Erfurter Kommentar zum Arbeitsrecht, 19. Aufl. 2019, BGB § 626 Rn. 24; BAG, Urteil vom 10. 6. 2010 – 2 AZR 541/09, NZA 2010, 1227.

598 BAG, Urteil vom 22.10.2015 – 2 AZR 381/14, NZA 2016,482; BAG, Urteil vom 12. 5. 2005 – 2 AZR 159/04, NZA 2005, 1173.

599 *Junker*, Grundkurs Arbeitsrecht, 17. Aufl. 2018, Rn. 402; *Stahlhacke/Preis/Vossen*, Kündigung und Kündigungsschutz im Arbeitsverhältnis, 11. Aufl., 2015, Rn. 552, 565.

600 *Fischermeier*, in: Gemeinschaftskommentar zum Kündigungsschutzgesetz und zu sonstigen kündigungsschutzrechtlichen Vorschriften, 11. Aufl. 2016, § 626 BGB

eingebrachte externe Anzeige des Compliance-Beauftragten, bei der es sich um eine schwere Verletzung der Nebenpflicht handelt, eine außerordentliche Kündigung rechtfertigen.[601]

B. Die kündigungsrechtliche Stellung des Compliance-Beauftragten vor außerordentlicher Kündigung

I. Die kündigungsrechtliche Stellung des Compliance-Beauftragten vor außerordentlicher Kündigung aus betriebsbedingten und personenbedingten Gründen

1. Die kündigungsrechtliche Stellung des Compliance-Beauftragten vor außerordentliche Kündigung aus betriebsbedingten Gründen

Eine betriebsbedingte Kündigung ist eine unternehmerische Maßnahme, die zum Wegfall eines Arbeitsplatzes führt, damit der Betrieb sein Wirtschafts- und Betriebsrisiko verringern kann. Regelmäßig kann der Arbeitnehmer aus betrieblichen Gründen nur ordentlich gekündigt werden, weil der Arbeitgeber das Wirtschafts- und Betriebsrisiko nicht im Wege der Kündigung den Arbeitnehmern aufbürden darf. Nur in Sonderfällen gilt ein betrieblicher Grund als wichtiger Grund für außerordentliche Kündigung.[602] Der Sonderfall besteht in der Betriebsschließung oder Abteilungsstilllegung.[603] Die umfangreiche Rechtsprechung hat deutlich gemacht, dass die verfassungsrechtlich geschützten Interessen des Arbeitgebers nicht ausreichend bewahrt werden, wenn nur die Stilllegung des Betriebs oder der Abteilung eine betriebsbedingte außerordentliche Kündigung zulässt. Eine außerordentliche betriebsbedingte Kündigung kommt im Rahmen des § 55 BAT grundsätzlich auch dann in Betracht, wenn bei tatsächlicher Umstrukturierung des Unternehmens eine Abteilung betroffen wird, deren Arbeitsleitung auf ein Drittunternehmen ausgelagert und in der eine hohe Quote

---

Rn. 145; *Stahlhacke/Preis/Vossen,* Kündigung und Kündigungsschutz im Arbeitsverhältnis, 11. Aufl., 2015, Rn. 603, 632 ff.

601 *Fischer,* Der Betriebsbeauftragte im Umweltschutzrecht, 1996, S. 178; *Niemann,* in: Erfurter Kommentar zum Arbeitsrecht, 19. Aufl. 2019, BGB § 626 Rn. 64a.

602 *Preis,* Individualarbeitsrecht, 5. Aufl. 2017, § 66 S. 878.

603 BAG, Urteil vom 28.3.1985 – 2 AZR 113/84, NZA 1985, 559; BAG, Urteil vom 22.7.1992 – 2 AZR 84/92, EzA § 626 BGB Nr. 141; BAG, Urteil vom 5.2.1998 – 2 AZR 227/97, NZA 1998, 771; BAG, Urteil vom 27.6.2002 – 2 AZR 367/01, AP BAT § 55 Nr. 4.

von ordentlich unkündbaren Arbeitnehmern beschäftigt ist.[604] In der rechtlichen Literatur und Praxis wird der Arbeitnehmer, für den die ordentliche Kündigung ausgeschlossen sein soll, als unkündbar bezeichnet.[605] Die Unkündbarkeit des Arbeitnehmers kann durch Tarifvertrag, Betriebsvereinbarung und IndividualvertrAG vereinbart werden. Für den Compliance-Beauftragten existieren keine gesetzlichen Kündigungsverbote, welche die ordentliche Kündigung untersagen. In der Praxis hat die Vereinbarung der Unkündbarkeit im EinzelvertrAG für den Compliance-Beauftragten größte Bedeutung. Das Arbeitsverhältnis zwischen dem Arbeitgeber und dem Compliance-Beauftragten ist Austauschverhältnis. Wenn seine Aufgaben wegen Umstrukturierung auf andere Abteilung übertragen werden, ist eine Fortsetzung des „sinnentleerten“[606] Arbeitsverhältnisses unzumutbar, weil die Aufrechterhaltung des Arbeitsverhältnisses die wirtschaftlichen Belastungen unzumutbar erscheinen lassen kann. Die Möglichkeit der besonderen Handlung des Compliance-Beauftragten vor dieser betriebsbedingten außerordentlichen Kündigung stellt keinen denkbaren rechtlichen Gesichtspunkt dar.

Außerdem sollte diskutiert werden, ob für einen Compliance-Beauftragten bei einer Verschmelzung von Unternehmen ein weiterer Beschäftigungsanspruch besteht. Wenn ein Arbeitnehmer zuvor als Compliance-Beauftragter im Unternehmen bestellt wurde, ist seine Stelle nach dem Zeitpunkt der Verschmelzung erlöschen. Damit verliert er sein Amt. Nach der Fusion tritt das neue Unternehmen in die Rechte und Pflichten des bisherigen Unternehmens ein. Dies schließt auch die Rechte und Pflichten aus den Arbeitsverhältnissen ein. Zwar liegt darin eine gesetzlich angeordnete Gesamtrechtsnachfolge, der sich daraus ergebende Anspruch gilt jedoch regelmäßig nicht für die weitere Beschäftigung als Compliance-Beauftragter des vereinigten Unternehmens, das bedeutet, dass im Rahmen jeder Verschmelzung nicht jedes Amt übergangsfähig ist. In der Regel werden für eine derartige Verschmelzung Übergangs- oder Restmandate ausdrücklich geregelt.[607] Entsprechende Regelungen fehlen für Compliance-Beauftragte. Dabei wird auf die besondere kündigungsrechtliche Stellung in dieser Situation unter keinem denkbaren Gesichtspunkt Bezug genommen.

---

604 BAG, Urteil vom 6.10.2005 – 2 AZR 362/04, NZA-RR 2006, 416, AP BAT § 53 Nr. 8; BAG, Urteil vom 22.11 – 2 AZR 674/11, NJW-Spezial 2013, 338.

605 AP, § 626 BGB Unkündbarkeit Nr. 1–5; EzA, § 626 BGB Unkündbarkeit Nr. 1–8.

606 BAG, Urteil vom 8.4.2003 – 2 AZR 355/02, NZA 2003, 856.

607 Vgl. etwa §§ 21a, 21b BetrVG, § 32 SächsPersVG.

2. *Die kündigungsrechtliche Stellung des Compliance-Beauftragten vor außerordentlicher Kündigung aus personenbedingten Gründen*

Die Gründe in der Person sind nur in Extremfällen als eine außerordentliche Voraussetzung eines außerordentlichen Kündigungsgrunds gerechtfertigt, wenn eine arbeitgeberseitige ordentliche Kündigung ausgeschlossen ist und ein wichtiger Grund vorliegt.[608] Ein wichtiger Grund i. S. d. § 626 BGB für eine personenbedingte außerordentliche Kündigung eines Compliance-Beauftragten könnte insbesondere dann gegeben sein, wenn der Arbeitnehmer aus persönlichen Gründen nicht mehr in der Lage ist, seine arbeitsvertragliche Verpflichtung ordnungsgemäß zu erfüllen und dadurch eine nicht vorwerfbare Störung des betrieblichen Interesses des Arbeitgebers eintritt,[609] beispielsweise weil der betriebliche Compliance-Beauftragte die erforderliche Fachkenntnis und Zuverlässigkeit nicht (mehr) besitzt. Ob der Arbeitgeber wegen des fühlbaren fachlichen Mangels des Compliance-Beauftragten zur außerordentlichen Kündigung berechtigt ist, hängt von dem jeweiligen Einzelfall und insbesondere davon ab, ob der Arbeitgeber den Arbeitsplatz sofort neu belegen muss und der Compliance-Beauftragte unkündbar ist.[610] Dabei ist die kündigungsrechtliche Stellung des Compliance-Beauftragten keine besondere.

II. Die kündigungsrechtliche Stellung des Compliance-Beauftragten vor außerordentlicher Kündigung aus verhaltensbedingten Gründen

Der Grund für eine verhaltensbedingte Kündigung liegt in einer Verletzung arbeitsvertraglicher Haupt- oder Nebenpflichten. In Betracht kommen nur konkrete Beeinträchtigungen des Arbeitsverhältnisses.[611] Die außerordentliche Kündigung aus verhaltensbedingtem Grunde ist gerechtfertigt, wenn Fehlverhaltensweisen des Arbeitnehmers schwerwiegend waren und dem Arbeitgeber nicht zugemutet werden kann, den Arbeitnehmer bis zum Ablauf der fiktiven Kündigungsfrist weiterzubeschäftigen. Die verhaltensbedingte außerordentliche

---

608 *Frauke/Denecke*, in: Gallner/Mestwerdt/Nägele, Kündigungsschutzrecht 6. Aufl. 2018, BGB §626 Rn. 485, 486; *Linck*, in: Schaub, Arbeitsrechts-Handbuch 17. Aufl. 2017, § 131 Rn. 15.

609 BAG, Urteil vom 20.5.1988 – 2 AZR 803/87, AP Nr. 9 zu § 1 KSchG Personenbedingte Kündigung.

610 BAG, Urteil vom 13.1.1977 – 2 AZR 423/75, NJW 1977, 1023.

611 BAG, Urteil vom 16.8.1991, § 1 KSchG Verhaltensbedingte Kündigung.

Kündigung setzt in der Regel das Verschulden des Arbeitnehmers voraus. Der Arbeitnehmer hat nicht nur objektiv rechtswidrig, sondern auch subjektiv schuldhaft gehandelt. Nach Ansicht des LAG Schleswig-Holstein[612] gibt es jedoch auch eine Abweichung von der Regel. Eine außerordentliche Kündigung bei schuldlosem Verhalten ist auch möglich, wenn der Arbeitnehmer durch fortdauerndes Fehlverhalten die betrieblichen Sicherheitsvorschriften merklich und nachhaltig verletzt hat, sodass der Arbeitgeber die Aufrechterhaltung dieser Vorschriften nicht bestehen lassen kann. Im Zusammenhang mit der Spezialität der Aufgaben des Compliance-Beauftragten existieren einigen Situationen, in denen es um die Annahme eines zum Ausspruch einer verhaltensbedingten außerordentlichen Kündigung geeigneten Grundes geht. Der kündigungsrechtlichen Stellung des Compliance-Beauftragten wird im Hinblick auf die Eigenart seiner Aufgaben im Folgenden nachgegangen.

1. *Die kündigungsrechtliche Stellung des Compliance-Beauftragten vor außerordentlicher Kündigung wegen von ihm veranlasster Compliance-Kontrollmaßnahmen*

Die Compliance-Kontrollmaßnahme des Unternehmens durch einen internen Beauftragten im Rahmen eines umfassenden Systems ist aus betriebswirtschaftlicher Sicht ein idealtypisches Konstrukt. Im Hinblick auf Compliance kann die Verarbeitung der personenbezogenen Daten von Beschäftigten durch ein Datenscreening oder eine Videoüberwachung als Mittel zu Sicherstellung von Compliance dienen. In der Unternehmenspraxis delegiert die Unternehmensleitung diese Compliance-Aufgabe oftmals an einen Compliance-Beauftragten.

a) Die Zulässigkeit der Compliance-Kontrollmaßnahme

Die Compliance-Kontrollmaßnahmen zu den personenbezogenen Daten von Beschäftigten greifen regelmäßig in das allgemeine Persönlichkeitsrecht der Betroffenen in Gestalt des Rechts auf informationelle Selbstbestimmung ein. Dieses Grundrecht ergibt sich aus Art 2. Abs. 1 GG i. V. m. Art. Art 1. Abs. 1 GG.[613] Eine solche Kontrollmaßnahme ist nur zulässig, wenn gesetzliche Voraussetzungen erfüllt werden. Seit dem 25.5.2018 ist die EU-Datenschutz-Grundverordnung(DS-GVO)[614] in Europa wirksam. Damit ist die am 5.7.2017

---

612 LAG Schleswig-Holstein, NZA-RR 2011, 572.

613 BVerfG, Urteil vom 15.12.1983 – 1 BvR 209/83, NJW 1984, 419.

614 Verordnung(EU) 2016/679.

verkündete Neufassung des Bundesdatenschutzgesetzes in Kraft getreten. Die Neufassungen haben erheblichen Einfluss auf die Compliance in dem Unternehmen. § 26 BDSG n. f. regelt Einzelheiten zum Beschäftigtendatenschutz und enthält zwei Erlaubnistatbestände für die Verarbeitung der personenbezogenen Daten von Beschäftigten. Dieser Vorschrift kommt hohe Bedeutung als Rechtsgrundlage für Compliance-Kontrollmaßnahmen zu. Bei der Durchführung von Compliance-Kontrollen müssen geeignete Maßnahmen zur Gewährleistung der Einhaltung der Datenschutzgrundsätze nach der DS-GVO ergriffen werden. § 26 Abs. 1 S. 1 BDSG regelt die Datenverarbeitung für allgemeine Zwecke des Beschäftigtenverhältnisses. Danach wird die personenbezogene Datenverarbeitung im Arbeitsverhältnis erlaubt, wenn sie zur Begründung, Durchführung oder Beendigung des Beschäftigungsverhältnisses erforderlich ist bzw. diese Datenverarbeitung das mildeste Mittel zur Erreichung des gesetzten Zweckes darstellt.[615] Dieser ErforderlichkeitsgrundSatz muss von Fall zu Fall geprüft werden. § 26 BSG Abs. 1 S. 2 schreibt die Datenverarbeitung für besondere Zwecke vor. Dementsprechend können die personenbezogenen Daten zur Aufdeckung von Straftaten erhoben, verarbeitet oder genutzt werden, wenn der Verdacht auf eine Straftat des Beschäftigten durch dokumentierte tatsächliche Anhaltspunkte begründet wird und die schutzwürdigen Interessen des Beschäftigten nicht überwiegen. Dabei muss der Vergleich zwischen den Interessen des Arbeitgebers an der Datenverarbeitung und dem allgemeinen Persönlichkeitsrecht des Beschäftigten angestellt werden.[616]Außerdem kommen auch die Kollektivvereinbarungen als Rechtsgrundlagen für die Verarbeitung von personenbezogenen Daten im Arbeitsverhältnis bei den Compliance-Maßnahmen in Betracht.[617] Bei funktionierenden Compliance-Kontrollmaßnahmen handelt es sich neben anlassgebundenen Kontrollmaßnahmen auch um verdachtsunabhängige, stichprobenartige Kontrollen der Beschäftigten.[618]

Darüber hinaus sehen die Art. 5, 12 DS-GVO und das neue BDSG die umfassenden Transparenz- und Informationspflichten für den Arbeitgeber bei der Verarbeitung der personenbezogenen Daten von Beschäftigten vor. Hierunter fällt auch die Durchführung der Compliance-Kontrollmaßnahmen zur

615 BAG, Urteil vom 20.6.2013 – 2 AZR 546/12, NZA 2010, 146 f.; BAG, Urteil vom 22.9.2016 – 2 AZR 848/15, NZA 2017, 114.

616 Bundestags-Drucksache 18/11325, 96 f.

617 Vgl. § 26 Abs. 4 S. 2 BDSG n. f. i. V. m. Art. 88 Abs. 2 DS-GVO.

618 BAG, Vorlagebeschluss vom 09. Juli 2013 – 1 ABR 2/13 (A), NZA 2013, 1433; AP BetrVG 1972 § 29 Nr. 7.

Sachverhaltsaufklärung. Danach muss der Arbeitgeber im Voraus in präziser und leicht zugänglicher Form auf die Möglichkeit einer Kontrollmaßnahme hinweisen und die Arbeitnehmer in einer angepassten Weise über das Ausmaß der Maßnahme informieren. Dabei stellt sich die Frage, ob durch die neuen datenschutzrechtlichen Regelungen auch ausnahmsweise heimliche Compliance-Kontrollmaßnahmen ermöglicht werden können. Die Compliance-Kontrolle muss „dem Zweck angemessen und erheblich sowie auf das für Zwecke der Verarbeitung notwendige Maß beschränkt sein".[619] Darauf hat das Unternehmen zu achten. Sofern eine offene Kontrollmaßnahme möglich ist, sollten heimliche Kontrollen unterbleiben. Jedoch wird den Unternehmen Jahr für Jahr durch typische Mitarbeiterdelikte Schaden zugefügt. An der Aufdeckung der begangenen Straftaten hat das Unternehmen ein nachvollziehbares Interesse. In der Praxis ist die Aufdeckung häufig dann erfolgreich, wenn eine heimliche Kontrollmaßnahme ergriffen wird. Vor der Validierung der Neufassung des Bundesdatenschutzgesetzes können heimliche Compliance-Kontrollmaßnahmen nach der bisherigen BAG-Rechtsprechung in begrenzten Ausnahmefällen eingesetzt werden.[620] Die vorgesehenen Transparenz- und Informationspflichten von Arbeitgebern stehen grundsätzlich der Zulässigkeit heimlicher Compliance-Kontrollmaßnahme entgegen. Demnach wird die Durchführung heimlicher Maßnahme nur zugelassen, wenn die Transparenz- und Informationspflichten durch einen Rückgriff auf Art. 23 Abs. 1 DS-GVO oder die Öffnungsklausel aus Art. 88 DS-GVO beschränkt werden können. Nach Art. 23 Abs. 1 DS-GVO können die Informationspflichten beschränkt werden, wenn eine spezielle gesetzliche Regelung existiert, die sich auf einen konkreten Beschränkungszweck bezieht, der durch Art. 23 Abs. 1 DS-GVO ausdrücklich festgestellt wird. Nach der herrschenden Literaturansicht ermöglicht die Beschränkung des Transparenzprinzips nach Art. 23 Abs. 1 Buchst. j DS-GVO grundsätzlich das Eingreifen verdeckter Compliance-Kontrollmaßnahmen.[621] Diese Ermöglichung beruht allerdings auf einer konkreten Rechtsvorschrift, die eine Beschränkung der Transparenz- und Informationspflicht vorsieht. Es gibt keine solche Vorschrift aus dem Unionsrecht und dem deutschen nationalen Gesetz. Während § 32

619 Art. 5 Abs. 1 c) DS-GVO.

620 BAG, Urteil vom 21.6. 2012 – 2 AZR 153/11, NZA, 2012, 1025; BAG, Urteil vom 29.6.2017 – 2 AZR 597/16, NJW 2017, 2853.

621 *Bäcker,* in: Kühlung/Buchner, Datenschutz-Grundverordnung, Bundesdatenschutzgesetz, Art. 13 Rn. 92; *Gola,* in: Gola, Datenschutz-Grundverordnung, 2. Aufl. 2018, Art. 6 Rn. 108

Abs. 1 Nr. 4 BDSG n. f. eine Ausnahmeregelung zur Informationspflicht festlegt, sieht es nur Ausnahmen von den Informationspflichten aus Art. 13 Abs. 3 DS-GVO vor. Dennoch ermöglicht diese nationale Regelung die Zulässigkeit heimlicher Compliance-Kontrollmaßnahme nicht. Dabei ist die Rechtfertigung heimlicher Compliance-Kontrollmaßnahmen durch Art. 23 Abs. 1 Buchst. j DS-GVO nicht möglich.

Ein ausnahmeloses Verbot von heimlichen Compliance-Kontrollmaßnahmen würde dem GrundSatz der Interessenabwägung widersprechen, der in Art. 6 Abs. 1 Buchst. f DS-GVO vorschrieben wird. In Hinblick auf die datenschutzrechtlichen Erlaubnistatbestände ist auch im Rahmen von § 26 BDSG n. f. eine Interessenabwägung vorzunehmen. Danach lässt sich die Datenverarbeitung rechtfertigen, wenn sie zur Wahrung der berechtigen Interessen der Verantwortlichen erforderlich ist und dabei nicht die Interessen des betroffenen Arbeitnehmers überwiegen. Im Hinblick auf die vorstehende Ausführung können die heimlichen Compliance-Kontrollmaßnahmen gegen Beschäftigte in engen Ausnahmefällen rechtmäßig erfolgen, wenn bestimmte Voraussetzungen vorliegen.

b) Die kündigungsrechtliche Stellung des Compliance-Beauftragten vor außerordentlicher Kündigung wegen von ihm veranlasster Compliance-Kontrollmaßnahme

Im Rahmen ihrer Organisationsverantwortlichkeit delegiert die Unternehmensleitung regelmäßig die Wahrnehmung der Compliance-Kontrolle auf einen Compliance-Beauftragten. Für Unternehmensleitungsmitglieder gilt als Handlungsmaßstab grundsätzlich das Unternehmensinteresse.[622] Für gesetzliche Unternehmensbeauftragte wird dagegen sogar vertreten, diese hätten „in erster Linie Arbeitnehmer- und Drittinteressen wahrzunehmen, die sich auch gegen die Interessen des Arbeitgebers richten können.“[623] Dagegen hat der Compliance-Beauftragte im Rahmen seiner arbeitsvertraglich übernommenen unternehmensinternen Compliance-Aufgaben erst die Interessen des Unternehmens zu verfolgen, indem er vom Unternehmen Gefahren und Nachteil abzuwehren versucht.[624] Damit besteht die Aufgabe von Compliance-Beauftragten darin, für ein rechtskonformes Verhalten der Mitarbeiter eines Unternehmens zu sorgen. Dem Compliance-Beauftragten ist auf meist arbeitsvertragsrechtlicher Grundlage die unternehmensinterne Überwachung anvertraut. Um seine Aufgaben erfüllen zu

---

622 Vgl. dazu *Dreher*, ZHR 155 (1991), 349, 362 ff.

623 *Ehrich*, Handbuch des Betriebsbeauftragten, 1995, Rn. 1.

624 *Rittner*, Wirtschaftsrecht, 3. Aufl. 2008, § 11 Rn. 21.

können, sind bestimmte Compliance-Kontrollmaßnahmen zu ergreifen. Beispielsweise werden personenbezogene Daten von Mitarbeitern erhoben, verarbeitet oder genutzt. Ein berechtigtes Interesse eines Unternehmens an solche Maßnahmen kann bestehen. Es gibt ein deutliches Spannungsfeld zwischen einer guten Durchführung der Compliance-Kontrollmaßnahme und dem Schutz der Persönlichkeitsrechte bei Maßnahmen betroffener Arbeitnehmer. Wie bereits dargelegt, wird die Durchführung der Compliance-Kontrollmaßnahmen zu den personenbezogenen Daten von Beschäftigten nach DS-GVO und BDSG grundsätzlich erlaubt, wenn die gesetzlichen Voraussetzungen erfüllt werden. Es liegt nahe, dass der Compliance-Beauftragte zum Zeitpunkt der Begründung des Verdachts Kontrollmaßnahme gegenüber verdächtigen Arbeitnehmern veranlassen kann. Führt der Compliance-Beauftragte Kontrollmaßnahmen zur Prävention oder Aufklärung von Compliance-Verstößen durch, muss er darauf achten, dass er sich dabei nicht selbst normkonform verhält.

Nach § 314 Abs. 2 BGB kann ein wichtiger Grund für eine außerordentliche Kündigung in einer Verletzung einer Pflicht aus dem VertrAG bestehen. Nach gesetzlicher grundsätzlicher Darlegung ist eine außerordentliche Kündigung aus Gründen im Verhalten des Arbeitnehmers zulässig, wenn der Arbeitnehmer mit dem ihm vorgeworfenen Verhalten eine Vertragspflicht schuldhaft erheblich verletzt, das Arbeitsverhältnis konkret beeinträchtigt wird, eine zumutbare Möglichkeit einer anderen Beschäftigung nicht besteht und die Lösung des Arbeitsverhältnisses in Abwägung der Interessen beider Vertragsteile billigenswert und angemessen erscheint. Es ist insbesondere auch nicht im Einzelnen nachvollziehbar, inwiefern Verstöße von Compliance-Beauftragten gegen datenschutzrechtliche Bestimmungen als eigene Vertragspflichtverletzung zurechenbar sind und einen Kündigungsgrund für eine verhaltensbedingte Kündigung bilden können. Bisher fand in den Literaturen und Rechtsprechungen allerdings keine neue vertiefte Auseinandersetzung mit diesem konkreten Fall statt. Die frühere Rechtsprechung des Arbeitsgerichts hat zur kündigungsrechtlichen Stellung des Compliance-Beauftragten vor von ihm veranlassten Compliance-Kontrollmaßnahmen für Aufmerksamkeit gesorgt. Das neue BDSG enthält auch keine entscheidende Regelung für die kündigungsrechtliche Stellung des Compliance-Beauftragten in dieser Konstellation. Damit gelten die in der Rechtsprechung der Arbeitsgerichte entwickelten Grundsätze weiter. Mit Urteil vom 18.2.2010 entwickelte das Arbeitsgericht Berlin die Voraussetzungen der Kündigung des Compliance-Beauftragten wegen von ihm veranlasster

Compliance-Kontrollmaßnahmen.[625] Anhand dieser Rechtsprechung kann der Compliance-Beauftragten aus diesem Grund nur unter nachstehenden Voraussetzungen gekündigt werden. Zunächst hat der betreffende Compliance-Beauftragte objektiv rechtswidrig gehandelt. Die zahlreichen rechtlichen Vorgaben zur Compliance und die mit ihrer Verletzung einhergehenden Risiken bringen es mit sich, dass der Compliance-Beauftragte in einigen Fällen zur Übererfüllung der Kontrollmaßnahmen neigt. Wenn der Compliance-Beauftragte bei der Auswahl der Maßnahmen den gesetzlichen ErforderlichkeitsgrundSatz und die möglichen Schäden in Form der Verletzung von Rechten des Arbeitnehmers und Dritter nicht berücksichtigt, kann diese Maßnahme objektiv rechtswidrig sein. Die Grenzen der Durchführung der Kontrollmaßnahme im Unternehmen werden grundsätzlich durch die Rechte aller potenziell Betroffenen gebildet. Die Arbeitnehmer des Unternehmens sind eine große Gruppe der Betroffenen, zugleich können auch die Kunden einbezogen werden. Die Entscheidungsfindung des Compliance-Beauftragten muss das Ergebnis der Abwägung zwischen den Interessen des Unternehmens und den Individualinteressen der Betroffenen sein. Diese Abwägung ist im jeweiligen Einzelfall aufgrund der Art der Kontrollmaßnahme, deren Intensität und der auf beiden Seiten betroffenen Rechtsgüter konkret zu bestimmen. Neben den gesetzlichen Regelungen setzt das vom BVerfG in seinem Urteil entwickelte IT-Grundrecht auf Gewährleistung der Vertraulichkeit und Integrität informationstechnischer Systeme auch eine Schranke für Compliance-Kontrollmaßnahme.[626] Um die Straftaten im Unternehmen aufzudecken, kann der Compliance-Beauftragte Kontrollmaßnahmen nur aufgrund tatsächlicher Anhaltspunkte des Verdachts verlassen, wenn der betroffene Arbeitnehmer im Arbeitsverhältnis eine Straftat begangen hat. Art und Ausmaß müssen im Hinblick auf den Anlass verhältnismäßig sein. Darüber hinaus muss die objektive rechtswidrige Veranlassung der Kontrollmaßnahmen als erforderlicher objektiver Tatbestand für die außerordentliche Kündigung aus verhaltensbedingten Gründen eines Compliance-Beauftragten zu rechtswidrigen Übergriffen auf Mitarbeiter und konkreten Beschädigungen der betrieblichen oder wirtschaftlichen Interessen führen.

Weiterhin hat der Compliance-Beauftragte subjektiv die Rechtswidrigkeit der Kontrollmaßnahme zu erkennen. Der erforderliche subjektive Tatbestand für eine außerordentliche verhaltensbedingte Kündigung des

625 ArbG Berlin, Urteil vom 18.2.2010 – 38 Ca 12879/09, CCZ 2010, 158.

626 *Lang*, in: Epping/Hillgruber, BeckOK Grundgesetz, 40. Ed. 2019, GG Art. 2 Rn. 34–46; BVerfG, Urteil vom 27. 2. 2008 – 1 BvR 370/07, NJW 2008, 822.

Compliance-Beauftragten ist Kenntnis. Das bedarf der Darlegung durch den Arbeitgeber, wenn ein zuständiger Compliance-Beauftragter hinsichtlich seiner Rechtsstudien und Erfahrung keine ausreichenden juristischen Kenntnisse hat und ein anderer Mitarbeiter der Compliance-Abteilung, der über vertiefte juristische Kenntnisse verfügt, keinen Einwand gegen die Kontrollmaßnahme hatte. Aufgrund seiner Aufgaben muss der Compliance-Beauftragte in dem Kernbereich über fachliches Wissen verfügen. Die Kenntnis von Regelungen und deren Anwendung nach nationalem und internationalem sowie lokalem Gesetz ist erforderlich. Seine Aufgaben beziehen sich auch auf die Implementierung des Compliance-Management-Systems, die Beratung der Unternehmensleitung und Mitarbeiter, Schulungen der Mitarbeiter etc. Der Compliance-Beauftragte muss auch über nachgewiesene Wirtschafts- und Organisationskenntnisse sowie spezifische Branchenkenntnis verfügen, aber kein Jurist sein. In der Unternehmenspraxis haben nicht alle Compliance-Beauftragten eine juristische Ausbildung. Jedoch hat eine juristische Einschätzungsfähigkeit für von ihm veranlasste Compliance-Kontrollmaßnahmen eine hohe Bedeutung. In der Unternehmenspraxis existiert ein sicherer Bedarf an Compliance-Kontrollmaßnahmen, gleichzeitig bestehen auch klare Unsicherheiten im Hinblick auf das rechtlich Zulässige. Die Kontrollmaßnahme richtet sich an komplexe Sachverhalte. Im Vergleich mit den anderen Mitgliedern des Lenkungskreises der Compliance, die vertiefte juristische Kenntnisse haben, ist der Compliance-Beauftragte als Nichtjurist nicht im Vorteil. Er kann nicht sicher beurteilen, ob bestimmte Compliance-Kontrollmaßnahme rechtswidrig waren oder sind. Wenn ein anderer Mitarbeiter des Lenkungskreises der Compliance bereits vor der Veranlassung rechtliche Zweifel an der Zulässigkeit von Kontrollmaßnahme geäußert und der Compliance-Beauftragte sich über diese wissentlich hinweggesetzt hat, kann er dazu außerordentlich verhaltensbedingt gekündigt werden. Wenn der Compliance-Beauftragte, der Compliance-Kontrollmaßnahmen veranlasst hat, keine juristischen Fachkenntnisse hat, die ihm ermöglicht hätten, zu einer Beurteilung der Rechtswidrigkeit der Maßnahmen zu kommen, und ein anderer Mitarbeiter des Lenkungskreises der Compliance keine Einwände gegen Zulässigkeit oder Verhältnismäßigkeit der Kontrollmaßnahme erhoben hat, ist eine verhaltensbedingte Kündigung nicht möglich. Wenn beide Voraussetzungen erfüllt sind, rechtfertigt sich die verhaltensbedingte Kündigung. Die Veranlassung der Compliance-Kontrollmaßnahmen richtet sich im Rahmen der Aufgaben des Compliance-Beauftragten nach Interessen des Unternehmens und findet in der Regel Zustimmung bei der Unternehmensleitung, so kann dieses Verhalten von Compliance-Beauftragten keine schwere Verletzung der Nebenpflicht darstellen. Damit kommt eine verhaltensbedingte außerordentliche Kündigung nicht in Betracht.

2. *Die kündigungsrechtliche Stellung des Compliance-Beauftragten vor außerordentlicher Kündigung wegen externen Whistleblowings*

a) *Der Begriffsinhalt des Whistleblowings*

In der Unternehmenspraxis kommt es vor, dass Mitarbeiter Kenntnis über die Missstände in dem Unternehmen erhalten. Dann stellt sich für diese Mitarbeiter die Frage, wie sie mit dieser Kenntnis umgehen und ob sie diese Kenntnis weitergeben können. Der Terminus „Whistleblowing" und die damit in Zusammenhang stehenden Regelungen und Rechtsprechungen stammen aus dem angloamerikanischen Rechtskreis. In den USA besteht schon seit der Zeit des amerikanischen Bürgerkriegs nach dem „False Claims Act" die Möglichkeit, dass der Arbeitnehmer entgegen den Interessen des eigenen Unternehmens Informationen über dessen deliktisches oder missbräuchliches Verhalten an die Aufsichtsbehörde weitergibt. Im Juli 2002 wurde Sarbanes-Oxley Act (SOX)[627] verabschiedet. Es zielt darauf ab, das erschütterte Vertrauen der Anleger infolge der Bilanzskandale wieder zu stärken.[628] Darin wurde die Etablierung eines Whistleblower-Verfahrens vorgeschrieben, das die Entgegennahme und die Behandlung von Meldungen in Bezug auf fragwürdige Buchungs- und Bilanzierungsangelegenheiten regelt. Als Whistleblowing bezeichnet man in den USA-Handlungen von Mitarbeitern, durch die sie eine Verletzung einer gesetzlichen Vorschrift oder des Verhaltenskodex in dem Unternehmen innerbetrieblich oder außerbetrieblich anzeigen.[629] Allerdings existieren kaum ausdrückliche Konzepte zum Begriff des Whistleblowings in den nationalen und internationalen gesetzlichen Regelungen. In den letzten Jahren wurde dieser Begriff in die deutsche Rechtssprache umgesetzt. Wie im angloamerikanischen Rechtskreis gibt es in den deutschen

---

627 Public Company Accounting and Investor Protection Act of 2002.

628 *Romano*, Regulation, Vol. 28, No. 4, p. 36, 39, Winter 2005.

629 *Berndt/Hoppler*, BB 2005, 2624; *Herbert/Oberrath*, NZA 2005,194; *Grobys/Panzer-Heemeier*, StichwortKommentar Arbeitsrecht, 3. Aufl. 2017, Whistleblowing, Rn. 3 *ff.*; *Großbach/Walter*, AuR 1989, 375; *Grabenwarter*, in: Maunz/Dürig, Grundgesetz, 85. EL 2018, GG Art. 5 Abs. 1, 2 Rn. 183; *Müller*, NZA 2002, 426; *Rhode-Liebenau*, Whistleblowing – BeitrAG der Mitarbeiter zur Risikokommunikation, 2005, S. 10; *Schmitt-Rolfes*, AuA 2009, 7; *Steinkühler/Raif*, AuA 2008, 406.

Regelungen keine explizite Definition, ebenso wenig verwendet die gesetzliche Regelung unmittelbar den Begriff des „Whistleblowing".[630]

Whistleblowing als Aufgabe der Compliance ist wichtiger Bestandteil der Corporate Governance. Der Begriffsinhalt verweist auf die Informationserlangung einer demokratischen Öffentlichkeit zur Aufdeckung von illegalem Handeln innerhalb des Unternehmens.[631] Dabei erfolgt das Whistleblowing primär im öffentlichen Interesse.[632] Bei Whistleblowing muss es sich um die Person einer Organisation bzw. vor allem von Unternehmen handeln. Diese Person erkennt unmoralische oder illegale Handlungen bei der Organisation oder gleichfalls bei der Organisation angehörenden Personen.[633] Unter dem Begriff versteht man in einem umfassenden Sinne alle Weitergaben von Informationen über gravierendes Fehlverhalten, schwerwiegende Missstände oder Fehlentwicklungen in ihrem Unternehmen durch abhängige Arbeitnehmer.[634] Mögliche Adressaten der Information können damit zunächst innerbetriebliche Stellen wie z. B. Vorgesetzte, Betriebsrat, Aufsichtsrat und Sprecherausschuss sein. Daneben kommen die staatlichen Stellen, die bestimmte Interessen vertretenden Institutionen sowie die Medien als außerbetriebliche Stellen in Betracht.[635] Dabei gibt es internes und externes Whistleblowing.[636] Durch Whistleblowing wird eine Möglichkeit eröffnet, die Gefahr von Verstößen gegen eine rechtliche Regelung zu verringern und die Chancen der Aufdeckung wirtschaftlicher Kriminalität zu vergrößern. Sie dient indirekt der Einhaltung von Rechtsvorschriften. Im deutschen Recht hat der Begriff des Whistleblowings durch das diesbezügliche Urteil des BAG eine weitere Klärung erfahren.[637]

b) Die Rechte und Pflichten des Arbeitnehmers zum Whistleblowing

Gesetzliche Regelungen zu den Rechten und Pflichten des Arbeitnehmers zum Whistleblowing sind rar. Vielmehr ergibt sich eine relative Regelung bislang nur aus unterschiedlichen punktuellen Vorschriften. Grundsätzlich räumt Art. 5 Abs. 1 GG das Recht auf Meinungsfreiheit ein. Damit wird dem Arbeitnehmer

---

630 *Forst,* EuZA 2013, 37.
631 *Breinlinger/Krader*, RDV 2006, 60.
632 *Maume/Haffke*, ZIP 2016, 201.
633 *Forst,* SGB 2014, 413.
634 *Hunziker,* in: FS von der Crone, 2007, S. 164, 165.
635 *Benne,* CCZ, 2014,189; *Schultz*, ArbRAktuell, 2017, 10, 11.
636 *Eufinger*, NZA 2017, 619.
637 BAG, Urteil vom 3.7.2003 – 2 AZR 235/02, NZA 2004, 427.

die Möglichkeit geboten, tatsächliche oder vermeintliche Missstände im Unternehmen offenzulegen. Der Europäische Gerichtshof hat im Jahr 2015 auch festgestellt, dass Whistleblowing Schutz als freie Meinungsäußerung verdient.[638]

aa) Die Rechte und Pflichten des Arbeitnehmers zum internen Whistleblowing

In Deutschland gibt es beim Whistleblowing einen kulturellen Unterschied zu den angloamerikanischen Common-Law-Staaten, in denen das Whistleblowing für etwas Neutrales gehalten wird. Obwohl jeder Arbeitnehmer aufgrund eigener Arbeitspflicht erkennbar drohende Missstände oder Fehlverhalten im Unternehmen dem Arbeitgeber oder seinem Vorgesetzten unverzüglich zu melden hat, haftet dem Whistleblowing in Hinblick auf historische Erfahrungen in Deutschland der Ruf des „Denunziantentums“ an. Die Beamtinnen und Beamten müssen gemäß § 37 BeamtStG über die ihnen bei Gelegenheit ihrer amtlichen Tätigkeit bekannt gewordenen dienstlichen Angelegenheiten Verschwiegenheit bewahren. Für Angestellte in öffentlichen Dienst gilt das entsprechend. Dagegen hat der Deutsche Corporate Governance Kodex (DCGK) dem Beschäftigten in börsennotierten Gesellschaften die Möglichkeit für Hinweise eingeräumt. Nach 4.1.3 DCGK kann ein Beschäftigter geschützt Hinweise auf Rechtsverstöße im Unternehmen geben.

Durch internes Whistleblowing wäre es den Unternehmen möglich, interne Missstände früher zu erkennen und bedrohende Handlungen vor einem Verlust der Reputation oder wirtschaftlicher Interessen zu beseitigen. Internes Whistleblowing stellt also ein grundsätzlich gewünschtes Verhalten dar. Die unter einem „Whistleblowing-System“ gemeinhin verstandene betriebsinterne Stelle oder elektronischen Meldeverfahren werden bevorzugt in großen Unternehmen eingerichtet, dadurch kann der Arbeitnehmer die Missstände persönlich, telefonisch oder per E-Mail an die zuständige Stelle melden. Eine Pflicht zum internen Whistleblowing kann durch den ArbeitsvertrAG begründet werden.[639]

bb) Die Rechte und Pflichten des Arbeitnehmers zum externen Whistleblowing

Ein externes Whistleblowing führt regelmäßig zu einer nachhaltigen Beeinträchtigung des Rufs des Unternehmens. Damit kann die Beziehung zu Anteilseignern

---

638 EGMR, Rechtsprechung vom 21.7.2011 – 874/08, NJW 2011, 3501.

639 *Graser*, Whistleblowing-Arbeitnehmeranzeigen im US-amerikanischen und deutschen Recht, 2000, S. 156.

und Geschäftspartnern belastet werden. Das externe Whistleblowing kann auch zu einer Verletzung arbeitsvertraglicher Nebenpflichten bzw. Rücksichtnahmepflichten des Arbeitnehmers gegenüber dem Arbeitgeber führen. Nach § 241 Abs. 2 BGB kann das Schuldverhältnis nach seinem Inhalt „zur Rücksicht auf die Rechte, Rechtsgüter und Interessen des anderen Teils“ verpflichten. Gemäß § 242 BGB muss der Schuldner die Leistung so bewirken, wie Treu und Glauben dies mit Rücksicht auf die Verkehrssitte erfordern. Diese grundsätzlichen Rechtssätze stellen eine objektive Nebenpflicht für Arbeitnehmer wie in jedem anderen Schuldvertragstypus dar. Diese Nebenpflicht wurde früher als Treuepflicht bezeichnet und wird jetzt als besonderer Charakter des Arbeitsverhältnisses und Rücksichtnahmepflicht beschrieben.

Danach muss der Arbeitnehmer die im Zusammenhang mit dem Arbeitsverhältnis stehenden Interessen des Arbeitgebers so wahren, wie dies nach Treu und Glauben billigerweise verlangt werden kann.[640] Dies schränkt die Äußerungsfreiheit eines Arbeitnehmers ein. Dagegen wird die Rücksichtnahmepflicht durch Grundrechte des Arbeitnehmers begrenzt. Nach Art. 2 Abs. 1 GG wird dem Arbeitnehmer das Recht zum externen Whistleblowing eingeräumt.[641] Obgleich Grundrechte nicht unmittelbar im Privatrecht gelten, strahlen sie dogmatisch als verfassungsrechtliche Grundentscheidungen auch auf das Privatrecht aus.[642]

Fraglich ist, unter welchen Prämissen der Arbeitnehmer bei einer Stelle außerhalb Unternehmens Anzeige gegen seinen Kollege oder Arbeitgeber erstatten darf. Auf Ebene des Europarats existiert eine sekundäre punktuelle Regelung zur Ausgestaltung des Rechts des externen Whistleblowings. Nach Art. 11 Abs. 6 Arbeitsschutz-RRL[643] hat der Arbeitnehmer das Recht, nach den nationalen Rechtsvorschriften die für Sicherheit und den Gesundheitsschutz am Arbeitsplatz zuständige Behörde zu kontaktieren, wenn er es aufgrund konkreter

---

640 § 77 des Entwurfs der Arbeitsgesetzbuchkommission für ein Arbeitsvertragsgesetz (1977).

641 Art. 2 Abs. 1 GG; BVerfG, Beschluss vom 2.7.2001 – 1 BvR 2049/00, NZA 2001,888; BAG, Urteil vom 3.7.2003 – 2 AZR 235/02, NZA 2004, 427; *Herbert/Oberrath*, NZA 2005, 195; *Müller*, NZA 2002, 429.

642 BVerfG, Beschluss vom 23.04.1986 – 2 BvR 487/80, NJW 1987, 827; BVerfG, Beschluss vom 07.02.1990 – 1 BvR 26/84, NZA 1990, 389; BAG, Urteil vom 04.07.1985 – IX ZR 172/84, NZA 1985, 737.

643 RL 89/391/EWG des Rates v. 12.6.1989 über die Durchführung von Maßnahmen zur Verbesserung der Sicherheit und des Gesundheitsschutzes der Arbeitnehmer bei der Arbeit, ABl. EG Nr. L 183, S. 1

Anhaltungspunkte für wahrscheinlich hält, dass die vom Arbeitgeber getroffenen Maßnahmen nicht ausreichen, um die Sicherheit am Arbeitsplatz zu garantieren. In Deutschland wurde diese Vorgabe durch § 17 ArbSchG umgesetzt.[644] Nach § 17 Abs. 2 S. 2 ArbSchG hat ein Arbeitnehmer das Recht, sich an die zuständige Behörde zu wenden, wenn er der Auffassung ist, „dass die vom Arbeitgeber getroffenen Maßnahmen und bereitgestellten Mittel nicht ausreichend sind, um die Sicherheit und den Gesundheitsschutz bei der Arbeit zu gewährleisten." Nach dem in § 17 Abs. 2 ArbSchG niedergelegten GrundprinZIP setzt dieses externe Anzeigerecht zwei Bedingungen voraus. Zum einen müssen konkrete Anhaltspunkte die Auffassung des Arbeitnehmers rechtfertigen. Zum anderen muss der Arbeitnehmer zunächst beim Arbeitgeber Abhilfe suchen, der nicht abhilft. Im Finanzdienstbereich hat die Bundesanstalt für Finanzdienstleistungsaufsicht (BaFin) am 2.7.2016 eine Hinweisgeberstelle eingerichtet. Gemäß § 4d Abs. 6 Gesetz über die Bundesanstalt für Finanzdienstleistungsaufsicht (FinDAG) darf die Person, die die Hinweisgeberstelle der BaFin über ein besonderes Wissen zu tatsächlichen oder potenziellen Verstöße informiert, wegen dieser Information weder nach arbeitsrechtlichen oder strafrechtlichen Vorschriften verantwortlich gemacht noch zum ErSatz von Schäden herangezogen werden, wenn sie die Information nicht vorsätzlich oder grob fahrlässig unwahr weitergegeben hat. Darüber hinaus wird der Whistleblower nach § 17 GG bei Anhörungen von Behörden im Rahmen des Petitionsrechts geschützt. Grundsätzlich ergibt sich eine Pflicht zum externen Whistleblowing für Arbeitnehmer aus § 138 StGB. Eine Anzeigepflicht kommt in Betracht, wenn jemand das Vorhaben oder die Ausführung eines gesetzlichen aufgezählten Delikts erkennt. In der Verordnung zum Schutz vor Gefahrstoffen existiert auch eine spezielle Norm über Anzeigepflichten. Nach § 21 GefStoffV hat der Arbeitnehmer die Pflicht, der zuständigen Überwachungsbehörde anzuzeigen, wenn eine bestimmte Gefahrstoffkonzentration am Arbeitsplatz erreicht wird. Voraussetzung für dieses externe Whistleblowing ist, dass der Arbeitgeber nach einer erhobenen Meldung den Missstand nicht unverzüglich beseitigt und die innerbetrieblichen Beschwerdemöglichkeiten ausgeschöpft worden sind.

In der Praxis der Rechtsprechung hat das BAG[645] die Auffassung vertreten, dass ein vorheriger Hinweis auf Verstöße oder Missstände gegenüber betriebsinternen Stellen für externes Whistleblowing entbehrlich ist, wenn es sich um erhebliche Straftaten oder schwerwiegende Vorwürfe handelt und die betreffenden

644 *Wiebauer*, NZA 2015, 22 ff.

645 BAG, Urteil vom 3.7.2003 – 2 AZR 235/02, NZA 2004, 430.

Straftaten vom Arbeitgeber selbst in seinem Interesse verübt werden, denn damit ist die erfolgreiche unternehmensinterne Abhilfe objektiv nicht zu erwarten. Das wird auch angenommen, wenn gesetzliche Vertreter als Organe eines Unternehmens selbst strafbare Handlung begehen.[646] Gleiches gilt, wenn der Arbeitnehmer Kenntnis von Straftaten erhält, durch deren Nichtanzeige er sich nach § 138 StGB selbst strafbar machen würde, dann ist die vorherige Anmeldung nicht erforderlich.[647] Der interne Hinweis hat auch keinen Vorrang, wenn die Missstände dem Arbeitgeber bzw. dem Zuständigen entweder bekannt oder grob fahrlässig unbekannt sind.[648] Vielmehr muss im Einzelfall festgestellt werden, ob ein vorheriger Versuch zu innerbetrieblicher Abhilfe zugemutet werden kann.[649] Wesentlich für die heranzuziehenden Grundsätze ist in den letzten Jahren vor allem die Entscheidung des Europäischen Gerichtshofs für Menschenrechte (EGMR) in dem Fall „Heinisch".[650] Der EGMR stellte in seinen Kernaussagen fest, dass ein Arbeitnehmer vor Offenlegung der Missstände in seinem Unternehmen eine Abwägung zwischen dem Grundrecht auf freie Meinungsäußerung und den Interessen des Unternehmens vornehmen muss. Nach Auffassung des EGMR ist Ausgangspunkt für diese Abwägung die arbeitsvertragliche Nebenpflicht bzw. die Treuepflicht und Rücksichtnahmepflicht, welche in § 241 Abs. 2 und § 242 BGB ausdrücklich normiert sind. Danach verpflichtet sich der Arbeitnehmer im Rahmen seiner Treupflicht und Rücksichtnahmepflicht, Schäden von seinem Arbeitgeber fernzuhalten.[651] Wegen dieser Pflicht soll die Offenlegung der Missstände zunächst an den Vorgesetzten oder eine andere innerbetriebliche Stelle oder Einrichtung erfolgen. In der Vergangenheit ging die Rechtsprechung in mehreren Fällen davon aus, dass die Rücksichtnahmepflicht des anzeigenden Arbeitnehmers das Interesse des anzeigenden Arbeitnehmers überwiegt.[652]

---

646 LAG Baden-Württemberg, Urteil vom 03.02.1987 - 7 (13) Sa 95/86, NZA 1987, 756.

647 *Bürkle*, DB 2004, 2159.

648 LAG Baden-Württemberg, Urteil vom 03.02.1987 - 7 (13) Sa 95/86, NZA 1987,756; *Preis/Reinfeld*, AuR 1989, 361, 370.

649 *Müller*, NZA 2002, 435.

650 EGMR, Urteil vom 21.7.2011 - 2874/08, NJW 2011, 3501.

651 BAG, Urteil vom 10.10.2002 - 2 AZR 472/01, AP KSchG 1969 § 1 Verhaltensbedingte Kündigung Nr. 44.

652 BAG, Urteil vom 05.02.1959 - 2 AZR 60/56, NJW 1961, 44; BAG, Urteil vom 04.07.1991 - 2 AZR 80/91, RzK I 6a Nr. 74; LAG Berlin, Urteil vom 28.03.2006, 7 Sa 1884/05, ArbuR 2006, 411; LAG Baden-Württemberg, Urteil vom 20.10.1976 - 6 Sa 51/ 76, EzA § 1 KSchG Verhaltensbedingte Kündigung Nr. 8; LAG Frankfurt, Urteil vom 14.02.1991 - 12 Sa 846/90, NZA 1992, 124.

Dagegen wurde eine Kündigung auch für nicht gerechtfertigt angesehen, wenn an der Anzeige des Missstands ein öffentliches Interesse besteht.[653] Im Zusammenhang mit dem Urteil des BAG vom 7.12.2006[654] muss bei der Abwägung zwischen den betroffenen Interessen wesentlich berücksichtigt werden, ob beim externen Whistleblowing ein öffentliches Interesse wie beispielsweise bei Umweltdelikten besteht oder es fundiert ist. Ein innerbetrieblicher Kanal, der angemessen für das Abhilfeverlangen des Whistleblowers sorgen kann, soll auch bei der Abwägung berücksichtigt werden. Ein weiterer bei der fairen Interessenabwägung zu beachtender Punkt ist die Richtigkeit der weitergeleiteten Informationen. In Rahmen seiner Entscheidung stellt das LAG Rheinland-Pfalz klar, dass der Whistleblower, soweit das nach den Umständen möglich ist, vor der außerbetrieblichen Offenlegung die Informationen prüfen muss, ob tatsächlich Straftatbestände erfüllt sein können.[655]

c) *Die kündigungsrechtliche Stellung des Compliance-Beauftragten vor außerordentlicher Kündigung wegen externen Whistleblowings*

aa) *Externes Whistleblowing als Kündigungsgrund für außerordentliche Kündigung*

Die außerbetriebliche Anzeige gegen den Arbeitgeber wurde vom BAG schon im Jahr 1959 als Kündigungsgrund anerkannt.[656] Nach der Rechtsprechung des BAG sind einerseits Arbeitnehmer bereits im Rahmen ihrer gesetzlichen Treuepflicht[657] zur Meldung von Risiken gehalten, andererseits kann eine vom Arbeitnehmer bei einer staatlichen Behörde gegen den Arbeitgeber erstattete Anzeige einen wichtigen Grund im Sinne des § 626 Abs. 1 BGB darstellen.[658] Aber in den Spruchpraxen gibt es keine umfassenden und ständigen Feststellungen zu der Frage, wann nach § 626 Abs. 1 BGB eine außerordentliche Kündigung des Arbeitnehmers wegen seines externen Whistleblowings berechtigt ist. In den jüngeren Entscheidungen zu den Grundsatzurteilen des BVerfG und

---

653 LAG Baden-Württemberg, Urteil vom 03.02.1987 – 7 (13) Sa 95/86, NZA 1987, 756; LAG Köln, Urteil vom 23.2.1996 – 11 (13) Sa 976/95, BB 1996, 2411.

654 BAG, Urteil vom 7.12.2006 – 2 AZR 400/05, NZA 2007, 502.

655 LAG Rheinland-Pfalz, Urteil vom 24.7.2007 – 7 Sa 451/07, BeckRS 2008, 51400.

656 BAG, Urteil vom 05.02.1959 – 2 AZR 60/56, RdA 1955, 319 = AP Nr. 2 zu § 70 HGB.

657 §§ 611, 242, 241 Abs. 2 BGB.

658 BAG, Urteil vom 4.7.1991 – 2 AZR 80/91, BeckRS 1991; BAG, Urteil vom 3.7. 2003 – 2 AZR 235/02, NZA 2007, 502; BAG, Urteil vom 7.12.2006 – 2 AZR 400/05, NJW 2007, 2204; LAG Hamm, Urteil vom 28.11.2003 – 10 Sa 1036/03, NZA 2004, 475.

des BAG wird eine Voraussetzung für eine außerordentliche Kündigung wegen einer Strafanzeige gegen den Arbeitgeber festgestellt. Danach kann eine außerordentliche Kündigung gerechtfertigt sein, wenn diese Anzeige „eine erhebliche Verletzung“ der Rücksichtnahmepflicht darstellt.[659] Die Stellung der Anforderungen an die Rücksichtnahmepflicht im konkreten Fall und die Würdigung dieser Pflicht im Einzelfall sind eine schwierige Abwägungsfrage. Die Bestimmung des Verletzungsgrades hängt dabei wesentlich von der Frage ab, ob der Arbeitnehmer bewusst unrichtig oder grob fahrlässig das externe Whistleblowing erstattet.[660] Dieses Whistleblowing soll zumindest nicht „voreilig“ oder „unbeachtet“ erfolgen.[661] Fest steht, dass ein Grund für eine außerordentliche Kündigung nicht daraus abzuleiten ist, sofern der Arbeitnehmer als Whistleblower nicht wissentlich unwahre oder leichtfertig falsche Informationen weitergegeben hat bzw. der Whistleblower zum Zeitpunkt der Meldung in gutem Glauben war, dass tatsächlich die Möglichkeit eines Missstands bestand. Durch die Rechtsprechung des LAG Köln wird diese Voraussetzungen weiter festgelegt.[662] Daher liegt kein wichtiger Grund im Sinne des § 626 Abs. 1 BGB für eine fristlose Kündigung von Whistleblowern vor, wenn der Arbeitnehmer die Offenlegung in gutem Glauben vorgenommen hat und überzeugt war, die Information sei zutreffend und sein Tun liege im öffentlichen Interesse. Gleichzeitig existierten keine anderen diskreteren Mittel, um gegen den angeprangerten Missstand vorzugehen. Darüber hinaus zeigt eine Auswertung der Rechtsprechung, dass einer Motivation des Whistleblowers maßgebliche Bedeutung für die Bewertung als Rücksichtnahmepflichtverletzung für die Anzeige zukommt. Die verhaltensbedingte Kündigung ließe sich beim Vorliegen einer verwerflichen Motivation wie z. B. Rache oder Schädigungsabsicht immer noch rechtfertigen. Daneben darf der Arbeitnehmer keine sachfremden Ziele wie etwa Schikane oder Verleumdung seiner Vorgesetzten verfolgen.[663]

---

659 BVerfG, Beschluss vom 2.7.2001 – 1 BvR 2049/00, NZA 2001, 888.

660 BAG, Urteil vom 27.09.2012 – 2 AZR 646/11, AP Nr. 240 zu § 626 BGB; BAG, Urteil vom 03.07.2003 – 2 AZR 235/02, AP Nr. 45 zu § 1 KSchG 1969 Verhaltensbedingte Kündigung; LAG Hamm, Urteil vom 28.11.2003 – 10 Sa 1036/03, NZA 2004, 475.

661 *Gach/Rützel*, BB 1997,1959; *Rieble/Wiebauer*, ZfA 2010, 91.

662 LAG Köln, Urteil vom 5.7.2012 – 6 Sa 71/12, CCZ 2013, 224.

663 *Graser*, Whistleblowing-Arbeitnehmeranzeigen im US-amerikanischen und deutschen Recht, 2000, S. 127.

bb) *Die kündigungsrechtliche Stellung des Compliance-Beauftragten vor außerordentlicher Kündigung wegen externen Whistleblowings*

Verantwortungsvolles externes Whistleblowing kann auf der einen Seite einen wertvollen BeitrAG zur Behebung von Compliance-Verstößen in dem Unternehmen leisten. Gleichzeitig dient es dem Schutz wichtiger Gemeinwohlinteressen. Auf der anderen Seite kann das externe Whistleblowing zu Schäden der geschäftlichen Interessen und des Images des betroffenen Unternehmens führen. Dabei wird regelmäßig das Risiko persönlicher Nachteile als Konsequenz enger Offenlegung in Kauf genommen. Nachdem die Erkenntnis in Bezug auf die drohenden negativen Konsequenzen für den Hinweisgeber gereift war, wurde die Bemühung um den rechtlichen Schutz von Whistleblowern verstärkt. In Großbritannien wurde zum Schutz von Whistleblowern vor Kündigung bereits 1998 der „Public Interest Disclosure Act" erlassen. Danach sind Whistleblower vor Kündigung und Schadensersatzforderungen geschützt, soweit sie in gutem Glauben und öffentlichem Interesse gehandelt haben.[664] In den USA wird der Whistleblower von Sec. 806 SOA vor Entlassung oder sonstiger Diskriminierung geschützt. Der Whistleblower ist gesellschaftlich allgemein anerkannt und wird auch zunehmend rechtlich geschützt. Auf europäischer Ebene hat die EU-Kommission am 23.4.2018 einen VorschlAG für eine Richtlinie zum Schutz von Personen vorgestellt, wodurch die Person, die Verstöße gegen das Unionsrecht anzeigt, geschützt wird.[665] Im Vergleich zu anderen Ländern existieren bislang in Deutschland noch immer keine einheitlichen gesetzlichen Regelungen zum Umgang mit Whistleblowern.[666] Dies führt zu einem eingeschränkten Schutzniveau für Whistleblower. Am 14.2.2017 hat die Regierungskommission die neue Fassung des den Deutschen Corporate Governance Kodex erlassen. Gemäß Nr. 4.1.3 S. 3 DCGK sollen börsennotierte Unternehmen Beschäftigten auf geeignete Weise die Möglichkeit einräumen, geschützt Hinweise auf Rechtsverstöße im Unternehmen zu geben.[667] Darüber hinaus kann eine Regelung zum Schutz des Whistleblowers eingeführt werden. Außerdem wurde Finanzdienstleistungsaufsichtsgesetz im Juli 2016 novelliert. Danach dürfen Arbeitnehmer

---

664 *Bürkle*, DB 2004, 2158.

665 Richtlinienvorschlag, COD 2018/0106.

666 *Forst*, NJW 2011, 3477; *Scheicht/Loy*, DB 2015,803.

667 Deutscher Corporate Governance Kodex: http://www.dcgk.de/de/kommission/die-kommission-im-dialog/deteilansicht/kodexaenderungen-2017-beschlossen-vorsitzwechsel-zum-1-maerz.html?file = files/dcgk/usercontent/de/download/kodex/170214%20Kodex%20D%20Mark%20up%20vorlaeufige%20Version.pdf

wegen der Meldung von Verstößen gegen kapitalmarktrechtliche Vorgaben weder nach arbeitsrechtlichen oder strafrechtlichen Vorschriften verantwortlich gemacht noch zum ErSatz von Schäden herangezogen werden, wenn sie diese Meldung weder vorsätzlich oder grob fahrlässig abgegeben haben. Regelungen zum Schutz des Whistleblowers existieren auch im Bereich des Arbeitsschutzes. Nach § 17 Abs. 2 ArbSchG hat der Arbeitnehmer ein Beschwerderecht über unzureichende Maßnahmen des Arbeitgebers im Bereich des Arbeitsschutzes. Hierdurch dürfen dem Beschäftigten keine Nachteile entstehen, solange der Arbeitnehmer seine Beschwerde auf tatsächliche Anhaltspunkte stützt. Außerhalb dieser speziellen Bereiche ist der Schutz des Whistleblowers derzeit lediglich durch gerichtliche Einzelfallentscheidung geprägt.

Der Compliance-Beauftragte ist als Funktionsträger aufgrund das Unternehmen verpflichtender Aufgaben bestellt. Im Hinblick auf seine Aufgabenstellung kommen der Hinweis und die Beseitigung von Missständen im Unternehmen am ehesten in Betracht. Der Compliance-Beauftragten verfügt über eine exponierte Rechtsstellung. Dazu stellt Whistleblowing ein probates Mittel dar. Allerdings gibt es keine ausdrücklichen geschriebenen allgemeinen Rechte und Verpflichtung des Compliance-Beauftragten, die zuständigen Behörden über Missstände oder Rechtsverstöße in dem Unternehmen zu informieren. Daraus folgen keine persönlich an den Compliance-Beauftragten gerichteten Rechte und Pflichten zum externen Whistleblowing.[668] In Bezug auf gesetzliche Rechte und Pflichten zu externem Whistleblowing gilt für den Compliance-Beauftragten dasselbe wie für jeden anderen Arbeitnehmer. Darüber hinaus muss der Compliance-Beauftragte im Hinblick auf seine Aufgabe und das Eskalationsrecht anders als anderer Arbeitnehmer zunächst einen innerbetrieblichen Bericht erstatten und eine weitreichende interne Eskalation betreiben. Jedoch hat der Compliance-Beauftragte das Recht, eine Meldung über Missstände an die zuständigen externen Stellen zu erstatten. Der Rechtsprechung der BGH lässt sich auch nicht entnehmen, dass der interne Compliance-Beauftragte berechtigt ist, festgestellte Regelverletzungen unmittelbar der Strafverfolgungs- oder Aufsichtsbehörde anzuzeigen.[669] Grundsätzlich soll er eine innerbetriebliche Meldung versuchen.

668 *Casper*, in: FS Karsten Schmidt, 2009, S. 210 f.; *Krieger*, NZA 2010, 372 f.; *Lösler*, WM 2007, 677.

669 BGH, DB 2009, 2143; *Bürkle*, CCZ 2010, 11; *Lebherz*, Emittenten – Compliance – Organisation zur Sicherstellung eines rechtskonformen Publizitätsverhaltens, 2008, S. 324; *Lösler*, WM 2007, 678; BVerfG, Beschluss vom 2.7.2001 – 1 BvR 2049/00, NJW 2011, 3474.

Wie ein anderer Arbeitnehmer kann der Compliance-Beauftragte, wenn die unternehmensinterne Abhilfe berechtigterweise aussichtslos ist, auch unter Beachtung der arbeitsvertraglich gebotenen Nebenpflichten zur Rücksichtnahme zum Mittel der externen Anzeige greifen. Im GegenSatz zu anderen Arbeitnehmern liegt die spezielle Rechtsstellung der Compliance-Beauftragten darin, dass sie nach dem Urteil vom des BGH vom 17.7.2009 eine Garantenpflicht treffen kann.[670] Danach ist der Compliance-Beauftragte verpflichtet, in Zusammenhang mit den Unternehmensaktivitäten stehende Rechtsverstöße und Straftaten zu verhindern. Aber seine Kompetenzstellung ist damit im Ergebnis stark schwächer ausgestaltet. In der Unternehmenspraxis hat der Compliance-Beauftragte keine selbstständige Verbots- und Weisungsbefugnis, um den Missstand durch eigene Anordnung zu verhindern.[671]

Wie bei einem normalen Arbeitnehmer rechtfertigt das Überschreiten der aufgezeigten Grenzen des externen Anzeigerechts durch den Compliance-Beauftragten die Annahme eines „an sich" zum Ausspruch einer verhaltensbedingten außerordentlichen Kündigung geeigneten Grundes.[672] Der Arbeitgeber hat das Recht, den Compliance-Beauftragten im Zuge einer externen Whistleblowings außerordentlich zu kündigen. Aber der Compliance-Beauftrage ist nicht mit den anderen Arbeitnehmern vergleichbar, die nur zufällig auf die Information über Missstände in dem Unternehmen treffen. Durch seine Aufgabe muss der Compliance-Beauftragte planmäßig mit sensiblen Informationen umgehen. Wenn die Befugnis des Compliance-Beauftragten nicht detailliert im ArbeitsvertrAG festgelegt wird, ist es fraglich, ob und unter welchen Voraussetzungen der Compliance-Beauftragte das Recht zum externen Whistleblowing hat. Zu betrachten ist insbesondere der Widerspruch zwischen der objektiven Garantenpflicht bezogen auf die Einhaltung des Gesetzes und der gegenüber dem Arbeitgeber bestehenden Rücksichtnahmepflicht. Diese Frage soll im Zusammenhang mit den speziellen Aufgaben des Compliance-Beauftragten diskutiert werden.

Einerseits existiert besonderes Vertrauen im Arbeitsverhältnis zwischen dem Compliance-Beauftragten und dem Arbeitgeber. So vergrößert sich die Rücksichtnahmepflicht des Compliance-Beauftragten und sein externes Whistleblowing wird sich in engen Grenzen halten.[673] Danach sollen regelmäßig ein

670 BGH, Urteil vom 17. Juli 2009 – 5 StR 394/08, WM 2009, 1882 ff.

671 *Illing/Umnuß*, CCZ 2009, 1; *Rübenstahl*, NZG 2009, 1341.

672 *Herbert/Oberrath*, NZA 2005, 198; *Fischer*, Der Betriebsbeauftragte im Umweltsschutzrecht, 1996, S. 178.

673 *Favoccia/Richter*, AG 2010, 137, 143; *Wunderlich*, Die Rechtsstellung des Betriebsarztes, 1995, S. 186.

vorheriges internes Whistleblowing oder eine interne Eskalation erfolgen.[674] Andererseits übernimmt der Compliance-Beauftragte eine von der Unternehmensleitung abgeleitete Garantenstellung. Es handelt sich um die Rechtsgüter des Unternehmens und auch Dritter. Aber es mangelt ihm an eigenen Eingriffsbefugnissen, daher verbleibt häufig nur das externe Whistleblowing. In der Unternehmenspraxis ist erwiesen, dass ein externes Whistleblowing von Compliance-Beauftragten für eine wirksame Compliance sinnvoll ist. Wenn die gesamte Unternehmensführung in den compliancerelevanten Sachverhalt persönlich involviert ist, sie die Sachlage anders als der Compliance Beauftragte beurteilt oder der Compliance-Beauftragte alle genannten internen Abhilfemaßnahmen ausgeschöpft hat, ist die Meldung die Compliance-Beauftragten an das Aufsichtsorgan oder die externe Behörde notwendig. Ein solches Recht sichert ein effektives Compliance-System und löst den Konflikt zwischen der Compliance-Aufgabe und den persönlichen Interessen der Unternehmensführung.

Um die kündigungsrechtliche Stellung des Compliance-Beauftragten zu diskutieren, soll die Lage von Compliance-Beauftragten und Arbeitgebern im Rahmen des externen Whistleblowings weitestgehend identisch sein. Für den Compliance-Beauftragten bedeutet das externe Whistleblowing damit verbundene Risiken für beide Seiten, nämlich Verletzung der Pflicht zur Compliance auf der einen Seite und Überschreitung der zulässigen Grenzen des externen Whistleblowings auf der anderen Seite. Für den Arbeitgeber bedeutet das externe Whistleblowing Risiken für unkalkulierbare Image- und Folgeschäden. Wie oben erwähnt, geht es bei dem externen Whistleblowing um zwei Grundkonstellationen.[675] Die erste Fallgruppe betrifft externe Anzeigen zum Schutz der Allgemein- oder Drittinteressen. Die zweite Fallgruppe umfasst die externe Anzeige zum Schutz des Unternehmensinteresses. Die Beschränkung des Rechts zum externen Whistleblowing für den normalen Arbeitnehmer begründet sich wesentlich aus den arbeitsvertraglichen Rücksichtnahmepflichten. Wenn für den Compliance-Beauftragten aus seiner Garantenpflicht zum Schutz von Rechtsgütern des Allgemein- oder Drittinteressen die Pflicht folgt, das externe Whistleblowing zu erstatten, sollte sein Recht weniger dieser Beschränkung unterliegen, weil das externe Whistleblowing im Vergleich zum internen Whistleblowing die aussichtsreichere Rettungshandlung darstellen dürfte.[676]

---

674 *Casper*, in: FS Karsten Schmidt, 2009, 199, 212; *Dann/Mengel*, NJW 2010, 3265, 3267; *Illing/Umnuß*, CCZ, 2009, 1, 5; *Krieger/Günther*, NZA 2010, 367, 372 f.

675 *Fleischer*, BB 2004, 2645, 2650.

676 *Walther*, ZIS 2007, 467 ff.

Bei der Interessenabwägung müssen die arbeitsvertraglichen Rücksichtnahmepflichten hinter den Rechtsinteressen des Allgemein- oder Drittinteressen zurückzutreten. Außerdem sollte der Compliance-Beauftragte einen weiteren Entscheidungsspielraum als ein normaler Arbeitnehmer besitzen. Wenn es um schwerwiegende Rechtsverstöße geht, muss der Compliance-Beauftragte besonders aus seiner Garantenstellung eine Interessenabwägung vornehmen und könnte das erweiterte externe Whistleblowing-Recht ausüben. In dieser Konstellation sollte das externe Whistleblowing nicht als „leichtfertig" beurteilt werden, falls der Compliance-Beauftrage die Missstände in dem Unternehmen nicht selbst vollständig ermittelt, bevor er ein externes Whistleblowing erstattet. Es vermAG den Vorwurf zu entkräften, sofern der Compliance-Beauftragte eine sorgfältige und gewissenhafte Prüfung im Rahmen seiner fachlichen Kenntnis und Informationsbeschaffungsmöglichkeiten durchführt. Das Vertrauensverhältnis zwischen dem Compliance-Beauftragten und dem Arbeitgeber wird gewiss nicht erschüttert, wenn sich das externe Whistleblowing seitens des Compliance-Beauftragten als rechtmäßig erweist. Vor diesem Hintergrund kann das sich später als falsch erweisende externe Whistleblowing nicht als Grund für eine außerordentliche Kündigung gewichtet werden.

Wenn der Compliance-Beauftragte aus seiner Garantenpflicht zum Schutz von Rechtsgütern der Unternehmensinteressen handelt, sollten die Anforderungen an sein Recht zum externen Whistleblowing auch weniger restriktiv gestellt werden. Bei Compliance-Beauftragten handelt es sich häufig um Mitarbeiter mit erforderlichen Fachkenntnissen und einer hohen hierarchischen Stellung. Er kann verlangt werden, vor Erstattung eines externen Whistleblowings die Missstände in dem Unternehmen eingehend zu untersuchen und alle internen Abhilfemöglichkeiten auszuschöpfen. Aber wenn sich der Compliance-Beauftragte nicht mehr berechtigt darauf verlassen kann, dass die Unternehmensleitung wirksame Abhilfe leisten wird, weil sie in der Vergangenheit schon untätig geblieben ist, hat er das Recht, effektive Mittel wie externes Whistleblowing auszuwählen. Wenn sich die Missstände beispielsweise auf die Unternehmensleitung beziehen, könnte der Compliance-Beauftragte zuerst ein Eskalationsrecht ausüben. Das leichtfertig vorgenommen externe Whistleblowing könnte zu einer Zerstörung des Vertrauensverhältnisses zwischen dem Compliance-Beauftragten und seinem Arbeitgeber führen und als Grund der außerordentlichen Kündigung gewichtet werden. Dann wird eine Fortsetzung des Arbeitsverhältnisses unzumutbar. Methodisch sollte eine Erweiterung des Rechts des Compliance-Beauftragten zum externen Whistleblowing im EinzelarbeitsvertrAG detailliert festgelegt werden, um Unsicherheiten zu vermeiden.

Kapitel 7 Zusammenfassung der Einzelergebnisse in Thesen

Aus den vorliegenden Untersuchungen ergeben sich die nachfolgend dargestellten Ergebnisse.

A. Zum Compliance-Beauftragten

I. Zu dem Begriff und den Aufgaben des Compliance-Beauftragten

Außerhalb des regulierten speziellen Bereichs existiert keine legale Definition des Compliance-Beauftragten. Nach dem Verständnis in Literaturen und Entscheidungen des BGH ist der Compliance-Beauftragte dem delegierten Vertreter der Unternehmensleitung zuzuordnen. Er ist als weitere interne Beratungs- und Kontrollinstanz im Unternehmen für die Compliance-Funktion verantwortlich. Jedoch ist der Compliance-Beauftragte kein Unternehmensbeauftragter. Ein Unternehmensbeauftragter wird von Unternehmen aufgrund der gesetzlichen Pflicht zum Schutz bestimmter Allgemeinwohlbelange bestellt. Nach Vorarbeiten von Rehbinder und Haouache bestellt das Unternehmen nach Anforderung von Gesetzen oder Behörden den Unternehmensbeauftragten. Die Aufgaben der Unternehmensbeauftragte sollen ausdrücklich vom Gesetz geregelt werden. In Unternehmen besteht die Pflicht zur öffentlich-rechtlichen Überwachung. Obwohl in § 12 Abs. 4 S. 1 WpDVerOV i. d. f. 2007 die Benennung des Compliance-Beauftragten erwähnt worden ist, besteht keine deutliche Formulierung der materiellen Pflicht zur Bestellung des Compliance-Beauftragten. Daneben ergibt sich die Aufgabe des Compliance-Beauftragten nicht aus der gesetzlichen Regelung, sondern aus dem Thema Compliance. Nach herrschender Meinung verfolgt der Compliance-Beauftragte bezogen auf das Thema Compliance grundsätzlich die Interessen von Unternehmen. Aufgrund der Größe und Komplexität richtet das Unternehmen verschiedene Organisationsmodelle für Compliance ein. In dem Unternehmen, das ein Drei-Ebenen-Compliance-Organisationsmodell entwickelt hat, ist der Compliance-Beauftragte eine Unterkategorie des Chief Compliance Officer, der als zentraler beauftragter Angestellter verstanden wird. Der Chief Compliance Officer nimmt eine Stabstellenfunktion ein.

Wie bei der Definition für Compliance-Beauftragte existiert auch keine gesetzliche Standarddarstellung der Aufgaben des Compliance-Beauftragten. In den letzten Jahren wird diese Situation mit steigenden Anforderungen an Compliance geändert. Welche Anforderungen an den Inhalt der Aufgaben des Compliance-Beauftragten gestellt werden können, hängt wesentlich von den potenziellen Compliance-Risiken in den Geschäftsbereichen ab. Die verschiedenen Formen der Compliance-Organisation in unterschiedlichen Unternehmen können auch zur Differenzierung der Aufgaben des Compliance-Beauftragten führen. Trotz unterschiedlicher Einflussfaktoren ist auch eine grundsätzliche Beschreibung für die Aufgabe des Compliance-Beauftragten zu geben. Sein Aufgabenspektrum ist vielfältig.[677] Die Implementierung eines Compliance-Management-Systems steht unstreitig im Mittelpunkt der Aufgaben. Um Compliance im Unternehmen umzusetzen, soll der Compliance-Beauftragte zunächst aufgrund des konkreten potenziellen Compliance-Risikos ein Compliance-Management-System mit Flankierung der Unternehmensleitung einrichten. Bezogen auf das Thema Compliance ist die Beratung für die Unternehmensleitung und Belegschaft ein wichtiger Bestandteil der Aufgaben von Compliance-Beauftragten. Damit ein Compliance-Management-System effektiv funktionieren kann, sollen die Einholung und die Auswertung der Informationen als Aufgaben des Compliance-Beauftragten angesiedelt sein. Damit kann er aufgrund der Analysierung der Informationen effektive Vorschläge für Compliance-Maßnahmen unterbreiten. Die Mitarbeiterschulung wird stets als notwendiger Bestandteil der Aufgaben des Compliance-Beauftragten verlangt. Diese Aufgabe spielt eine wichtige Rolle bei der Umsetzung der Compliance im Unternehmen, weil durch sie ein angemessenes Compliance-Bewusstsein der Mitarbeiter erzeugt werden kann. Eine effiziente Schulung hängt von der richtigen Wahl der Mittel, Formen und Inhalte ab. Aufgrund seiner Schlüsselrolle bei der Implementierung eines Compliance-Management-Systems obliegt die laufende Kontrollaufgabe dem Compliance-Beauftragten. Damit werden die nachhaltige Implementierung des Compliance-Programms und die Durchführung der Compliance-Maßnahmen sichergestellt. Obwohl weder Gesetz- noch Verordnungsgeber sich dazu geäußert haben, wer zu einem Compliance-Bericht verpflichtet ist, ist der Compliance-Beauftragte oftmals in der Unternehmenspraxis für die Erstattung des Berichts verantwortlich. Ein Bericht kann in angemessenen Zeitabständen erstattet werden. Im Einzelfall ist ein weiterer anlassbezogener Bericht erforderlich. Der Bericht ist an die Unternehmensleitung zu richten. Das Aufsichtsorgan

677 *Schulz/Galsterin*, in: Bürkle/Hauschka, Der Compliance Officer, 2015, § 4, Rn. 26 ff.

kann auch Adressat sein. Es erscheint in jedem Fall ratsam, dass der Compliance-Beauftragte die compliancerelevanten Sachverhalte möglichst vollständig dokumentiert. Sofern in möglichen Straf- und Haftungsprozessen ein Fall nicht vollständig aufgeklärt werden kann, hat die diesbezügliche Dokumentation einen wichtigen Beweiswert für die angemessene Sorgfalt von Unternehmen bei Compliance.[678] So zählt die Dokumentation auch zu den grundsätzlichen Aufgaben des Compliance-Beauftragten. Wie bereits erwähnt, existieren kein einheitlich regulieren Aufgaben für Compliance-Beauftragte. Der Bundesver-Band Deutscher Compliance Officer (BDSO) als BerufsverBand hat im August 2013 das Positionspapier „Compliance Officer" herausgebracht. Die Aufgabe des Compliance-Beauftragten wird dort erstmals beschrieben. Wegen der Verschärfung der Anforderungen an die Compliance wird dieses Positionspapier außerhalb des Finanzsektors nahezu einhellig abgelehnt.

II. Zum Bestellungszwang des Compliance-Beauftragten

Zu folgern ist, dass ein originärer gesetzlicher Bestellungszwang für den Compliance-Beauftragten nicht existiert. Die Bestellung des Compliance-Beauftragten beruht auf selbstverpflichtender Freiwilligkeit der Unternehmen. Vor dem Hintergrund zunehmender Globalisierung der Wirtschaft werden die geschäftlichen Aktivitäten des Unternehmens immer komplexer und unübersichtlicher. Daher besteht ein erhebliches Bedürfnis in der Unternehmensleitung, das Handeln in Übereinstimmung mit den jeweils anwendbaren Regeln und die Einhaltung von Verhaltensmaßregeln, Gesetzen und Richtlinien so zu kontrollieren, dass geschäftlichen Rechtsrisiken möglichst in der Entstehung verhindert werden. Eine stärkere Kontrolle und Überwachung erscheint nicht nur für die Unternehmensleitung selbst, sondern auch für einzelne delegierte Personen innerhalb des Unternehmens sinnvoll. In der Regel findet eine Delegation dieser Compliance-Aufgaben der Unternehmensleitung auf nachgeordnete Abteilungen oder Mitarbeiter statt. Seit Jahren steht regelmäßig der Compliance-Beauftragte des Unternehmens im Zentrum dieser Delegation. Die Bestellung des Compliance-Beauftragten wird als ein wirksames Mittel angesehen. Ein anderer Grund für die Bestellung des Compliance-Beauftragten ist der öffentliche Druck, der aus zunehmenden Skandalfällen entstanden ist.

678 *Gercke/Kraft/Richter*, Arbeitsstrafrecht, 2. Aufl. 2015, Kap. 4 Rn. 71 f.

III. Zur konkreten Ausgestaltung des Compliance-Beauftragten

Neben der Frage, ob das Unternehmen einen Compliance-Beauftragten bestellen muss, ist genauso wichtig, wie das Unternehmen einen Compliance-Beauftragten ausgestaltet. Dies ist von der Unternehmensgröße, den potenzieller Risiken und der Komplexität des Betriebs abhängig und bedeutet, dass ein hauptamtlicher Compliance-Beauftragter nur bei einer entsprechenden Gefährdungslage erforderlich ist. Zur Frage, wann ein hauptamtlicher Compliance-Beauftragter empfehlenswert ist, finden sich in der Unternehmenspraxis empirische Antworten. Um die Anforderungen an Compliance umzusetzen, ist es vor dem aktuellen Hintergrund in größeren Unternehmen unverzichtbar, einen hauptamtlichen Compliance-Beauftragten zu bestellen und mit konkreten Aufgaben und Kompetenzen auszustatten. Der nebenamtliche Compliance-Beauftragte existiert oftmals in mittleren und kleinen Unternehmen.

Um die Compliance-Funktion wirksam durchzuführen, muss der eingesetzte Compliance-Beauftragte entsprechende Anforderungen an Fachkenntnisse und persönliche Kompetenzen erfüllen. Das Berufsprofil des Compliance-Beauftragten ist in den letzten Jahren erstellt worden. Es wird im Rahmen einer umfassenden Risikoanalyse bestimmt. Obwohl dieses Berufsprofil nicht standardmäßig für jedes Unternehmen gilt, stellt es grundsätzliche Anforderungen an den betrieblichen Compliance-Beauftragten auf. Nach den vielfältigen Aufgaben sind Anforderungen an die fachliche und persönliche Qualifikation der Compliance-Beauftragten zu stellen. Bislang existiert keine einheitliche juristische Formulierung für fachliche Anforderungen an Compliance-Beauftragte. Die Finanzbranche hat durch BT 1.3.1.3 Mindestanforderungen an die Compliance-Funktion und einen fachlichen Standard für den Compliance-Beauftragten gesetzt. Daraus können ähnliche Standards für den Compliance-Beauftragten in anderen Branchen gebildet werden. Danach ist fachliches Hauptkriterium für den Compliance-Beauftragten dessen Kenntnis der einschlägigen Vorschriften. Aufgrund eigener fachlicher Kenntnisse soll er auch ein angemessenes Compliance-Management-System etablieren. Daneben umfasst die fachliche Anforderung an den Compliance-Beauftragten auch das Verständnis für vom Unternehmen vorgenommene Geschäfte und Geschäftsmodelle. Außerhalb fachlicher Anforderungen hat der Compliance-Beauftragte als Schlüsselrolle der Compliance einem persönlichen Profil gerecht zu werden. Erstens muss er Integrität und Vertrauenswürdigkeit als wichtigste Eigenschaft mitbringen. Diese sind Voraussetzung der Erfüllung seiner Aufgaben. Zweitens muss der Compliance-Beauftragte in der Lage sein, sich ständig relevanten Sachverhalten der Compliance anzupassen. Damit kann er in konfliktären

Situationen richtige Entscheidung treffen. Die richtige Entscheidung hängt auch von allen erforderlichen relevanten Compliance-Informationen ab. So muss er über eine gute Kommunikationsfähigkeit verfügen. Kommunikationsfähigkeit und Entscheidungsfähigkeit stellen für den Compliance-Beauftragten sicher, dass er in schwierigen Situationen standfest ist, um den Compliance-Sachverhalt zu managen.

Bei der Ausgestaltung des Compliance-Beauftragten ist der ArbeitsvertrAG ein wichtiges Mittel. Durch Entscheidung des BGH von 17.7.2009 ist die Garantenpflicht des Compliance-Beauftragten festgestellt worden. Diese Garantenpflicht ergibt sich aus von der Unternehmensleitung delegierten Aufgaben. Um die Rechte und Pflichten des Compliance-Beauftragten im Unternehmen verbessert festzulegen, sollte der Arbeitgeber im IndividualarbeitsvertrAG sowohl den Tätigkeitsbereich als auch die aus Tätigkeiten abgeleitete Haftung des Compliance-Beauftragten ausdrücklich regeln. Daneben kann die Arzneimittel- und Wirkstoffherstellungsverordnung bei der Schaffung der Arbeitsbedingungen eines Compliance-Beauftragten im ArbeitsvertrAG als Referenz verwendet werden.

IV. Zur Rechtsstellung des Compliance-Beauftragten

Eine ausdrückliche Regelung zur Stellung des Compliance-Beauftragten im Arbeitsrecht existiert bislang nicht. Er kann als Arbeitnehmer ernannt werden. Dabei ist die Ausgestaltung des Individualarbeitsvertrags maßgebend für die Bestimmung der arbeitsrechtlichen Stellung des Compliance-Beauftragten. Daneben können sich auch allgemeine gesellschaftsrechtliche Vorschriften und gesetzliche Anforderungen aus besonders haftungsrelevanten Branchen, beispielsweise aus der als „Vorreiter der Compliance“[679] verstandene Branche des Bank- und Kapitalmarktrechts, auf die Bestimmung der arbeitsrechtlichen Stellung auswirken. Grundsätzlich soll der Compliance-Beauftragte von anderen Unternehmensabteilungen organisatorisch unabhängig sein. Diese Unabhängigkeit bedeutet auch eine finanzielle Unabhängigkeit. Im Hinblick auf die wirksame Erfüllung der Compliance-Aufgaben sollte dem Compliance-Beauftragten außer organisatorischer und finanzieller Unabhängigkeit auch eine gewisse fachliche Unabhängigkeit eingeräumt werden. Damit kann der Compliance-Beauftragte bei der Erfüllung seiner Compliance-Aufgaben nicht an die Weisung der von ihm zu überwachenden Abteilung gebunden sein. Auf die Frage,

679 *Preußner*, NZG 2004, 60.

inwiefern der Compliance-Beauftragte fachlich unabhängig tätig werden sollte, wurde jedoch keine einheitliche Antwort in juristischen Literaturen oder gesetzlichen Regelungen gefunden. Die alte Fassung des § 33 Abs. 1 Nr. 1 WpHG und § 12 Abs. 4 WpDVerOV hatte dies geregelt, jedoch wurden beide diesbezügliche Inhalte im Jahr 2017 aufgehoben. Nach herrschender Auffassung kann festgestellt werden, dass der Compliance-Beauftragte nicht frei gegenüber disziplinarischer Weisung von der Unternehmensleitung ist, aber für die Erfüllung seiner Aufgaben mit der erforderlichen fachlichen Weisungsfreiheit gegenüber Unternehmensleitung ausgestattet werden sollte.

Neben der arbeitsrechtlichen Stellung ist die Garantenstellung des Compliance-Beauftragten in den letzten Jahren ein Diskussionsthema geworden. Wenn der Compliance-Beauftragte ein Mitglied der Unternehmensleitung ist, ergibt sich seine Garantenstellung originär aus der Geschäftsherrenhaftung. Wird der Arbeitnehmer als Compliance-Beauftragter bestellt, begründet sich seine Garantenstellung grundsätzlich aus einem im Rahmen des Arbeitsverhältnisses übernommenen Pflichtkreis. Die Entstehung seiner Garantenstellung folgt aus der Überlegung, dass die Obhutspflichten des Betriebsinhabers übertragbar sind. Eine explizite Regelung für diese Übertragung existiert nicht, daher ist eine ausdrückliche Stellenbeschreibung in dem ArbeitsvertrAG zwischen dem Arbeitgeber und dem Compliance-Beauftragten notwendig.

V. Zu den Befugnissen des Compliance-Beauftragten

Um seine Aufgaben erfüllen zu können, muss ein Compliance-Beauftragter auch entsprechend befugt sein. Aus den allgemeinen gesellschaftsrechtlichen Grundsätzen hat die Unternehmensleitung ein entscheidendes Recht, die Maßnahmen zu Abstellung der Compliance-Verstöße zu ergreifen. Dem Compliance-Beauftragten bleibt hier eine Berichtspflicht und ein Eskalationsrecht an die Unternehmensleitung. Beide sind unterschiedlich ausgestaltet. Die Berichtspflicht umfasst die regelmäßige Darlegung potenzieller Compliance-Risiken und möglicher Maßnahmen zur Minimierung dieser Risiken. Das Eskalationsrecht berechtigt den Compliance-Beauftragten dazu, das auffällige compliancerelevante Ereignis jederzeit an die Unternehmensleitung zu berichten. Wenn sich das Compliance-Ereignis auf ein Mitglied der Unternehmensleitung oder des Gesamtvorstands bezieht, hängt es von der Geschäftsordnung des Verstands oder der Stellungsbeschreibung in dem IndividualarbeitsvertrAG ab, ob der Compliance-Beauftragte ein Recht direkt zur Eskalation gegenüber dem Aufsichtsrat hat. Im Allgemeinen verfügt der Compliance-Beauftragte keine Weisungsbefugnis gegenüber anderen Unternehmensangehörigen. Nur im Einzelfall kann die Befugnis des Compliance-Beauftragten kraft Delegation von der Unternehmensleitung erweitert werden. Die alte Fassung des § 12 Abs. 4 S. 3 WpDVerOV hatte eine Ausnahme gebildet. Danach sollte dem Compliance-Beauftragten bei der Einholung der compliancerelevanten Informationen ein Weisungsrecht gegenüber den betreffenden Mitarbeitern zubilligt werden. Im Jahr 2017 wurde dieser Artikel jedoch aufgehoben.

B. Zur kündigungsrechtlichen Stellung des Compliance-Beauftragten vor ordentlicher Kündigung

I. Zu den ordentlichen Kündigungsgründen des Compliance-Beauftragten

1. Personenbedingte Kündigungsgründe

Nach dem Einrichtungsziel der Einsetzung des Compliance-Beauftragten sollte der Schwerpunkt der Diskussion über seine personenbedingten ordentlichen Kündigungsgründe auf Unzuverlässigkeit und fachlichem Eignungsmangel liegen. Aufgrund der Funktion und Aufgabe des Compliance-Beauftragten spielt Zuverlässigkeit eine wichtige Rolle. Wenn der Compliance-Beauftragte seine Zuverlässigkeit verloren hat, kann dies eine personenbedingte ordentliche Kündigung rechtfertigen. Andere als für den gesetzlichen Betriebsbeauftragten existiert keine umfassend zuständige Behörde für den Compliance-Beauftragten, die Anforderungen an seine fachliche Einigung stellen kann. Es gibt auch keine allgemeinen juristischen Formulierungen der fachlichen Forderungen an den Compliance-Beauftragten. In der dicht regulierten Finanz- und Kapital Branche war eine diesbezügliche Regelung vorhanden. § 34 d WpHG 2012 hatte die Bundesanstalt für Finanzdienstleistungsaufsicht ermächtigt, Anforderungen an die Sachkenntnis des eingesetzten Compliance-Beauftragten zu stellen. Obwohl dieser Artikel im Jahr 2018 weggefallen ist, gibt er eine Referenz an. Für mit Compliance-Aufgaben betraute Mitarbeiter spielt die einschlägige Fachkenntnis eine unverzichtbare Rolle. Der Compliance-Beauftragte sollte sowohl vor Beginn als auch während des bestehenden Arbeitsverhältnisses fortlaufend über die erforderliche Fachkenntnis verfügen. Die Mangel an Fachkenntnis kann einen Grund für die personenbedingte Kündigung des Compliance-Beauftragten darstellen.

2. *Verhaltensbedingte Kündigungsgründe*

Die Unternehmensleitung als Leitungsorgan trifft eine Compliance-Pflicht, das Unternehmen so zu organisieren, dass gesetzliche und unternehmensinterne Vorschriften durch das Unternehmen und seine Mitarbeiter eingehalten werden.[680] Durch Delegation steht der Compliance-Beauftragte im Einklang mit der Unternehmensleitung. Die von ihm zu ergreifenden Compliance-Maßnahmen können Schaden begrenzen, insbesondere können sie die Risiken von Strafmaßnahmen, Bußgeldern, Schadenersatzzahlungen und Reputationsschäden vermindern. Unter bestimmten Umständen kann die Aufdeckung der Compliance-Verstöße von Compliance-Beauftragten für Unternehmen jedoch ungünstige Folgen wie Geldbußen, Einziehungsregelungen, Schadenersatzansprüche, Auslistungen, Reputationsschäden haben. In diesem Fall kann sich daraus ein Kündigungsbegehren seitens der Unternehmensleitung ergeben.

Die Compliance-Kontrolle ist eine unverzichtbare Aufgabe des Compliance-Beauftragten. Dadurch kann Fehlverhalten im Unternehmen abgestellt und für die Zukunft vermeiden werden. Aber möglicherweise verstößt die ergriffene Maßnahme zur Kontrolle gegen das geltende Recht. Besonderes Augenmerk sollte auf das Datenschutzgesetz gelegt werden. Vor allem im Zusammenhang mit personenbezogenen Daten von Mitarbeitern im Sinne von § 3 Abs. 1 BDSG stellt sich die Frage nach der Zulässigkeit der Kontrollmaßnahmen von Compliance. Wenn der Compliance-Beauftragte solche Daten erhebt, verarbeitet oder genutzt, ist dies erlaubnispflichtig. Weiterhin sollte die Compliance-Maßnahme des Compliance-Beauftragten auch auf einer Rechtsgrundlage basieren. Die rechtswidrige Ergreifung der Kontrollmaßnahme rechtfertigt im GrundSatz eine verhaltensbedingte ordentliche Kündigung. Darüber hinaus wird das Unternehmen, wenn ein oder mehrere Vorstandsmitglieder in Compliance-Verstöße verstrickt sind, um die Erstattung des Berichts durch den Compliance-Beauftragten an den Aufsichtsrat zu verhindern, ihn zu kündigen versuchen.

3. *Betriebsbedingte Kündigungsgründe*

Die betriebsbedingten Kündigungsgründe für Compliance-Beauftragte sind meist innerbetrieblicher Natur. Um rechtmäßig am Wirtschaftsverkehr teilzunehmen, kann das Unternehmen heute Compliance als Bestandteil einer „Good Corporate Governance" nicht mehr wegdenken. Aber die Ausgestaltung des

680 Vgl. *Arnold*, ZGR 2014, 79; LG München I, Urteil vom 10.12.2013 – 5 HK O 1387/10, NZG 2014, 345; *Hüffer/Koch*, Aktiengesetz, 13. Aufl. 2018, § 76 Rn. 16.

Compliance-Management-Systems und der Compliance-Beauftragten unterliegt grundsätzlich der Business Judgement Rule. Es gilt hierbei, ein Abwägen zwischen den Compliance-Risiken und dem Aufwand der Aufstellung des Compliance-Beauftragten vorzunehmen. Die Unternehmensleitung kann sich auf der Basis der Analyse der Compliance-Risiken, denen das Unternehmen im Rahmen seiner Geschäftstätigkeit ausgesetzt ist, entscheiden, ob der Arbeitsplatz des Compliance-Beauftragten zukünftig wegfallen und diesem Beauftragten betriebsbedingt gekündigt werden soll. Daneben kann die Streichung einer Hierarchieebene sich auch auf einem betriebsbedingten Kündigungsgrund herausbilden. Aber dieser Kündigungsgrund bedarf einer konkreten Entscheidung durch die Unternehmensleitung. Der Arbeitgeber muss durch eine konkrete unternehmerische Entscheidung verdeutlichen, dass ein Beschäftigungsbedürfnis durch den Abbau der Hierarchieebene für den Compliance-Beauftragten entfallen und dieser organisatorische Abbau durchführbar ist.

In Hinblick auf die ansteigende Dichte von Compliance-Anforderungen wird es für das Unternehmen immer schwieriger, die Compliance-Aufgaben wahrzunehmen. Besonders in kleinen und mittleren Unternehmen ist aufgrund der Knappheit an personellen und Managementkapazitäten eine Auslagerung der Funktion des Compliance-Beauftragten nachvollziehbar in Betracht zu ziehen. Obwohl eine Auslagerung auch einige Nachteile haben kann, hat das Unternehmen das Recht, die Entscheidung nach eigenem Ermessen zu treffen. Dieses Outsourcing kann eine betriebsbedingte Kündigung des Compliance-Beauftragten auslösen.

Nach § 2 UmwG kann die rechtliche Verschmelzung des Unternehmens durch Übertragung des Vermögens eines oder mehrerer Rechtsträger auf eines anderes bereits bestehendes Unternehmen oder eines neu gegründetes Unternehmen erfolgen. Verschmelzung als Unternehmensumstrukturierung kann eine direkte Wirkung auf das Arbeitsverhältnis des Compliance-Beauftragten zeigen. Wenn bei einer Verschmelzung ein Unternehmen auf ein anderes Unternehmen nach § 2 Abs. 1 Nr. 1 UmwG übergeht, will das aufnehmende Unternehmen nicht unbedingt den Compliance-Beauftragten des übertragenen Unternehmens in das eigene Compliance-System einfügen. Sofern eine Verschmelzung nach § 2 Abs. 1 Nr. 2 UmwG erfolgt, liegt eine gesetzlich angeordnete Gesamtrechtsnachfolge vor. In dem neu gegründeten Unternehmen bestellt der Arbeitgeber möglicherweise wegen der Erweiterung des Geschäftsbereichs einen neuen Compliance-Beauftragten. In beiden Fällen kann sich gegenüber dem vormaligen internen Compliance-Beauftragten ein betriebsbedingter Kündigungsgrund herausbilden.

II. Zu den Möglichkeiten des besonderen Kündigungsschutzes des Compliance-Beauftragten vor ordentlicher Kündigung

1. Gesetzlicher besonderer Kündigungsschutz

a) Geschriebener besonderer Kündigungsschutz

Die Erfüllung der Compliance-Aufgaben durch den Compliance-Beauftragten kann zu einem Spannungsverhältnis zwischen ihm und der Unternehmensleitung führen. Seine kündigungsrechtliche Stellung bei einer ordentlichen Kündigung ist ein wichtiges Element seines Unabhägigkeitsprofils. Jedoch kann es nicht für sämtliche Unternehmen eine Pflicht zur Bestellung eines Compliance-Beauftragten geben. Damit besteht kein Anhaltspunkt für eine besondere kündigungsrechtliche Regelung für den Compliance-Beauftragten. So existiert keine gesetzliche Vorschrift, welche dem Compliance-Beauftragten einen besonderen Kündigungsschutz einräumt.

Der Compliance-Beauftragte ist im Wesentlichen ein auf privatrechtlicher Grundlage beauftragter Funktionsträger. Die Bestellung des Compliance-Beauftragten unterliegt der Business Judgement Rule und hängt stark von der Größe und Struktur des jeweiligen Unternehmens sowie von dem Wirtschaftssektor, in dem die Unternehmen tätig sind, ab. Die Rechtsstellung des Compliance-Beauftragten leitet sich grundsätzlich aus der Beauftragung durch die Unternehmensleitung ab, die als Vollmacht oder arbeitsvertraglich ausgestaltet ist. Obwohl es wegen seiner exponierten Tätigkeit im Unternehmen wünschenswert ist, einen besonderen Kündigungsschutz im Gesetz oder in sonstigen Regelwerken zu fixieren, kann diese allgemeine Fixierung dem Schutz des Compliance-Beauftragten entgegenwirken. Beispielsweise kann die gesetzliche Stärkung des Kündigungsschutzes ein Unternehmen vor der Bestellung des Compliance-Beauftragten abschrecken.

b) Ungeschriebener besonderer Kündigungsschutz

In diversen Regelungen wie § 20 SGG, § 22 Abs. 3 SGB VII, § 2 Abs. 3 SprAuG, § 3 THW-HelfRG und § 17 Abs. 2 ArbSchG wird ein Benachteiligungsverbot ausgesprochen. Inhaltlich untersagt das Benachteiligungsverbot eine nicht gerechtfertigte Schlechterstellung der Arbeitnehmer wegen ihrer speziellen Funktion oder gehobenen Stellung. Nach herrschender Meinung ist eine ordentliche Kündigung wegen der Erfüllung der übertragenen Aufgaben auch als verbotene Benachteiligung anzusehen.[681] Theoretisch kann die Vorschrift des besonderen

681 *Kohte*, in: FS Otfried Wlotzke, 1996, S. 568; *Rehbinder*, ZGR 1989, 334; *Springmann*,

Benachteiligungsverbots den besonderen Kündigungsschutz für Compliance-Beauftragte gewähren. Aber es gibt tatsächlich keine konkreten gesetzlichen Bestimmungen zum Benachteiligungsverbot für den Compliance-Beauftragten. Deshalb kann ihm dieser Kündigungsschutz nicht zugestanden werden.

§ 612a BGB als Grundnorm dient dazu, das verfassungsrechtlich zulässige Verhalten des Arbeitnehmers zu schützen. Damit wird der Arbeitnehmer in seiner Willensfreiheit bei der Entscheidung darüber geschützt. Ein Hauptanwendungsfall einer arbeitgeberseitigen Maßnahme, die gegen das Maßregelungsverbot i. S. d. § 612a BGB verstoßen kann, ist die Kündigung.[682] Die Kündigung durch den Arbeitgeber aufgrund zulässiger Rechtsausübung seitens des Arbeitnehmers ist unwirksam. Allerdings muss die Rechtsausübung des Arbeitnehmers für die Kündigung des Arbeitgebers der wesentliche Beweggrund sein. Obwohl der Anwendungsbereich und der Regelungsgehalt des § 612a BGB umstritten sind und sich keine bestimmten Fallgruppen h bilden lassen, wird dieser Artikel in den juristischen Literaturen als allgemeiner Kündigungsschutz betrachtet. Darüber hinaus ist § 612a BGB als besonderer Kündigungsschutz anzusehen, wenn ein Arbeitnehmer wegen der Ausübung seiner speziellen Funktion vom Arbeitgeber gekündigt werden soll. Aufgrund seiner Funktion ist der Compliance-Beauftragte von dem normalen Arbeitnehmer zu unterscheiden. Er soll die Entscheidung seiner Ausübung der Compliance-Funktion ohne Furcht vor wirtschaftlichen oder sonstigen Repressalien des Arbeitgebers treffen. Wenn die arbeitgeberseitige Kündigung eine unmittelbare Reaktion auf die gerechtfertigte Funktionsausübung des Compliance-Beauftragten ist, fällt er unter den Kündigungsschutz des Maßregelungsverbots im Sinne von § 612a BGB.

2. *Die Analogie des besonderen Kündigungsschutzes zum gesetzlichen Unternehmensbeauftragten*

Nach verschiedenen Gesetzen und Verordnungen ist das private Unternehmen verpflichtet, einen Beauftragten zu bestellen. Solche Beauftragten sollen im Rahmen des unternehmensinternen Managementsystems die behördliche Überwachung auffüllen. Entsprechend gestaltet das Gesetz auch den besonderen Kündigungsschutz für Unternehmensbeauftragte. Wie in Kapitel 4 bereits dargelegt, ist der Compliance-Beauftragte nach seiner Rechtsnatur kein

Der Betriebsrat und die Betriebsbeauftragten, 2004, S. 97, 105; *Wickede*, Sonderkündigungsschutz im Arbeitsverhältnis, Berlin 2009, S. 179 ff.

682 BAG, Urteil vom 02.04.1987 – 2 AZR 227/86, NZA 1988, 18.

Unternehmensbeauftragter. Es gibt eine Tendenz, dem Compliance-Beauftragten eine analoge Anwendung der Kündigungsschutzvorschrift für Unternehmensbeauftragte einzuräumen. Nach herrschender Methodenlehre[683] ist die Anwendung einer im Gesetz vorgesehenen Folge auf einen im Gesetz nicht geregelten Tatbestand allgemein zulässig, wenn für einen im Gesetz nicht geregelten Tatbestand eine vergleichbare Interessenlage besteht und für den nicht geregelten Fall eine planwidrige Gesetzeslücke vorliegt. Die beiden Voraussetzungen haben etwas miteinander zu tun.

In Hinblick auf die Aufgabe sowie den janusköpfigen Charakter und die Garantenstellung des Compliance-Beauftragten ist festzustellen, dass der Compliance-Beauftragte ähnliche Aufgaben und Tätigkeitsprofile wie Unternehmensbeauftragte hat. Wegen dieser Essenz kann er auch wie der Unternehmensbeauftragte faktisch in Konflikte mit der Unternehmensleitung geraten. Jedoch ist eine allgemeine Bestellungspflicht eines Compliance-Beauftragten nicht explizit gesetzlich vorgeschrieben. So unterscheidet sich die rechtliche Fundierung der Compliance-Beauftragten von den gesetzlichen Unternehmensbeauftragten. Aber es ist zu beachten, dass der bisherige Mangel an besonderem Kündigungsschutz für den Compliance-Beauftragten weder auf einem Vergessen noch auf einer zum Erlasszeitpunkt bestehenden Fehleinschätzung basierte. Vielmehr handelt es sich um eine bewusste Ausgestaltung des Gesetzgebers bzw. hat der Gesetzgeber in Anbetracht einer Eintaxierung der tatsächlichen Lage der Compliance-Beauftragten eine Entscheidung getroffen, dass es nicht notwendig ist, ihm einen geschriebenen gesetzlichen besonderen Kündigungsschutz einzuräumen. Damit existiert keine planwidrige Regelungslücke. Fehlt eine planwidrige Regelungslücke, kann die Analogie zu Kündigungsschutzvorschriften der gesetzlichen Unternehmensbeauftragten nicht gebildet werden. Schließlich lässt sich ein besonderer Kündigungsschutz auch nicht im Wege der analogen Anwendung besonderer Kündigungsschutzvorschriften wie etwa für gesetzliche Unternehmensbeauftragte begründen.

3. *Kraft einzelnen Arbeitsvertrags*

Einen gesetzlichen besonderen Kündigungsschutz für den Compliance-Officer gibt es nicht. Das Maßregelungsverbot gem. § 612a BGB gewährt in der Unternehmenspraxis auch keinen umfassenden Schutz. In diesem Fall gibt es eine

---

683 *Larenz*, Methodenlehre der Rechtswissenschaft, 6. Aufl. 1991, S. 381; *Larenz/Canaris*, Methodenlehre der Rechtswissenschaft, 4. Aufl. 2007, S. 194; *Zippelius*, Juristische Methodenlehre, 11. Aufl. 2012, S. 55.

Möglichkeit, das Kündigungsschutzniveau des Compliance-Beauftragten kraft einzelnen Arbeitsvertrags zu heben. Der durch den einzelnen ArbeitsvertrAG eingeräumte Kündigungsschutz sollte nicht nur den Ausschluss der ordentlichen Kündigung, sondern auch eine Konkretisierung der Anforderung an die ordentliche Kündigung betreffen. Die einzelne Vereinbarung eines Ausschlusses der ordentlichen Kündigung im Rahmen des Arbeitsvertrags ist als Einräumen eines verbesserten Kündigungsschutzes grundsätzlich nach dem PrinZIP der Vertragsfreiheit zulässig.[684] Obwohl die Nichteinbeziehung des Compliance-Beauftragten in die Sozialauswahl bei der betriebsbedingten Kündigung eine notwendige Konsequenz des Ausschlusses der ordentlichen Kündigung darstellt, ist dieser Ausschluss der ordentlichen Kündigung aufgrund der Aufgaben und Fiktionen des Compliance-Beauftragten zu bilden. Dabei ist diese notwendige Konsequenz nicht wegen § 1 Abs. 3 KSchG unwirksam.[685] Ein Beweisgrund für die individualvertragliche Gewährung eines besonderen Kündigungsschutzes des Compliance-Beauftragten könnte auch aus § 84 Abs. 3 AktG hergeleitet werden. Daneben begegnet der individualvertragliche Ausschluss der ordentlichen Kündigung auch unter dem Gesichtspunkt der Sittenwidrigkeit keinen Bedenken. Damit muss dieser einzelne ArbeitsvertrAG sachliche Gründe vortragen, warum dem Compliance-Beauftragten der besondere Kündigungsschutz gewährt wird. Wenn dieser Ausschluss zu überfordernden Einschränkungen der persönlichen oder wirtschaftlichen Freiheit des Arbeitgebers oder Arbeitnehmers führt, kann er nach § 138 BGB nichtig sein.

Die ordentliche Kündigungsmöglichkeit des Arbeitgebers kann auch im Rahmen der Konkretisierung der Anforderung an die ordentliche Kündigung beschränkt werden. Beispielsweise könnte unter dem Aspekt einer möglichen Übernahme von § 141 Abs. 2 VAG die Wirksamkeit einer Kündigung eines Compliance-Beauftragten an den Aufsichtsrat geknüpft werden. Obwohl im Vergleich zur Aktiengesellschaft keine gesetzliche Pflicht zu Einrichtung des Aufsichtsrats für eine GmbH besteht, ist er aufgrund der Satzung der GmbH aufzubauen. Der Aufsichtsrat in der Aktiengesellschaft ist ein zur Kontrolle und Beratung der Geschäftsführung berufenes Überwachungsorgan. Nach der Verweisung von § 52 GmbHG übt der Aufsichtsrat einer GmbH ebenfalls eine Überwachungsfunktion wie in der Aktiengesellschaft auf. Nach § 111 AktG sind

---

684 *Ascheid/Preis/Schmidt*, Kündigungsrecht, 5. Aufl. 2017, §1 KSchG Rn. 824.

685 LAG, Brandenburg, Urteil vom 20.10.1998 – 3 Sa 229/98, NZA 1999, 360; LAG Thüringen, Urteil von 30.11.1998 – 8 Sa 366/98; *Meisel*, DB 1991, 94; *Pauly*, ArbuR 1997, 98; *Schwerdtner*, in: FS Rudolf Kissel, S. 1093.

Gegenstand der Überwachung des Aufsichtsrats sowohl das Verhalten der einzelnen Organmitglieder als auch alle bedeutsamen Geschäftsvorgänge.[686] Maßstab der Überwachung ist zunächst, ob eine Maßnahme oder ein Verhalten des Vorstands gegen ein Gesetz, die Satzung oder die Unternehmensrichtlinien verstößt. Um diese Überwachung durchzuführen, hat der Aufsichtsrat das Recht, Berichte über die Angelegenheiten der Gesellschaft zu verlangen. Bezogen auf das Thema Compliance ist der Aufsichtsrat mithin gehalten, zu kontrollieren, ob das Compliance-Management-System angemessen und funktionsfähig ist. Der Compliance-Beauftragte als Funktionsträger ist ein integraler Bestandteil des Compliance-Management-Systems. Nach § 90 Abs. 3 AktG kann der Aufsichtsrat die Informationen für die Kündigung des Compliance-Beauftragten fordern, damit die Gerechtigkeit der arbeitgeberseitigen Kündigung garantiert werden kann. Durch die Bedingungen des Einzelvertrags können diese Garantien festlegt werden, damit der Grad des Kündigungsschutzes für den Compliance-Beauftragten gesteigert wird.

Obwohl im modernen Arbeitsrecht der Betriebsrat im Rahmen seines Rechts eine wesentliche Überwachungsfunktion für die kollektiven Angelegenheiten des Arbeitnehmers innehat, besteht nach § 102 BetrVG auch ein Mitbestimmungsrecht bei einer einzelnen Kündigung des Arbeitnehmers. Aber die Bedenken des Betriebsrats gegen eine ordentliche Kündigung wirken sich nicht direkt auf die Entscheidung der Unternehmensleitung aus. § 102 Abs. 6 BetrVG erlaubt dem Arbeitgeber und dem Betriebsrat eine Vereinbarung, dass die Kündigung der Zustimmung des Betriebsrats bedarf und bei Meinungsverschiedenheiten über die Berechtigung der Nichterteilung der Zustimmung die Einigungsstelle entscheidet. Damit könnte dem Betriebsrat entweder ein Erörterungsrecht oder ein begründetes Zustimmungsverweigerungsrecht eingeräumt werden.[687]Nach herrschender Meinung der Rechtswissenschaft und dem Urteil des BAG kann die Rechtmäßigkeit der Erweiterung der Mitbestimmungsrechte des Betriebsrats durch einen einzelnen ArbeitsvertrAG ausgeschlossen werden.[688] Das BAG-Urteil „Mannheimer Morgen“ hat eine andere Möglichkeit eröffnet. In diesem

686 *Habersack*, in: Münchener Kommentar zum Aktiengesetz, 5. Aufl. 2019, AktG § 111 Rn. 20.

687 *Kania*, in: Erfurter Kommentar zum Arbeitsrecht, 19. Aufl. 2019, BetrVG § 82 Rn. 10; *Koch*, in: Ascheid/Preis/Schmidt, Kündigungsrecht, 5. Aufl. 2017, BetrVG § 102 Rn. 177.

688 *Kania*, in: Erfurter Kommentar zum Arbeitsrecht, 19. Aufl. 2019, BetrVG § 102 Rn. 43; BAG, Urteil vom 23.4.2009 – 6 AZR 263/08, NZA 2009, 915.

Fall wird dem Redaktionsrat durch den ArbeitsvertrAG ein personelles Mitbestimmungsrecht bei der Einstellung und Entlassung von Redakteuren, Ressortleitern oder Chefredakteuren eingeräumt. Der „Mannheimer Morgen“ als ZeitungsverlAG ist jedoch ein Tendenzbetrieb i. S. v. § 118 BetrVG und kein gewöhnliches Unternehmen. Von diesem Fall könnte daher keine allgemeine Anwendbarkeit abgeleitet werden. Noch immer könnte die Möglichkeit der arbeitsvertraglichen Erweiterung des Beteiligungsrechtes des Betriebs bei Kündigung des Compliance-Beauftragten nicht ganz ausgeschlossen werden. Die Privatautonomie und Unternehmensautonomie werden nicht unzulässig eingeschränkt. Die Privatautonomie findet ihre Grenzen an zwingenden Bestimmungen, die der Gesetzgeber erlassen hat. Nach dem Urteil des BAG ist die Möglichkeit, durch einen einzelnen ArbeitsvertrAG Betriebsvereinbarungsoffenheit zu gestalten, grundsätzlich anerkannt worden.[689]

4. *Knüpfung des Kündigungsschutzes des zentralen Compliance-Beauftragten an den Sprecherausschuss*

Es gibt keine einheitliche Bestimmung des leitenden Angestellten im Arbeitsrecht. Neben unterschiedlichen Regelungen könnte sich die Position des leitenden Angestellten aufgrund betriebsbezogener Aufgaben und Funktionen herausbilden. Nach § 28 Abs. 1 SprAuG können der Sprecherausschuss und der Arbeitgeber Richtlinien über den Inhalt, den Abschluss oder die Beendigung von Arbeitsverhältnissen der leitenden Angestellten schriftlich vereinbaren. Gemäß § 28 Abs. 2 S. 1 können sie die unmittelbare und zwingende Wirkung dieser von ihnen vereinbarten Richtlinien durch eine Vereinbarung für die Arbeitsverhältnisse der leitenden Angestellten herbeiführen.[690]

Größere Unternehmen verfügen in der Regel über eine eigene Compliance-Abteilung, in der neben mit Compliance-Aufgaben betrauten Arbeitnehmern auch ein zentraler Compliance-Beauftragter existiert. Da es keine einheitliche Definition des Begriffs des leitenden Angestellten gibt, hängt die Beurteilung der Position des zentralen Compliance-Beauftragten von der konkreten Konstellation des Einzelfalles ab. Wenn der zentrale Compliance-Beauftragte eine ähnliche Stellung wie ein leitender Angestellter einnimmt, könnte man vielleicht auch die Kündigung des zentralen Compliance-Beauftragten an den

---

689 BAG, Urteil vom 5. 3. 2013 – 1 AZR 417/12, NZA 2013, 916.

690 BAG, Beschluss vom 07.11.1989 – GS 3/85, NZA 1990, 816; BAG, Urteil vom 10. 2. 2009 – 1 AZR 767/07, NZA 2009, 970.

Sprecherausschuss knüpfen. Damit können Arbeitgeber und Sprecherausschuss die Besonderheit der Kündigung des zentralen Compliance-Beauftragten und ihre unmittelbare Anwendung auf das Arbeitsverhältnis zwischen ihm und dem zentralen Compliance-Beauftragten vereinbaren.

C. Zur kündigungsrechtlichen Stellung des Compliance-Beauftragten vor außerordentlicher Kündigung

Nach § 626 Abs. 1 BGB kann ein ArbeitsvertrAG unter bestimmten Voraussetzungen aus wichtigem Grund ohne Einhaltung einer Kündigungsfrist gekündigt werden. Nach dem generellen Regelungsinhalt des § 626 Abs. 1 BGB hat die Rechtsprechung eine Zwei-Stufen-Prüfung für die außerordentliche Kündigung entwickelt. Erstens ist zu prüfen, ob ein bestimmter Sachhalt als wichtiger Grund ohne die Besonderheit des Einzelfalles „an sich“ geeignet ist.[691] Zweitens bedarf es einer umfassenden, auf den Einzelfall bezogenen Abwägung der Interessen der gegenseitigen Parteien. Durch diese Interessenabwägung wird festgestellt, ob die sofortige Auflösung des Arbeitsverhältnisses gerechtfertigt ist. Aufgrund des Niveaus des besonderen Kündigungsschutzes für den Compliance-Beauftragten spielt die außerordentliche Kündigung hierbei nur eine geringe Rolle.

I. Zur kündigungsrechtlichen Stellung des Compliance-Beauftragten vor außerordentlicher Kündigung aus betriebsbedingten und personenbedingten Kündigungsgründen

Gewöhnlich kann der Arbeitgeber dem Arbeitnehmer wegen betrieblicher Gründe nur ordentlich kündigen. Dringende Betriebserfordernisse i. S. d. § 1 Abs. 2 KSchG reichen nicht für die außerordentliche Kündigung aus. Das BAG hat durch seine Rechtsprechungen einige Sonderfälle festgestellt, in denen ein betrieblicher Grund als wichtiger Grund für die außerordentliche Kündigung gültig ist. Typische Fälle sind eine Betriebsschließung oder eine Abteilungsstilllegung.[692] Außerdem kommt im Rahmen des § 55 BAT eine außerordentliche

---

691 *Niemann*, in: Erfurter Kommentar zum Arbeitsrecht, 19. Aufl. 2019, BGB § 626 Rn. 14, 15; BAG, Urteil vom 12.08.1999 – 2 AZR 923/98, AP Nr. 28 zu § 626 BGB Verdacht strafbarer Handlung; BAG, Urteil vom 11.12.2003 – 2 AZR 36/03, NZA 2004, 486, 487; BAG, Urteil vom 1.2.2007 – 2 AZR 333/06, AP Nr. 40 zu § 626 BGB Verdacht strafbarer Handlung; *Dütz*, NJW 1990, 2025, 2030 f.

692 BAG, Urteil vom 28.3.1985 – 2 AZR 113/84, NZA 1985, 559; BAG, Urteil vom 22.7.1992 – 2 AZR 84/92, EzA § 626 BGB Nr. 141; BAG, Urteil vom 5.2.1998 – 2

Kündigung auch bei tatsächlicher Umstrukturierung der Abteilung des Unternehmens, in der eine hohe Quote von ordentlich unkündbaren Arbeitnehmern beschäftigt ist, in Betracht.[693] Der Compliance-Beauftragte wird selten als unkündbar Arbeitnehmer behandelt. Da das Arbeitsverhältnis zwischen dem Arbeitgeber und dem Compliance-Beauftragten ein Austauschverhältnis darstellt, ist die Dauer des Arbeitsverhältnisses nicht von Belang, wenn Aufgaben des Compliance-Beauftragten wegen einer Umstrukturierung auf andere Abteilung übertragen oder dort gelöst werden. In diesem Fall erscheint der Kündigungsschutz des Compliance-Beauftragten unter denkbaren rechtlichen Gesichtspunkt unnötig.

Eine personenbedingte außerordentliche Kündigung ist in eng begrenzten Ausnahmefällen zulässig,[694] wenn die ordentliche Kündigung ausgeschlossen ist und ein wichtiger Grund vorliegt. Ein Mangel an Fachkenntnis und Zuverlässigkeit ist für Compliance-Beauftragten nicht grundsätzlich als wichtiger Grund im Sinne von § 626 BGB anzusehen. Im Einzelfall kann dieser Mangel zu einer unzumutbaren Fortsetzung des Arbeitsverhältnisses i. S. d. § 626 Abs. 1 BGB führen. Dabei sind Prüfungsstufen des § 626 BGB zu beachten.[695] In dieser Situation ist die kündigungsrechtliche Stellung des Compliance-Beauftragten wie bei einem gewöhnlichen Arbeitnehmer gestaltet.

II. Zur kündigungsrechtlichen Stellung des Compliance-Beauftragten vor außerordentlicher Kündigung aus verhaltensbedingten Gründen

Eine schwere, insbesondere schuldhafte Vertragspflichtverletzung kann die verhaltensbedingte außerordentliche Kündigung eines Arbeitsverhältnisses aus wichtigem Grund an sich rechtfertigen. Es kommt darauf an, ob dem Kündigenden angesichts der Vertragsverletzung die Fortsetzung des Vertragsverhältnisses bis zur vereinbarten Beendigung oder bis zum Ablauf der ordentlichen Kündigungsfrist zugemutet werden kann. Dabei kann ein wichtiger Grund an sich sowohl in einer Verletzung der vertraglichen Hauptleistungspflichten als

AZR 227/97, NZA 1998, 771; BAG, Urteil vom 27.6.2002 – 2 AZR 367/01, AP BAT § 55 Nr. 4.

693 BAG, Urteil vom 6. 10. 2005 – 2 AZR 362/04, NZA-RR 2006, 416, AP BAT § 53 Nr. 8; BAG, Urteil vom 22.11.2012-2 AZR 674/11, NJW-Spezial 2013, 338.

694 *Frauke/Denecke*, in: Gallner/Mestwerdt/Nägele, Kündigungsschutzrecht 6. Aufl. 2018, Rn. 485, 486; *Linck*, in: Schaub, Arbeitsrechts-Handbuch 17. Aufl. 2017, § 131 Rn. 15.

695 *Bröhl*, RdA 2010, 175.

auch in einer erheblichen Verletzung der vertraglichen Nebenpflichten liegen. In der Regel muss sich der Arbeitnehmer schwere Vertragspflichtverletzungen vorwerfen lassen.[696]

1. Zur kündigungsrechtlichen Stellung des Compliance-Beauftragten vor außerordentlicher Kündigung wegen von ihm veranlasster Compliance-Kontrollmaßnahmen

Der Compliance-Beauftragte könnte wegen von ihm veranlasster Compliance-Kontrollmaßnahmen verhaltensbedingt außerordentlich gekündigt werden. Die wichtigste Grenze für die Compliance-Kontrollmaßnahme ist das allgemeine Persönlichkeitsrecht. Mit dem Inkrafttreten der EU-Datenschutz-Grundverordnung und der Neufassung des Bundesdatenschutzgesetzes von 2018 wird diese Grenze weiter konkretisiert. Die Art. 5, 12 DS-GVO und das neue BDSG schreiben die umfassenden Transparenz- und Informationspflichten für den Arbeitgeber bei der Verarbeitung der personenbezogenen Daten von Beschäftigten vor. Dabei wird die heimliche Compliance-Kontrollmaßnahme nicht durchgeführt, falls eine offene Kontrollmaßnahme möglich ist. Demnach wird die Durchführung heimlicher Maßnahmen nur ausnahmsweise erlaubt, wenn die Transparenzpflicht durch einen Rückgriff auf Art. 23 Abs. 1 Buchst. j DS-GVO eingeschränkt wird. Aber dieses Ermöglichen gründet sich auf einer konkreten Rechtsvorschrift, die eine Beschränkung der Transparenzpflicht ausdrücklich feststellt. Durch das Fehlen einer solchen Vorschrift ist die heimliche Compliance-Kontrollmaßnahme grundsätzlich nicht zulässig. Aber ein ausnahmsloses Verbot von heimlichen Compliance-Kontrollmaßnahmen würde dem GrundSatz der Interessenabwägung von Art. 6 Abs. 1 Buchst. f DS-GVO widersprechen. Zusammenfassend könnte die heimliche Compliance-Kontrollmaßnahme gegen Arbeitnehmer ausnahmsweise ergriffen werden, wenn bestimmte Voraussetzungen vorliegen.

Durch Delegation wird dem Compliance-Beauftragten die unternehmensinterne Überwachung anvertraut. Im Rahmen seiner arbeitsvertraglich wahrgenommen Compliance-Aufgaben verfolgt er zuerst die Interessen des Unternehmens. Um dieses Ziel zu erreichen, können bestimmte Compliance-Kontrollmaßnahmen, die sich auf persönliche Daten des Arbeitnehmers

696 BAG, Urteil vom 19. April 2007 – 2 AZR 78/06, AP BGB § 611 Direktionsrecht Nr. 77; BAG, Urteil vom 2. 3. 2006 – 2 AZR 53/05, *AP BGB § 626 Krankheit Nr. 14;* BAG, Urteil vom 16.08.1991 – 2 AZR 604/90, *AP KSchG 1969 § 1 Verhaltensbedingte Kündigung Nr. 27.*

beziehen, ergriffen werden. Das Ergreifen solcher Maßnahmen ist nur zulässig, sofern die gesetzlich geregelten Voraussetzungen erfüllt werden. Wenn der Compliance-Beauftragte die neuen Änderungen im Datenschutz durch Art. 88 DSGVO bzw. § 26 BDSG n. f. nicht beachtet und unzulässige Compliance-Kontrollmaßnahme veranlasst hat, kann dieses Verhalten als wichtiger Grund für eine verhaltensbedingte außerordentliche Kündigung zurechenbar sein. Zur Frage, ob es in diesem Fall eine Besonderheit bei der kündigungsrechtlichen Stellung des Compliance-Beauftragten gibt, gibt es nach dem Erlass des neuen BDSG durch die Rechtsprechung und die juristische Literatur keine entscheidende Auseinandersetzung. Durch die Rechtsprechung vom 18.2.2010 hat das Arbeitsgericht Berlin[697] wichtige Grundsätze dafür aufgestellt. Danach ist die verhaltensbedingte Kündigung des Compliance-Beauftragten wegen von ihm veranlasster unzulässiger Compliance-Kontrollmaßnahmen ist zulässig, wenn er objektiv rechtswidrig gehandelt hat und subjektiv die Unrechtmäßigkeit der Maßnahmen gekannt hat. Die Veranlassung der Compliance-Kontrollmaßnahmen durch den Compliance-Beauftragten ist darauf ausgerichtet, die Interessen des Unternehmens zu verfolgen. Üblicherweise gründet sich diese Veranlassung auf eine Zustimmung der Unternehmensleitung. Vor diesem Hintergrund kommt eine verhaltensbedingte außerordentliche Kündigung für ihn nicht in Betracht.

2. *Zur kündigungsrechtlichen Stellung des Compliance-Beauftragten vor außerordentlicher Kündigung wegen externen Whistleblowings*

Der Terminus „Whistleblowing“ hat seinen Ursprung im angloamerikanischen Rechtsraum. Im rechtlichen Kontext wurde der Begriff des „Whistleblowings“ auf europäischer und deutscher Ebene bisher nicht konkret und ausdrücklich bestimmt. In den USA hält man eine Handlung von Mitarbeitern für Whistleblowing, wenn diese die tatsächlichen oder vermutlichen Missstände oder ein Fehlverhalten in Unternehmen innerbetrieblich oder außerbetrieblich anzeigen. Ein nachhaltiges Compliance-Management-System beinhaltet, dass die Arbeitnehmer auch selbst auf Missstände hinweisen. Nach dem Adressat wird diese Anzeige in internes und externes Whistleblowing eingeteilt.[698]

Neben der positiven Bedeutung gibt es in der deutschen Kultur allerdings auch eine eher negative Assoziation mit Whistleblowing. Obgleich jeder Arbeitnehmer aufgrund eigener arbeitsvertraglicher Pflicht oder unternehmensinterner

697 ArbG Berlin, Urteil vom 18.2.2010 – 38 Ca 12879/09, CCZ 2010, 158.
698 *Eufinger*, NZA 2017, 619.

Ethikrichtlinien verpflichtet ist, dem Arbeitgeber eine Verletzung einer gesetzlichen Vorschrift oder des Verhaltenskodex in Unternehmen ohne Aufschub anzuzeigen, besteht die im Gesetz ausdrückliche geregelte Pflicht des Arbeitnehmers zum internen Whistleblowing nur in einigen Branchen. Wenn der Arbeitnehmer Anzeige der behaupteten oder tatsächlichen Missstände im Unternehmen bei außerhalb des jeweiligen Unternehmens stehenden Stellen erstattet, geht es um externes Whistleblowing.[699] Einerseits kann der Arbeitnehmer durch externes Whistleblowing seine vertragliche Rücksichtnahmepflicht im Sinne von § 241 Abs. 2 BGB verletzen. Andererseits findet die vertragliche Rücksichtnahmepflicht des Arbeitnehmers ihre Grenze in Grundrechten. Nach Art 2. Abs. 1 GG hat der Arbeitnehmer ein staatlich gebilligtes Anzeigerecht.[700] Außerdem könnte das Recht des Arbeitnehmers zum externen Whistleblowing aus einer speziellen Regelung wie § 17 ArbSchG resultieren. Neben dem Recht zum externen Whistleblowing könnte eine solche Pflicht grundsätzlich aus § 138 StGB abgeleitet werden. In der Verordnung zum Schutz vor Gefahrstoffen existiert auch eine spezielle Norm zur Anzeigepflicht. Aus den bisherigen Erkenntnissen ergibt sich die Frage, unter welchen Umständen sich das externe Whistleblowing von Arbeitnehmern rechtfertigen kann. Letztlich geht es dabei um eine Interessenabwägung bzw. muss im Einzelfall durch eine Abwägung zwischen dem Geheimhaltungsinteresse des Arbeitgebers, dem Grundrecht des Arbeitnehmers und dem öffentlichen Interesse entschieden werden.[701]

Die Erstattung eines externen Whistleblowings gegen den Arbeitgeber könnte eine Verletzung der arbeitsvertraglichen Nebenpflicht darstellen und als wichtiger Grund i. S. d. § 626 Abs. 1 BGB anerkannt werden.[702] Ob ein externes Whistleblowing einen wichtigen Grund zur außerordentlichen Kündigung i. S. d. § 626 Abs. 1 BGB darstellt, kommt auf den Grad der Pflichtverletzung an.[703] Die Bestimmung des Grades hängt wesentlich davon ab, ob der Arbeitnehmer

---

699 *Forst*, NJW 2011, 3477; *Simonet*, RdA 2013, 236.

700 BAG, Urteil vom 3.7.2003 – 2 AZR 235/02, NZA 2004, 427; *Herbert/Oberrath*, NZA 2005, 195; *Müller*, NZA 2002, 429.

701 BAG, Urteil vom 7.12.2006 – 2 AZR 400/05, NZA 2007, 502; EGMR, Urteil vom 21.7.2011 – 2874/08, NJW 2011, 3501; *Preis/Reinfeld*, ArbuR 1989, 369.

702 BAG, Urteil vom 05.02.1959 – 2 AZR 60/56, RdA 1955, 319; BAG, Urteil vom 4.7.1991 – 2 AZR 80/91, BeckRS 1991; BAG, Urteil vom 3.7.2003 – 2 AZR 235/02, NZA 2007, 502; BAG, Urteil vom 7.12.2006 – 2 AZR 400/05, NJW 2007, 2204; LAG Hamm, Urteil vom 28.11.2003 – 10 Sa 1036/03, NZA 2004, 475; *Binkert*, ArbuR 2007, 195.

703 BVerfG, Beschluss vom 2.7.2001 – 1 BvR 2049/00, NZA 2001, 888.

wissentlich oder „voreilig" falsches Whistleblowing erstattet hat.[704] Daneben gründet sich die Bewertung der Pflichtverletzung auch auf die Motivation des Whistleblowers.[705]

In Deutschland existiert bisher keine einheitliche gesetzliche Regelung zum Schutz der betroffenen Personen.[706] Es gibt noch keine Vorschriften, die persönlich an den Compliance-Beauftragten gerichtete Rechte und Pflichten zum externen Whistleblowing regeln.[707] Im Hinblick auf seine Aufgaben stellt Whistleblowing jedoch ein wichtiges Mittel dar. Einerseits erweitert ein besonderes Vertrauen im Arbeitsverhältnis zwischen dem Compliance-Beauftragten und dem Arbeitgeber die Rücksichtnahmepflicht des Compliance-Beauftragten, damit sollte er zuvor ein internes Whistleblowing erstatten.[708] Andererseits ist aufgrund seiner grundsätzlich bestehenden Garantenstellung[709] und durch den Mangel an entsprechenden Befugnissen zur Verhinderung der Missstände im Unternehmen ein externes Whistleblowing zumutbar.

Der Arbeitgeber hat das Recht, den Compliance-Beauftragten wegen des externen Whistleblowings außerordentlich zu kündigen. Aber der Compliance-Beauftragte ist aufgrund seiner Aufgaben von einem normalen Arbeitnehmer zu unterscheiden. Er muss systematisch die sensiblen Informationen behandeln, um seiner Garantenpflicht nachzukommen. Um Rechtsgüter der Allgemein- oder Drittinteressen zu schützen, hat er das Recht, das externe Whistleblowing als aussichtsreiches Mittel auszuwählen. In dieser Konstellation sollte sein Recht zum externen Whistleblowing weniger von der Rücksichtnahmepflicht beschränkt werden. Bei der Interessenabwägung müssten die arbeitsvertraglichen Rücksichtnahmepflichten den Rechtsinteressen der Allgemein- oder

704 BAG, Urteil vom 27.09.2012 – 2 AZR 646/11, AP Nr. 240 zu § 626 BGB; BAG, Urteil vom 03.07.2003 – 2 AZR 235/02, AP Nr. 45 zu § 1 KSchG 1969 Verhaltensbedingte Kündigung; LAG Hamm, Urteil vom 28.11.2003 – 10 Sa 1036/03, NZA 2004,475; *Gach/Rützel*, BB 1997, 1959.

705 LAG Köln, Urteil vom 5. 7. 2012 – 6 Sa 71/12, CCZ 2013, 224.

706 *Scheicht/Loy*, DB 2015,803; *Forst*, NJW 2011, 3477.

707 *Casper*, in: FS Karsten Schmidt, 2009, S. 210 f.; *Krieger*, NZA 2010, 372 f.; *Lösler*, WM 2007, 677.

708 *Favoccia/Richter*, AG 2010, 137, 143; *Wunderlich*, Die Rechtstellung des Betriebsarztes, S. 186.

709 BGH, Urteil vom 17.7.2009 5 StR 394/08, DB 2009, 2143; *Bürkle*, CCZ 2010, 11; *Lebherz*, Emittenten – Compliance – Organisation zur Sicherstellung eines rechtskonformen Publizitätsverhaltens, 2008, S. 324; *Lösler*, WM 2007, 678; BVerfG, Beschluss vom 2.7.2001 – 1 BvR 2049/00, NIW 2011, 3474.

Drittinteressen weichen. Sofern der Compliance-Beauftragte von Interessenabwägung ausgeht, erstattet er ein externes Whistleblowing. Dies könnte nicht als eine beträchtliche Verletzung der Rücksichtnahmepflicht angesehen werden bzw. einen wichtigen Grund im Sinne des § 626 Abs. 1 BGB darstellen. Meistens verfügt der Compliance-Beauftragte über Fachkenntnisse und besitzt eine hohe hierarchische Stellung. Wenn es seiner Garantenpflicht zum Schutz von Rechtsgütern der Unternehmensinteressen folgt, sollte er auch einen weiteren Entscheidungsspielraum und ein erweitertes Recht zu externem Whistleblowing haben. Das externe Whistleblowing sollte nicht leicht als Grund der außerordentlichen Kündigung gewichtet werden.

Literaturverzeichnis

Abeltshauser, Thomas: Leitungshaftung im Kapitalgesellschaftsrecht, 1998.

Adelt, Marco: Compliance Management? in: VW 2006, S. 910 ff.

Altmeppen, Holger: Die Auswirkungen des KonTrAG auf die GmbH, in: ZGR 1999, S. 291 ff.

Arnold, Michael: Verantwortung und Zusammenwirken des Vorstands und Aufsichtsrats bei Compliance-Untersuchungen, in: ZGR 2014, S. 76 ff.

Armbrüster, Christian: Das VAG 2016-Überblick zu den Neuregelungen, 2015.

Ascheid, Reiner/Preis, Ulrich/Schmidt, Irene (Hrsg.): Kündigungsrecht, 5. Aufl., C.H.Beck München 2017.

*Assmann, Heinz-Dieter/Schneider, Uwe H.(*Hrsg): Wertpapierhandelsgesetz, 6. Aufl., Dr. Otto Schmidt Köln 2012.

Atkins, Paul: Der USA-Sarbanes-Oxley Act: Zielsetzung, Inhalt und Implementierungsstand, in: Der Konzern 2003, S. 260.

Bachmann, Gregor: Rechtsgrundlagen und offene Fragen, in: *Bachmann, Gregor/Baums,* Gesellschaftsrecht in der Diskussion 2007, S.65,68,100.

Bachmann, Gregor/Prüfer, Geralf: Korruptionsprävention und Corporate Governance, in: ZRP 2005, S. 109 ff.

Backherms, Johannes: Die Rechtsstellung des Strahlenschutzbeauftragten, in: BB 1978, S. 1697 ff.

Bannenberg, Britta: Korruption in Deutschland und ihre strafrechtliche Kontrolle, Neuwied/Kriftel 2002.

Bauer, Hans-Lucas/Wißmann, Anke C.: Strafrechtliche Geschäftsherrenhaftung im Unternehmen, in: Festschrift für Wolf Schiller zum 65. Geburtstag, 2014 Baden-Baden, S. 15 ff.

Baumbach, Adolf/Hueck, Götz: GmbH-Gesetz, 20. Aufl., C.H. Beck München 2013.

Baumgarten, Arthur: Die Wissenschaft vom Recht und ihre Methode, Tübingen 1922.

Baumgarten, Arthur: Grundzüge der juristischen Methodenlehre, Hans Huber Bern 1939.

Bay, Karl-Christian/Hastenrath, Katharina (Hrsg.): Compliance-Management-Systeme, 2. Aufl., C.H. Beck München 2016.

Beckmann, Martin: Haftung von Vorstandsmitgliedern wegen mangelhafter Compliance-Organisation, in: ZWH 2014, S. 195 ff.

Beckmann, Roland Michael: Auswirkungen des EG-Rechts auf das Versicherungsvertragsrecht, in: ZeuP 1999, S. 809 ff.

Beckmann, Roland Michael/Matusche-Beckmann, Annemarie: Versicherungsrechts-Handbuch, 3. Aufl., C.H. Beck München 2015.

Behringer, Stefan: Compliance kompakt, 4. Aufl. Erich Schmidt Berlin 2018.

Behringer, Stefan/Meyer, Katrin: Compliance im Mittelstand, in: ZRFC 2015, S. 113 ff.

Benne, Rainer: Whistleblowing – Wenn Wissen Sensibilität erfordert, in: CCZ 2014, S. 189 ff.

Berg, Cai: Korruption in Unternehmen und Risikomanagement nach § 91 Abs. 2 AktG, in: AG 2007, S. 271 ff.

Bergles, Siegfried: Prüfung der Mitarbeitergeschäfte – Umsetzung in der Bankenpraxis, in: ZBB 2000, S. 140 ff

Bergmann, Ulrich Matthias: Elemente eines wirksamen Compliance-Management-Systems, in: KPMG AG Wirtschaftsprüfung (Hrsg.), Das wirksame Compliance-Management-System, 2014.

Bergmoser, Ulrich/Theusinger, Ingo/Gushurst, Klaus-Peter: Corporate Compliance-Grundlagen und Umsetzung, in: BB Beil. 2008 Nr. 5, S. 1 ff.

Berkowsky, Wilfried: Die personen- und verhaltensbedingte Kündigung, 4. Aufl., C.H. Beck München 2005.

Berndt, Thomas/Hoppler, Ivo: Whistleblowing – ein integraler Bestandteil effektiver Corporate Governance, in: BB 2005, S. 2623 ff.

Bertzbach, Martin: Kein Kündigungsschutz für angestellte Betriebsärzte?, in: Festschrift für Wolfgang Däubler zum 60. Geburtstag, Frankfurt am Main 1999.

Beulke, Werner: Der Compliance Officer als Aufsichtsgarant? in: Festschrift für Klaus Geppert zum 70. Geburtstag, de Gruyter Berlin 2011, S. 25 ff.

Biermann, Johannes: Die Gründe der Zweifelhaftigkeit rechtlicher Ergebnisse, O. Kindt Gießen 1911.

Binder, Jens-Hinrich/Broichhausen, Thomas N.: Entwicklungslinien und Perspektiven des Europäischen Kapitalmarktrechts, in: ZBB Band 18, Heft 2, S.85 ff.

Binder, Julius: Philosophie des Rechts, G. Stilke Berlin 1925.

Binkert, Gerhard: Kündigungsrechtliche Aspekte bei Strafanzeigen gegenüber dem Arbeitgeber, in: ArbuR 2007, S. 195 ff.

Böse, Martin: Die Garantenstellung des Betriebsbeauftragten, in: NStZ 2003, S. 636 ff.

Borgaes, Hans-Udo: Strukturelle Grenzen für die Auswahl des sogenannten internen Datenschutzbeauftragten, in: BlStSozArbR 1980, S. 232 ff.

Borgwardt, Jürgen/Fischer, Ansgar/Janert, Wolf-Rüdiger: Sprecherausschussgesetz für leitende Angestellte, 2. Aufl., Forkel Wiesbaden 1990.

Brandt, Jochen: Compliance und Datenschutz, in: AiB 2009, S. 288 ff.

Breinlinger, Astrid/Krader, Gabriela: Whistleblowing – Chancen und Risiken bei der Umsetzung von anonym nutzbaren Hinweisgebersystemen im Rahmen des Compliance-Managements von Unternehmen, in: RDV 2006, S. 60 ff.

Bröhl, Knut: Aktuelle Tendenzen der BAG-Rechtsprechung zu ordentlich unkündbaren Arbeitnehmern, in: RdA 2010, S. 170 ff.

Brüggemeier, Gert: Deliktsrecht, Nomos Baden-Baden1986.

Buff, Herbert: Compliance, DIKE Zürich 2000.

Buffo, Nicola/Brünjes, Bina: Gesucht wird ein Compliance-Officer – Ein 200.000 Euro Beispiel aus der Praxis, in: CCZ 2008, S. 108 ff.

Bürgers, Tobias: Compliance in Aktiengesellschaften, in: ZHR 2015, S. 173 ff.

Bürkle, Jürgen: Compliance als Aufgabe des Vorstands der AG – Die Sicht des LG München I, in: CCZ 2015, S. 52ff.

Bürkle, Jürgen: Compliance in Versicherungsunternehmen, 2. Aufl., C.H. Beck München 2015.

Bürkle, Jürgen: Corporate Compliance als Standard guter Unternehmensführung des Deutschen Corporate Governance Kodex, in: BB 2007, S. 1797 ff.

Bürkle, Jürgen: Corporate Compliance – Pflicht oder Kür für den Vorstand der AG? in: BB 2005, S. 565 ff.

Bürkle, Jürgen: Die Compliance-Praxis im Finanzdienstleistungssektor nach Solvency II, in: CCZ 2008, S. 50 ff.

Bürkle, Jürgen: Europarechtliche Vorgaben für die interne Governance im Versicherungssektor, in: WM 2012, S.878 ff.

Bürkle, Jürgen: Grenzen der strafrechtlichen Garantenstellung des Compliance-Officers, in: CCZ 2010, S.4 ff.

Bürkle, Jürgen: VAG-Novelle: Organisationspflichten zwischen Anspruch und Wirklichkeit, in: VW 2008, S. 212 ff.

Bürkle, Jürgen: Vorgabe der Rechtlinie Solvabilität II für Compliance in Versicherungsunternehmen, in: Düsseldorfer Vorträge zum Versicherungsrecht 2010, S. 1 ff.

Bürkle, Jürgen: Weitergabe von Informationen über Fehlverhalten in Unternehmen (Whistleblowing) und Steuerung auftretender Probleme durch ein Compliance-System, in: DB 2004, S. 2158 ff.

Bürkle, Jürgen/Hauschka, Christoph E.: Der Compliance Officer, 1. Aufl., C.H. Beck München 2015.

Burckhardt, Walther: Methode und System des Rechts, Polygraph Zürich, 1935.

Bußalb, Jean-Pierre/Unzicker, Ferdinand: Auswirkungen der AIFM-Richtlinie auf geschlossene Fonds, in: BSR 2012, S.309 ff.

Bussmann, Kai-D./Matschke, Sebastian: Die Zukunft der unternehmerischen Haftung bei Compliance-Verstößen, in: CCZ 2009, S.132 ff.

Calliess, Christian/Ruffert, Matthias (Hrsg.): EUV/AEUV 5. Aufl., C.H. Beck München 2016.

Campos Nave, José A: Strafbarkeit des Compliance Officer aufgrund einer aus dem Aufgabenbereich abgeleiteten Garantenstellung, in: BB 2009, S. 2059 ff.

Campos Nave, José A./Bonenberger, Saskia: Korruptionsaffären, Corporate Compliance und Sofortmaßnahmen für den Krisenfall, in: BB 2008, S. 734 ff.

Campos Nave, José A./Vogel, Henrik: Die erforderliche Veränderung von Corporate Compliance-Organisationen im Hinblick auf gestiegene Verantwortlichkeiten des Compliance Officers, in: BB 2009, S. 2546 ff.

Canaris, Claus-Whihelm: Die Feststellung von Lücken im Gesetz, 2. Aufl., Drucker & Humblot Berlin 1983.

Canaris, Claus-Whihelm: Die richtlinienkonforme Auslegung und Rechtsfortbildung im System der juristischen Methodenlehre, in: Festschrift für Franz Bydlinski, Springer Wien 2002, S. 47 ff.

Casper, Matthias: Rechtliche Grundlagen und aktuelle Entwicklungen der Compliance am Beispiel des Kapitalmarktrechts, in: Hadding, Walther/Hopt, Klaus J./Schimansky, Herbert (Hrsg.): Verbraucherschutz im Kreditgeschäft – Compliance in der Kreditwirtschaft – BankrechtstAG 2008, de Gruyter Berlin 2009, S. 139 ff.

Casper, Matthias: Der Compliancebeauftragte – unternehmensinternes Aktienamt, Unternehmensbeauftragter oder einfacher Angestellter? In: Festschrift für Karsten Schmidt zum 70. Geburtstag, Dr. Schmidt Köln 2009, S. 199 ff.

Cauers, Lutz/Haas, Klaus/Jakob, Alexander/*Kremer,* Friedhelm/*Schartmann,* Bernd/*Welp,* Oliver: Ist der gegenwärtig viel diskutierte Begriff „Compliance" nur alter Wein in neuen Schläuchen? in: DB 2008, S. 2717 ff.

Clouth, Peter/Lang, Volker (Hrsg.): MiFID Praktikerhandbuch: neue Verhaltenspflichten für Banken und Sparkassen durch Gesetzgeber und Bankenaufsicht, 1. Aufl., Dr. Schmidt Köln 2007.

Coing, Helmut: Grundzüge der Rechtsphilosophie, de Gruyter Berlin 1950.

Czychowski, Manfred: Das neue Wasserstrafrecht im Gesetz zur Bekämpfung der Umweltkriminalität – Entwurf eines sechzehnten Strafrechtsänderungsgesetzes, ZfW 1980, S. 205 ff.

Dahm, Georg: Deutsches Recht, 2. Aufl., Kohlhammer Stuttgart 1963.

Däubler, Wolfgang/Deinert, Olaf/Zwanziger, Bertram (Hrsg.): KSchR – Kündigungsschutzrecht, 10. Aufl., Bund Frankfurt am Main 2017.

Däubler, Wolfgang/Hjort, Jens Peter/Schubert, Michael/Wolmerath, Martin: Arbeitsrecht, 4. Aufl., Nomos Baden-Baden 2017.

Däubler, Wolfgang/Klebe, Thomas/Wedde, Peter/Weichert, Thilo: Bundesdatenschutzgesetz, 5. Aufl., Bund Frankfurt am Main 2016.

Dann, Matthias/Mengel, Anja: Tanz auf dem Pulverfass – oder: Wie gefährlich leben Compliance-Beauftragte?, in: NJW 2010, S. 3265 ff.

Dannecker, Gerhard/ Dannecker, Christoph: Die „Verteilung" der strafrechtlichen Geschäftsherrenhaftung im Unternehmen, in: JZ 2010, S. 981 ff.

Deiseroth, Dieter/Derleder, Peter: Whistleblower und Denunziatoren, in: ZRP 2008, S. 248 ff.

Deister, Jochen/Geier, Anton/Droit, Maître en: Der UK Bribery Act 2010 und seine Auswirkungen auf deutsche Unternehmen, in: CCZ 2011, S. 12 ff.

Deister, Jochen/Geier, Anton/Droit, Maître en: Business as usual? Die Leitlinien zum UK Bribery Act 2010 sind veröffentlicht, in: CCZ 2011, S. 81 ff.

Deter, Henryk/Gremmler, Susanne: Kapitalmarkt-Report – Compliance wandert zunehmend von der Rechtsabteilung zu Investor Relations, in: AG-Report 2007, S. R326 f.

Dölling, Dieter (Hrsg.): Handbuch der Korruptionsprävention, München 2007.

Dörner, Klemens/Luczak, Stefan/Wildschütz, Martin/Baeck, Ulrich/Hoß, Axel: Handbuch des Fachanwalts – Arbeitsrecht, 13. Aufl., Hermann Luchterhand München 2016.

Döse, Annegret: Arbeitnehmerschutz bei Whistleblowing – weiterhin eine offene Flanke, in: AuR 2009, S. 189 ff.

Domke, Nicole/Stehr, Melanie: Fachhochschule für Wirtschaft und Recht Berlin, Section: Economics, Law & Political Sciences, Working Paper No. 42, 06/200, S. 15 ff.

Dorndorf, Eberhard/Weller, Bernhard/Hauck, Friedrich/Kriebel, Volkart/Höland, Armin/Neef, Klaus: Heidelberger Kommentar zum Kündigungsschutzgesetz, 4. Aufl., C.F. Müller Heidelberg 2001.

Dreher, Meinrad: Das Risikomanagement nach § 64 a VAG und Solvency II, in: VersR 2008, S. 998 ff.

Dreher, Meinrad: Die Vorstandsverantwortung im Geflecht von Risikomanagement, Compliance und interner Revision, in: Festschrift für Uwe Hüffer zum 70. Geburtstag, C.H.Beck München S. 162 ff.

Dreher, Meinrad: Kartellrechtscompliance in der Versicherungswirtschaft, in: VersR 2004, S. 1ff.

Dreher, Meinrad: Kartellrechtscompliance, in: ZWeR 2004, S. 75 ff.

Dreher, Meinrad: Solvenzanforderungen in der Versicherungsaufsicht nach Solvency II und künftigen VAG, in: ZVersWiss 2012, S. 381 ff.

Dreher, Meinrad: Unternehmensbeauftragte und Gesellschaftsrecht, in: Festschrift für Carsten Peter Claussen zum 70. Geburtstag, Köln/Berlin/Bonn/München 1997, S. 69 ff.

Dreher, Meinrad: Unternehmen und Politik, in: ZHR 155 (1991), S. 349 ff.

Dreher, Meinrad/Schmidt, Johannes: Gesamtverantwortung der Geschäftsleitung, Outsourcing des Risikomanagements und konzernweites versicherungsaufsichtsrechtliches Risikomanagement, in: WM 2008, S. 1765 ff.

Dütz, Wilhelm: Kirchliche Festlegung arbeitsvertraglicher Kündigungsgründe? in: NJW 1990, S. 2025 ff.

Ehrich, Christian: Amt, Anstellung und Mitbestimmung bei betrieblichen Beauftragten, C.F. Müller Heidelberg 1993.

Ehrich, Christian: Handbuch des Betriebsbeauftragten, Schäffer-Poeschel Stuttgart 1995.

Eidam, Lutz: Der Organisationsgedanke im Strafrecht, Mohr Siebeck Tübingen 2015.

Eisele, Dieter: Insiderrecht und Compliance, in: WM 1993, S. 1021 ff.

Engelhart, Marc: Die neuen Compliance-Anforderungen der BaFin (MaComp), in: ZIP 2010, S. 1832 ff.

Engisch, Karl: Der Begriff der Rechtslücke, in: Festschrift für Wilhelm Sauer zu seinem 70. Geburtstag, de Gruyter Berlin 1949, S. 88 ff.

Engisch, Karl: Die Idee der Konkretisierung in Recht und Rechtswissenschaft unserer Zeit, Winter Heidelberg 1953.

Engisch, Karl: Einführung in das juristische Denken, 12. Aufl., Stuttgart 2018.

Epping, Volker/Hillgruber, Christian: Beck'scher online-Kommentar Grundgesetz, 50. Ed., 2019.

Erbs, Georg/Kohlhass, Max: Strafrechtliche Nebengesetze, München 2013.

Erfurter Kommentar zum Arbeitsrecht, 19. Aufl., C.H. Beck München 2019.

Eufinger, Alexander: Verletzung der Fürsorgepflicht durch arbeitgeberseitiges Whistleblowing, in: CCZ 2017, S. 619 ff.

Eufinger, Alexander: Zu den historischen Ursprüngen der Compliance, in: CCZ 2012, S. 21ff.

Fahr, Ulrich/Kaulbach, Detlef/Bähr, Gunne W./Pholmann, Petra: Versicherungsaufsichtsgesetz, 5. Aufl., C.H. Beck München 2012.

Faulenbach, Daniel, Das arbeitsrechtliche Maßregelungsverbot, C.F. Müller Heidelberg 2005.

Favoccia, Daniela/Richter, Thomas: Rechte, Pflichten und Haftung des Compliance Officers aus zivilrechtlicher Sicht, in: AG 2010, S. 137 ff.

Fecker, Jörg/Ulrich-Peter Kinzl, Ausgestaltung der arbeitsrechtlichen Stellung des Compliance-Officers Schlussfolgerungen aus der BSR-Entscheidung des BGH, in: CCZ 2010, S.13 ff.

Feldhaus, Gerhard: Bundesimmissionsschutzrecht, 2. Aufl. 196. Lieferung, Rehm München 2017.

Fischer, Frank: Der Betriebsbeauftragte im Umweltschutzrecht, Nomos Baden-Baden 1996.

Fischer, Reinfrid/Klanten, Thomas(Hrsg.): Bankrecht-Grundlagen der Rechtspraxis, 4. Aufl. RWS Köln 2010.

Fischer, Thomas, Strafgesetzbuch, Beck'scher Kurz-Kommentar, 65. Aufl., C.H. Beck München 2018.

Fitting, Karl u.a.: Betriebsverfassungsgesetz, Handkommentar, 28. Aufl., Franz Vahlen München 2016.

Fleischer, Holger: Aktienrechtliche Compliance-Pflichten im Praxistest: Das Siemens/Neubürger-Urteil des LG München I, in: NZG 2014, S. 321 ff.

Fleischer, Holger: Aktienrechtliche Legalitätspflicht und „nützliche" Pflichtverletzungen von Vorstandsmitgliedern, in: ZIP 2005, S. 141 ff.

Fleischer, Holger: Corporate Compliance im aktienrechtlichen Unternehmensverbund, in: CCZ 2008, S. 1 ff.

Fleischer, Holger: Kartellrechtsverstöße und Vorstandsrecht, in: BB 2008, S.1072 ff.

Fleischer, Holger: Vorstandsverantwortlichkeit und Fehlverhalten von Unternehmensangehörigen – Von der Einzelüberwachung zur Errichtung einer Compliance-Organisation, in: AG 2003, S. 291 ff.

Forgo, Nikolaus/Helfrich, Marcus/Schneider, Jochen: Betrieblicher Datenschutz – Rechtshandbuch, C.H. Beck München 2019.

Forst, Gerrit: Strafanzeige gegen den Arbeitgeber – Grund zur Kündigung des Arbeitsvertrags? in: NJW 2011, S. 3477 ff.

Forst, Gerrit: Whistleblowing im Gesundheitswesen – Stellen zur Bekämpfung von Fehlverhalten im Gesundheitswesen und Fehlermeldesysteme in Krankenhäusern (Critical Incident Reporting Systems), in: SGB 2014, S. 413 ff.

Forst, Gerrit: Whistleblowing im internationalen Vergleich – Was kann Deutschland von seinen Nachbarn lernen? in: EuZA 2013, S. 37 ff.

Fredriksson, Anders: Bureaucracy intermediaries, corruption and red tape, Journal of Development 2014, S. 256 ff.

Frister, Helmut: Strafrecht Allgemeiner Teil, 8. Aufl., C.H. Beck München 2018.

Früh, Andreas: Legal & Compliance – Abgrenzung oder Annäherung (am Beispiel einer Bank), in: CCZ 2010, S. 121 ff.

Fuchs, Andreas (Hrsg.): Wertpapierhandelsgesetz, 2. Aufl., C.H. Beck München 2016.

Führ, Martin: GK-BImSchG, Gemeinschaftskommentar zum Bundes-Immissionsschutzgesetz, 1. Aufl., Carl Heymanns Köln 2016.

Gach, Bernt/Rützel, Stefan: Verschwiegenheitspflicht und Behördenanzeigen von Arbeitnehmern, in: BB 1997, S. 1959 ff.

Gallner, Inken/Mestwerdt, Wilhelm/Nägele, Stefan: Kündigungsschutzrecht, 6. Aufl., Nomos Baden-Baden 2018.

Geiser, Martina: Leitungspflichten des Vorstandes in der AG, Dr. Kovač Hamburg 2010.

Geller, Nike Kristina: Der vertragliche Ausschluss der ordentlichen Kündigung, Shaker Aachen 2000.

Gercke, Björn/Kraft, Oliver/Richter, Marcus: Arbeitsstrafrecht, 2. Aufl., C.F. Müller Heidelberg 2015.

Giesbert, Ludger/Reinhardt, Michael: Beck'scher Online-Kommentar zum Umweltrecht, 49. Edition, C.H. Beck München 2019.

Göhler, Erich: Gesetz über Ordnungswidrigkeiten, 16. Aufl., C.H. Beck München 2012.

Görling, Helmut/Inderst, Cornelia/Bannenberg, Britta (Hrsg.): Compliance, Aufbau– Management–Risikobereiche, C.F. Müller Heidelberg u.a. 2010.

Gößwein, Georg/Hohmann, Olaf: Modelle der Compliance-Organisation in Unternehmen – Wider den Chief Compliance Officer als „Überoberverantwortungsnehmer“, in: BB 2011, S. 963 ff.

Goette, Wolf: Organisationspflichten in Kapitalgesellschaften zwischen Rechtspflicht und Opportunität, in: ZHR 175(2011), S. 388 ff.

Gola, Peter: Datenschutz-Grundverordnung, 2. Aufl., C.H. Beck München 2018.

Gola, Peter/Schomerus, Rudolf: Bundesdatenschutzgesetz, 12. Aufl., C.H. Beck München 2015.

Graf, Jürgen-Peter (Hrsg.): Beck'scher Online-Kommentar OWiG, 15. Ed. 15.4.2017.

Graser, Daniela: Whistleblowing-Arbeitnehmeranzeigen im US-amerikanischen und deutschen Recht, Peter Lang Berlin 2000.

Grobys, Marcel/Panzer-Heemeier, Andrea (Hrsg.), StichwortKommentar Arbeitsrecht. Baden- Baden (Nomos) 3. Aufl., Nomos Baden-Baden 2017.

Grohnert, Stephan: Rechtliche Grundlagen einer Compliance-Organisation und ausgewählte Fragen der Umsetzung, Mauke + Schweitzer Hamburg 1999.

Groß, Nadja Fee Viola: Chief Compliance Officer, Nomos Baden-Baden, 2012.

Großbach, Peter/Born, Walter: Die „Whistleblower" – Gesetzgebung in USA, in: AuR 1989, S.374 ff.

Grote, Joachim/Schaaf, Martin: Zum Referentenentwurf der 10.VAG-Novelle zur Umsetzung der Solvency-II-Richtlinie in deutsches Recht – eine erste Analyse, in: VersR 2012, S. 17 ff.

Habersack, Mathias: Die Legalitätspflicht des Vorstands der AG, in: Festschrift für Uwe H. Schneider zum 70. Geburtstag, S. 429 ff.

Habersack, Mathias: Grund und Grenzen der Compliance-Verantwortung des Aufsichtsrats der AG, in: AG 2014, S. 1 ff.

Hadding, Walther/Klaus J. Hopt/Schimansky, Herbert (Hrsg.): Verbraucherschutz im Kreditgeschäft Compliance in der Kreditwirtschaft, BankrechtstAG 2008, Schriftenreihe der Bankrechtlichen Vereinigung Band 29, Berlin 2009.

Hammen, Horst/Bressler, Stefan/Lösler, Thomas: Insiderrecht/Compliance, Bank-VerlAG Köln 2008.

Hampel, Volker: Handlungsempfehlungen beim Datenabgleich zur Aufdeckung wirtschaftskrimineller Handlungen durch die Interne Revision, in: ZIP 2009, S.99 ff.

Haouache, Gerold: Unternehmensbeauftragte und Gesellschaftsrecht der AG und GmbH, Duncker & Humblot Berlin 2003.

Harbarth, Stephan: Anforderungen an die Compliance-Organisation in börsennotierten Unternehmen, in: ZHR 2015, S. 136 ff.

Harm, Julian A.: Compliance in Wertpapierdienstleistungsunternehmen und Emittenten von Finanzinstrumenten, Peter Lang Berlin 2008.

Hauschka, Christoph E.: Compliance am Beispiel der Korruptionsbekämpfung, in: ZIP 2004, S. 877 ff.

Hauschka, Christoph E.: Compliance, Compliance-Manager, Compliance-Programme: Eine geeignete Reaktion aufgestiegene Haftungsrisiken für Unternehmen und Management? in: NJW 2004, S. 257 ff.

Hauschka, Christoph E.:Compliance im Gesellschaftsrecht und die aktuellen Entwicklungen in der Diskussion, in: Hadding, Walther/Hopt, Klaus J./Schimansky, Herbert (Hrsg.): Verbraucherschutz im Kreditgeschäft – Compliance in der Kreditwirtschaft – BankrechtstAG 2008, Schriftenreihe der Bankrechtlichen Vereinigung, Band 29, Berlin 2009, S. 103 ff.

Hauschka, Christoph E.: Corporate Compliance – Unternehmensorganisatorische Ansätze zur Erfüllung der Pflichten von Vorständen und Geschäftsführern, in: AG 2004, S. 461 ff.

Hauschka, Christoph E.: Der Compliance-Beauftragte im Kartellrecht, In: BB 2004, 1178ff.

Hauschka, Christoph E.: Die Voraussetzungen für ein effektives Compliance System i.S. von § 317 Abs. 4 HGB, in: DB 2006, S. 1143 ff.

Hauschka, Christoph E./Galster, Waldkirch/Marschlich, Annette: Leitlinien für die Tätigkeit in der Compliance-Funktion im Unternehmen (für Compliance Officer außerhalb regulierter Sektoren) – Gemeinsames Positionspapier des Netzwerk Compliance e.V., der Fachgruppe Compliance des Bundesverbandes der Unternehmensjuristen (BUJ), des DICO – Deutsches Institut für Compliance und des Berufsverbandes der Compliance Manager (BCM), in: CCZ 2014, S. 242 ff.

Hauschka, Christoph E. (Hrsg.)/Moosmayer, Klaus/Lösler, Thomas: Corporate Compliance, 3. Aufl., C.H. Beck München 2016.

Hausmaninger, Christian/Manfred Ketzer: Die neue Emittenten-Compliance-Verordnung, in: ÖBA 2002, S. 215 ff.

Hedemann, Justus Whilhelm: Die Flucht in die Generalklauseln, Mohr Tübingen 1933.

Heid-Mann, Andrea/Mann, Ulrich: Gefahrgut vor Gericht und Behörden, Storck Hamburg 1993.

Heilmann, Joachim: Rechtsstellung und Haftung der Betriebsbeauftragten, Edewecht 1997.

Heller, Theodor: Logik und Axiologie der analogen Rechtsanwendung, de Gruyter Berlin 1961.

Hemeling, Peter: Compliance im Erst- und Rückversicherungsunternehmen, in: CCZ 2010, S. 21 ff.

Henssler, Martin, Der leitende Angestellte in Beratungsgesellschaften, in: Festschrift für Wolfgang Hromadka zum 70. Geburtstag, C.H. Beck München 2008, S.131 ff.

Henssler, Martin/Willemsen, Heinz Josef/Kalb, Heinz-Jürgen (Hrsg.): Arbeitsrecht Kommentar, 8. Aufl., Dr. Otto Schmidt Köln 2018.

Herbert, Manfred/Oberrath, Jörig-Dieter: Schweigen ist Gold? Rechtliche Vorgaben für den Umgang des Arbeitnehmers mit seiner Kenntnis über Rechtsverstöße im Betrieb, in: NZA 2005, S. 93 ff.

Hess, Harald/Ursula Schlochauer/Werner Glaubitz: Kommentar zum Betriebsverfassungsgesetz, 5. Aufl., Luchterhand Köln 1997.

Hirte, Heribert/Möllers, Thomas (Hrsg.): Kölner Kommentar zum WpHG, 2. Aufl., Carl Heymanns Köln 2014.

Hommelhoff, Petter/Hopt, Klaus J./Werder, Axel v.: Handbuch Corporate Governance, 2. Aufl., Dr. Otto Schmidt Köln 2009.

Hopt, Klaus J./Wiedemann, Herbert (Hrsg.): Der Großkommentar zum AktG, Band 1, 4. Aufl., de Gruyter Berlin 2012.

Hopt, Klaus J./ Wiedemann, Herbert (Hrsg.): Der Großkommentar zum AktG, Band 2, 5. Aufl., de Gruyter Berlin 2015.

Hopson, Mark D./Kristin Graham, Koehler: Effektive ethische Compliance-Programme im Sinne der United States Federal Sentencing Guidelines, 2008, S. 208.

Hopt, Klaus J.: Grundsatz- und Praxisprobleme nach dem Wertpapierhandelsgesetz, in: ZHR 159 (1995), S. 135 ff.

Hopt, Klaus J./Wiedemann, Herbert (Hrsg.): Der Großkommentar zum AktG, 4. Aufl., de Gruyter Berlin 2012.

Huck, Winfried/Kurth, Thomas (Hrsg.), Compliance aus dem Blickwinkel des internationalen und europäischen Wirtschaftsrechts, Dr. Kovač Hamburg 2013.

Hüffer, Uwe: Compliance im Innen- und Außenrecht der Unternehmen, in: Festschrift für Günther H. Roth zum 70. Geburtstag, München 2011, S. 299 ff.

Hüffer, Uwe/Jens, Koch: Aktiengesetz, 13. Aufl., C.H. Beck München 2018.

Hugger, Heiner/Röhrich, Raimund: Der neue UK Bribery Act und seine Geltung für deutsche Unternehmen, in: BB 2010, 2645 ff.

Hunziker, Silvia: Whistleblowing, in: Vertrauen – VertrAG – Verantwortung, in: Festschrift für Hans Caspar von der Crone zum 50. Geburtstag, Zürich 2007.

Ihrig, Hans-Christoph, Reformbedarf beim Haftungstatbestand des § 93 AktG, in: WM 2004, S. 2098 ff.

Illing, Diana/*Umnuß,* Karsten: Die arbeitsrechtliche Stellung des Compliance Managers – insbesondere Weisungsunterworfenheit und Reportingpflichten, in: CCZ 2009, S. 1 ff.

Immenga, Ulrich: Compliance als Rechtspflicht nach Aktienrecht und Sarbanes-Oxlez-Act, in: Festschrift für Eberhard Schwark zum 70. Geburtstag, C.H. Beck München 2009, S. 199 ff.

Inderst, Cornelia/Bannenberg, Britta/Poppe, Sina (Hrsg.), Compliance, Aufbau-Management-Risikobereiche, 3. Aufl., C.F. Müller Heidelberg 2017.

Jaeger, Wolfgang/Pohlmann, Petra/Dirk, Schroeder: Frankfurter Kommentar zum Kartellrecht, 79. Lieferung, Dr. Otto Schmidt Köln 2013.

Jarass, Hans Dieter: Bundes-Immissionsschutzgesetz, 12. Aufl., München 2017

Jütten, Herbert: Compliance-Richtlinie schließt Regelungslücke, Die Bank 1999, S. 126 ff.

Juhnke, Andreas: Der Compliance-Officer, ZRFC 2011, S. 172 ff.

Junker, Abbo: Grundkurs Arbeitsrecht, 17. Aufl., C.H. Beck München 2018.

Kahl, Georg: Die neuen Aufgaben des Betriebsbeauftragten nach Wasser-, Immissionsschutz- und Abfallrecht, Weka Kissing 1978.

Kajüter, Peter: Risikomanagement im Konzern, Vahlen München 2012.

Kamp, Meike/Körffer, Barbara: Auswirkungen des § 32 BDSG auf die Aufgabenerfüllung und die strafrechtliche Verantwortung des Compliance Officers, in: RDV 2010, S. 72 ff.

Kania, Thomas/Kramer, Michael: Unkündbarkeitsvereinbarungen in Arbeitsverträgen, Betriebsvereinbarungen und Tarifverträgen, in: RdA 1995, S. 287 ff.

Karlsruher Kommentar zum OWiG, 5. Aufl., C.H. Beck München 2018.

Kiethe, Kurt: Vermeidung der Haftung von geschäftsführenden Organen durch Corporate Compliance, in: GmbHR 2007, S. 393 ff.

Kittner, Michael/Zwanziger, Bertram/Deinert, Olaf/Johannes, Heuschmid (Hrsg.): Arbeitsrecht, 9. Aufl., Bund Frankfurt am Main 2017.

Klebeck, Ulf/Meyer, Catia: Drittstaatenregulierung der AIFM-Richtlinie, in: RdF 2012, S. 95 ff.

Klein, Peter: Anwendbarkeit und Umsetzung von Risikomanagementsystemen auf Compliance-Risiken im Unternehmen, Köln 2008.

Kleindiek, Detlef: Deliktshaftung und juristische Person, Mohr Siebeck Tübingen 1997.

Klindt, Thomas: Nicht-börsliches Compliance-Management als zukünftige Aufgabe der Inhouse-Juristen, in: NJW 2006, S. 3399 ff.

Kloepfer, Michael, Umweltrecht, 4. Aufl., C.H. Beck München 2016.

Klopp, Thorben: Der Compliance-Beauftragte – Arbeitsrechtliche Stellung und Funktion in der Compliance, Duncker & Humblot Berlin 2012.

Klug, Ulruch: Juristische Logik, 4. Aufl., Springer Berlin 1982.

Koch, Jens: Compliance-Pflichten im Unternehmensverbund? in: WM 2009, S. 1013ff.

Köhler, Matthias/Häferer, Katja: Mitbestimmungsrechte des Betriebsrats im Zusammenhang mit Compliance-Systemen, in: GWR 2015, S. 159 ff.

Köhler, Helmut: Der wasserrechtliche Beauftragter, in: ZfW 1976, S. 323 ff.

Kohte, Wolfhard: Die Sicherheitsbeauftragten nach geltendem und künftigem Recht, in: Festschrift für Otfried Wlotzke zum 70. Geburtstag, C.H. Beck München 1996.

Koller, Peter: Theorie des Rechts, 2. Aufl., Böhlau Frankfurt am Main 1997.

Konzen, Horst: Geschäftsführung, Weisungsrecht und Verantwortlichkeit in der GmbH und GmbH & Co KG, in: NIW 1989, S. 2977 ff.

Kort, Michael: Compliance-Pflichten und Haftung von GmbH-Geschäftsführern, in: GmbHR 2013, S. 566 ff.

Kort, Michael: Compliance-Pflichten von Vorstandsmitgliedern und Aufsichtsratsmitgliedern, in: Festschrift für Klaus J. Hopt zum 70. Geburtstag, de Gruyter Berlin 2010, S.983 ff.

Kort, Michael: Rechtsfragen der Compliance-Organisation von Unternehmen außerhalb spezial-gesetzlich geregelter Branchen im deutschen Recht, in: Festschrift für Günther H. Roth zum 70. Geburtstag, C.H. Beck München 2011, S. 407 ff.

Kort, Michael: Verhaltensstandardisierung durch Corporate Compliance, in: NZG 2008, S. 81 ff.

Kotulla, Michael: Der Abfallbeauftragte nach dem neuen Kreislaufwirtschafts- und Abfallgesetz, in: DÖV 1995, S. 452 ff.

KR-*Becker, Friedrich/Hilebrecht, Wilfried/Treber, Jürgen* (Hrsg.): Gemeinschaftskommentar zum Kündigungsschutzgesetz und zu sonstigen kündigungsschutzrechtlichen Vorschriften, 11. Aufl., Luchterhand Köln 2016.

Kraft, Oliver/Winkler, Klaus: Zur Garantenstellung des Compliance-Officers Unterlassungsstrafbarkeit durch Organisationsmangel? in: CCZ 2009, S. 29 ff.

Kremer, Thomas: Audit Committee Quarterly II /2012.

Kremer, Thomas/Klahold, Christoph: Compliance-Programme in Industriekonzernen, in: ZGR 2010, S. 113 ff.

Krieger, Gerd/Schneider, Uwe H: Handbuch Managerhaftung, Dr. Otto Schmidt Köln 2017.

Krieger, Steffen/Günther, Jens: Der Compliance-Officer, in: ZRFC 2011, S. 149 ff.

Krieger, Steffen/Günther, Jens: Die arbeitsrechtliche Stellung des Compliance Officers – Gestaltung einer Compliance-Organisation unter Berücksichtigung der Vorgaben im BGH-Urteil vom 17.7.2009, in: NZA 2010, S. 367 ff.

Kühl, Kristian: Die strafrechtliche Garantenstellung – Eine Einführung mit Hinweisen zur Vertiefung, Jus 2007, S. 497 ff.

Kühl, Kristian: Strafrecht allgemeiner Teil, 8. Aufl., C.H. Beck München 2017.

Kuhlen, Lothar: Individuelle Verantwortung und Beteiligungsverhältnisse bei Straftaten in bürokratischen Organisationen des Staates, der Wirtschaft und der Gesellschaft, Sinzheim 2000

Küttner, Wolfdieter: Personalbuch, 26. Aufl., C.H. Beck München 2019.

Lackhoff, Klaus/Schulz, Martin: Das Unternehmen als Gefahrenquelle? Compliance-Risiken für Unternehmensleiter und Mitarbeiter, in: CCZ 2010, S.81 ff.

Lampert, Thomas: Gestiegenes Unternehmensrisiko Kartellrecht – Risikoreduzierung durch Competition-Compliance-Programme, in: BB 2002, S. 2237 ff.

Langenhahn, Sylvia: Die strafrechtliche Verantwortlichkeit des Compliance Officers im deutsch- österreichischen Rechtsvergleich, Salzburg 2012.

Larenz, Karl: Die Methode der Auslegung der Rechtsgeschäfte, A. Deichert Leipzig 1930.

Larenz, Karl: Methodenlehre der Rechtswissenschaft, 6. Aufl., Springer Berlin 1991.

Larenz, Karl/Canaris, Claus-Wilhelm: Methodenlehre der Rechtswissenschaft, 4. Aufl., Springer Berlin 2007.

Lebherz, Axel: Emittenten – Compliance – Organisation zur Sicherstellung eines rechtskonformen Publizitätsverhaltens, Nomos Baden-Baden, 2008.

Leese, Sascha: Die Abgrenzung der leitenden Angestellten, MV-Wissenschaft Berlin 2000.

Leipold, Klaus: Unternehmensstrafrecht – Eine rechtspolitische Notwendigkeit? In: ZRP 2013, S. 34 ff.

Leisinger, Klaus M.: Whistleblowing und Corporate Reputation Management, Rainer Hampp München und Mering 2003.

Lenenbach, Markus: Verbraucherschutz im Kreditgeschäft, Compliance in der Kreditwirtschaft, in: ZBB 2008, S. 267 ff.

Less, Günter: Von Wesen und Wert des Richterrechts, Palm & Enke Erlangen 1954.

Liese, Jens: Much Adoe About Nothing? oder: Ist der Vorstand einer Aktiengesellschaft verpflichtet, eine Compliance-Organisation zu implementieren? in: BB Beil. 2008 Nr. 5, S. 17 ff.

Linsenmaier, Wolfgang: Normsetzung der Betriebsparteien und Individualrechte der Arbeitnehmer, in: RdA 2008, S.1 ff.

Löffler, Martin: Presserecht, 6. Aufl., C.H. Beck München 2015.

Lösler, Thomas: Compliance im Wertpapierdienstleistungskonzern, Berlin 2003.

Lösler, Thomas: Das moderne Verständnis von Compliance im Finanzmarktrecht, in: NZG 2005, S. 104 ff.

Lösler, Thomas: Zu Rolle und Stellung des Compliance-Beauftragten, in: WM 2008, S. 1098 ff.

Löwisch, Manfred: Kommentar zum Sprecherausschussgesetz, 2. Aufl., Recht und Wirtschaft Heidelberg 1994.

Louven, Christoph/Raapke, Julius: Aktuelle Entwicklungen in der Corporate Governance von Versicherungsunternehmen, in: VersR 2012, S. 257 ff.

Lücke, Oliver/Schaub, Bernhard (Hrsg.): Beck'sches Mandatshandbuch Vorstand der AG, Aufl. 2, C.H. Beck München 2010.

Lutter, Markus: Aufsichtsrat und Sicherung der Legalität im Unternehmen, in: Festschrift für Uwe Hüffer zum 70. Geburtstag, C.H. Beck München 2010, S. 617 ff.

Lutter, Markus: Konzernphilosophie vs. konzernweite Compliance und konzernweites Risikomanagement, in: Festschrift für Wulf Goette zum 65. Geburtstag, C.H. Beck München 2011, S. 291ff.

Lutter, Markus/Krieger, Gerd/*Verse, Dirk A.*: Rechte und Pflichten des Aufsichtsrats, 6. Aufl., Dr. Otto Schmidt Köln 2014.

Mahnhold, Thilo: Compliance und Arbeitsrecht, Peter Lang Berlin 2004.

Mahnhold, Thilo: „Global Whistle" oder „deutsche Pfeife"– Whistleblowing-Systeme im Jurisdiktionskonflikt, in: NZA 2008, S. 737 ff.

Maschmann, Frank: Corporate Compliance – Neue Herausforderungen für das Arbeitsrecht, in: AuA 2009, S. 72 ff.

Matzick, Christiane: Arbeitsrechtliche Maßnahmen zur Vermeidung bzw. Sanktionierung von Interessenkollisionen bei Wirtschaftsjournalisten, Bielefeld 1995.

Maume, Philipp/Haffke, Lars: Whistleblowing als Teil der Unternehmenscompliance – Rechtlicher Rahmen und Best Practice, in: ZIP 2016, S. 199 ff.

Maunz, Theodor/Dürig, Günster: Grundgesetz, Kommentar, 85. El., C.H. Beck München 2018.

Maurer, Hartmut/Waldhoff, Christian: Allgemeines Verwaltungsrecht, 19. Aufl., C.H. Beck München 2017.

Meier-Greve, Daniel: Zur Unabhängigkeit des sog. Compliance Officers, in: CCZ 2010, S. 216 ff.

Meinberg, Volker/Möhrenschlager, Manfred/Link, Wolfgang: Umweltstrafrecht, Düsseldorf 1989.

Meisel, Peter G: Die soziale Auswahl bei betriebsbedingten Kündigungen, DB 1991, S. 92 ff.

Mengel, Anja: Compliance und Arbeitsrecht, C.H. Beck München 2009.

Mengel, Anja/Hagemeister, Volker: Compliance und arbeitsrechtliche Implementierung im Unternehmen, in: BB 2007, S. 1386 ff.

Mengel, Anja/Hagemeister, Volker: Compliance und Arbeitsrecht, in: BB 2006, S. 2466 ff.

Menzies, Christof (Hrsg.): Sarbanes-Oxley und Corporate Compliance, Schäffer-Poeschel Stuttgart 2006.

Meyer, Olaf: Korruptionvermeidung – Eine Frage des richtigen Trainings? In: CCZ 2014, S. 113 ff.

Meyer, Susane: Compliance-Verantwortlichkeit von Vorstandsmitgliedern – LegalitätsprinZIP und Risikomanagement, in: DB 2014, S. 1063 ff.

Michalke, Regina: Umweltstrafsachen, 2. Aufl., C.F. Müller Heidelberg 2000.

Mitsch, Wolfgang (Hrsg.): Karlsruher Kommentar zum Gesetz über Ordnungswidrigkeiten, 5.Aufl., C.H. Beck München 2018.

Möllers, Thomas M. J./Wenninger, Thomas: Das Anlegerschutz- und Funktionsverbesserungsgesetz, in: NJW 2011, S. 1697 ff.

Moosmayer, Klaus, Compliance-Praxisleitfaden für Unternehmen, 3. Aufl., C.H. Beck München 2015.

Moosmayer, Klaus, Modethema oder Pflichtprogramm guter Unternehmensführung? – Zehn Thesen zu Compliance, in: NJW 2012, S.3013 ff.

Moosmayer, Klaus, Qualifikation und Aufgaben des Compliance Officers, in: AnwBl. 2010, S. 634 ff.

Moll, Wilhelm (Hrsg.): Münchener Anwalts-Handbuch Arbeitsrecht, 4. Aufl., C.H. Beck München 2017.

Mosbacher, Andreas/Dierlamm, Alfred: Betriebsangehöriger als Überwachungsgarant, Anmerkung zu BGH, Urteil vom 17.7.2009 – 5 StR 394/08, in: NStZ 2010, S. 268 ff.

Müller-Bonanni, Thomas/Sagan, Adam: Arbeitsrechtliche Aspekt der Compliance, in: BB Special 5/2008, S.28 ff.

Müller, Michael: Whistleblowing – Ein Kündigungsgrund? in: NZA 2002, S. 424 ff.

Müller, Gerhard f./Wächter, Michael: Der Datenschutzbeauftragte, 2. Aufl., München 1991.

Münchener Handbuch zum Arbeitsrecht:

- Band 1 Individualarbeitsrecht, 3. Aufl., München 2009.
- Band 2 Kollektivarbeitsrecht/Sonderformen, 3. Aufl., München 2009.
- Band 2 Individualarbeitsrecht II, 4. Aufl., München 2018.

Münchener Kommentar zum Aktiengesetz: Band 2 §§ 76–171, 5. Aufl., München 2019.

Münchener Kommentar zum Bürgerlichen Gesetzbuch:

- Band 2 §§ 241–330, 5. Aufl., München 2007.
- Band 4 §§ 535–630, 7. Aufl., München 2016.
- Band 6 §§ 705–853, 7. Aufl., München 2017.

Münchener Kommentar zum Gesetz betreffend die Gesellschaften mit beschränkter Haftung, Band 3 §§ 53–88, 3. Aufl., C.H. Beck München 2018.

Münchener Kommentar zum Strafgesetzbuch, Band 1 §§ 1–37, 3. Aufl., C.H. Beck München 2017.

Nawiasky, Hans: Allgemeine Rechtslehre als System der rechtlichen Grundbegriffe, Köln 1941.

Neufeld, Tobias/Knitter, Janna: Mitbestimmung des Betriebsrats bei Compliance-Systemen, in: BB 2013, S. 824 ff.

Nisipeanu, Peter: Der Betriebsbeauftragte für Gewässerschutz, NuR 1990, S. 439 ff.

Nomos, Erläuterungen zum Deutschen Bundesrecht, Kommentar zum Gesetz über die Beaufsichtigung der Versicherungsunternehmen, 2008.

Ordemann, Hans-Joachim/Schomerus, Rudolf /Gola, Peter: Bundesdatenschutzgesetz, C.H. Beck München 1996.

Ostrowicz, Alexander: Kündigungsschutz versus Abberufungsschutz, in: RDV 1995, S. 112 ff.

Pape, Jonas: Corporate Compliance-Rechtspflichten zur Verhaltenssteuerung von Unternehmensangehörigen in Deutschland und den USA, Berliner Wissenschafts Berlin 2011.

Palandt, Otto: Bürgerliches Gesetzbuch, Kommentar, 74. Aufl., München 2015.

Pampel, Gunnar: Die Bedeutung von Compliance-Programmen im Kartellordnungswidrigkeitenrecht, in: BB 2007, S. 1636 ff.

Pauly, Holger: Unkündbarkeitsvereinbarungen in Arbeitsverträgen – Kündigung trotz Ausschlusses der Kündigung, in: ArbuR 1997, S. 94 ff.

Pauthner, Jürgen/Lamboy, Christian de: Aufbau unternehmensinterner Kompetenz – und Wissensressourcen für das Compliance Management, in: CCZ 2011, S. 146 ff.

Pawlowski, Hans-Martin: Methodenlehre für Juristen, 3. Aufl., München 1999.

Peemöller, Volker H./Reinel-Neumann, Birgit: Corporate Governance und Corporate Compliance im Akquisitionsprozess, in: BB 2009, S. 206 ff.

Pittroff, Esther: Whistleblowing-Systeme in deutschen Unternehmen, Gabler Wiesbaden 2011.

Polly, Sebastian: Produkt-Compliance – Risiken, rechtliche Herausforderungen und bevorstehende Entwicklungen, in: CB 2014, S. 322 ff.

Potacs, Michael: Effet utile als Auslegungsgrundsatz, in: EuR 2009, S. 465 ff.

Powilleit, Simone: Compliance im Unternehmen: Rechtliches Risikomanagement als Wertschöpfungsfaktor, in: GWR 2010, S. 28 ff.

Preis, Ulrich: Individualarbeitsrecht, 5. Aufl., Dr. Otto Schmidt Köln 2017.

Preis, Ulrich: Die verhaltensbedingte Kündigung, in: DB 1990, S .630 ff.

Preis, Ulrich/Reinfeld, Roland: Schweigepflicht und Anzeigerecht im Arbeitsverhältnis, in: ArbuR 1989, S. 361 ff.

Preußner, Joachim: Deutscher Corporate Governance Kodex und Risikomanagement, in: NZG 2004, S. 304 ff.

Preußner, Joachim: Risikomanagement im Schnittpunkt von Bankaufsichtsrecht und Gesellschaftsrecht – Zur Schrittmacherrolle des Aufsichtsrechts am Beispiel der Organisation des Risikomanagements in Kreditinstituten, in: NZG 2004, S. 67 ff.

Pschyrembel Klinisches Wörterbuch, 267. Aufl. 2018

Public Company Accounting and Investor Protection Act of 2002.

Ransiek, Andreas: Zur strafrechtlichen Verantwortung des Compliance Officers, in: AG 2010, S. 147 ff.

Raus Nadja/Lützeler, Martin: Berichtspflicht des Compliance Officers – zwischen interner Eskalation und externer Anzeige, in: CCZ 2012, S. 96 ff.

Regelin, Frank Peter/Fischer, Raymond: Zum Stand der Umsetzung des Sarbanes-Oxley Act aus deutscher Sicht, in: IstR 2003, S. 276 ff.

Rehbinder, Eckard: Andere Organe der Unternehmensverfassung – Die institutionalisierte Vertretung diffuser Interessen im Unternehmen unterhalb der Gesellschaftsorgane, in: ZGR 1989, S. 305 ff.

Rehbinder, Eckard: Reflexives Recht und Praxis, in: JbRSozRTh 13 (1988), S. 109 ff.

Rehbinder, Eckard: Umweltsichernde Unternehmensorganisation, in: ZHR 165 (2001), S. 1 ff.

Rehbinder, Eckard/Burgbacher, Hans-Gerwin/Knieper, Rolf: Ein Betriebsbeauftragter für Umweltschutz? Erich Schmidt Berlin 1972.

Reichert, Jochem/Ott, Nicolas: Non Compliance in der AG – Vorstandspflichten im Zusammenhang mit der Vermeidung, Aufklärung und Sanktionierung von Rechtsverstößen, in: ZIP 2009, S. 2173 ff.

Reinhardt, Michael: Die Überwachung durch Private im Umwelt- und Technikrecht, in: AöR 118(1993), S. 617 ff.

Reiter, Christian: Der Schutz des Whistleblowers nach dem Sarbanes-Oxley Act im Rechtsvergleich und im internationalen Arbeitsrecht, in: RIW 2005, S. 168 ff.

Rengier, Rudolf: Strafrecht Allgemeiner Teil, 10. Aufl., C.H. Beck München 2018.

Renz, Hartmut/Hense, Dirk (Hrsg.): Wertpapier-Compliance in der Praxis, 1. Aufl., Erich Schmidt 2010 Berlin.

Rhode-Liebenau, Björn: Whistleblowing – BeitrAG der Mitarbeiter zur Risikokommunikation, Düsseldorf 2005.

Richardi, Reinhard (Hrsg.): Betriebsverfassungsgesetz, Kommentar, 16. Aufl., C.H. Beck München 2018.

Riecke, Henning: Nabelschau, Die Enron-Pleite verändert Amerika, Handelsblatt vom 24.1.2002.

Rieble, Volker/Wiebauer, Bernd: Meinungskampf im Betrieb, in: ZfA 2010, S. 63 ff.

Rieder, Markus S./Falge, Stefan: Sieben Thesen zur standardbasierten Prüfung von Compliance-Management-Systemen, in: BB 2013, S. 778 ff.

Ringleb, Henrik-Michael/Kremer, Thomas/Lutter, Marcus/Werder, Axel von: Kommentar zum Deutschen Corporate Governance Kodex, 5. Aufl., C.H. Beck München 2013.

Rittner, Fritz: Wirtschaftsrecht, 3. Aufl., C.F. Müller Heidelberg 2008.

Rode, Oliver: Der Wechsel eines Vorstandsmitglieds in den Aufsichtsrat-eine gute Corporate Governance? in: BB 2006, S. 341 ff.

Rodewald, Jörg: Gesetzestreue als Organisationsproblem: Compliance richtig managen, in: Maschmann, Frank (Hrsg.): Corporate Compliance und Arbeitsrecht, Nomos Baden-Baden 2009, S. 31 ff.

Rodewald, Jörg/Unger, Ulrike: Corporate Compliance – Organisatorische Vorkehrungen zur Vermeidung von Haftungsfällen der Geschäftsleitung, in: BB 2006, S. 113 ff.

Rodewald, Jörg/Unger, Ulrike: Kommunikation und Krisenmanagement im Gefüge der Corporate Compliance-Organisation, in: BB 2007, S. 1629 ff.

Röh, Lars: Compliance nach der MiFID – zwischen höherer Effizienz und mehr Bürokratie, in: BB 2008, S. 398 ff.

Rönnau, Thomas/Schneider, Frédéric: Der Compliance-Beauftragte als strafrechtlicher Garant, in: ZIP 2010, S. 53 ff.

Rönnau, Thomas/Schneider, Frédéric: Untreue als Wirtschaftsdelikt, in: ZStw 2007, S. 887 ff.

Rogall, Klaus: Dogmatische und kriminalpolitische Probleme der Aufsichtspflichtverletzung in Betrieben und Unternehmen (§ 130 OWiG), in: ZStW Volume 98(1986), S. 573 ff.

Rolfs, Christian/Giesen, Richard/Kreikebohm, Ralf/Udsching, Peter (Hrsg.): Beck'scher online-Kommentar Arbeitsrecht, 48. Ed., 2018.

Romano, Roberta: Quack Corporate Governance, in: Regulation Vol. 28, No. 4, S. 36 ff.

Rosbach, Thorsten: Ethik in einem Wirtschaftsunternehmen – nützliche oder überflüssige Förmelei? in: CCZ 2008, S. 101 ff.

Rotsch, Thomas (Hrsg.): Criminal Compliance, 1. Aufl., Nomos Baden-Baden 2014.

Rotsch, Thomas: Wider die Garantenpflicht des Compliance-Beauftragten, in: Festschrift für Imme Roxin zum 75. Geburtstag, C.H. Beck München 2015, S. 485 ff.

Roth, Monika: Compliance: Begriff, Bedeutung, Beispiele, Basel/Genf/München 2000.

Roth, Monika: Compliance-Konzept und Umsetzung, in: ZRFC 2009, S. 5 ff.

Roxin, Klaus: Strafrecht Allgemeiner Teil, Band II, C.H. Beck München 2003.

Rudolphi, Hans-Joachim/Horn, Eckhard/Samson, Erich/Schreiber, Hans-Ludwig (Begrd.): Systematischer Kommentar zum Strafgesetzbuch, 9. Aufl., Carl Heymanns Köln 2017.

Rüther, Bernd/Fischer, Christian: Rechtstheorie-Begriff, Geltung und Anwendung des Rechts, 5. Aufl., C.H. Beck München 2010.

Ruffert, Matthias (Hrsg.): Enzyklopädie Europarecht, Nomos Baden-Baden 2013.

Salje, Peter: Zivilrechtliche und strafrechtliche Verantwortung des Betriebsbeauftragten für Umweltschutz, in: BB 1993, S. 2291 ff.

Sandmann, Daniel: Der Compliance-Bericht im Wertpapierdienstleistungsunternehmen – praktische Erwägungen, in: CCZ 2008, S. 104 ff.

Sandmann, Daniel: Die Compliance-Funktion unter Solvency II – Ein Überblick, in: CCZ 2015, S. 70 ff.

Satzger, Helmut: „Schwarze Kassen" zwischen Untreue und Korruption, in: NStZ 2009, S. 297 ff.

Sauer, Wilhelm: Juristische Methodenlehre, Scientia Stuttgart 1940.

Schäfer, Holger: Die MaComp und das Erfordernis der Unabhängigkeit, Wirksamkeit und Dauerhaftigkeit von Compliance, in: BKR 2011, S. 45 ff.

Schäfer, Holger: Die MaComp und die Aufgaben von Compliance, in: BKR 2011, S. 187 ff.

Schall, Hero: Grund und Grenz der strafrechtlichen Geschäftsherrenhaftung, in: Festschrift für Hans-Joachim Rudolphi zum 70. Geburtstag, Luchterhand Neuwied 2004, S. 267 ff.

Schaub, Günter: Arbeitsrecht-Handbuch, 17. Aufl., C.H. Beck München 2017.

Schaub, Günter/Koch, Ulrich: Arbeitsrecht von A-Z, 21. Aufl., C.H. Beck München 2017.

Scheicht, Katrin/Loy, Daniela: Heimliche Videoüberwachung durch den Arbeitgeber – Schmerzensgeldanspruch des überwachten Arbeitnehmers?, DB 2015, S. 622 ff.

Schimansky, Herbert/Bunte, Hermann-Josef/Lwowski, Hans-Jürgen (Hrsg.): Bankrechts-Handbuch, 5. Aufl., C.H. Beck München 2017.

Schlemann, Berndt: Recht des betrieblichen Datenschutzbeauftragten, 2. Aufl., Datakontext Frechen 2001.

Schmidt, Bernd: Compliance in Kapitalgesellschaften, Nomos Baden-Baden 2010.

Schmidt, Karsten: Haftung und Zurechnung im Unternehmensbereich – Grundlagen im Zivil- und Versicherungsrecht, in: Karlsruher Forum 1993, Karlsruhe 1993, S. 4ff.

Schmitt-Leonardy, Charlotte: Unternehmenskriminalität ohne Strafrecht?, C.F. Müller Heidelberg 2013.

Schmitt-Rolfes, Günter: Der Whistleblower, in: AuA 2009, S. 7 ff.

Schneider, David/Sittard, Ulrich: Ethikrichtlinien als Präventivmaßnahmen i.S. des § 12 AGG? In: NZA 2007, S. 654 ff.

Schneider, Egon/Schnapp, Friedrich E.: Logik für Juristen, 6. Aufl., Vahlen München 2006.

Schneider, Sven H.: Informationspflichten und Informationssystemeinrichtungspflichten im Aktienkonzern, Duncker & Humblot Berlin 2006.

Schneider, Uwe H.: Compliance als Aufgabe der Unternehmensleitung, in: ZIP 2003, S. 645 ff.

Schneider, Uwe H./Claudia, Nowak: Sind die Einrichtung einer Whistleblowing-Stelle und der Schutz des Whistleblowers Teil guter Coporate Compliance? In: Festschrift für Peter Kreutz zum 70. Geburtstag, Luchterhand Köln 2010, S. 855 ff.

Schneider, Uwe H./Schneider, Sven H.: Konzern-Compliance als Aufgabe der Konzernleitung, in: ZIP 2007, S. 2061 ff.

Schmidt, Axel/Rödl, Christian/Campos Nave, José A.: Praxishandbuch Corporate Compliance, Wiley-VCH Weinheim 2009.

Schoberth, Joerg/Servatius, Hans-Gerd/Thees, Alexander: Anforderungen an die Gestaltung von Internen Kontrollsystemen, in: BB 2006, S. 2571 ff.

Schönke Adolf/Schröder, Horst: Strafgesetzbuch, 30. Aufl., C.H. Beck München 2019.

Schram Volker: Anmerkung zu AG München, Urteil vom 12. 6. 2009 – 121 C 33038/08, in: BKR 2009, S. 422 ff.

Schrott, Timo: Unterlassungszurechnung bei drittvermittelten Rettungsgeschehen, Duncker & Humblot Berlin 2014.

Schünemann, Bernd: Unternehmenskriminalität und Strafrecht, Carl Heymann Köln 1979.

Schünemann, Bernd: Die Unterlassungsdelikte und die strafrechtliche Verantwortlichkeit für Unterlassungen, ZStW 96(1984), S. 287 ff.

Schürrle, Olbers/Olbers, Lucie Anne Mary: Compliance-Verantwortung in der AG – Praktische Empfehlungen zur Haftungsbegrenzung an Vorstände und Aufsichtsräte, in: CCZ 2010, S. 102 ff.

Schulz, Martin: Compliance-Management im Mittelstand, in: CB 2015, S. 309 ff.

Schulz, Martin/Muth, Thomas: Erfolgsfaktor Compliance-Kultur, in: CB 2014, S. 265 ff.

Schulz, Martin/Renz, Hartmut: Der erfolgreiche Compliance-Beauftragte – Leitlinie eines branchenübergreifenden Berufsbildes, in: BB 2012, S. 2511 ff.

Schuster, Doris-Maria/Darsow, Ingebjörg: Einführung von Ethikrichtlinien durch Direktionsrecht, in: NZA 2005, D.273 ff.

Schwab, Rouven/Ehrhard, Thorsten: Sonderkündigungsschutz für Datenschutzbeauftragte – Gelten mit Inkrafttreten der BDSG-Novelle II neue Spielregeln?, in: NZA 2009, S. 1118 ff.

Schwark, Eberhard/Zimmer, Daniel: Kapitalmarktrechts-Kommentar, 4. Aufl., C.H. Beck München 2010.

Schweizer, Thilo: Insiderverbote – Interessenkonflikte und Compliance, Duncker & Humblot Berlin 1996.

Schwerdtner, Peter: Die außerordentliche arbeitgeberseitige Kündigung bei ordentlich unkündbaren Arbeitnehmern, in: Festschrift für Otto Rudolf Kissel zum 65. Geburtstag, C.H. Beck München 1994.

Schwintowski, Hans-Peter: Gesellschaftsrechtliche Anforderungen an Vorstandshaftung und Corporate Governance durch das neue System der kartellrechtlichen Legalausnahme, in: NZG 2005, S. 200 ff.

Schwintowski, Hans-Peter/Klaue, Siegfried: Kartellrechtliche und gesellschaftsrechtliche Konsequenzen des Systems der Legalausnahme für die Kooperationspraxis der Unternehmen, in: WuW 2005, S. 370 ff.

Seibt, Christoph H./Cziupka, Johannes: 20 Thesen zur Compliance-Verantwortung im System der Organhaftung aus Anlass des Siemens/Neubürger-Urteils LG München I vom 10.12.2013 – 5 HK O 1387/10, in: DB 2014, S. 766 ff.

Seiler, Wolfgang: Verfassungsrechtliche Grenzen der Normierung innerer Pressefreiheit, in: AfP 1999, S. 7 ff.

Semler, Johannes/v. Schenck, Kersten: Arbeitshandbuch für Aufsichtsratsmitglieder, 4. Aufl., C.H. Beck München 2013.

Sieg, Oliver: Tendenzen und Entwicklungen der Managerhaftung in Deutschland, in: DB 2002, S. 1759 ff.

Simonet, Michael: Notwendigkeit eines Gesetzes zum Schutz von Whistleblowern?, in: RdA 2013, S. 236 ff.

Sloot, Lars: Die Lehre von den implied powers im Recht der Europäischen Gemeinschaft, Shaker Aachen 2005.

Smitis, Spiros (Hrsg.): Bundesdatenschutzgesetz, Nomos Kommentar, 8. Aufl., Nomos Baden-Baden 2014.

Spindler, Gerald: Compliance in der multinationalen Bankengruppe, in: WM 2008, S. 905 ff.

Spindler, Gerald: Unternehmensorganisationspflichten, Carl Heymann Köln/Berlin/Bonn/München 2001.

Spindler, Gerald/Eberhard Stilz: Kommentar zum Aktiengesetz, 4. Aufl., C.H. Beck München 2019.

Spinnarke, Jürigen/Schork, Gerhard: Arbeitssicherheitsrecht, Loseblatt, Forkel Heidelberg 2018.

Spring, Patrick: Die Garantenstellung des Compliance Officers oder: Neues zur Geschäftsherrenhaftung Zugleich Besprechung von BGH, Urteil vom 17.7.2009, in: GA 2010, S. 222 ff.

Springmann, Christian: Der Betriebsrat und die Betriebsbeauftragten, Peter Lang Berlin 2004.

Stahlhacke, Eugen/Preis, Ulrich/Vossen, Reinhard: Kündigung und Kündigungsschutz im Arbeitsverhältnis, 11. Aufl., C.H. Beck München 2015.

Stanitzek, Rebekka: Die Bedeutung von Criminal Compliance für das Strafrecht bei der Bekämpfung von Wirtschaftskorruption, Dr. Kovač Hamburg 2013.

Staub, Leo: Überlegungen zur Erfassung und Steuerung rechtlicher Risiken im Unternehmen (aus Schweizer Sicht), in: CCZ 2009, S. 121 ff.

Staudinger, Julius von: Kommentar zum Bürgerlichen Gesetzbuch mit Einführungsgesetz und Nebengesetzen, de Gruyter Berlin 2018.

Steiner, Udo: Technische Kontrolle im privaten Bereich – insbesondere Eigenüberwachung und Betriebsbeauftragte, in: DVBl. 1987, S. 1133 ff.

Steinkühler, Bernhard/Raif, Alexander: Wird Whistleblowing künftig einfacher? „Verpfeifen leicht gemacht", in: AuA 2008, S. 406 ff.

Steinmark, Thomas: „Betriebsbeauftragte" im Umwelt – und Sozialbereich, in: BB 1983, S. 867 ff.

Streck, Michael/Binnewies, Burkhard, Tax Compliance, in: DStR 2009, S. 229 ff.

Strothmeyer, von Uta: Compliance – Risikobegrenzung und Imagevorteil, 2010.

Stück, Volker: Compliance und Mitbestimmung, in: ArbRAktuell 2015, S. 387 ff.

Sünne, Eckart: Diversity bei den Organen einer Aktiengesellschaft, in: CCZ 2009, S. 185 ff.

Szelinski, Bert Axel: Der Umweltschutzbeauftragte, WiVerw 1980, S. 266 ff.

Tangermann, Uta: Compliance: Risikobegrenzung und Imagevorteil, Jena 2010.

Teichmann, Arndt: Die Gesetzesumgehung, Schwartz Göttingen 1962.

The New Palgrave Dictionary of Economics and the Law, 1998.

Theodor/Goette, Wolf/Hirtz, Bernd/Schäfer, Carsten (Hrsg.), Gesellschaftsrecht in der Diskussion 2007, Jahrestagung der Gesellschaftsrechtlichen Vereinigung (VGR), Köln 2008, S. 65ff.

Thiele, Wolfgang: Die Zustimmung in der Lehre vom Rechtsgeschäft, Carl Heymann Köln 1966.

Thole, Christoph: Managerhaftung für Gesetzesverstöße, in: ZHR 2009, S. 504 ff.

Thüsing, Gregor: Beschäftigtendatenschutz und Compliance, 2. Aufl., C.H. Beck München 2014.

Tinnefeld, Marie-Theres: Datenschutzbeauftragter in Unternehmen – Qualifikation und Stellung, in: CR 1991, S. 29 ff.

Traut, Johannes: Screening von Beschäftigtendaten ohne und mit Anlass, in: RDV 2014, S. 119 ff.

Veil, Rüdiger: Compliance-Organisationen in Wertpapierdienstleistungsunternehmen im Zeitalter der MiFiD, in: WM 2008, S. 1093 ff.

Verse, Dirk Axel: Compliance im Konzern, in: ZHR 2011, S. 401 ff.

Vetter, Eberhard: Compliance in der Unternehmerpraxis, in: Wecker, Gregor/van Laak, *Hendrik (Hrsg.)*: Compliance in der Unternehmerpraxis, 2. Aufl., Gabler Wiesbaden 2009, S. 29 ff.

Vetter, Eberhard: Zur Compliance-Verantwortung des Aufsichtsrats in eigenen Angelegenheiten, in: GS M. Winter 2011, S. 705 ff.

Vogel, Florian/Glas, Vera: Datenschutzrechtliche Probleme unternehmensinterner Ermittlungen, in: DB 2009, S. 1747 ff.

Vogel, Jörg: Kündigungsschutz leitender Angestellter, in NZA 2002, S. 313 ff.

Voland, Thomas: Unternehmen und Menschenrechte – vom Soft Law zur Rechtspflicht, in: BB 2015, S. 67 ff.

Von Busekist, Konstantin/Schlitt, Chrisian: Der IDW PS 980 und die allgemeinen rechtlichen Mindestanforderungen an ein wirksames Compliance Management System (2) – Risikoermittlungspflicht, in: CCZ 2012, S. 86 ff.

Von Hehn, Paul A./Wilhelm Hartung, Whihelm: Unabhängige interne Untersuchungen in Unternehmen als Instrument guter Corporate Governance – auch in Europa? in: DB 2006, S. 1909 ff.

Von Hoyningen-Huene, Gerrick/Linck, Rüdiger: Kündigungsschutzgesetz 15. Aufl., C.H. Beck München 2013.

Von Hoyningen-Huene, Gerrick/Powietzka, Arnim: Unterrichtung des Aufsichtsrats in der mitbestimmten GmbH, in BB 2001, S. 529 ff.

Von Landmann, Robert/Rohmer, Gustav: Umweltrecht, Kommentar, Band I, 88. EL, C.H. Beck München 2019.

Von Tuhr, Andreas: Der allgemeine Teil des Deutschen Bürgerlichen Rechts, 1. Bd. Leipzig 1910

Voß, Birgit: Das Lebensmittel- und Futtermittelgesetzbuch, 2. Aufl., Berlin 2007.

Walther, Susanne C. Präventivhaft für terrorismusverdächtige „Gefährder“: eine Option für Deutschland?, in: ZIS 2007, S. 464 ff.

Warneke, Nikolai: Die Garantenstellung von Compliance-Beauftragten, in: NStZ 2010, S. 312 ff.

Warius, Silke: Das Hawala-Finanzsystem in Deutschland – ein Fall für die Bekämpfung von Geldwäsche und Terrorismusfinanzierung?, Duncker & Humblot Berlin 2009.

Weber, Rudolf: Der Betriebsbeauftragte, Duncker & Humblot Berlin 1988.

Weber-Rey, Daniela: Whistleblowing zwischen Corporate Governance und Better Regulation, in: AG 2006, S. 406 ff.

Webler, Meike: Verbraucherschutz im Kreditgeschäft Compliance in der Kreditwirtschaft Bericht über den BankrechtstAG am 20.6.2008 in Mainz, in: WM 2008, S. 1435 ff.

Wecker, Gregor/van Laak, Hendrik (Hrsg.): Compliance in der Unternehmerpraxis, 2. Aufl., Gabler Wiesbaden 2009.

Weiser, Benedikt/Jang, Jin-Hyuk: Die nationale Umsetzung der AIFM-Richtlinie und ihre Auswirkungen auf die Fondsbranche in Deutschland, in: BB 2011, S. 1219 ff.

Weiß, Matthias M.: Fraud Act 2006: Unternehmensstrafbarkeit, Prävention und Reaktion – zugleich ein Überblick über Deferred Prosecution Agreements nach englischem Recht, in: CCZ 2014, S. 81 ff.

Weiss, Ulrich: Compliance-Funktion in einer deutschen Universalbank, in: Die Bank 1993, S. 136 ff.

Westermann, Harry: Wesen und Grenzen der richterlichen Streitentscheidung im Zivilrecht, Aschendorff Münster 1955.

Wickede, René von: Sonderkündigungsschutz im Arbeitsverhältnis, Duncker & Humblot Berlin 2009.

Wiebauer, Bernd: Whistleblowing im Arbeitsschutz, in: CCZ 2015, S. 22 ff.

Wiedemann, Herbert: Anmerkung zu BAG, Urteil vom 14.10.1982 Anm. AP Nr. 1 zu § 1 KSchG 1969 Konzern.

Wieland, Josef: Unternehmensethik und Compliance-Management – Zwei Seiten einer Medaille, in: CCZ 2008, S. 15ff.

Windbichler, Christine: Arbeitsrecht im Konzern, C.H. Beck München 1989.

Winter, Martin: Die Verantwortlichkeit des Aufsichtsrats für „Corporate Compliance“, in: Festschrift für Uwe Hüffer zum 70. Geburtstag, München 2010, S. 1103 ff.

Winters, Karl Peter: Zur Novellierung des Strahlenschutzrechts, in: DVBl. 1977, S. 331 ff.

Withus, Karl-Heinz: Bedeutung der geänderten Compliance Anforderungen der US Sentencing Guidelines für deutsche Unternehmen, CCZ 200, S. 63 ff.

Wittig, Petra: Wirtschaftsstrafrecht, 4. Aufl., C.H. Beck München 2017.

Wolf, Martin: Der Compliance-Officer – Garant, hoheitlich Beauftragter oder Berater im Unternehmensinteresse zwischen Zivil-, Straf- und Aufsichtsrecht?, in: BB 2011, S. 1353 ff.

Wolter, Jürgen: Systematischer Kommentar zum Strafgesetzbuch, 9. Aufl., München 2017.

Würdinger, Markus: Die Analogiefähigkeit von Normen, in: AcP 2006, S. 946 ff.

Wunderlich, Jörg: Die Rechtsstellung des Betriebsarztes, Erich Schmidt Berlin 1995.

Wybitul, Tim: Anmerkung zu BGH, Urteil vom 17.7.2009 – 5 StR 394/08, in: BB 2009, S. 2263 ff.

Wybitul, Tim: Neue Spielregeln bei Betriebsvereinbarung und Datenschutz, in: NZA 2014, S .225 ff.

Wybitul, Tim: Strafbarkeitsrisiken für Compliance-Verantwortliche, in: BB 2005, S. 2590 ff.

Wybitul, Tim: Was ändert sich mit dem neuen EU-Datenschutzrecht für Arbeitgeber und Betriebsräte? Anpassungsbedarf bei Beschäftigtendatenschutz und Betriebsvereinbarungen, in: ZD 2016, S. 205 ff.

Ziegler, Maximilian: Die künftigen Eigenkapitalvorgaben für Versicherungsunternehmen, Karlsruhe 2014.

Zippelius, Reinhold: Juristische Methodenlehre, 11. Aufl., C.H. Beck München 2012.

Zöllner, Wolfgang/Loritz, Karl-Georg/Hergenröder, Curt Wolfgang: Arbeitsrecht, 7. Aufl., C.H. Beck München 2015.

Zöllner, Wolfgang/Noack, Ulrich: Kölner Kommentar zum Aktiengesetz, 3. Aufl., Carl Heymanns Köln 2009.